Albrecht Schönherr
… aber die Zeit war nicht verloren

Albrecht Schönherr

… aber die Zeit war nicht verloren

Erinnerungen eines Altbischofs

Aufbau-Verlag

Mit 30 Abbildungen

ISBN 3-351-02407-X

1. Auflage 1993
Aufbau-Verlag Berlin GmbH
Gesamtgestaltung Peter Friederici
Satz LVD GmbH, Berlin
Schrift 10/12p Times
Druck und Binden Franz Spiegel Buch GmbH
Printed in Germany

Für Annemarie

Inhalt

Vorwort

Lange habe ich mich gesträubt, meine Erinnerungen aufzuschreiben – es ist schwer, dem Vorwurf zu entgehen, man sei eitel oder wolle sich selbst rechtfertigen. Nun habe ich mich doch dazu entschlossen, weil ich immer wieder erschrocken bin, wie kurz das Gedächtnis der Menschen heute ist. Wir alle stehen in der Gefahr, zu glauben, daß für uns die Geschichte erst mit dem Augenblick beginnt, da wir selbst auf den Plan treten. Vielleicht hilft meine Erzählung ein wenig, Vergangenes zu sehen, damit wir die Gegenwart verstehen und uns für die Zukunft besser rüsten können. Was hinter uns liegt, wird gern vergoldet oder geschwärzt. Je differenzierter das Vergangene sich uns darstellt, desto näher werden wir der Wirklichkeit kommen.

Den Anspruch auf historische oder literarische Bedeutsamkeit will und kann ich nicht erheben. Aber vielleicht gehören die Reflexionen eines Zeitgenossen mehrerer Epochen gerade in ihrer Subjektivität auch zur geschichtlichen Wahrheit.

Meine Erinnerungen, wie schon mein Büchlein „Gratwanderung", sind auch als ein Beitrag gedacht, den Weg der evangelischen Kirche in der DDR verständlich zu machen. Nachdem ihre Geschichte in den Medien bisher mit dem Getöse von Anschuldigungen und Verteidigungen behandelt wurde, ist die Zeit gekommen, schlicht zu erzählen, welche Gedanken uns geleitet haben. Manchmal, wenn aus diesen Zeiten berichtet wird, kann man den Eindruck haben, es sei von verschiedenen Welten die Rede. Es ist darum geboten, von möglichst verschiedenen Seiten und aus möglichst verschiedenen Blickpunkten einfach zu erzählen.

Was ihn melancholisch stimme, wenn er über Land fahre, seien die vielen unerzählten Geschichten, ihre Preisgabe ans Vergessen, Verdrängen, ihre Vereinfachung, schreibt Günter Gaus in seinem Buch „Wendewut".

Ein Grund dafür, meine Erinnerungen bisher zurückgehalten zu haben, ist die Tatsache, daß mein Gedächtnis mit zunehmendem Alter immer lückenhafter geworden ist. Ein Tagebuch habe ich nicht geführt. Was meine Kindheit betrifft, so hat mich das phänomenale Gedächtis meiner Tante Hedwig Müller unterstützt, die bis kurz vor ihrem Tode – sie ist vor zwei Jahren hundertvierjährig verstorben – eine unerschöpfliche Quelle war. Was die spätere Zeit, vor allem die Kriegszeit anbelangt, haben mir eine Fülle von Briefen gute Dienste getan. Für den zweiten Teil, in dem das Persönliche verständlicherweise zurücktritt, habe ich mich auch auf Gespräche und Dokumente gestützt, von denen ein gewichtiger Teil aus den jetzt zugänglichen Akten staatlicher Organe stammt. Eigene Notizen und vertrauliche Protokolle sind spärlich vorhanden. Wir haben es unter den damaligen Verhältnissen vermieden, allzu Heikles zu Papier zu bringen.

Ich habe meine Erinnerungen nicht streng chronologisch, sondern mehr nach sachlichen Gesichtspunkten geordnet. Darum scheint es mir nötig, an den Schluß einen kurzen Abriß meines Lebens zu stellen.

Meiner Frau und Präsident i.R. Dr. Friedrich Winter bin ich für kritische Durchsicht dankbar.

Waldesruh, 1. August 1993   Albrecht Schönherr

1. Kindheit in Katscher und Neuruppin

Am 11. September 1911 wurde ich in Katscher (heute Kietrz), Oberschlesien, geboren. Als meinem Großvater diese Nachricht überbracht wurde, reagierte er recht einsilbig. Auf die Frage, ob er sich nicht über den ersten Enkel freue, kam die Antwort: „Ach ja, ich freue mich sehr. Aber daß manchen Menschen alles gleich gelingen muß!"

Diese Reaktion war verständlich. Der Oberlandmesser Albert Müller, zuerst in Neuruppin, dann in Berlin-Friedenau tätig, hatte sich so sehr einen Sohn gewünscht. Seine Frau Sophie, geborene Lochow, gebar als erstes Kind jedoch eine Tochter. Es ist ein Familienbuch erhalten, in dem mein Großvater wichtige Familienereignisse einzutragen pflegte. Da wird ausführlich über die Geburt der ältesten Tochter und deren Begleitumstände berichtet. Gott erhält den schuldigen Dank. Das nächste Kind wird wieder eine Tochter; und so geht es weiter bis Nummer sieben. Die Eintragungen werden immer kürzer. Zuletzt findet sich nur eine lakonische Bemerkung. Und irgendwo lesen wir voller Teilnahme den Seufzer: „Ich hätte so gern einen Sohn geherzt!"

Dabei war der Großvater alles andere als ein Weiberfeind. Er war in Frauenfragen sogar äußerst modern: Jede der Töchter – mit Ausnahme der jüngsten, die gleich von der Schulbank weg ihren Lehrer geheiratet hat – erlernte einen pädagogischen Beruf; zwei von ihnen durften in London und Paris ein Jahr lang Sprachstudien treiben.

Ich habe später allerdings die ganze Zuwendung meines Großvaters erfahren. Er hat mir die schönsten Geschichten erzählt und mir, was angeblich keiner seiner Töchter zuteil wurde, von seiner Frühstücksbirne einen Schnipsel abgegeben.

So viele Töchter – das hätte für meinen Vater problematisch werden können. Doch er hatte sogleich auf die dritte, Ida, ein Auge geworfen. Die aber war erst 13 Jahre alt, als er das erste Mal im Hause meines Großvaters erschien! Oswald Schönherr, angehender Katasterbeamter – wie meine Tanten berichten: von stattlicher, sportlicher Figur, aber keine besondere Schönheit –, leistete in Neuruppin seine Praktikantenzeit ab. Ein Höflichkeitsbesuch bei dem dort amtierenden Landmesser konfrontierte ihn nicht nur mit dem Kollegen und seiner Frau, sondern auch mit der munteren Schar der damals noch sechs Töchter. Er suchte und fand Möglichkeiten, das Haus in der Ziethenstraße mit dem gepflegten Garten häufig aufzusuchen. Oswald hatte den verantwortungsvollen Vater davon überzeugen können, daß eine Frau von heute unbedingt die Stenografie beherrschen müßte. Und so unterrichtete er die Schwestern, allerdings in einem inzwischen verschollenen System. Als das Jahr zu Ende war, erbat er sich die Erlaubnis, besonders die dritte der Töchter in Stenografie auf dem laufenden zu halten. So wechselten die beiden monatlich ihre stenografischen „Übungsbriefe". Meine gute Tante Hede, die zweitälteste der Töchter, Lehrerin, unverheiratet geblieben, von unglaublichem Gedächtnis bis zu Ihrem Tode im einhundertvierten Lebensjahr, schwor jeden Eid, daß diese Korrespondenz „rein sachlicher" Natur gewesen sei. Wenn es stimmt, daß der Apfel nicht weit vom Stamm fällt, bin ich nicht gewillt, das zu glauben.

Als Ida 19 Jahre alt geworden war und unmittelbar vor Abschluß ihres Lehrerinnenexamens stand, machte mein Vater Ernst. Weihnachten 1908, nunmehr in Berlin, wohin die Müllers gerade übergesiedelt waren, erschien er, wie sich das gehörte, mit einem riesengroßen Rosenstrauß, um bei den Eltern um die Hand der Tochter zu bitten. Bei diesen war eitel Freude. Scheinbar anders bei der Angebeteten. Immer wenn Oswald sich ihr allein zu nähern versuchte, etwa beim Eislaufen, rief sie nach ihren Schwestern. Es bedurfte einiger Mühe, bis Oswald mit seiner Zukünftigen allein ins Theater gehen konnte – ausgerechnet in „Maria Stuart". Dazu waren noch die Bedenken der Mutter Sophie zu überwinden: Man könne ein junges Mädchen doch nicht allein mit einem Mann ins Theater gehen lassen! So streng waren damals die Sitten! Ein Beispiel aus der Neuruppiner Zeit: Die Familie macht einen Kremserausflug in die „Ruppiner Schweiz". Der See ladet zum Bade. Aber „baden" durften nur die Kleinen, das heißt ohne Schuhe und Strümpfe ein bißchen am Ufer waten. Der Vater mußte kontrollieren: „Eurer Mutter ist bange, daß Ihr Großen mit ins Wasser gehen könntet."

„Maria Stuart" im Rücken, kam Oswald nun endlich ans Ziel, und eine überaus glückliche Verlobungszeit brach an. Rührend ein Brief, in dem Oswald den Eltern überschwenglich dankt, daß sie ihm die Tochter anvertrauen, und schwört, er werde ihr nur Liebes und Gutes antun. Das hat er gehalten. Bei den Schwestern allerdings flossen die Tränen. Sie konnten sich nicht vorstellen, daß sich jemals eine von der anderen trennen sollte.

In der Familie kursiert noch eine andere Liebesgeschichte; diesmal war die weibliche Seite initiativ. Meine spätere Urgroßmutter, Auguste Nitzke, geboren 1836, steht als Mädchen von 19 oder 20 Jahren im väterlichen Forsthaus Haage im Havelland am Fenster. Da kommt ein junger Mann die Straße entlang. Auguste zu dem Hausmädchen: „Der soll mein Mann werden!" Das Mädchen: „Das ist doch der neue Kantor von Senzke!" Tatsächlich strebt dieser zum Forsthaus, um sich mit Holz für den Winter zu versorgen. Auguste hat es ihm sofort angetan. Und so sucht und findet Friedrich Lochow Gelegenheit, häufiger ins Forsthaus zu kommen. Aber weiß er denn, ob sie ihn auch gern hat? Ein Freund rät ihm, im benachbarten Friesack ein kleines Geschenk für sie zu kaufen; wird sie es annehmen, kann er hoffen. Und sie nimmt die blauen Väschen an, die er ihr mitbringt.

Die beiden werden die von der ganzen Familie geliebten Großeltern; wenn die großen Ferien kommen, macht sich Vater Müller mit Frau und sechs Töchtern auf, und sie fahren von Neuruppin mit dem Kremser nach Kotzen (so heißt der Ort in der Nähe von Rathenow wirklich!), wo die Schwiegereltern das Lehrer- und Küsterhaus bewohnen. Dort hatte der Großvater für jedes Kind eine „Stube" gebaut, mit Tischchen und Bank. Das schönste sei gewesen, den Kantor in die Schule zu begleiten und die Großen zu unterstützen, die den Kleinen das Lesen beibringen sollten. Die Dorfjugend hatte keine Scheu vor ihrem Lehrer. Jeden Abend war Versteckspiel auf dem alten Dorffriedhof neben dem Kantorhaus. Mein Urgroßvater Friedrich Lochow war Lehrer geworden, weil er wegen eines Klumpfußes den stattlichen väterlichen Bauernhof in der Jüterboger Gegend nicht übernehmen konnte. Seine Geschwister haben sich dort noch in andere Anwesen einheiraten können, was uns Städtern im Ersten Weltkrieg sehr zustatten kam.

Die beiden Alten folgten später meinen Großeltern nach Berlin und wohnten in derselben Etage in Friedenau. Sie liebten sich offenbar sehr. Selbst im Schlaf sollen sie Händchen gehalten haben. Ich habe den Urgroßvater nicht mehr gesehen. Er starb 1913. Ich kam mit meiner Mutter aus dem fernen Katscher zu spät an sein Sterbebett.

Hingegen steht mir die Urgroßmutter noch deutlich vor Augen. Wie oft habe ich in ihrem Stübchen gesessen, wenn sie mir „von früher" erzählte. Und es gab viel zu erzählen. Ich kenne sie nur mit dem Spitzenhäubchen auf dem Kopf und mit allerlei Redewendungen aus dem Havelland auf den Lippen: „Jotte dochen" war der Ausdruck einer leichten Klage. „Den Vogel, der zu früh singt, holt am Abend die Katze" warnte vor morgendlichem Übermut.

Die mütterliche Familie pflegte die Verwandtschaft bis weit hinein in die Verästelungen dritten und vierten Grades. In der Familie herrschte große Harmonie. Die beiden Mütter, Auguste Lochow und Sophie Müller, bestimmten durch ihr Wesen die Art, miteinander umzugehen. Beide strahlten Güte aus und steckten damit die anderen an. Der Großvater führte als guter Patriarch ein mildes Regiment. Nicht einmal seine spätgeborene siebente Tochter konnte ihn in ihren Backfischzeiten in Wallung bringen. Wahrscheinlich rührt mein Harmoniebedürfnis von diesem familiären Klima her. Die runden Geburtstage wurden kräftig wahrgenommen; ich hatte meine Schwierigkeiten, mich durch die Fülle von Verwandtschaft hindurchzufinden. Ich liebte meine Urgroßmutter auch darum so heiß, weil sie mir in Kriegszeiten von ihrem schönen Weißbrot spendierte. 1929 starb sie, fast neunzigjährig. In ihren letzten Jahren war ihr Leben durch einen Oberschenkelhalsbruch beeinträchtigt. Das hinderte sie nicht, sich im Haus mittels eines vor sich hergeschobenen Tischchens zu bewegen und sich nützlich zu machen.

Der Hang zum Pädagogischen, der in der mütterlichen Familie unverkennbar ist, kam von der Müllerschen Seite her. Die Vorfahren meines Landmesser-Großvaters waren in drei Generationen Lehrer gewesen, der erste von ihnen im Nebenberuf. Im Hauptberuf war er Schneider. Als Lehrer konnte man damals noch keine Familie ernähren.

Mein Vater, 1877 in Berlin am Engelufer geboren, hatte einen Mann der neuen Technik, einen Telegrafensekretär, zum Vater. Ich habe die beiden Großeltern väterlicherseits nicht mehr kennengelernt. Die Neigung zum Technisch-Naturwissenschaftlichen hat mein Vater zweifellos von den Seinen mitbekommen. Ich denke, daß sich das auch ein wenig auf mich vererbt hat. Leider fehlt mir die handwerkliche Erfahrung, so daß ich auf diesem Gebiet der Hilfe meiner Söhne und Schwiegersöhne bedarf.

Allerdings hört dieser technisch-naturwissenschaftliche Strang schon bei meinem Urgroßvater Schönherr auf: wieder einmal ein Lehrer, im Torgauischen. Die Schönherr-Vorfahren lassen sich bis ins 16. Jahrbundert zurückverfolgen. Die Erkundungen eines Vetters führen in den erzgebirgischen Ort Lauterbach, wo der Friedhof um die schöne, alte Wehrkirche herum mindestens zur Hälfte Grabsteine mit dem Familiennamen Schönherr aufweist. Der alte Stammhof besteht noch, wenn auch nicht mehr in mittelalterlicher Gestalt. Nicht alle Söhne konnten einen Hof erben. So findet sich unter meinen Vorfahren ein Pfarrer, Johann George Schönherr, bis 1832 Pfarrer in Untermessa in der Nähe von Weißenfels. Er hatte in der Franzosenzeit mit seiner Gemeinde Plünderung und Armut getragen.

Die Familie meiner Großmutter väterlicherseits stammt

aus Magdeburg. Der Urgroßvater war dort Schuhmacher-meister. Sehr sympathisch ist mir der Spruch, der auf einem Grabstein meiner Schönherr-Vorfahren zu lesen ist: „Er lebte in vergnüglicher Ehe und zeugte sieben Kinder."

Genug der Genealogie! Meine Eltern heirateten 1910, am selben Tage feierten meine Großeltern ihre Silberhochzeit. Ich wuchs also in einer bürgerlichen, einer Beamtenfamilie auf. Das bedeutete: Vom Geld wurde im Familienkreis nicht geredet. Die Gehälter waren nicht üppig, aber sie kamen regelmäßig. Armut habe ich nicht kennengelernt. Was Hunger ist, habe ich erst in der Kriegsgefangenschaft und in den ersten Jahren danach erfahren.

Mein Geburtsort Katscher liegt im Kreis Leobschütz (Glubczyce), in einer sanft welligen Landschaft. Bei gutem Wetter sieht man das Altvatergebirge, und das nächste Industriegebiet ist weit entfernt. Die nahe böhmische Grenze verlockte meine Eltern zu Kaffeefahrten nach Trop-pau (Opava) oder Jägerndorf (Krnov). Eine rührende Klein-bahn verband Katscher mit der großen Welt, zunächst mit Ratibor (Racibórz). In den Städten sprach man deutsch, auf den Dörfern der Umgebung, von woher unsere Hausgehilfin kam, hörte man viel polnisch.

Wir wohnten in einem stattlichen Haus im Stil der Grün-derjahre, freilich ohne Wasserleitung und Kanalisation. Das Wasser mußte in Eimern von der nächsten Pumpe geholt und in großen Behältern aufbewahrt werden. Baden fand einmal in der Woche in einer Zinkwanne statt, die mitten in der Küche aufgestellt wurde. In derselben Etage residierte der Amtsrichter des Städtchens, das damals fast 5000 Ein-wohner hatte.

Die Bevölkerung war überwiegend katholisch. Es gab aber eine kleine Gemeinde von etwa 150 Evangelischen, mit einem eigenen Pfarrer und einer hübschen Kirche. Den großen Garten hinter der Kirche hatte mein Vater gepachtet. Dort spielte sich ein großer Teil meines Lebens ab.

An Gottesdienste in der Kirche habe ich keine Erinnerung mehr, nur an die Lichterfülle, die der Weihnachtsbaum in dem Kirchlein verbreitete. Aber ich hatte meinen eigenen

16

Gottesdienst. Mein Freund von gegenüber, der Fonsel, und ich hielten ihn sogar „ökumenisch". Jeder von uns hatte bei sich einen kleinen Altar aufgebaut; Fonsels wichtigstes liturgisches Gerät war eine kleine Klingel mit Zug, die ich als Hilfsministrant zu läuten hatte. Auf meinem Altar stand ein rührendes Bild von einem Knaben, der in blumiger Landschaft den Herrn Jesus anbetet. Ich habe das protestantische Moment auch dadurch betont, daß ich mich auf einen Stuhl stellte und predigte. Der Vierjährige verlangte, daß die Eltern samt Besuch andächtig zuhörten. Über die Inhalte meiner Predigten hat sich leider nichts erhalten.

Als der Krieg begonnen hatte, betete ich mit Fonsel in der katholischen Kirche. Dort sei mir, soll ich berichtet haben, der liebe Gott in Gestalt des Priesters erschienen, habe die Hand auf unsere Köpfe gelegt und uns gesagt: „Der liebe Gott wird dafür sorgen, daß eure Väter wieder zurückkehren."

Ich selbst erinnere mich an die Angst, die ich empfand, als ein Mann hinter unserm Haus an der Mauer entlangschlich. Wahrscheinlich war er betrunken, ich aber hielt ihn für einen Spion und flüchtete.

Mir steht noch der erste Kriegsgeburtstag vor Augen. Meine Mutter hatte meinen Stuhl durch Fähnchen in den Farben der drei Verbündeten zu einem kleinen Thron gestaltet. Der Dreijährige war sehr stolz.

Von dem Vierjährigen ist ein schreckliches Wort überliefert: „Mein Vater schießt die Russen tot, und ich trample sie tot." Dazu ist allerdings zu bemerken, daß „Russen" in der dortigen Gegend der Spitzname für Küchenschaben war.

Als mir die Geschichte des Schweizer Helden Winkelried erzählt wurde, der, um seine Mitstreiter zu schützen, die feindlichen Speere auf sich vereinigt hatte, soll ich gerufen haben: „Der hat zu Hause keinen kleinen Jungen."

Da mein Vater Reserveoffizier war, mußte er sich bereits am zweiten Kriegstage stellen. Ich kenne meinen Vater daher eigentlich nur in Uniform und vom Urlaub. Er muß sehr liebevoll mit mir umgegangen sein. Leider kann ich mich nicht erinnern, daß er auf meine Erziehung einen größeren

Einfluß ausgeübt hat. Aber geerbt habe ich von ihm die Freude am Wandern. Er leitete in Katscher eine Gruppe des Jungdeutschlandbundes, in dem Wandern und Geländeübungen gepflegt wurden. Und die Freude am Rudersport ist gewiß auch ein väterliches Erbteil.

Daß er uns im Kriege immer wieder verlassen mußte, wenn der Urlaub zu Ende war, habe ich wahrscheinlich in einem Traum aufbewahrt: Ich war unter die Räuber gefallen, die mich festhielten und mir mit dem Messer drohten; mein Vater aber hat mich im Stich gelassen. Da der Vater nur als Gast zur Familie gehörte, habe ich seinen Tod nicht als schweren Einbruch in mein Leben empfunden. Er fiel noch 1918, nun Hauptmann und Führer einer Minenwerferkompanie, am ersten Tage der letzten großen Offensive in Frankreich. Er konnte nach Neuruppin überführt werden, wohin wir 1917 übergesiedelt waren. Lange Jahre schmückte ein von seinen Pionieren geschnitztes Kreuz sein Grab auf dem Neuruppiner Friedhof. Mir war bei der Beerdigung damals am wichtigsten, daß wir mit einer Kutsche zum Friedhof fuhren, daß dort die Soldaten über das Grab schossen und daß eine Militärkapelle spielte

Abgesehen von dem Traum, habe ich das Fehlen eines Vaters nicht als besonders schmerzlich empfunden. Ich vermag nicht zu sagen, wo ich diese Lücke in meinem Leben gespürt habe. Der wichtigste Grund dafür ist wohl, daß meine Mutter sich in großartiger, umfassender Weise meiner Erziehung angenommen hat. Der Großvater half ihr, wenn wir in Berlin zu Besuch waren, so gut es ging. Ich habe sehr an ihm gehangen.

Vor allem legte ich aber, wann immer ich ihn traf, meinen Onkel Otto Vetter mit Beschlag, den Mann meiner ältesten Tante. Ich hatte unendlich viele Fragen, meist wohl technisch-naturwissenschaftlicher Art, die er mir, selber Lehrer, pädagogisch und fachmännisch beantwortete. Er hat mir auch die ersten Lehren in sozialer und politischer Ethik erteilt. Er öffnete mir die Augen für die Armut, die ihn, der im Norden Berlins tätig war, nach dem Kriegsende umgab. Seine politische Heimat war das „Reichsbanner Schwarz-

Rot-Gold", die Organisation, die die Weimarer Republik gegen die aufkommenden Nazis und die Kommunisten verteidigte. Daß mich Politik schon früh beschäftigte, zeigen drei von mir entworfene „Wahllisten" aus dem Jahre 1919. Spitzenkandidatin auf der einen ist meine geliebte Tante Hede, auf der zweiten bin ich es selbst. Parteien sind nicht angegeben. Der einzige Hinweis lautet: „Wählt Liste Schönherr."

Ich blieb Einzelkind, dazu vaterlos, und wuchs unter den Augen von fünf Lehrerinnentanten und drei Lehreronkeln auf. Konnte es mit mir, angesichts einer solchen geballten Pädagogik, gut gehen? – Das müssen andere beurteilen. Ich kann aber all den lieben Menschen, die sich um mich bemühten, bescheinigen, daß sie mich so wenig wie möglich verzogen haben. Dresche habe ich selten, aber stets verdient bezogen, zum Beispiel als ich als Fünfjähriger, trotz Verbotes, an einem tiefen Teich spielte und prompt ins Wasser fiel. Mein Versuch, mich pudelnaß, wie ich war, am Blickfeld meiner Mutter vorbeizuschleichen, mißlang kläglich.

Ich selber erkenne das Einzelkind in mir daran, daß ich in jungen Jahren die Neigung hatte, mich selbst zu überschätzen. Ich besorgte mir ein Notenheft, schrieb „Symphonie Nr. 1" auf eine Seite und komponierte, ohne wirkliche Kenntnis des Orchesters und der Partitur, ein paar Takte rauschender Harmonien. Dann versiegte mein Genius.

Es ist mir auch keineswegs selbstverständlich zu teilen, sondern dies kostet mich jedesmal eine moralische Anstrengung, und immer wieder einmal ertappe ich mich bei narzistischen Gedanken. Und im übrigen vermag ich nicht immer die Grenze zwischen Nächsten- und Eigenliebe deutlich genug zu ziehen.

Der Dreiundzwanzigjährige schreibt an seine Braut: „Weißt Du, mit der Freundschaft: Man ist jetzt zu sehr man selber geworden, hat sich schon verschlossen. Ich bin mir ziemlich selbst genug, das macht einen ungeeignet. Aber vielleicht wird's doch. Es wäre für mich jedenfalls ein wunderbares Erlebnis. Heute in der Andacht sagte Bonhoeffer, man sollte wie ein Auge sein, das nur den andern sieht und sich selbst nicht sehen kann. Sich selbst andauernd sehen und so wichtig nehmen, das ist ein scheußlicher Fehler von mir. Darum ist eben Freundschaft so schwer."

Als Einzelkind habe ich mir angewöhnt, manches nicht von andern abzugucken, sondern selber zu „erfinden". So habe ich mir als Kind eine Art, die Schleife zu binden, beigebracht, über die meine Familie spottet. Vielleicht hängt es auch mit dem Einzelkind zusammen, daß ich Denkinhalte erst dann als angeeignet empfinde, wenn ich sie nicht von andern übernommen, sondern selbst entwickelt habe. Dabei ist es natürlich unumgänglich, daß ich manchmal „das Rad zum zweiten Mal erfinde". Ich bin nicht gerade ein Büchermensch, genieße darum das einzelne Buch, muß aber still sein, wenn meine Frau oder Freunde von ihrer mannigfaltigen Lektüre berichten.

Daß ich keine Schwester gehabt habe, hat für mein Leben gewiß einige Bedeutung. Ich habe als Kind also keinen alltäglich selbstverständlichen Kontakt mit dem andern Geschlecht haben können. So hat es mich schon früh zu ihm hingezogen. Ich hatte als Kleinkind eine ziemlich primitive Puppe, bevor ich mich dem Ankersteinbaukasten zuwandte. Else Urys Nesthäkchen habe ich während einer Krankheit Band für Band gelesen, Robinson Crusoe allerdings auch. Gern habe ich mit Liselotte, der Tochter unsres Hauswirts, und ihren Freundinnen gespielt. Natürlich war auch Neugier dabei. Ich hoffe, daß meine offenbar gut entwickelte *anima* meinen beiden Ehen zugute gekommen ist. Liebe zum eigenen Geschlecht hingegen ist mir fremd geblieben. Es gelang dem Zwölfjährigen, während eines Erholungsaufenthaltes im Schlesischen, den Zugriff eines Betreuers unter die Bettdecke und die Einladung, das Zimmer mit ihm zu teilen, strikt abzuwehren.

Ängste hatte ich wie jedes Kind: Als ich mit meiner Großmutter einen Besuch auf dem Bauernhof machte, von dem ihr Vater stammte, war mir alles sehr unheimlich, besonders daß man für uns beide das Nachtlager auf dem Dachboden vorgesehen hatte, wo man so viele fremde Geräusche hören mußte. Ich habe mich damals ins Bett meiner Großmutter geflüchtet.

Meine jüngste Tante, Backfisch damals, versuchte gelegentlich, mich mit ein wenig Terror in die Schranken zu weisen. Großes Geschrei rief sie bei mir hervor, wenn sie mich auf den Balkon, drei Stock hoch am Berliner Mietshaus, aussperrte und mir durchs Fenster zurief: „Der Balkon bricht ab." Dauernde Schäden habe ich dadurch wohl nicht davongetragen.

Wieviel Böses auch in mir schon steckte, erfuhr ich als ein kleiner Junge von drei oder vier Jahren: Ich fand in unserm Garten in Katscher eine Kröte, die gemächlich über den Weg lief. Ich trat zu. Die Kröte hatte aber ein zähes Leben, ich mußte mein schlimmes Werk vollenden und trat immer wilder zu, bis das Tier sich nicht mehr regte. Ich merkte, daß man Angst vor sich selber haben kann, und möchte diese Angst auch nicht vergessen.

Es ist mir gut gegangen in meinem Leben. Ich habe mich oft gefragt: Warum bin ich so behütet aufgewachsen? Warum bin ich nicht ein Kind aus den Slums von Bombay oder aus der Hungerwüste von Somalia? Ja, warum?

Im Herbst 1917 siedelten wir, wie schon berichtet, nach Neuruppin über; meinem Vater war in Abwesenheit die Leitung des dortigen Katasteramtes übertragen worden. Wir fanden in der Bismarckstraße, unweit des Fontanedenkmals, eine geräumige, „standesgemäße" Wohnung mit Blick auf die Wallpromenade. Zu Ostern 1918 wurde ich in das Friedrich-Wilhelm-Gymnasium eingeschult. Es hat seinen Namen nach dem königlichen Nachfolger Friedrichs des Großen, dessen kräftiger Hilfe Neuruppin seinen Wiederaufbau nach dem großen Brand von 1787 verdankt. Es entstand eine fast vollständig neue Stadt im Zopfstil und im Geist der Aufklärung preußischer Observanz: schachbrettförmige Anordnung der Straßen, im Zentrum das Gymnasium, ohne Zweifel der schönste Neubau nach dem Brand, im Norden die Pfarrkirche und das Rathaus, später das Amtsgericht, im Süden der Paradeplatz. Von der mittelalterlichen Hauptstadt der Grafschaft Ruppin war nur ein Rest geblieben, allerdings ein besonders wertvoller: die Dominikaner-Klosterkirche auf erhöhtem Platz über dem See mit den beiden, freilich stilwidrigen, Türmen die Dominante der Stadt.

Zuerst galt es, die Vorschule zu absolvieren, die unmittelbar auf das humanistische Gymnasium vorbereitete. Diese Schulart wurde bald darauf zugunsten der allgemeinen Grundschule aufgegeben. Sie paßte mit den vom Gymnasium abgeleiteten Klassenbezeichnungen „Nona, Octava, Septima" nicht mehr in den Geist der Weimarer Demokratie.

Die Sitten in der Vorschule waren streng. Lehrer Genschow ließ alle, die eine „Vier" (mangelhaft) oder gar eine „Fünf" (ungenügend) bekommen hatten, vortreten und verpaßte ihnen den Rohrstock. Schönherr mußte bereits mit einer „Drei" zur Exekution erscheinen.

Das Gymnasium hatte einen guten Ruf, im Bewußtsein der Neuruppiner Bevölkerung nahm es fast den Rang einer Universität ein. Freilich habe ich an die pädagogischen Fähigkeiten mancher Lehrer keine allzu lebhaften Erinnerungen. Ein erheblich ins Gewicht fallendes Defizit meines Lebens ist die Tatsache, daß ich nach einem sieben- beziehungsweise dreijährigen Unterricht das Französische und Englische lediglich lesen, aber nicht sprechen kann. Das verdanke ich neben meiner Faulheit dem einschlägigen Unterricht.

Gern denke ich an meinen ersten Direktor Lisco, der sich vorgenommen hatte, uns für die Griechen und das Griechische zu begeistern. Er rechnete allerdings damit, daß wir mit Eifer auch griechische Grammatik und Vokabeln lernen würden. Darin haben wir ihn enttäuscht. Dies mußte Studienrat Fischer nach seiner Berufung nach Göttingen auf die altbewährte Paukmethode nachholen. Dankbar erinnere ich mich an den Mathematik- und Physiklehrer Rottsahl, der sich meiner Wißbegier gern zur Verfügung stellte. Mit seinem Sohn Gerhard und anderen Nachbarskindern absolvierten wir unsere Indianerspiele. Meine Mutter hatte mir Federschmuck, Tomahawk und einen herrlich bemalten Schild dafür geschenkt. Später gingen wir zur deutschen Geschichte über: Phantasievoll brachten wir Dietrich von Bern mit den Rittern des Deutschen Ordens zusammen.

In den Oberklassen war mein Klassenlehrer Getzlaff Gegenstand meiner besonderen Verehrung. Selbst begabter Maler, vermittelte er mir die Anfangsgründe der Malerei.

Eine geradezu tragische Gestalt war der zweite Mathematiklehrer Haetge, ein Mann universalen Wissens, der einzige „Rote" im Kollegium. Er wagte es, am 1. Mai an dem traditionellen Umzug teilzunehmen.

Bei uns Schülern konnte er sich nicht durchsetzen. Des öfteren rettete er sich in eine Fragestunde, in der er sein Wissen ausspielen konnte. Ich habe solche Stunden reichlich genutzt.

In der Sexta (erste Fremdsprache Latein mit acht Wochenstunden) befand man, ich solle die Quinta überspringen. Ich brauchte, wie sich die Lehrer ausdrückten, „mehr Futter". So habe ich mit meiner Mutter von Weihnachten bis Ostern täglich die unregelmäßigen Verben gepaukt. In der nächsten Klasse war ich dann mit einem halben Jahr Abstand der Jüngste. Es wurde mir nicht leicht, in der neuen Klasse Fuß zu fassen. Daß ich etwas zu jung war, habe ich bis zum Abitur besonders an meinen Aufsätzen gemerkt: Ich hatte nicht die systematische Kraft, ein Thema logisch aufzuarbeiten. So geriet mein Abituraufsatz ziemlich daneben. Typisch für diese Zeit unverdauter Kriegserlebnisse war das Thema: „Leutnantsdienst heißt seinen Leuten vorleben. Das Vorsterben ist vielleicht einmal ein Teil davon", Zitat aus dem damals sehr geliebten, jugendbewegten Kriegsbuch „Der Wanderer zwischen beiden Welten" von Walter Flex. Ein solches offizielles Thema während der Weimarer Republik entsprach der allgemeinen Stimmung in meiner Heimatstadt. Am Sedanstag flaggte die ganze Stadt schwarzweißrot. Die Farben der Republik habe ich an den Häusern nie gesehen. Der Verfassungstag, der in den Schulen gefeiert werden mußte, bereitete dem Lehrerkollegium sichtlich Schwierigkeiten. Man spürte den meisten von ihnen die Mühe an, der freiheitlichsten Verfassung etwas Positives abzugewinnen. Ähnlich wird es in den meisten kleineren Städten der Mark Brandenburg zugegangen sein. Ich erinnere mich, daß jener erste Direktor, mit dessen Sohn ich befreundet war, uns beiden Quartanern auf die Schulter klopfte: „Deutschnationale Jungs!" Wir hatten schwarzweißrote Bändchen an unsern Jacken angebracht.

Zur Zeit des Spartakusaufstandes gab es unmittelbar vor unserem Wohnhaus – wir waren nach dem Tode meines Vaters in eine bescheidenere Wohnung am Schulplatz, direkt am Gymnasium, umgezogen – eine bewaffnete Auseinandersetzung der Reichswehr, von der ein Bataillon in der alten Garnisonstadt lag, mit roten Aufständischen. Ein Mann wurde erschossen, ich lief neugierig vor die Tür und bezog daraufhin eine kräftige Ohrfeige von unserm Hauswirt, Herrn Keil.

In der Familie war man, wie in östlichen Bürgerkreisen, „rechts" eingestellt. Als der Kaiser 1918 nach Holland floh und abdankte, weinte meine Mutter bitterlich. Eine Welt stürzte für sie zusammen. Wahrscheinlich war die Ablösung der Monarchie die größte, nicht nur politische Umwandlung, die ich miterlebt habe.

Meine religiöse Entwicklung während der Schulzeit wurde durch den Schülerbibelkreis und den Konfirmandenunterricht geprägt. Die Freizeiten des Bibelkreises hielten ein gutes Gleichgewicht zwischen jungenhaften Spielen und intensivem Mühen um die Heilige Schrift. Geleitet wurden sie von älteren Schülern. Ernst Gürtler, später Superintendent in Storkow, steht mir mit seinen kurzen blauen Hosen und dem grauen Hemd unserer Zunft deutlich vor Augen. Wir gehörten zu den letzten freien Ausläufern der Jugendbewegung mit Lagerfeuer und Speerspielen. Unsere Nationalhymne war das „Niskyer Turnerlied":

Laß ein Mann mich werden, / der voll Zucht und Art,
stark und rein auf Erden / Leib und Seel' bewahrt.
Laß ein Mann mich werden, / immer jugendlich,
denn die Kraft der Erden / ist geweiht durch dich.

In Neuruppin leitete ich während meiner Primanerzeit den Schülerbibelkreis. Auf einer der Freizeiten habe ich, von unserm Landesjugendpfarrer Mehlhase geleitet, Gott im Ge-

24

bet um die Kraft gebeten, hinfort sein Jünger sein zu können.

In meinem Konfirmandenunterricht fiel eine Entscheidung für mein Leben. Pfarrer Reinhold Bittkau hatte die Schüler und Schülerinnen der höheren Schulen gesondert genommen und sie kräftig gefördert und gefordert. Ich mußte damals sogar einen kleinen Vortrag über den Marxismus halten. Viel werde ich davon nicht verstanden haben, aber die Tatsache, daß solches Thema überhaupt in einer Konfirmandengruppe bearbeitet werden konnte, spricht für sich.

Die Konfirmation ist mir in lebhafter Erinnerung. Für den Konfirmationsschein wählte ich das Bild von Schindler, „Jesu, geh voran". Als Spruch bekam ich Johannesevangelium 15,5.

An das „Ohne mich könnt ihr nichts tun" habe ich in meiner Amtszeit oft denken müssen. Pfarrer Bittkau war kein großer Prediger, aber ein Suchender, der seine Gemeinde in sein Fragen und Finden mit einbezog.

Es wird auch eine Frucht des Konfirmandenunterrichts sein, daß ich im Hause des Konfirmators den Entschluß faßte, Pastor zu werden. Vorher hatte ich – Erbe meines Vaters und Großvaters – an Geographie gedacht. Die Begründung des kaum Vierzehnjährigen war allerdings nicht sehr überzeugend: Ich könnte dann meine vielerlei Interessen am besten zum Zuge kommen lassen. Vielleicht habe ich geahnt, daß christlicher Glaube den ganzen Menschen erfaßt. Bittkau war später der einzige Pfarrer der Bekennenden Kirche in der Stadt Neuruppin. In seinem Hause ging ich ein und aus; auch mit seinen Kindern verband uns eine enge Freundschaft. Bei den Ruppiner Straßenjungen stand er hoch im Kurs. Originalton: „Ick jeh ßu Paster Bittkaun in Konfer, der sejnet sauber in."

Bittkaus zweite Tochter Käthi, charmant und liebenswürdig, habe ich bis in die Studentenzeit heiß verehrt. Daß sie mir aus einsichtigen Gründen – sie war zwei Köpfe kleiner als ich – den Laufpaß gab, hat mich tief getroffen. Bis zu ihrem Tode vor ein paar Jahren hatten wir eine gute Freundschaft. Sie ist ein bißchen mitschuldig daran, daß ich mein Ablitur nicht in der gewünschten und erwarteten Qualität bestand. Ich hatte ihr kurz vorher einen Krankenbesuch gemacht – sie hatte Angina. Und Angina ist ansteckend ...

Im Gymnasium hatte mir der Klassenlehrer die Aufgabe übertragen, das tägliche Morgengebet zu sprechen. Ich schöpfte aus dem Reichtum Paul Gerhardts. „Die güldne Sonne" liefert einen ganzen Sack voller Morgengebete. Einen dicken, schwarzen Klecks hat meine religiöse Biografie allerdings in dieser Zeit bekommen: Das einzige „Mangelhaft", das ich je auf einem Zeugnis hatte, bekam ich im Fach Religion. Wir mußten die Bergpredigt auswendig lernen, und ich war zu faul dazu. Außerdem fiel und fällt mir das wörtliche Lernen von Texten schwer. Daß meine Tante Hedwig noch bis unmittelbar vor ihrem Tode – mit 103 Jahren – Mörike- und Goethegedichte, Kirchenlieder und Shakespearesonette (auf englisch natürlich) aufsagen konnte, war mir stets ein unerklärliches Wunder.

Die drei Oberklassen meiner Schule waren durch drei Tätigkeiten besonders geprägt: durch die Tanzstunde, den Gymnasialruderverein und den Schülerverein „Literaria". Nach der Konfirmation Tanzstunde – das war für uns Gymnasiasten selbstverständlich. Das erste Mal traten die Mädchen maßgeblich in unser Leben ein. Die Wahl der Tanzstundendame war zuweilen dramatisch und für manchen identisch mit der Wahl fürs Leben. Es war die Pflicht der Tanzstundenherren, ihre Damen nach Hause zu begleiten. Ich denke noch mit Schaudern daran, wie ich mit der von mir Erwählten etwa zwei Kilometer zu ihrem Hause zurückzulegen hatte und uns beiden kein einziges Gesprächsthema einfiel. Gesprächiger waren wir, wenn wir „unsere Damen" etwas später in der Badeanstalt trafen.

Neuruppin liegt an einem etwa 15 Kilometer langen See, an den sich die typisch märkischen Gewässer der Ruppiner Schweiz anschließen. Es wäre Frevel gewesen, an solchem Ort nicht Wassersport zu treiben. So trat ich dem Gymnasialruderverein bei und ruderte zweimal die Woche. Als ich Student wurde, durfte ich mir ein eignes Ruderboot kaufen, einen schönen Einer, der dann leider in den Endwirren des Krieges verschwand. Heute habe ich mein drittes Boot dieser Art und hoffe, es noch eine Weile gebrauchen zu können. Rudern beansprucht viele Muskeln und ist darum ein gutes Mittel gegen die Steifheit der altwerdenden Glieder.

Endlich die „Literaria". Sie wurde von meinem zweiten Direktor Dr. Elß geleitet und diente ihm wohl dazu, neuere Literatur an seine Primaner heranzutragen, die auf dem Lehrplan nicht vorkam. Das waren die Dichter, die damals als modern galten: Hofmannsthal, Werfel, George, und vor allem Rilke. Muß ich noch sagen, daß ich mich in dessen Verse unsterblich verliebt habe? Bei unserem öffentlichen literarischen Abend durfte ich Rilkes „Weise von Liebe und Tod" vortragen, mehr ergriffen von der Musik der Sprache als von dem Inhalt des Stückes.

2. Meine Mutter

Die folgende Begebenheit ist charakteristisch für meine Mutter, von der jetzt die Rede sein soll. Ein junger Freund nimmt 1933 an der Beschimpfungskampagne gegen einen dem Regime unliebsamen Lehrer teil. Meine Mutter stellt ihn zur Rede:

„Warst du dabei, als sie vor dem Fenster des Lehrers X Radau machten?"

„Ja."

„Was habt ihr dem Lehrer X denn vorzuwerfen?"

„Weiß ich nicht."

„Kennst du Lehrer X überhaupt?"

„Nein."

„Dann schäme dich. Ich will mit dir nichts mehr zu tun haben."

Sie hat dem Jungen später vergeben. Aber diese niederträchtige Art, mit Gegnern umzugehen, war ihr im tiefsten Herzen zuwider. Ihre Abneigung gegen die Nazis gründete sich vor allem in deren menschenverachtender Verlogenheit und ihrer Lästerung Gottes.

Wir haben noch lange nach dem Krieg einen Riesenkochtopf aufbewahrt. Das war der „Konventstopf". In ihm hat meine Mutter für den illegalen Konvent der Pfarrer der Bekennenden Kirche gekocht. Der Pfarrkonvent tagte in ihrem Häuschen in der Blücherstraße am Rande von Neuruppin. Er wurde von einem der entschiedensten Verfechter der biblischen Wahrheit geleitet, von dem Fehrbelliner Pfarrer Günter Harder, später Dozent an der Kirchlichen Hochschule in Berlin-Zehlendorf. In Neuruppin wirkte eine Zeitlang auch Kurt Gerstein, der in Hochhuths „Stellvertreter" eine so wichtige Rolle spielt. Meine Mutter kannte ihn gut, er gehörte damals zur Bekennenden Gemeinde, deren Vikare in ihrem Haus wie Söhne verkehrten.

Mit Erich Klapproth, der später in der illegalen Jugendarbeit der Bekennenden Kirche eine vor allem seelsorgerliche Aufgabe erfüllte, wechselte sie Klage- und Trostbriefe. In einem Brief vom März 1938 heißt es: „Wie freue ich mich, daß Sie nun noch viel mehr als früher in der Gemeinde mittun! Wenn es nur nicht über Ihre Kräfte geht! Das wäre auch nicht gottgefällig, selbst wenn Menschen ihre Freude daran haben. Sie sind ein ganz wichtiger Pastor in Neuruppin." Mich selbst, den einzigen Sohn, hat sie niemals zurückgehalten oder auch nur davor gewarnt, meine berufliche Zukunft mit der Bekennenden Kirche zu verbinden.

Meine Mutter, 1889 in Neuruppin geboren, stammte nicht aus einem Pfarrhaus und auch nicht aus einer besonders gut informierten, kritischen Familie wie Dietrich Bonhoeffer, sie kam weder aus dem Kreis der Religiösen Sozialisten noch aus einer anderen oppositionellen Gruppe. Meine Mutter war ein Beispiel dafür, welche Glaubenssubstanz damals noch in einem normalen bürgerlichen Hause vorhanden war. Wie die meisten war sie nationalgesinnt. Sie hat wahrscheinlich die Deutsche Volkspartei, die Partei Stresemanns, gewählt. Niemals wäre ihr der Gedanke gekommen, eine schwarzrotgoldene Fahne hinauszuhängen, allerdings auch keine schwarzweißrote. Obwohl der Thronverzicht und die Flucht Wilhelms II. sie tief getroffen hatten und sie in demselben Jahr ihren Mann verloren hatte, konnte sie zum Jahreswechsel 1918/19 den Ihren schreiben: „Nicht zuviel zurückschauen nach dem, was man verlor, vorwärts auf das, was man noch gewinnen könnte … Was ich mir wünsche? Ein neues Hoffen, den alten Glauben und größere Liebe, die alles verstehen will und jeden annimmt und sich in jedermann hineindenkt."

Es war ein unaufwendiger, nicht zur Schau getragener, aber bis in die letzten Konsequenzen hinein ernstgenommener Glaube. Kein Wunder, daß in ihrem Neujahrswunsch die Liebe am deutlichsten bedacht wird. Die Liebe war bei ihr und der ganzen Familie, aus der sie kam, und auch in der, die sie gegründet hat, immer „die größeste unter ihnen". (1. Korinther 13,13)

Bevor der Kirchenkampf sie in die Pflicht nahm, war sie keine besonders eifrige Kirchgängerin; in einem Gemeindekreis war sie nicht verankert. Bei ihr war alles „innen", aber aus diesem Zentrum hat sie gelebt und gewirkt. Sie schickte mir nach dem Zweiten Weltkrieg ein Gebet. Ich sollte beurteilen, ob es anderen hilfreich sein könnte. Die Verse sind nicht besonders schön, aber sie sind echt meine Mutter:

> Ich habe Dich, weil Du mich hast.
> Hast mir genommen alle Last
> der unvergebenen Sünde.
> Ausgelöscht ist alle Schuld,
> hast mich getragen in Geduld, o Jesu.
> Nun bitt' ich sehr, Herr Jesu Christ,
> wollst mich doch ja nur lassen nicht
> allein auf meinem Pfade.
> Halte mich an Deiner Hand,
> nun da Du Dich mir zugewandt,
> fest aus lauter Gnade, o Jesu.

So ist denn auch die Todesanzeige für meinen Vater frei von allem heroisierenden Wortgeklirr: „Gott nahm meinen heißgeliebten Mann, meines Kindes treuen Vater, im Alter von vierzig Jahren zu sich."

Das war keine fromme Floskel, das war ihr Trost bis hin zum eigenen Sterben.

Ihre Ehe konnte nur die vier Jahre bis zum Ersten Weltkrieg uneingeschränkt glücklich sein. Die nächsten vier Jahre war sie eine Urlaubsehe. Im ganzen dauerte sie knapp acht Jahre. Soll man die Jahre des Wartens und Werbens dazuzählen? In die Zeit der heimlichen Verlobung fällt die Vorbereitung und die Absolvierung des Lehrerinnenexamens, mit der Note „gut", versteht sich. Damit erwarb sie die Befähigung für den höheren Schuldienst. Sie wird das Zeugnis noch brauchen.

Der Tod ihres Mannes trifft meine Mutter furchtbar. Ihre Ehe war wohl ohne Schatten geblieben. Für sie wie für die elterliche Familie war die große Liebe bestimmend, die den andern gelten läßt und sein Bestes sucht. Meine Mutter hat nicht wieder heiraten wollen.

Nun konzentrierte meine Mutter ihre Liebe auf das Kind. Aber sie war nicht vernarrt in ihren Einzigen. Sie blieb ihm gegenüber, bei aller Liebe und bei allen Reaktionen auf das Flegelalter, stets souverän, und sie hat ihn manchmal energisch in seine Grenzen zu weisen verstanden.

Zu meinem Vormund wurde Kreisarzt Dr. Tietz bestellt, der Nachfolger in unserer Wohnung. Unsere Familien wurden gute Freunde.

Trotz ihrer Witwenschaft und der geringen Pension hat meine Mutter nie über Mangel an Geld geklagt. Sie hat sich sogar noch das kleine Haus in der Blücherstraße gebaut. Der Sohn durfte, sehnsüchtig nach einer anderen Welt, die ersten vier Semester im schwäbischen Tübingen studieren. „Bafög" gab es damals noch nicht. Das Äußerste an staatlicher Hilfe bestand im Erlaß der Schul- und Studiengebühren.

Meine Mutter eröffnete eine kleine Privatschule. Eine examinierte Lehrerin konnte das damals. Ein paar Mädchen aus Neuruppin fanden bei ihr nicht nur ausgezeichnete Belehrung, sondern auch manche Lebenshilfe, denn der Einzige genügte ihrem pädagogischen Eros nicht. Sie wurde die mütterliche Freundin vieler junger Menschen. Zu raten, aber auch gelegentlich kräftig zurechtzuweisen, scheute sie sich nicht. Die Eltern waren, wenn es ihr nötig schien, nicht davon ausgenommen. Was sie für richtig hielt, vertrat sie mit Nachdruck. Um Autorität brauchte sie nicht besorgt zu sein.

Als Enkel erschienen, begann für sie ein neuer Lebensabschnitt. Und die Enkel kamen reichlich. Zuletzt waren es sechs. Da war ihre großmütterliche Liebe voll gefordert denn die Enkel hingen an ihr. Der wichtigste und wohl auch schwerste ihrer Lebensabschnitte war später die Kriegszeit in Brüssow: das Haus voller Verwandter und Freunde, evakuiert aus Berlin, der Sohn Soldat. Damals schrieb meine Mutter an die ihre, die der Lebensmut nach dem Tode eines meiner Vettern wohl für eine Weile verlassen hatte: „Ich geh nun hier wie Ihr durch dick und dünn, durch gute und böse Tage, und es ist viel fremdes Leid, das Trost will, und viel junges Blut, das Freude will, und immer darf ich schenken. Und all das äußerlich Kleine wird so unwichtig, und groß bleibt das eine: Gott hält Gericht mit uns, mit userm eignen Volke, mit einem jeden von uns. Möchten wir es erkennen und umkehren."

Krisen gab es allerdings, später, nach 1947, in Brandenburg, als die jüngeren Kinder in die Pubertät kamen und nicht mehr geneigt waren, die Liebe der Großmutter vorbehaltlos anzuerkennen und hinzunehmen. Daß die „süßen Kinder" frech wurden, hat die Großmutter immer wieder recht enttäuscht, und ich muß bekennen, daß wir ihre Liebe tüchtig ausgenutzt haben. Bei Dienst- und anderen Reisen war die gute Großmutter selbstverständlich zur Stelle. Wir machten uns keine Gedanken darüber, daß sie vor allem für uns da war. Und sie wollte das ja wirklich so. Eingeengt auf das eine Zimmer, welches ihr nach der Beschlagnahme des Hauses durch die Sowjets geblieben war, sah sie keinen Sinn mehr darin, in Neuruppin zu bleiben. Sie kam ganz zu uns nach Brandenburg. Das war auch gut so, denn die Schwiegertochter hatte nach dem Krieg infolge einer Sepsis nicht mehr ihre volle Kraft.

Unser Zusammenleben in dieser Zeit war nicht einfach. Die Großmutter wußte stets genau, was den Enkeln guttat und was nicht. Sie machte ihre Liebe zum alleinigen Maßstab und handelte dementsprechend. Das waren nicht immer die gleichen Maßstäbe wie die der Eltern. So gab es Spannungen, bei denen der Sohn zwischen Mutter und Ehefrau zu stehen kam. Ich werde den Augenblick nicht vergessen, als meine Frau, acht Tage vor ihrem Tode, auf dem letzten Weg ins Krankenhaus die Schwiegermutter umarmte und um Vergebung bat.

Nach dem Tode der Schwiegertochter kam noch einmal eine große Verantwortung auf die nunmehr Dreiundsiebzigjährige zu. Der Sohn trat ein neues Amt in Eberswalde an, fast drei Autostunden von Brandenburg entfernt. Die Großmutter mußte vorerst mit den drei Kindern, die noch im Hause waren, in Brandenburg zurückbleiben. Erst nach fast einem Jahr konnte sie in das renovierte Haus einziehen, nahe an einem der schönsten Wälder der Mark Brandenburg gelegen. Für sie begann eine leider nur noch kurze Zeit eines großen, uneingeschränkten Glückes. Ihre Briefe aus Eberswalde sind voller Dank für das schöne Verhältnis zur zweiten Schwiegertochter. Ihrer älteren Schwester schreibt sie, drei Monate vor ihrem Tode: „Wir sind ja alt genug, um dem Gedanken nun wirklich Raum zu geben, einmal geht's heim. Daß ich jetzt, wo ich den Himmel auf Erden habe, gerne noch bei den Lieben bliebe, verschweige ich Dir nicht. Das Schönste ist, daß wir immer denken können: Wie haben wir uns alle so lieb gehabt!"

Der Sohn war in ihrer Sterbestunde auf einer Dienstreise, und so hat ihre Schwiegertochter ihr die Augen zugedrückt. Sie liegt an der Seite ihres Mannes, den sie sechsundvierzig Jahre überlebte, in Neuruppin begraben.

3. Tübingen

Glücklich und voller Erwartungen fuhr ich Ende April 1929 über Erfurt, Meiningen, Schweinfurt, Stuttgart nach Tübingen. Ich glaube kaum, daß man sich je im Leben wieder so frei fühlt wie als „Mulus" – als „Maulesel": nicht mehr Schüler, noch nicht Student. Das Kind der norddeutschen Tiefebene zog es mit Gewalt nach Süddeutschland, und Tübingen galt schon immer als Hochburg der Theologie. Meine Großmutter hatte mir drei Mark zugesteckt: Ich sollte es mir leisten, den Speisewagen aufzusuchen. So habe ich die reizvolle Fahrt durch den Thüringer Wald, Oberhof, Zella-Mehlis, Suhl, Meiningen aus den großen Fenstern des Speisewagens genossen – vor mir ein Menü mit vier Gängen für 3,30 Reichsmark. Auf mein Gepäck aufzupassen, bat ich einen jüngeren Herrn, den ich für einen älteren Studenten hielt. Wir wollten ja beide nach Tübingen. Ich fragte ihn aus, ob man in Tübingen auch rudern könne und ob es dort Gelegenheit zum Tanzen gebe. Der „Student" machte mich darauf aufmerksam, daß man in Tübingen vor allem zu studieren pflege. Ich nahm diesen Hinweis nicht besonders ernst. Am nächsten Tage war Semestereröffnung in Tübingen. Die Professoren zogen in festlichem Talar ein. Unter ihnen mein „Student" vom Vortag. Ich vermied es, von ihm gesehen zu werden.

Ein zweiter Grund, meinen „Mulus"hochmut abzulegen, war der erste Besuch in der Universitätsbibliothek. Ich erinnere mich sehr genau daran, wie hilflos ich mir angesichts der Menge der Zettelkästen vorkam.

Tübingen war eine solide Lehr- und Lernstätte, recht dazu geschaffen, gründliche Studien zu treiben. Unter den Theologen gab es Lehrer von hervorragendem Ruf. Das Alte Testament vermittelte uns Paul Volz. Adolf Schlatter, auf dessen Bedeutung ich von vielen Selten hingewiesen worden war, versuchte ich natürlich auch zu hören. Er begann im Auditorium Maximum mit der Bemerkung: Wir werden bald in einen kleineren Hörsaal umziehen. Die Zahl der Hörer schrumpfte von Mal zu Mal. Um seiner Vorlesung folgen zu können, mußte man im Alemannischen schon sehr geübt sein. Ich war es nicht. Wie ich auch zuerst die größten Schwierigkeiten hatte, die Tübinger zu verstehen, selbst wenn sie Schriftdeutsch zu sprechen vorgaben – von dem schwäbischen Dialekt ganz zu schweigen. Ich wohnte im zweiten Tübinger Semester in der Neckarhalde, ganz in der Nähe von Schlatters Wohnung, und ich wunderte mich darüber, in welch fast ärmlicher Kleidung, Sandalen an den Füßen, sich dieser Professor in der Stadt sehen ließ. Es paßte zu ihm, was man von ihm erzählte: In seiner Berliner Zeit hatte er aus der Hand seines Kaisers und Königs den Roten Adlerorden empfangen und ihn in seine Jackentasche gesteckt. Ich war damals zu unreif, um Schlatters Bedeutung zu ahnen. Erst Bonhoeffer hat mich angeleitet, Hilfe bei diesem ausgezeichneten Kenner der Bibel und unabhängigen Forscher zu suchen. Ich lernte zu bewundern, daß er in seinen „Erläuterungen zum Neuen Testament" kein Bibelwort ohne Auslegung ließ.

Mein großer und verehrter Lehrer in Tübingen war Karl Heim, der Stern der Fakultät. In seinen Vorlesungen war das Auditorium Maximum mit mehr als 400 Plätzen vom Anfang bis zum Semesterende voll besetzt. Seine Auslegung des Römerbriefes führte mich tief in die Gedanken des Apostels ein. Sie hat mich so beeindruckt, daß sie mir 16 Jahre später, in meinem kleinen Seminar im Kriegsgefangenenlager, noch immer gegenwärtig war. Mein glühendes Interesse aber galt der berühmten Vorlesung „Christentum und Naturwissenschaft". Es war mir ja, seit meiner Entscheidung für die Theologie, besonders wichtig, ein ganzheitliches Verständnis von Glaube und Welt zu gewinnen. Karl Heim verarbeitete stets die neuesten Ergebnisse der Naturwissenschaft in ihrer ganzen Breite und verstand es, sie pädagogisch meisterhaft zu vermitteln.

Eine wichtige Ergänzung zu Karl Heim bedeutete für

mich die Vorlesung von Hans Geiger. Da es sich dabei um „Physik für Mediziner" handelte, habe ich es gewagt, sie zu belegen. Im Jahr davor hatte Geiger den nach ihm benannten Zähler erfunden, und so hatten wir Gelegenheit, diesen für die Atomphysik unentbehrlichen Apparat vom Erfinder selbst vorgeführt zu bekommen. Er hatte den Zähler an ein Verstärkersystem angeschlossen, so daß wir den Aufprall von Elektronen im Lautsprecher hören konnten. Zuerst kamen die Töne sehr sporadisch. Dann aber holte Geiger aus dem Keller des Instituts das Gramm Radium, das dort gelagert war. Schon aus größerer Entfernung, noch auf der Kellertreppe, verstärkten sich die Signale. Als Geiger den Vorlesungsraum betrat, war nur noch ein gewaltiges Getöse zu hören – Hinweis darauf, was an gefährlichen Kräften in dem einen Gramm Radium steckte. Ich habe mir anhand dieses physikalischen Bildes immer die Bedeutung der Wunder im Neuen Testament vorstellen können: Je näher das Reich Gottes kommt, desto intensiver und häufiger werden die „Zeichen".

Meine literarischen Interessen fütterte ich mit einer Vorlesung des Germanistikprofessors Schneider. Das Wichtigste, was es zu erledigen gab, war aber, die Prüfung im Hebräischen zu bestehen. Ich hatte mir dieses Pflichtfach des Theologen für die Universität aufgehoben. Den Unterricht gab der Alttestamentler Wilhelm Rudolph persönlich. Leider spornte mich das nicht zu besonderem Fleiß an. Bei einem Pfingstausflug an den Bodensee mußte ich mir dann aber klarmachen, daß ich nur noch acht Wochen Zeit bis zum Hebraicum hatte. Das Ergebnis war auch danach. Bei der Prüfung, die unter Vorsitz des gestrengen Direktors des Gymnasiums abgehalten wurde, fiel – so war die Erfahrung – etwa die Hälfte durch. Ich habe mit knapper Not bestanden. Ich mußte später aber noch zweimal Hebräisch lernen: zum 1. und zum 2. Theologischen Examen. Zur „Sühne" habe ich mir auferlegt, daß ich, wenn ich in Zukunft über einen Text des Alten Testaments zu predigen hatte, ihn aus der hebräischen Bibel übersetzte. Diese Praxis habe ich immer beibehalten.

Daß meine erste Studienzeit nicht gerade von einem überbordenden Eifer gekennzeichnet war, hing damit zusammen, daß ich mich sogleich bei einer Studentenverbindung, der Akademischen Turnverbindung „Arminia", als Aktiver meldete. Mir lag daran, Mitglied einer möglichst bunten Gemeinschaft zu sein. Einer Turnverbindung schloß ich mich an, weil ich meinen Kopf nicht zuungunsten anderer Körperteile überstrapazieren wollte. Ich war wegen meiner Körpermaße zwar kein guter Geräteturner, dennoch aber ein Sportler von dem Leistungsniveau, wie es das Reichssportabzeichen verlangte. Die dafür abzuleistenden Übungen habe ich, außer dem Zehnkilometerlauf, ohne Schwierigkeiten bewältigt.

Aber nicht allein der Sport übte eine beträchtliche Anziehungskraft aus: Eine Studentenverbindung stellte eine freie Gemeinschaft junger Männer dar, die sich, nach burschenschaftlicher Tradition, selbst ihre Gesetze und Ordnungen gab. Mit Humor nahm ich in Kauf, daß zum studentischen Komment auch allerlei bramarbasierender Bierernst gehörte, so die „Prinzipienreden" anläßlich der feierlichen Kneipen am Semesteranfang, bei denen dargelegt wurde, warum die „Arminia" zum „Schwarzen Ring" gehörte und nichts von Band und Mütze hielt und warum man zwar zu den säbelschwingenden – den „satisfaktionsgebenden" – Verbindungen gehörte, die „Bestimmungsmensuren" der Corps und Burschenschaften aber ablehnte. Daß unsere Verbindung wie die anderen, die im Deutschen Waffenring zusammengeschlossen waren, Juden ausgrenzte, hat uns damals nicht beschäftigt. Juden hatten ihre eigenen Verbindungen. Das Wichtigste am Korporationswesen war: Wir wußten, wohin wir gehörten. In solcher Gemeinschaft wurden Freundschaften geschlossen. Ich wählte mir den fünf Jahre älteren Theologen Werner Lent zum „Leibburschen". Er wurde Pfarrer in meiner Berlin-Brandenburger Kirche. So blieben wir auch nach dem Studium in Verbindung.

Der Mittagstisch im Verbindungshaus unterhalb des Österbergturms führte uns täglich zusammen. Davor war eine halbe Stunde Übungsfechten obligatorisch, natürlich mit stumpfen Waffen und den nötigen Bandagen. Leider betrieben wir nicht das sportlich-elegante, sondern das studentische Säbelfechten, bei dem eintönig und mit steifem Arm nur das Handgelenk bewegt wurde. Dieses Training diente dem „Ernstfall", wenn mit scharfen Waffen zu kämpfen war. Der trat ein, wenn es Beleidigungen zu „sühnen" galt. Es gab Leute, die solche „Beleidigungen" nur allzugern empfingen oder austeilten und sich nirgends so wohl fühlten wie auf dem Paukboden.

Ich bin ein friedfertiger Mensch. Aber zweimal mußte ich doch zum scharfen Säbel greifen, weil ich als Erstchargierter, also Vorsitzender, die „Ehre" meiner Verbindung wiederherzustellen hatte. Bei der einen dieser Mensuren, die in einem benachbarten Verbindungshaus einer farbentragenden Turnverbindung ablief, gab es einen aufregenden Zwischenfall. Es klingelte an der Tür, und ein Polizist verlangte Herrn Schönherr, obwohl der dort gar nicht wohnte. Polizei – das bedeutete Alarm. Die Württemberger verfolgten die Mensurfechtenden zwar nicht, aber wenn sie jemandem bei einem verbotenen „Duell" ertappten, war den Beteiligten der Hohe Asperg sicher. Also machten wir uns aus dem Staube, über Hecken und Zäune hinweg, ich mit blutüberströmtem Gesicht. Ich sah wahrscheinlich wie ein Cherusker nach der Schlacht im Teutoburger Wald aus. Aber die Gefahr verzog sich bald. Der Polizist gab sich mit der Auskunft zufrieden, ein Schönherr wohne hier nicht. Als ich mich später bei der Polizei erkundigte, worum es denn gegangen sei, wurde mir eine Geldbörse ausgehändigt, die ich ein Jahr zuvor gefunden und bei der Polizei abgegeben hatte.

Der Grund, warum ich zum Säbel hatte greifen müssen, war weniger leichtzunehmen. Wie in anderen Verbindungen auch wurden die Neuaufgenommenen einer „Fuchsentaufe" unterzogen, bei der ihnen ein „Biername" verpaßt wurde. Das geschah bei der „Arminia" im benachbarten Hohen-Entringen, wohin uns ein Wagen bringen sollte. Der ließ aber auf sich warten, und so zogen wir den Österberg hinunter, ihm entgegen. Und zwar leider in der einschlägigen Ver-

kleidung, der eine als „Mönch", ein anderer, spezifisch ausgestattet, als „Amme". Zum Überfluß wurden die beiden
von einem Baldachin in unseren Farben überdacht. So ge-
langten wir bis in die Stadt, zum Schimpfeck. Dabei haben
wir uns nichts Böses gedacht. Eine Konfession wollten wir
keineswegs beleidigen. In der Nähe des Schimpfecks aber
wohnte ein katholischer Pfarrer, und der sah es anders. Er
zeigte uns an. Die Übeltäter und der Erstchargierte wurden
vor Gericht gestellt. Sie wurden in zwei Instanzen zwar
nicht, wie die Anklage lautete, wegen Religionsvergehen,
sondern nur wegen groben Unfugs verurteilt. Durch die
Presse in ganz Deutschland ging ein Schrei der Empörung.
Nur Frau Mathilde Ludendorff, das Haupt der damals chri-
stenfeindlichsten Bewegung, des Tannenbergbundes, versicherte uns ihrer vollen Zustimmung – peinlich.

Zu den schönsten Erinnerungen an meine Tübinger Zeit
gehören die Fahrten ins nähere oder weitere Umland. Am
Ende einer Semesterabschlußkneipe sollte das Los entscheiden, ob wir zu dritt einen Radausflug über den Schwarzwald
nach Straßburg antreten sollten. Das Fünfmarkstück zeigte
„deutsche Eiche", und so fuhren wir los. Unser Reisebudget
waren eben diese fünf Mark. Die Abfahrt vom Kniebis hinunter in die Rheinebene gestaltete sich halsbrecherisch.
Erwin von Steinbachs Münster, besonders die wie mit einem Filigranschleier überzogene Westfassade, begeisterten
uns. Am Abend in Baiersbronn, schon wieder im Schwarzwald, fanden wir mit gerade 20 Pfennigen in der Tasche und
nach längerer vergeblicher Herbergssuche endlich Unterkunft im „Ochsen". Nach einem ausgiebigen Abendbrot
sollten wir in sauberen Betten schlafen dürfen – unter der
Bedingung freilich, daß wir vorher noch den Abend lang
mit den weiblichen Gästen tanzten. Diese Bedingung schien
uns akzeptabel. Das Geld für Kost und Logis wurde uns
Studenten, den „Herre", wie man im Schwabenland sagte,
großzügig gestundet. So gut war der Ruf, in dem unsere
Zunft damals stand.
Vom Ausgang meines Hebraicums im Sommer 1929

machte ich es abhängig, ob ich an dem großen Fest der Akademischen Turnverbindungen Deutschlands und Österreichs im August in Klagenfurt teilnehmen dürfte. Ich hatte es geschafft, und so konnte ich die herrliche Fahrt über Salzburg und das Gasteiner Tal und wieder hinunter ins Drautal ohne Beschwer genießen. Nach Sven Hedin ist das die schönste Bahnstrecke der Welt.

Von den Veranstaltungen in der kärntnerischen Stadt weiß ich nichts mehr. Nur an das Bad im ungewohnt warmen Wörther See und den Fernblick auf die Karawanken kann ich mich erinnern. Die Rückfahrt unterbrach ich in Mallnitz, unmittelbar vor dem großen Tunnel, und kletterte ganz allein und nur mit leichtem Schuhwerk auf den nächsten Berg. Den zweiten Halt machte ich in Salzburg und fuhr für die letzten zwei Mark nach Berchtesgaden, um den von meinem Großvater vielgepriesenen Königssee zu erleben. Der Preis für diesen Ausflug war elender Hunger auf der langen Rückfahrt nach Berlin. Ganze zwei Groschen für die U-Bahnfahrt zur Großmutter nach Friedenau waren mir geblieben.

Zu einem zünftigen Studentenleben in Tübingen, zumal in einer Turnverbindung, gehörte unbedingt das Skilaufen. Ich absolvierte Skikurse in Mittelberg im Walsertal und in Stuben am Arlberg. Während einer rasanten Abfahrt hätte ich mir bei einem unfreiwilligen Salto fast ein Auge ausgeschlagen. Bis vor kurzem bin ich noch Jahr für Jahr in dem weniger aufregenden Erzgebirge Ski gelaufen.

Der Höhepunkt meiner Ausflüge von Tübingen aus war eine neuntägige Radtour im Sommer 1930 in die Schweiz. Wir waren zu dritt. Es begann mit einer 160-Kilometer-Gewalttour nach Singen/Hohentwiel, weil wir den Frühzug nach Sigmaringen verpaßt hatten. Schaffhausen und Zürich waren die nächsten Stationen. Von Flüelen an der Gotthardbahn schoben wir die Räder an einem heißen Pfingstsonntag geduldig durch das Höllental nach Andermatt. Ein einziges Auto begegnete uns damals auf dieser Zufahrtsstraße zum St.Gotthardpaß. Die Furka war noch nicht befahrbar. So benutzten wir die Bahn bis zum Rhônegletscher

und staunten über das märchenblaue Licht im Gletscher-
tunnel. Dann aber wurde es verhängnisvoll. Die beiden Mit-
fahrer löschten ihren Durst trotz meiner Warnung mit Glet-
scherwasser. Die Folgen waren furchtbar. Erst die wohltäti-
gen Opiumpillen aus der Apotheke in Montreux stoppten
das Unglück. Das andere Ereignis, das uns auf der Weiter-
fahrt zu schaffen machte, war die steile Abfahrt vom Rhônegletscher ins obere Wallis. Damals gab es dort noch keine
gepflegte Teerstraße; der Weg führte durch eine Lawine, die
man aufgegraben hatte. Der Schotter mit seinen scharfen
Spitzen lag lose auf der Straße und zerfetzte die Mäntel unserer Reifen, zumal wir wegen des Gefälles mit enormer
Geschwindigkeit über das Trümmerfeld von Straße sausten.
Jeder von uns mußte in den folgenden Tagen etwa zehnmal
seine Reifen flicken. Zu neuer Bereifung reichte das Geld
nicht. Trotzdem genoß ich die lange Fahrt das Wallis hinunter und am Genfer See entlang. Bei Lausanne verließen wir
ihn in Richtung Norden, um über den Jura, Basel und den
Schwarzwald wieder nach Tübingen zu gelangen. Wir erlebten eine heile Alpenwelt, wie es heute einem jungen
Menschen kaum mehr vergönnt ist.

In einer Männergesellschaft wie unserer „Arminia" waren
die Damenfeste natürlich von besonderem Glanz umstrahlt.
Einmal im Semester lief, nach den strengen Regeln ehrpus-
seliger Bürgerlichkeit, das Zeremoniell eines studentischen
Balles ab. Der Rat der Burschen teilte jedem einzelnen seine
Dame zu, und der Glückliche hatte daraufhin den Eltern der
ihm zugeteilten Dame einen Besuch zu machen, bei dem er
denen die beruhigende Gewißheit vermitteln sollte, daß sie
ihre Tochter keinem Unhold anvertrauten. Am Tage des
Festes mußte die Dame vom elterlichen Hause abgeholt und
wieder dorthin zurückgebracht werden. Natürlich war es
streng untersagt, der Dame mehr als den Arm anzubieten.
Zu guter Letzt hatte sich unsereiner dann noch an einem der
folgenden Tage in besagtem Elternhaus danach zu erkundi-
gen, ob alles gut bekommen sei. Als Fuchs im ersten Semester wurde mir eine sehr nette, erheblich ältere Dame aus

einer der umliegenden Ortschaften zugeteilt, so daß ich im Zusammenhang mit diesem Fest im ganzen ungefähr 32 Kilometer zurückzulegen hatte. Die Dame, die zum festen Bestand unseres Damenarsenals gehörte, hatte dafür ein freundliches, fast mütterliches Bedauern.

All diese Umstände bekamen eine völlig andere Wertigkeit, als mir das Glück zuteil wurde, derartige Wege zu und mit Irmgard B. machen zu dürfen. Sie wohnte – leider! – viel zu nahe, mitten in der Stadt, war 14 Monate jünger als ich und befand sich dicht vor ihrem Abitur – was ihr dann auch glänzend gelang. Mir gefielen ihre strahlenden Augen, die zu ihrem offenen, natürlichen und freundlichen Wesen paßten. Sie war, was ihr Inneres und ihr Äußeres betraf, ganz nach meinem Herzen. Vom edlen Walzer bis zu tiefgehenden, persönlichen Gesprächen – es stimmte alles. Ich gewann sie von ganzem Herzen lieb, und unter den Platanen der Neckarinsel wurde mir die Gewißheit, daß dies Gefühl nicht einseitig war. Auch im Elternhaus wurde ich, obwohl Norddeutscher, offenbar akzeptiert.

Als ich von Tübingen nach Berlin ging, um mich nun endlich intensiver dem Studium zu widmen, überbrückte ein fast täglicher Briefwechsel die große Entfernung. Ein sommerlicher Besuch in Berlin überzeugte Irmgard davon, daß auch meine norddeutsche Heimat liebenswert ist. Meine Mutter nahm uns beide in der großmütterlichen Wohnung auf.

Eines Tages war es dann aber doch zu Ende. Als Irmgard mir ihre Trauung anzeigte, habe ich mich gefreut. Danach hörte ich lange Zeit nichts mehr von ihr. Nun, achtzigjährig, hat mich der Gedanke immer wieder einmal bewegt, alte Beziehungen, die mir wichtig gewesen sind, vielleicht zu erneuern. Ich hatte so manches Mal an Irmgard gedacht. Lebte sie noch? Wie hatte sie die Kriegszeit überstanden? Es gelang mir herauszubekommen, daß sie noch lebte und wo sie wohnte. Es gab einen freundschaftlichen Briefwechsel, und ich freute mich, als sie die Einladung zu meinem 80. Geburtstag annahm. Auch ich habe ihren Achtzigsten in ihrer Familie mitgefeiert: Wir hatten noch immer weithin übereinstimmende Überzeugungen.

Zurück in die Jugendzeit: Als meine Verbindung „Arminia" im November 1936 dem Nationalsozialistischen Studentenbund beitrat, habe ich sie verlassen. Ein schöner Lebensabschnitt mit vielen guten Erinnerungen lag hinter mir.

4. Unter den Linden

Mit dem Sommersemester 1931 setzte ich mein Studium in Berlin fort. Ich konnte in Friedenau bei meiner Großmutter wohnen. Das entlastete meine Mutter natürlich sehr. Am Verbindungsleben nahm ich nicht mehr teil. Zur Friedrich-Wilhelm-Universität, wie die spätere Humboldt-Universität damals noch hieß, hatte ich eine Dreiviertelstunde Weg. Im Sommer fuhr ich meist mit dem Fahrrad, das ging genauso schnell wie mit öffentlichen Verkehrsmitteln.

Adolf von Harnack war im Juni 1930 gestorben, Reinhold Seeberg emeritiert. So hatte die Theologische Fakultät zwei besonders attraktive Namen verloren. Von den Vorlesungen hat mir keine einen bleibenden Eindruck hinterlassen – mit einer Ausnahme. Lütgert, Professor der systematischen Theologie, pflegte seine Vorlesung mit einem betont höflichen „Meine Herren!" zu beginnen, um sich dann dem Fenster zuzuwenden und seinen Stoff, ohne in ein Konzept zu sehen, vorzutragen. Daß auch Frauen in seinem Kolleg saßen, beeindruckte ihn nicht. (Meine Tante Gertrud, die ein Jahrzehnt zuvor in Berlin studiert hatte, berichtete von einem bekannten Germanisten, der in seine Vorlesungen frivole Witze einstreute, um die Studentinnen zu verscheuchen.) Bei Professor Stolzenburg hörte ich mehr aus asketischen Gründen: Er zwang mich durch seine auf acht Uhr angesetzte Vorlesung, früh aufzustehen. Seine Kenntnisse schienen sich, soweit ich das beurteilen konnte, auf die altlutherische Orthodoxie zu konzentrieren. Erich Seeberg hatte eine große Hörerschaft; er trug Kirchengeschichte lebendig vor und versäumte es auch nicht, Luthers Kraftausdrücke genüßlich zu zitieren. Es hat ihn später schwer getroffen, daß Hitler nicht ihn, sondern seinen Parteigenossen Rust zum Kultusminister gemacht hat. Der praktische Theologe Mahling ist mir nur noch als Kämpfer gegen den Alkoholismus und als Freund der Kellnermission in Erinnerung. Leonhard Fendt habe ich zuerst als Prediger in der Gemeinde „Zum Heilsbronnen" in Berlin-Wilmersdorf erlebt. Wer bei seinen Predigten einen Sitzplatz haben wollte, mußte eine halbe Stunde vor Beginn des Gottesdienstes zur Stelle sein. Es nahm uns für ihn ein, daß er seine Verkündigung mit historisch-kritischer Exegese im Stil Hans Lietzmanns, des bekannten Berliner Neutestamentlers, zu verbinden wußte. Attraktiv war für uns Berliner sein bayerischer Akzent. Er pflegte seine Predigten mit einem plötzlichen „Amen", bayerisch „Ommen", zu beenden. Eine enthusiasmierte Dame antwortete einmal mit einem lauten „Halleluja". Fendt reagierte trocken: „Kann man auch sagen." Als er dann Privatdozent wurde, haben wir an seinen Vorlesungen zwar die reformatorische Substanz geschätzt – er war aufgrund seiner Lutherstudien konvertiert –, sie blieben aber zu einlinig theoretisch; man hatte Fendt in zwei Semestern „ausgelernt".

Endlich Arthur Titius. 1930, im Jubiläumsjahr der Augsburgischen Konfession, hielt er ein Seminar über diese wichtigste lutherische Bekenntnisschrift. Vorlaut fragte ich ihn einmal, ob denn seine eben vorgetragene Meinung mit einer bestimmten Stelle in der Augsburgischen Konfession übereinstimme. Er antwortete ärgerlich: „Ich habe meine Bekenntnisschriften auch gelesen!" Diese Zurechtweisung hinderte ihn aber nicht, mich für das nächste Semester zum Senior des Seminars zu ernennen. Ein anderes Beispiel für seine vornehme, liberale Gesinnung: Als Diskussionsthesen für eine Seminarsitzung hatte ein Student, offenbar um sich beliebt zu machen, eine törichte Verunglimpfung Karl Barths zu Papier gebracht. Titius las das Pamphlet kurz durch, schob es beiseite und führte mit uns ein freies Gespräch über diesen großen Theologen. Mir als Senior oblag es, seine Frau, die „Titia", bei ihrem Einkauf für die Seminarpause zu begleiten und ihr den Korb zu tragen. Die edlen Spenden der Titia, Kakao, Erdbeeren und Butterbrötchen, trugen wohl nicht wenig zur Beliebtheit des Seminars ihres Mannes bei. Ich höre die Titia immer noch in ihrem breiten

Ostpreußisch: „Ässen Sie, Härr Kandidat! Nehmen Sie noch ein Bretchen!"

Die Ernennung zum Senior erlaubte mir, das Zimmer von Professor Titius im Seminargebäude am Hegelplatz zu benutzen. Dorthin konnte ich mich mit meiner „Schülerin", stud. phil. Hilde Enterlein, zurückziehen, um sie in die griechische Sprache einzuführen. Ich hatte sie, Lieblingsschülerin meiner Tante Gertrud, bei einem Vortrag über Nietzsche kennengelernt und fand sie höchst sympathisch. Fräulein Enterlein war die Tochter eines Ingenieurs der Firma Siemens, der ein Haus in Finkenkrug besaß. Sie hatte Schulmusik studieren wollen, aber die Plätze in der Akademie für Kirchen- und Schulmusik waren alle vergeben. So sattelte sie um auf Deutsch, Philosophie und Theologie. Im Seminar bei Nicolai Hartmann, dem Stern am philosophischen Himmel in Berlin, glänzte sie mit einem Hegel-Vortrag. Ich kam mir in diesem Gremium recht töricht vor. Bewundert habe ich allerdings Hartmanns pädagogisches Vorgehen: Er diskutierte ein bestimmtes staatsphilosophisches System so lange hin und her, bis es graphisch darstellbar wurde.

Wir respektierten beide meine Tübinger Bindung. Aber nach dem Abschiedsbrief zog es uns mit unwiderstehlicher Gewalt zueinander, und so war es am 23. Januar 1933 um uns geschehen. An diesem Tage begann eine Zeit inniger Liebe und kritischer Spannung, von Teilnehmen und Teilgeben, von gegenseitiger Hilfe und gegenseitiger Freigabe. Weltlich gesprochen, hatte ich das große Los gezogen, geistlich gesehen, hatte ich ein besonders deutliches Zeichen der väterlichen Güte Gottes erkannt.

Vater Enterlein kam meiner formellen Erklärung über die nun entstandene Sachlage zuvor, zumal ich schon mehrmals sein Haus betreten hatte. Er wollte offenbar seiner väterlichen Pflicht nachkommen und bei seiner Tochter, die ihm sonst nicht viel Einblick in ihr Leben gewährte, wenigstens für klare Verhältnisse sorgen. So wurde ich auf Herz und Nieren befragt, ob meine frühere Bindung beendet sei.

Schwierigkeiten mit dem Schwiegervater gab es, wenn es um finanzielle Fragen ging. Als wir mit ihm über unsere künftige Geldsituation sprachen, sagte er: „Denkt nicht, daß ihr von mir unterstützt werdet!" Aber er hat uns später oft besucht und jedesmal, natürlich ungebeten, einen guten Beitrag zu unserm spärlichen Budget geleistet.

Auch meine spätere Entscheidung, den künftigen Lebensweg ganz mit den Brüdern und Schwestern der Bekennenden Kirche zu teilen, hielt er wohl für ziemlich leichtsinnig. Und das wäre es ja auch gewesen, wenn wir nicht den Zusagen Jesu vertraut hätten.

Eine Woche nach unserer heimlichen Verlobung wurde durch Rundfunk und Presse die Nachricht verbreitet, daß Reichspräsident Hindenburg Adolf Hitler zum Reichskanzler ernannt habe. Zusammen mit meiner Verlobten wurde ich Zeuge des „berühmten" Fackelzuges der SA. Dieser Aufmarsch spielte sich keineswegs so ab, wie er später dargestellt wurde. Drei bis vier Glieder von SA-Männern schlängelten und drängelten sich durch die Massen.

Noch wenige Tage zuvor waren die Nachrichten voll von Berichten über blutige Auseinandersetzungen zwischen braunen und roten Scharen. Am Abend des 30. Januar 1933 aber sah man nur noch jubelnde Menschen, die Linden und die Wilhelmstraße waren vom Gebrüll und Gekreisch der Massen erfüllt. Es ekelte uns an. Der Personenkult, den die NSDAP nicht nur zuließ, sondern ständig förderte, war widerlich. Dazu kam das dumpfe Gefühl der Angst vor dem, wohin uns dieser Demagoge bringen würde.

Ich habe Hitler nur zweimal gesehen: 1930 fand im späteren Olympiastadion eine Versammlung der NSDAP statt. Ich wollte mir einen Eindruck verschaffen und ging hin. Nach langem Warten, das durch flotte Märsche versüßt werden sollte, erschien der große, offene Mercedes, in dem Hitler, aufrecht stehend, die Runde machte. Natürlich bemerkte ich, daß die Zuhörer aus allen Bevölkerungsschichten gekommen zu sein schienen. Ob Hitler es schaffen würde, die immer krasser werdenden Gegensätze zu überwinden? Hitlers Rede enthielt die üblichen Themen: Genugtuung für Versailles, Überwindung der Arbeitslosigkeit, Errichtung von Gesetz und Ordnung; dazu die obligaten Angriffe auf das internationale Judentum. Daß das alles Krieg und Vernichtung bedeuten mußte, konnte man in „Mein Kampf" nachlesen. Doch wer tat das schon? Und wenn, wer nahm es ernst? Politiker hatten so viel geschrieben.

In diesem Jahr 1930 konnte die NSDAP die Zahl ihrer Sitze im Reichstag von 12 auf 107 erhöhen.

Meine spätere Frau hat sich konsequent geweigert, Hitler zu sehen. In der Deutschen Oper blieb sie sitzen und schaute stur nach vorn, als Hitler in der Regierungsloge auftauchte, und als Hitler sich zum 90. Geburtstag unseres Patrons, des Generalfeldmarschalls von Mackensen, angesagt hatte und wir eingeladen waren, der Begrüßung auf dem Gutshof beizuwohnen, weigerte sie sich zu kommen.

Wir saßen zufällig Unter den Linden in einem kleinen Café – es war der 27. Februar 1933 –, als die Feuerwehr Zug um Zug an uns vorbeidröhnte: Der Reichstag brennt.

Sehr schnell verbreitete sich unter den Berlinern die Version, die Nazis selber hätten den Brand gelegt. Zu prompt folgten die entsprechenden Maßnahmen, zu gelegen paßte das Ereignis in die Politik der Regierung, die Kommunisten auszuschalten. Daß der van-der-Lubbe-Prozeß ein übles Schauspiel war, wurde uns durch einen Bericht Dietrich Bonhoeffers vermittelt. Er erzählte von einem psychiatrischen Gutachten über den angeblichen Brandstifter, das sein Vater, Karl Bonhoeffer, anzufertigen gehabt hatte.

5. Erste Begegnung mit Bonhoeffer

„Ich war bei aller Verlassenheit ganz froh an mir selbst. Daraus hat mich die Bibel befreit und insbesondere die Bergpredigt. Seitdem ist alles anders geworden. Das habe ich deutlich gespürt und sogar andere Menschen um mich herum. Das war eine große Befreiung. Da wurde es mir klar, daß das Leben eines Dieners Jesu Christi der Kirche gehören muß, und Schritt für Schritt wurde es deutlicher, wie weit das so sein muß."

Wer so befreit worden ist, hilft auch anderen zur Befreiung. Die Rede ist von Dietrich Bonhoeffer, dem ich im Wintersemester 1931/32 in Berlin begegnet bin. Dieser Begegnung verdanke ich es, daß ich vom Trinken aus dieser und jener Quelle, vom jünglingshaften Spiel mit den verschiedenen Denkmustern der Zeit, vom unsteten Wandern am Rande zum Zentrum gefunden habe, zu dem Jesus Christus der Bibel, zu seiner Gemeinde als seinem Leib, in dem er in der Welt, die Gott gehört, wirksam werden will. Ich lernte, daß der Glaube mich ganz in Anspruch nimmt in all meinen Gedanken, Worten und Taten. Im Glauben kann ich mich seinen Geboten anvertrauen, mit denen er mich leiten, warnen und immer deutlicher seine Treue spüren lassen will.

Mein Mitstudent Winfried Maechler wies mich auf den jungen, nur fünfeinhalb Jahre älteren Privatdozenten Dietrich Bonhoeffer hin, der so ganz anders als die anderen theologischen Lehrer in Berlin dozierte: ungemein gesammelt und „dicht" in seinem Vortrag, immer auf das Zentrum des Glaubens bezogen, vor allem aber in einer Art, die uns zeigte: Was dieser Mann sagt, vertritt er mit seiner ganzen Person. Das galt nicht nur für die Vorlesungen und Übungen, sondern auch für die Gottesdienste, die er als Studentenpfarrer an der Berliner Technischen Hochschule in der im Krieg zerstörten und nicht wieder aufgebauten Dreifaltigkeitskirche in der Mauerstraße hielt.

Lebhaft in Erinnerung ist mir noch Bonhoeffers Vorlesung über „Schöpfung und Sünde". Eine Schlüsselaussage dieser Vorlesung stellt die Auslegung des Gesprächs der Schlange mit Eva dar. Die „fromme Frage" der Schlange hinterfragt Gottes Gebot. Diese Frage verführt den Menschen, der sich schlicht an das halten kann und soll, was Gott ihm gesagt hat, „wie Gott" wissen und entscheiden zu wollen, was gut und was böse ist.

Bonhoeffers Vorlesung über „Christologie", die Lehre von Christus, kreist um das Zentrum seiner Theologie. „Christus als Gemeinde existierend", heißt es in seiner Dissertation „Sanctorum communio" (Gemeinschaft der Heiligen) von 1930. Diese so gewagte Aussage macht ihm die Kirche – diese fragwürdige und umstrittene Institution – so verbindlich, aber auch ebenso verletzlich. Bonhoeffers im echten Sinne des Wortes „radikale" Haltung im Kirchenkampf mit den Deutschen Christen wird von daher verständlich. Es ging ihm im Kirchenkampf nicht um Macht und Sieg einer Partei oder einer Bewegung, sondern um Christus selbst.

Bonhoeffer wollte uns nicht nur lehren; er wollte das, was er als richtig erkannt hatte, mit uns leben. Er lud seine Hörer zu Tagen intensiver Gemeinschaft ein. So etwas war damals im Universitätsleben ganz ungewöhnlich.

Bonhoeffer mietete die Jugendherberge Prebelow, an einem kleinen See nördlich von Rheinsberg mitten in der märkischen Waldlandschaft gelegen. Dort praktizierten wir „christliches Leben" und Bruderschaft „unter dem Wort": Andachten mit langen Bibellesungen, gemeinsames Singen, stille Zeiten der Meditation, dazu Wandern, Spiel und Gespräch. Der Aufenthalt in Prebelow stellte ein Vorspiel zu den späteren, konzentrierteren Treffen in Finkenwalde dar.

Im „Bonhoefferkreis", der sich donnerstags in Bonhoeffers Elternhaus in der Wangenheimstraße in Berlin-Grunewald traf, setzte sich die Prebelower Begegnung fort. Dietrichs Mutter hatte ein Herz für uns: Sie bewirtete uns jedesmal mit köstlichen Salaten. Vater Bonhoeffer, dem bekannten

Psychiater, bin ich nur kurz begegnet. Dietrich hat oft von ihm erzählt, von seinem klaren, unbestechlichen Urteil, von seiner strengen Güte, von seiner Selbstdisziplin. Eine Anekdote charakterisiert ihn treffend: Im Familienkreis diskutierte man wichtige Fragen, auf die jeder eine Antwort geben mußte. Eine Frage hieß: Wer ist klug? Vater Bonhoeffer: „Klug ist, wer seine Grenzen kennt."

Das Hauptthema unseres Kreises war: „Was ist christliches Leben?" Bonhoeffers Leidenschaft galt der Ethik. Unter dem Druck der Ereignisse nach dem 30. Januar 1933 bemühten wir uns in unserem kleinen Kreise darum, einen klaren, verantwortbaren Standpunkt im Durcheinander dieses Jahres der Täuschungen und Selbsttäuschungen zu gewinnen und danach zu handeln. Bonhoeffer war einer der ganz wenigen, die von vornherein wußten: Hitler an der Macht – das bedeutet Krieg.

Wie war es zu erklären, daß ein Mann wie Hitler fast ein ganzes Volk blenden und ähnlich dem Rattenfänger von Hameln in den Abgrund führen konnte? In einer Rundfunksendung mit dem Titel „Wandlungen des Führerbegriffs in der jungen Generation" sagte Dietrich Bonhoeffer am 1. Februar 1933 dazu:

„Der Mensch und insbesondere der Jugendliche wird so lange das Bedürfnis haben, einem Führer Autorität über sich zu geben, als er sich selbst nicht reif, stark, verantwortlich genug fühlt, den in diese Autorität verlegten Anspruch selbst zu verwirklichen. Der Führer wird sich dieser klaren Begrenzung seiner Autorität verantwortlich bewußt sein müssen. Versteht er seine Funktion anders, als sie so in der Sache begründet ist, gibt er nicht dem Geführten immer wieder klar Auskunft über die Begrenztheit seiner Aufgabe und über dessen eigenste Verantwortung, läßt er sich von dem Geführten dazu hinreißen, dessen Idol darstellen zu wollen – und der Geführte wird das immer von ihm erhoffen –, dann gleitet das Bild des Führers über in das des Verführers. Der echte Führer muß jederzeit enttäuschen können. Das gerade gehört zu seiner Verantwortung und Sachlichkeit. Er muß die Geführten von der Autorität seiner

Person weg zur Anerkennung der echten Autorität der Ordnungen und des Amtes führen. Der Führer muß den Geführten hineinführen in die Verantwortlichkeit gegenüber den Ordnungen des Lebens, gegenüber Vater, Lehrer, Richter, Staat. Er muß sich dem Reize, der Abgott, das heißt die letzte Autorität des Geführten zu werden, radikal versagen."

Idol der Geführten zu werden – gerade das hat Hitler gewollt. Warum sonst der obligatorische Gruß „Heil Hitler"? Warum „Glaube an den Führer"? Warum „unbedingte Treue dem Führer" als letzte ethische Norm? Es war kein Zufall, daß die Sendung, zwei Tage nach der Machtergreifung, mittendrin abgeschaltet wurde.

Einen Kommentar zu dieser Rundfunkrede gab Dietrichs Vater mit einer Analyse aus dem Jahre 1947, in der er den Deutschen bescheinigte, „daß in Deutschland ein Menschentypus der nicht fertig Gewordenen und der im gewissen Sinne auf einer Art Pubertätsniveau Stehengebliebenen nicht ganz selten ist. Jedenfalls habe ich gefunden, daß die Zahl der Deutschen, für die ihre Soldatenzeit, die Studentenjahre, ihre Korporationszugehörigkeit auch späterhin der Mittelpunkt ihres Erlebens bleibt, verhältnismäßig groß ist und daß man bei ihnen auch häufig eine nicht ausgereifte Begeisterungsfähigkeit findet. Es ist wohl nicht zweifelhaft, daß beim Deutschen im öffentlichen Leben auch außerhalb des Militärs das Verhältnis vom Vorgesetzten und Untergebenen, des Befehls und des Gehorsams eine größere Rolle spielt als in den westlichen Ländern. Jedenfalls begünstigt sie den Verzicht auf eigenes Urteil und eigne Verantwortlichkeit. ‚Zivilcourage' und ‚Kadavergehorsam' sind wohl nicht zufällig deutsche Wortbildungen."

Im Bonhoefferkreis informierten wir einander und verabredeten uns zu Aktionen in einem Kirchenkampf, der immer drohender auf uns zukam und unsere Entscheidung forderte. Zu unserem Kreis gehörten damals außer Winfried Maechler auch Joachim Kanitz, Otto Dudzus, Wolf-Dieter Zimmermann, Jürgen Winterhager, Christoph Harhausen, Herbert Jehle, Rudolf Kühn, Inge Karding, Hilde Pfeiffer, Helga Zimmermann, Klaus Block, Hans Herbert Kramm,

Ernst Tillich und Lydia Gießler. Die Gespräche trugen dazu bei, daß die „Jungen Brüder und Schwestern" in der Mehrzahl zur Bekennenden Kirche stießen

Ich erinnere mich an ein Ereignis, das ich freilich sonst nirgends dokumentiert fand: In den ersten Monaten des Jahres 1933 ging das Gerücht um, Martin Niemöller spiele mit dem Gedanken, den Deutschen Christen beizutreten, um „den Laden von innen aufzurollen". Bonhoeffer zog mit einigen von uns zu ihm hin und präsentierte ihm folgendes Gleichnis: „Wenn ich in den falschen Zug steige, nützt es nichts, im Gang gegen die Fahrtrichtung zu laufen. Ich werde immer am falschen Ort ankommen." Dies Gleichnis habe ich oft zitiert; es hat manchem geholfen.

Worum ging es uns im Kirchenkampf der Jahre 1933 bis 1945? Ich will hier nicht versuchen, eine Geschichte dieses Kampfes zu schreiben. Das ist von berufenerer Seite geschehen. Ich beschränke mich darauf, die Ereignisse und ihre Hintergründe darzulegen, die für mich und meine Freunde von besonderer Bedeutung gewesen sind.

Besorgt um die seit langem immer geringer werdende Bindung des Volkes an Glaube und Kirche, begrüßten viele Christen das energische Vorgehen Hitlers gegen den atheistischen Kommunismus als die scheinbare Wurzel allen Übels. Eine gewisse Abneigung gegen die Juden war im deutschen Volk, selbst in der Kirche, weit verbreitet, wenn auch der Gedanke an eine physische Vernichtung des Judentums den allermeisten Christen natürlich fernlag. Was in Hitlers „Mein Kampf" seit zehn Jahren zu diesem Thema zu lesen war, nahmen die meisten entweder nicht ernst oder gar nicht zur Kenntnis. Dazu kam, daß sich der Artikel 24 des Parteiprogramms der NSDAP als ein vorzüglicher Propagandatrick erwies. Es hieß dort: „Die Partei als solche vertritt den Standpunkt eines positiven Christentums." Das Wort positiv bedeutete im damaligen kirchlichen Sprachgebrauch so etwas wie: bibel- und bekenntnistreu. Viele erhofften sich von der Partei machtvollen Rückenwind bei einer Rechristianisierung des deutschen Volkes. SA-Leute ließen sich zu Hunderten vor den Altären der christlichen

Kirchen nachtrauern. Mit Hilfe der SA sollte sich unser Volk wieder zu Christus bekehren. Es zeigte sich aber bald, daß als Gegensatz zum „positiven Christentum" nicht liberales, sondern „negatives Christentum" zu verstehen war. Negatives Christentum wäre nach dem Parteiprogramm und anderen Verlautbarungen ein solches, das „gegen das Sittlichkeits- und Moralgefühl der germanischen Rasse" verstieß. Was die „germanische Rasse" sei und worin deren Moralgefühl bestehe, bestimmte allerdings allein die Partei.

Der Kirchenkampf entzündete sich daran, daß Hitler sich die Evangelische Kirche mit Hilfe der auf seine Veranlassung ins Leben gerufenen Kirchenpartei, den „Deutschen Christen", unterwerfen wollte – „gleichschalten" hieß das damals –, wie er das bereits mit Presse, Kultur und Wirtschaft getan hatte. An die Katholische Kirche wagte Hitler sich nicht heran. Er zog es vor, sie durch das Konkordat vom 20. Juli 1933 zur Bundesgenossin gegen den Kommunismus zu machen.

Um dem Zugriff des Staates und der Deutschen Christen zuvorzukommen, hatten die Kirchenoberen in großer Eile – in drei Monaten – eine Verfassung für eine Deutsche Evangelische Kirche (DEK) geschaffen, die an die Stelle der losen Gemeinschaft des Deutschen Evangelischen Kirchenbundes treten sollte. Sie kam in einigen Punkten den staatlichen Erwartungen entgegen, enthielt aber folgenden ersten Artikel:

„Die unantastbare Grundlage der Deutschen Evangelischen Kirche ist das Evangelium von Jesus Christus, wie es uns in der Heiligen Schrift bezeugt und in den Bekenntnissen der Reformation neu ans Licht getreten ist. Hierdurch werden die Vollmachten, deren die Kirche für ihre Sendung bedarf, bestimmt und begrenzt."

Dieser Artikel 1 befugte die Bekennende Kirche später dazu, sich als die rechtmäßige evangelische Kirche in Deutschland zu verstehen und den Deutschen Christen zu bezeugen, daß sie sich von ihnen und ihrer Staatskirche getrennt habe. Diese Argumentation hat in den ersten Nazi-Jahren sogar bei richterlichen Entscheidungen eine ausschlaggebende Rolle gespielt, und die Bekennende Kirche war zum Beispiel dem Reichsgerichtsrat Flor für sein mutiges Eintreten für das Recht der Kirche sehr dankbar.

Trotz solcher Sätze in der Kirchenverfassung zeigte sich Hitler dennoch befriedigt: Die neue Verfassung bot die Handhabe für die Deutschen Christen, mit Hilfe der Partei die Macht in der nun vereinigten evangelischen Kirche zu ergreifen. Am 14. Juli 1933 erhob das Kabinett die Kirchenverfassung zum Reichsgesetz.

Schon zum 23. Juli, also innerhalb von neun Tagen, ordnete Hitler Kirchenwahlen an. In diesem Zeitraum mußten alle technischen und inhaltlichen Vorbereitungen für eine Gegenliste zu den Deutschen Christen bewältigt werden. Vor allem galt es, die Gemeinden zu informieren. Eine so „heiße" Kirchenwahl hatte es noch niemals gegeben. Die Deutschen Christen konnten sich auf die Organisation durch die Partei und deren professionelle Störtätigkeit stützen. Hitler selbst teilte am Vortage der Wahl in einer Radioansprache seinen „Herzenswunsch" mit, man möge die Deutschen Christen wählen. Und so geschah es dann auch. In vielen Gemeinden hatte man bereits, das Wahlergebnis vorwegnehmend, einen Kompromiß geschlossen: Man handelte „Einheitslisten" für die Gemeindevertretungen mit Zweidrittel- und sogar Dreiviertelmehrheiten für die Deutschen Christen aus. So zeigte sich Hitler als Meister in dem Spiel, das er inszeniert hatte. Es erstaunt nicht, daß der „Erfolg" entsprechend war. In Berlin gab es nur in Dahlem und in drei anderen Gemeinden einen knappen Sieg für die Gegenliste „Evangelium und Kirche".

Ich bekam für den Wahlkampf die Aufgabe, in der Memeler Straße im Berliner Osten Flugblätter für die Gegenliste „Evangelium und Kirche" auszutragen. Auf diese Weise erfuhr ich am eigenen Leibe, wie man dort wohnte. Bei den etwa 120 Hausnummern hatte ich oft neben dem Vorderhaus noch ein bis zwei Aufgänge im Hinterhaus, manchmal heuchlerisch „Gartenhaus" genannt, in glühender Julihitze hinaufzuklettern. Ich vergesse es jener Frau nicht, die die Tür auftat und mir in ihrer Küche ein Glas Essigwasser zu trinken gab. Es schmeckte wie Champagner. Ich dachte an das Jesuswort: „Wer einem dieser Geringsten auch nur einen Becher kalten Wassers zu trinken gibt ... es wird ihm nicht unbelohnt bleiben." (Matthäus 10,42).

Die neue Kirchenverfassung sah das Amt eines Reichsbischofs vor. Schon bevor sie in Kraft trat, wurde der allgemein hochgeschätzte Betheler Pastor Friedrich von Bodelschwingh unter großer Zustimmung des „Kirchenvolkes" für dieses Amt nominiert. Seine Predigt in der Berliner Zionskirche, auf dem „proletarischen" Prenzlauer Berg, machte uns damals durch ihre schlichte Frömmigkeit großen Eindruck. Sie tat uns in dieser Zeit des schwülstigen Pathos und der fadenscheinigen Heuchelei gut. Ein Kämpfer war Bodelschwingh jedoch nicht. Er wich dem Druck des brutalen Machtwillens und trat von seiner Kandidatur zurück, auch weil er sich durch einige „Kirchenführer", die auf den Kandidaten des Führers, den Königsberger Wehrkreispfarrer Ludwig Müller, setzten, verraten sah.

Den Kampf um den Posten des Reichsbischofs erlebten wir Berliner Studenten in einer Versammlung im Auditorium Maximum der Universität. Der Jenaer Professor Hans Michael Müller versuchte, uns für Ludwig Müller zu gewinnen. Er machte sich gar nicht erst die – gewiß vergebliche – Mühe, dessen geistliche Qualitäten vor uns auszubreiten. Das einzige Argument für seinen Namensgenossen lautete: „Er hat das Vertrauen des Führers." Als es zu einer Resolution für besagten Müller kommen sollte, verließen wir Studenten, bis auf einige wenige, das Auditorium. Bonhoeffer und unser Kreis hatten für diesen Fall Vorsorge getroffen. Wir versammelten uns hinter dem Universitätsgebäude auf dem Hegelplatz. Dort stimmten wir über eine Gegenresolution ab, die einen Reichsbischof Müller strikt ablehnte; das Vertrauen in den „Führer" sollte aber dadurch – so meinte die Mehrzahl noch – nicht tangiert werden.

In Berlin ging damals ein Witz von Mund zu Mund: Ludwig Müller stellt sich in einer Pfarrerversammlung vor. Er bekennt, er wisse sich von Gott berufen, das Amt des Reichsbischofs zum Wohl des deutschen Volkes zu führen.

Darauf ein Pastor aus der hintersten Reihe: „Herr Reichsbischof, als der liebe Gott ‚Müller‘ rief – sind Sie sicher, daß Sie damit gemeint waren?"

Wie bei den Deutschen Christen gedacht wurde, macht Winfried Maechler deutlich, wenn er in seinem biographischen Büchlein „Ein Christ in den Wirren des 20. Jahrhunderts" erzählt, daß er und ich beim späteren deutschchristlichen Bischof von Magdeburg, dem damaligen Oberkonsistorialrat Peter, der im Kultusministerium für Kirchenfragen zuständig war, stellvertretend für eine Anzahl von Theologiestudenten vorsprachen. Wir wollten das Unsere dazu tun, daß Stolzenburg, inzwischen Deutscher Christ, nicht ordentlicher Professor auf einem Berliner Lehrstuhl würde. Peter soll uns, so Maechler, geantwortet haben: „Ich will Ihnen mal eine Unterweisung über den Nationalsozialismus geben. Oben wird befohlen und unten wird – geglaubt."

Daß die Deutschen Christen einen Parteiauftrag und nicht einfach nur eine schlechte Theologie hatten, wurde uns mit der Zeit immer deutlicher. Sie sollten die Kirche ideologisch gleichschalten. Was sie dachten, konnte man am besten von ihren Plakaten ablesen. Ihr Symbol war das Hakenkreuz, eingezeichnet in das Christenkreuz. Neben den biblischen Christus sollte als zweite Quelle der Offenbarung das „Wunder" der Machtergreifung durch Adolf Hitler treten.

Wir Christen glauben daran, daß Gott die Geschichte lenkt. Seine Wege zu deuten ist Sache unserer persönlichen Glaubenserfahrung. Gefährlich – das wurde uns damals plastisch vor Augen geführt – wird dieser Glaube dann, wenn geschichtliche Tatsachen, wie etwa die Machtergreifung Hitlers, als unmittelbare Offenbarung Gottes ausgegeben werden. Eine Offenbarung Gottes wäre unbedingte Norm für unser Handeln; sich ihr zu verweigern wäre Sünde. Der von der „Vorsehung" Gezeichnete geriete in die Nähe messianischer Würde: Seine Überzeugungen und sein Wille verpflichteten unbedingt

Nach dem Wunsch der Deutschen Christen sollte sich der Judenhaß, der Hitler noch bis zum letzten Atemzug erfüllte, auch in der Kirche austoben. Die durch die Deutschen Christen dominierte Septembersynode von 1933 führte den „Arierparagraphen" – nach staatlichem Muster – mittels Kirchengesetz ein: Pfarrer oder kirchlicher Beamter sollte nur sein dürfen, wer sich „rückhaltlos" zum nationalen Staat bekannte und zusammen mit seiner Ehefrau „rein arischer" Abstammung war. In der berüchtigten Versammlung der Deutschen Christen des Gaues Berlin am 11. November 1933 im Sportpalast forderte der Gauobmann Krause die Abschaffung des Alten Testaments – er beschimpfte es als „Buch der Viehzüchter- und Zuhältergeschichten" – sowie die Eliminierung alles Jüdischen aus dem Neuen Testament. Das betraf insbesondere die „Sünden- und Minderwertig-keitstheologie" des „Rabbiners Paulus".

Damals erzählte man sich diese Geschichte: Ein deutsch-christlicher Pfarrer stellt sich bei Beginn des Gottesdienstes vor seine Gemeinde: „Alle Nichtarier werden aufgefordert, das Gotteshaus zu verlassen." Niemand rührt sich. „Alle Nichtarier haben sofort zu verschwinden." Da sieht man Jesus sich vom Kreuz lösen und aus der Kirche gehen.

Die Nazi-Partei wollte die Kirche politisch erobern, aus diesem Grunde brachte sie Ludwig Müller in die Stellung eines Reichsbischofs und verschaffte ihm Vollmachten, die dem NS-Führerprinzip entsprachen. Mit Hilfe des skrupel-losen „Rechtswalters" Jäger gelang es Müller, zum Teil mit brutaler Gewalt, die große Mehrzahl der 28 Landeskirchen ihrer Selbständigkeit zu berauben und sie in die „Reichs-kirche" einzugliedern. Das Ziel schien erreicht: „Ein Reich, ein Volk, ein Führer, ein Glaube, eine Kirche".

Die Sportpalast-Kundgebung war für die Deutschen Christen Höhepunkt und Wende zugleich. Die bibelfeindli-chen Äußerungen des Gauobmanns Krause hatten eine un-geheure Erregung in der gesamten Kirche zur Folge. Die gemäßigten Deutschen Christen, denen vor allem die Rechristianisierung Deutschlands am Herzen lag – und das waren nicht wenige –, wandten sich von der Bewegung ab, und so behielten die Deutschen Christen nur noch in weni-gen Landeskirchen ihre führende Stellung. Der Reichsbischof setzte gleichwohl sein Werk fort. Mit erschlichener Vollmacht gliederte er die evangelischen Jugendverbände im Frühjahr 1934 in die Hitlerjugend ein.

Die Antwort auf die Einführung des Arierparagraphen war die Gründung des Pfarrernotbundes am 11. September 1933. Als dessen Initiatoren traten die beiden jungen Pfarrer Günter Jacob und Eugen Weschke aus der Niederlausitz hervor.

Der Notbund sollte sich der Amtsbrüder und -schwestern annehmen, die wegen nichtarischer Abstammung ihr Amt verlieren würden; das waren nicht viele. Tatsächlich fielen dem Notbund mit der Zeit immer umfassendere Aufgaben zu: Er half den um ihres christlichen Bekenntnisses willen Verfolgten und Gemaßregelten; er nahm sich der aus ihrer Gemeinde Ausgewiesenen, der Gefangenen und der KZler an. Später waren das Hunderte.

Unter Niemöllers Leitung wurde der Pfarrernotbund zum Rückgrat der Bekennenden Kirche. Im Januar 1934 gehörten ihm bereits 7 000 Pfarrer an, etwa ein Drittel der gesamten deutschen Pfarrerschaft.

Allmählich regte sich auch in den Gemeinden der Widerstand. In der Mark Brandenburg, im Rheinland, in Westfalen und an vielen anderen Orten fanden Bekenntnisgottesdienste und -versammlungen statt. Ich erinnere mich an eine solche Versammlung in einer der großen Messehallen am Berliner Funkturm. Ich sollte den Hauptredner, den westfälischen Präses Koch, dorthin geleiten. Unterwegs sagte er in seiner kargen Art nur: „Das müssen wir nun eben durchstehen."

Bekenntnisgemeinschaften und freie Synoden entstanden. Als sich der Reichsbischof anschickte, die bayerische und die württembergische Kirche „einzugliedern", versammelten sich am 22. April 1934 Gemeindeglieder aus ganz Deutschland in Ulm an der Donau. Sie erklärten sich als die rechtmäßigen Vertreter der Deutschen Evangelischen Kirche, weil sie deren Bekenntnis und Verfassung treu geblieben waren.

Die Bekennende Kirche begann sich zusammenzufinden.

6. Prädikant der Bekennenden Kirche in Potsdam

Das 1. Theologische Examen legte ich in dem schönen Barockgebäude des Evangelischen Konsistoriums in der Berliner Lindenstraße ab. Meine wissenschaftliche Arbeit hatte die Entstehung des Concordienbuches zum Thema. Dieses Buch enthält die lutherischen Bekenntnisse der Reformationszeit. So kam ich zu einer soliden Kenntnis dieser Dokumente. In der Zeit des neu heraufziehenden Kampfes um das Bekenntnis der Kirche wurden sie höchst aktuell. Die theologische Tiefe und Treffsicherheit der Katechismen und der Schmalkaldischen Artikel Luthers, die theologische Sorgfalt der Concordienformel beeindruckten mich sehr. Meine Tante Gertrud, selbst Absolventin der Berliner Universität, schwärmte davon, daß mir der große Lehrer Reinhold Seeberg – Doktorvater Dietrich Bonhoeffers – ein „Recht gut" zugebilligt hatte.

Bei der mündlichen Prüfung in Bibelkunde verschaffte es mir eine gewisse Befriedigung, daß ich Oberkonsistorialrat Peter, von dem schon die Rede war, einen Fehler nachweisen konnte. Das war in der damaligen kirchenpolitischen Situation natürlich ein Triumph, aber keine herausragende Leistung von mir: Ich hatte mich mit besonderem Fleiß dem Fach Bibelkunde gewidmet und alle dickgedruckten Bibelverse auswendig gelernt. Wer in der Bibel gut Bescheid weiß, wird doch in einer protestantischen Prüfung nicht durchfallen, kalkulierte ich.

Meine Vikariatszeit reichte vom 1. November 1933 bis zum 30. September 1934. Ich absolvierte sie bei dem Pfarrer und Hofprediger Krummacher, dem Vater des späteren Greifswalder Bischofs, in der Potsdamer Kaiserin-Auguste-Victoria-Gedächtnis-Kirche. Gewohnt habe ich in der Russischen Kolonie „Alexandrowka", die Friedrich Wilhelm III.

für seine ihm vom Zaren geschenkten russischen Soldaten hatte bauen lassen.

Ich war Krummachers letzter Vikar; als meine Zeit bei ihm beendet war, ging er in den Ruhestand. Der erfahrene Prediger leitete den jungen Vikar vor allem in diesem Fach an. Mit der „Exegese", der Auslegung des Textes, gab ich und gebe ich mir viel Mühe: Der damals für uns maßgeblichste Theologe Karl Barth hatte uns gelehrt, daß das Bibelwort, das kostbarste Gut der Kirche, unserer ganzen Anstrengung wert sei. Kein Wort des Textes solle unter den Tisch fallen und der Duktus der Predigt dem des Textes entsprechen.

Für die Übertragung in die Gemeindesituation fehlte mir natürlich die Erfahrung, zumal in dieser mir fremden Gemeinde im Norden Potsdams. Die letzten Tage vor dem Gottesdienst brauchte ich, um die Predigt Wort für Wort auswendig zu lernen. Von abgelesenen Predigten hielten wir damals gar nichts. Mit der Zeit lernte ich, frei zu sprechen – aber noch lange nach einem wörtlich ausgearbeiteten Manuskript. Das erstemal ging es schief. Ich blieb zwar nicht stecken, aber die Predigt über den prophetischen Text des Alten Testamentes (Jesaja 60,1/2) habe ich einfach nicht bewältigt. Mein Präzeptor beschloß daraufhin, mir nur noch Texte aus den drei ersten Evangelien zu geben. Das war hilfreich.

An jedem Montagvormittag hatten wir unsere Besprechung. Dort bekam ich meine Aufträge für Besuche, besonders bei Alten und Kranken. Das war für mich, vollgepumpt mit Theologie, keine leichte Erfahrung. Es galt ja, das Evangelium auf die einfachste Formel zu bringen. Ich lernte, daß schon die Hinwendung zu den oft so einsamen Menschen ein Stück Evangelium ist. Ich habe in meiner ganzen Amtszeit immer viel von Besuchen gehalten und sehr bedauert, daß manche Pfarrer sich von anderen Tätigkeiten und vielleicht auch durch eine gewisse Schwellenangst oder schlicht aus Bequemlichkeit davon abhalten ließen.

Ich sollte einen Jugendkreis leiten. Dazu fehlte mir, glaube ich, die rechte Begabung. Dabei wäre eine intensive Jugendarbeit dringend notwendig gewesen. Neben Kirche und Gemeindehaus war auch die Amtsstelle des deutsch-christlichen Landesjugendpfarrers untergebracht. Er war damit befaßt, die Evangelischen Jugendverbände an die Hitlerjugend zu übergeben – ein Geschenk, mit dem Reichsbischof Ludwig Müller das Versagen der Deutschen Christen wettmachen wollte.

Auf dem Gebiet meiner Gemeinde lag die Auguste-Victoria-Gedächtnis-Stiftung, ein Internat für adlige junge Mädchen vom Lande – offenbar das Vorbild für den seinerzeit berühmten Film „Mädchen in Uniform". Einige bürgerliche Schülerinnen aus der Stadt durften am Unterricht teilnehmen. Das Regiment führte die Oberin von Möller, eine Dame, bei der man auf Schritt und Tritt spürte, daß sie von preußischer Disziplin geprägt war. Die Schülerinnen, die ihr auf dem Gang begegneten, machten einen tiefen Knicks, einige küßten ihr sogar die Hand. An diesem Institut gab mein Vikariatsvater Religionsunterricht, und hier erlebte ich meine größten pädagogischen Niederlagen. Es konnte geschehen, daß Pfarrer Krummacher am Abend, ein wenig hüstelnd, zu mir sagte: „Herr Vikar, ich bin erkältet. Halten Sie bitte morgen früh die Religionsstunde in der Untersekunda. Thema ist Calvins Abendmahlslehre." Ich mußte mich nun bis tief in die Nacht hinein mit dieser nicht ganz einfachen Materie vertraut machen. Wie aber solch spröder Stoff jungen Mädchen nahezubringen sei, war mir völlig unbekannt. Ich trat also am nächsten Morgen vor die Untersekunda, vor sechzehnjährige junge Damen. Ich selber war fünf Jahre älter. Vier Mädchen saßen auf ihren Bänken und schauten mich treuherzig an. Nach einer Minute erschienen die nächsten drei, und in kurzem Abstand kam wieder ein Grüppchen herein und noch eins, und nach ungefähr 20 Minuten war die Klasse endlich komplett. Das Interesse an Calvins Abendmahlslehre war offenbar gering. Jedenfalls unterhielten sich die Sekundanerinnen angelegentlich miteinander – nicht gerade über theologische Probleme, wie ich vernehmen konnte. Die Zeit, bis eine gnädige Klingel das Ende der Qual anzeigte, erschien mir endlos. In späteren Stunden einigte ich mich mit den Schülerinnen darauf, daß sich die, die dem Unterricht folgen wollten, nach vorn setzten. Den anderen war freigestellt, sich sonstwie zu unterhalten. Was sollte ein armer Vikar machen? Die Schülerinnen zu verpetzen hätte zu einem fürchterlichen Donnerwetter durch die Direktorin geführt, mich aber bei ihnen ein für allemal unmöglich gemacht.

Am 2. August 1934 starb Reichspräsident Hindenburg. Ein Trauergottesdienst war zu halten. Pfarrer Krummacher befand sich weit weg im Urlaub. Ich fühlte mich für solchen Dienst absolut ungeeignet. Zum Glück wohnte ein emeritierter Superintendent aus Wolgast in der Gemeinde. Den bat ich um den Gottesdienst, er sagte zu. Seine Predigt und sein Gebet gipfelten in der Bitte, Gott möge uns endlich einen Führer schenken. Den 30. Januar 1933 hatte er wohl übersehen. Pfarrer Krummacher hatte nach seiner Rückkehr alle Hände voll zu tun, der Gemeinde zu versichern, daß wir ja schon einen Führer hätten.

Krummacher war Hofprediger. Häufig saß die Frau des Prinzen Oskar von Hohenzollern unter seiner Kanzel. Das Ehepaar wohnte in einer bürgerlichen Wohnung in der Nähe – die Frau war von nicht ebenbürtiger Abstammung. Den Kronprinzen, der in Cäcilienhof residierte, traf ich einmal, als ich mit meiner Braut im Neuen Garten spazierenging. Er grüßte freundlich zurück. In der Kirche habe ich ihn nie gesehen. Mein Vikariatsvater besuchte jedes Jahr den ehemaligen Kaiser in seinem Exil in Doorn. Er brachte dann immer das neueste Bild Wilhelms II. mit eigenhändiger Unterschrift nach Hause und stellte es neben den Dutzenden anderen auf, für die es einen eigenen Tisch gab.

Krummacher war großzügig und tolerant. Außer bei den Montagszusammenkünften beanspruchte er mich kaum, und so hatte ich viel Zeit für meine Braut. Da sie nicht weiter studieren sollte – der Schwiegervater hatte uns vor die Wahl gestellt: Aussteuer oder Beendigung des Studiums –, konnten wir erreichen, daß sie für ein Jahr die renommierte Handels- und Gewerbeschule in der Neuen Königstraße in

Potsdam besuchen durfte. Sie erlernte dort die Grundlagen hausfraulicher Tätigkeit: vom sachgemäßen Ausfegen bis zum leckeren Apfelkuchen und zum professionell geschneiderten Abendkleid. Das hat uns später natürlich sehr genützt. Für ihr seelisches Befinden war es aber nicht gut, daß ihr keine abgeschlossene Berufsausbildung vergönnt war.

Die von Krummacher gewährte Freizügigkeit machte es mir möglich, mich weiterhin an den Zusammenkünften des Bonhoefferkreises in der Wangenheimstraße in Berlin-Grunewald zu beteiligen. Zur Ökumenischen Konferenz im dänischen Fanö, August 1934, auf der Bonhoeffer die bekannte Friedensrede hielt, hat er mich nicht mitfahren lassen. Wir haben in unserm Kreis die politischen und kirchlichen Ereignisse intensiv besprochen und kamen auch dann weiterhin zusammen, als Bonhoeffer Mitte Oktober 1933 ein Pfarramt in London-Sydenham übernommen hatte. Das Hauptmotiv für den Wechsel war wohl seine Verzweiflung über den Weg der Kirche: Taktik statt Bekenntnis, Ringen um die Macht statt um die Wahrheit. Die Leute um Niemöller, die Jungreformatorische Bewegung, die seit dem 9. Mai 1933 bestand, hatten Bonhoeffer und den konfessionell lutherischen Hermann Sasse nach der verlorenen Kirchenwahl damit beauftragt, ein neues Bekenntnis zu entwerfen, das den Problemen dieser Zeit gerecht werden sollte.

Auch wir jungen Theologen hatten Ende Juli 1933 eine dringende Bitte an Fritz von Bodelschwingh, damals die kirchliche Persönlichkeit mit der höchsten Autorität, gesandt, sich nicht in Machtkämpfen und taktischen Schachzügen zu verlieren und stattdessen ein eindeutiges Bekenntnis zu dem Herrn unserer Kirche, ein Bekenntnis, an dem sich alle orientieren könnten, in Auftrag zu geben.

Das „Betheler Bekenntnis" war im August 1933 entstanden, und es enthielt so eindeutige Sätze wie später kein anderes mehr. Das klare und verbindliche Wort von Bonhoeffer und Sasse fiel dann aber den vielerlei Bedenken der noch unschlüssigen Gutachter zum Opfer und wurde derart verwässert, daß Bonhoeffer seine Unterschrift verweigerte.

Karl Barth, der Ende Juni 1933 mit seiner Kampfschrift „Theologische Existenz heute" für Klarheit in dem schrecklichen Durcheinander innerhalb der evangelischen Kirche gesorgt hatte, war mit Bonhoeffers Übersiedlung nach London sehr unzufrieden:

„Sie wie wir alle – jawohl, wie wir alle! – leiden unter der ganz ungemeinen Schwierigkeit, in dem gegenwärtigen Chaos gewisse Tritte (nach Hebräer 12,13) zu tun. Aber sollte es Ihnen nicht einleuchten, daß das kein Grund ist, sich diesem Chaos zu entziehen, daß wir vielmehr in und mit unserer Ungewißheit [...] gefordert sind, unseren Mann zu stellen (sic!). [...] Merken Sie noch nicht, daß jetzt eine Zeit gänzlich undialektischer Theologie angebrochen ist, in der es auf keinen Fall angeht, sich mit ‚Vielleicht – vielleicht auch nicht!' in Reserve zu halten, sondern daß jetzt jeder beliebige Bibelspruch uns förmlich zuschreit, wir verlorenen und verdammten Sünder sollten jetzt einfach glauben, glauben, glauben?! Sollten Sie mit Ihrem schönen theologischen Rüstzeug, und dazu noch eine solche Germanengestalt wie Sie, sich nicht fast ein wenig genieren vor einem Mann wie Heinrich Vogel, der, verhutzelt und aufgeregt, wie er ist, einfach immer wieder da ist, seine Arme kreisen läßt wie eine Windmühle und ‚Bekenntnis, Bekenntnis!' schreit und in seiner Weise – in Kraft und Schwachheit, darauf kommt jetzt nicht soviel an – tatsächlich ablegt?"

Bonhoeffer ist eineinhalb Jahre in London geblieben. Er hat seine Londoner Gemeinde gegen den energischen Widerstand des Kirchlichen Außenamtes der Reichskirche der Bekennenden Kirche zugeführt und eine Fülle von ökumenischen Beziehungen gewonnen und vertieft.

Nach dem Ende meines Vikariates unterstellte ich mich der Bekennenden Kirche. Ohne Komplikationen konnte ich mich vom Berliner Konsistorium abmelden: Oberkonsistorialrat Kegel, der Dezernent für Ausbildung, nahm meine Erklärung entgegen, ohne den Versuch zu machen, mich von meiner Entscheidung abzubringen. Man spürte, daß er nicht nur innerlich zustimmte, sondern sogar ein wenig stolz auf „seine Vikare" war. Wer sich als Kandidat der Theologie, also noch vor der festen Anstellung im Pfarramt, der Bekennenden Kirche anvertraute, verzichtete auf alle Sicherheiten bezüglich Gehalt und Pension; er war auf Gedeih und Verderb auf die brüderliche Hilfe der Bekennenden Kirche angewiesen, die selber finanziell ausschließlich von freien Spenden lebte. Von den Kirchensteuern bekam sie nichts. Sich der Bekennenden Kirche anzuvertrauen war für uns „Junge Brüder" wirklich allein eine Sache des Glaubens. Am 10. Oktober 1934 unterschrieb ich die „Rote Karte" und erklärte damit meine Gliedschaft in der Bekennenden Kirche.

Es war für mich eine gute Zeit, in der die Dinge so klar lagen.

Der Bruderrat der Bekennenden Kirche wies mich in eine vorläufige Tätigkeit bei Pfarrer Jacobi an der Berliner Kaiser-Wilhelm-Gedächtnis-Kirche ein. Ich hatte im wesentlichen Büroarbeit zu leisten, unter der gestrengen Aufsicht der Sekretärin Fräulein Baltzer. Die gespannte Atmosphäre in Berlin bekam ich deutlich zu spüren. Die Namen der Bekenntnispfarrer von Rabenau, Harnisch, Kurz und Praetorius begegneten mir damals zum erstenmal. Jacobi hat im „Tagebuch eines Großstadtpfarrers" die besonderen Probleme einer modernen Metropole ins Visier genommen. Er war einer der ersten, der dafür eintrat, daß auch Frauen auf die Kanzel durften. Zur vollen Gleichberechtigung war es allerdings noch ein weiter Weg. In der berühmten Kaiser-Wilhelm-Gedächtnis-Kirche habe ich damals natürlich nicht gepredigt.

Ich war ganz froh, als ich nach einem Monat erneut nach Potsdam berufen wurde. Ich sollte in den Bekennenden Gemeinden Potsdams Veranstaltungen organisieren und dafür sorgen, daß alle Glieder der Bekennenden Kirche zu Bibelkreisen eingeladen wurden. Außerdem hatte ich mitzuhelfen, daß die einzelnen Bekennenden Gemeinden – sie waren entsprechend den Ortsgemeinden gebildet worden – zusammenwirkten, und was der organisatorischen Aufgaben mehr waren. Einen Bibelkreis leitete ich selbst, in anderen habe ich oft vertreten müssen. Die Bibelkreise waren natürlich wichtige Orte der Information, und in Potsdam existierten damals mindestens 20. Das Büro der Bekennenden Kirche befand sich im Haus des Christlichen Vereins Junger Männer, und da wurden auch die Roten Karten aufbewahrt. Zu meiner Zeit ließ sich die Polizei dort nicht sehen.

Bis zum Januar 1934 hatte Superintendent Görnandt im Sinne der späteren Bekennenden Kirche in Potsdam gewirkt. Wegen seiner jüdischen Frau nahm er danach eine Pfarrstelle in Kopenhagen an. Vier der Potsdamer Pfarrer hielten sich zur Bekennenden Kirche, mit unterschiedlicher, zeitlich wechselnder Intensität. Die Seele der Bekennenden Kirche in Potsdam aber war Frau Anni von Gottberg. In ihrem Hause fanden die ersten Bekenntnisversammlungen statt. Dort wurden Informationen ausgetauscht. Mit den Pfarrern, auch denen, die sich selbst der Bekennenden Kirche zugehörig fühlten, hatte sie es nicht leicht; sie meinte, für alle ein „rotes Tuch" zu sein: „In Potsdam sollte es nur schwelen, nicht brennen." Ein führender Mann der Bekennenden Kirche, Pastor Hans Asmussen aus Altona, redete ihr zu: „Fahren Sie nur fort, Ihren Pastoren aufs Dach zu steigen!" Als man ihr die Gefahren ihrer entschiedenen Haltung vorhielt, antwortete sie: „Jesus trägt die Dornenkrone. Darum müssen auch wir den schweren Weg gehen. Verstehen denn die Menschen nicht, daß man sein Leben einsetzen kann für eine gute Sache, auch noch dazu die Kirche?!"

So konnte eine Christin, die sich ganz dem Bekenntnis der Wahrheit zur Verfügung gestellt hatte, damals sprechen! Ich besitze viele Brief von ihr, sie haben auch mir immer wieder geholfen. Im letzten, den ich von ihr habe, vom Februar 1944, schrieb sie: „Es kommt mir immer durch den Sinn: Herr, was hat Dich bewogen, daß Du mich vorgezogen? Zu danken habe ich auch, daß ich in die Gemeinde geholt werde, nicht bloß aus irgendwelchen Gründen, sondern aus dem einen, der Anfang und Ende unserer Arbeit ist. Dadurch wird einem trotz der bitter ernsten Zeit das frohe Herz für den Tag geschenkt. Kurz, ich werde überall gebraucht …"

Diese tapfere Frau liegt auf dem Friedhof in Bornstedt bei Potsdam begraben.

7. Bekennende Kirche

Die erste Bekenntnissynode der Deutschen Evangelischen Kirche fand vom 29. bis 31. Mai 1934 in Barmen statt. Als ihre entscheidende Verlautbarung ist die „Barmer Theologische Erklärung" bekannt geworden. Dieses Bekenntnis hat uns hoffen lassen, war doch die Kirche noch nicht erstarrt und zu aktuellem Bekenntnis fähig. Die Barmer Theologische Erklärung hat Eingang in die Verfassungen vieler evangelischer Kirchen innerhalb und außerhalb Deutschlands gefunden. Sie ist in die meisten Gesangbücher aufgenommen worden.

Die Erste Bekenntnissynode von Barmen wurde in der Verwirrrung jener Tage zu einem Akt der Befreiung, Klarheit schaffend, mitten im Rausch des „nationalen Aufbruchs". Statt eines kraftlosen „Sowohl – als auch" war jetzt ein deutliches Ja und ein ebenso klares Nein gesagt worden. Es handelte sich, wie Karl Barth sich ausdrückte, um „einen Akt der Geistes-Gegenwart", in der theologischen und in der allgemeinen Bedeutung des Wortes.

Die Barmer Theologische Erklärung sagt ja dazu, daß der Glaube und die Kirche nur ein Fundament haben: den Jesus Christus der Bibel. Andere Ereignisse, Erkenntnisse und Erfahrungen haben keinen Anspruch darauf, als göttliche Offenbarungen verkündigt zu werden.

Sie sagt ja zu einem Glauben, der sich von Gottes Willen auf allen Gebieten des Lebens, einschließlich der Politik und Gesellschaft, leiten läßt. Sie sagt nein zu allen Versuchen, einzelne Gebiete des Lebens aus dem Glaubensgehorsam auszuklammern.

Sie sagt ja zu einer Kirche, die weiter nichts als Eigentum ihres Herrn sein will und dies durch ihr Leben bekräftigt. Sie sagt nein zu allen Bestrebungen, mögen sie von innen oder außen kommen, die Kirche anderen Mächten zu unterwerfen.

Sie sagt darum auch ja zu einer Ordnung der Kirche, in der sie sich als Dienstgemeinschaft von Brüdern und Schwestern versteht. Zu einer Diktatur durch irgendwelche Führergestalten sagt sie nein.

Die fünfte These behandelt das Verhältnis von Staat und Kirche. Die Erklärung bekennt sich zu einer klaren Trennung. Beiden hat Gott eine Aufgabe gegeben: der Kirche, das Evangelium zu verkündigen, dem Staat, für Recht und Frieden zu sorgen. Diese göttliche Bestimmung gilt, ob die Staatsmänner das wahrhaben wollen oder nicht. Soweit der Staat diese Aufgabe erfüllt, soll er mit dem Gehorsam der Kirche rechnen dürfen. Die Kirche soll ihn in seiner Aufgabe unterstützen, auch dadurch, daß sie ihn an seine Grenzen erinnert: Sie weist auf Gottes Gebote hin, die allem Recht vorgeordnet sind. Sie weist auf Gottes Gerechtigkeit hin, die nicht verurteilt, sondern rettet. In einer doppelten Negation verwirft die Barmer Theologische Erklärung den totalen Staat, aber auch eine klerikale und theokratische Kirche, die sich staatlicher Machtmittel bedient.

Die letzte These bekräftigt, daß die Kirche nur die eine Aufgabe hat, „die Botschaft von der freien Gnade Gottes auszurichten an alles Volk". Sich in den Dienst menschlicher Wünsche, Zwecke und Pläne zu stellen würde die Kirche ihrer Legitimation berauben.

Die Kirche ist gewiß auch Organisation, Institution, Gemeinschaft, also soziales Gebilde neben anderen. Die Barmer Theologische Erklärung verdeutlicht, daß sie aber nicht schon dadurch legitimiert ist, daß sie da ist. Sie hat nur dann Leben und Lebensrecht, wenn sie sich für den Auftrag ihres Herrn, Jesus Christus, als Zeugnis- und Dienstgemeinschaft zur Verfügung stellt. Das ist ihre Wahrheit, davon lebt sie. Verleugnet oder verbiegt sie ihren Auftrag, hat sie nur noch ein unwirkliches, gespenstisches Dasein – irrelevant für die Menschheit.

Die Barmer Theologische Erklärung war in Deutschland das erste von einer Synode formulierte und durch sie verantwortete Bekenntnis seit der Reformationszeit. In ihr haben zum erstenmal Lutheraner, Reformierte und Unierte ihren gemeinsamen Willen bekundet.

Von diesem Aufbruch sind zahlreiche fruchtbare Impulse für das kirchliche Leben ausgegangen. Von da an wurde es üblich, daß die Gemeinde Glaubensbekenntnis und Vaterunser im Gottesdienst mitspricht. Die Kollekten einzusammeln war zu einem wichtigen gottesdienstlichen Akt geworden, der gegen das staatliche Verbot verteidigt werden mußte. In der Fürbitte wurden die Namen der um ihres Glaubens willen Inhaftierten und Benachteiligten genannt.

Aus den Bekenntnissen der Barmer Theologischen Erklärung wurden ein halbes Jahr später in Berlin-Dahlem die rechtlichen und organisatorischen Folgerungen gezogen. Es handelte sich, so Karl Barth, „um den seltenen Fall eines befreienden Durchbruchs theologischer Erkenntnis zu kirchlicher Entscheidung und gemeindlichem Handeln". Die Bekennende Kirche aberkannte dem Reichsbischof und seinen Vasallen das Recht, die Kirche zu leiten, und errichtete eine Notordnung. An die Stelle der vom Staat anerkannten kirchlichen Organe traten nunmehr Bruderräte und für die gesamte Bekennende Kirche eine „Vorläufige Leitung". Die Bruderräte bestanden meist aus Pastoren und Laien, die direkt aus ihren Gemeinden kamen. Die Bekennende Kirche als solche verbot der Staat nicht, zu späterer Zeit wohl aber die Tätigkeit ihrer Organe. Die legitime Leitung der Kirche mußte illegal wirken. Sie stand unter ständiger, brutaler Bedrohung.

Die Bruderräte mußten sich der Aufgabe stellen, künftige Pfarrer selbst auszubilden und einzusetzen. Wir jungen Theologen sahen uns vor einer radikalen Entscheidung: Indem wir uns dieser Bekennenden Kirche und ihrer Leitung anvertrauten, mußten wir damit rechnen, daß Hitler, sei er einmal nicht mehr genötigt, politische Rücksichten zu nehmen, mit uns allen nicht viel Federlesens machen würde. Die Kirche war für uns nicht mehr die graue Behördenkirche von einst, aber auch nicht unverbindlicher Sprechsaal. Es lohnte sich wieder, unsere Existenz für den Dienst in dieser Kirche einzusetzen.

An die Dahlemer Synode habe ich persönliche Erinnerungen. Wir jungen Kandidaten hatten an den Türen Wache zu stehen. So konnten wir hin und wieder in die spannenden Diskussionen hineinhören. Ich erinnere mich noch, daß der entscheidende Beschluß mit nur einer einzigen Gegenstimme, der eines Württemberger Synodalen, durchkam.

Die Bekennende Kirche, auch die Barmer Synode, hat die Konfrontation mit dem Staat möglichst vermeiden wollen. Der lutherische Pastor Hans Asmussen, der die Theologische Erklärung einbrachte, betonte wiederholt: „Wir sind keine Rebellen." Er meinte sogar, es könne einen totalen Staat „innerhalb der von Gott gesetzten Grenzen" geben. Zum Widerstand gegen den Staat aufzurufen lag einer evangelischen Kirche eigentlich fern. Man wollte loyaler Bürger, nicht Gegner des Staates sein.

Der NS-Staat versuchte zunächst, den Kirchenkampf mit einem Kompromiß zu beenden. Aus Vertretern der kirchenpolitischen Mitte, des „gemäßigten" Flügels der Deutschen Christen und der Bekennenden Kirche, bildete der neuernannte Reichskirchenminister Kerrl im Juli 1935 Ausschüsse. Ein Reichskirchenausschuß unter Leitung des angesehenen westfälischen Generalsuperintendenten Zoellner und eine Reihe von Provinzialkirchenausschüssen sollten die Leitung übernehmen und für Befriedung sorgen. Ich erinnere mich in diesem Zusammenhang deutlich an eine Episode: Wir stehen im Treppenhaus des Predigerseminars Finkenwalde – ich greife vor – und nehmen die Post in Empfang. Bonhoeffer schlägt die Zeitung auf und liest die Nachricht von der Einsetzung der Ausschüsse. Er besinnt sich kurz und sagt dann mit Entschiedenheit: „Nein. Der Staat kann keine Kirchenleitung einsetzen. Wahrheit und Irrlehre können nicht vermischt werden."

Bonhoeffers Meinung teilten leider zu wenige. Und so begann mit der Einsetzung der Ausschüsse die schwerste innere Krise der Bekennenden Kirche. Viele wollten endlich Frieden haben und klammerten sich an die renommierten Namen der in den Ausschüssen mitarbeitenden Kirchenmänner und an die Friedensbeteuerungen des Staates.

Der Frieden dauerte nicht lange: Schon im nächsten Jahr

gab Zoellner seinen Auftrag zurück, hatte doch der Reichs-kirchenminister seine Kirchenpolitik auf unerträgliche Weise durchkreuzt. Eine Politik der Befriedung paßte nicht in das ideologische Konzept der NSDAP. Sie beantwortete den Kirchenkampf und das Entstehen der Bekennenden Kirche mit einem hausgemachten Neuheidentum, geschmückt mit allerlei obskuren Weihehandlungen. Nun kam heraus, was die Partei unter „positivem Christentum" verstand: eine Ver-götterung des deutschen Menschen und vor allem des „Füh-rers". Das Buch des Reichsschulungsleiters Alfred Rosen-berg „Der Mythos des zwanzigsten Jahrhunderts" wurde ne-ben „Mein Kampf" zur maßgeblichen, zur „heiligen" Schrift der NSDAP. Es gab jetzt keinen Zweifel mehr daran, daß hinter der Kirchenpolitik Hitlers und der NSDAP unver-söhnlicher Haß gegen alles wahrhaft Christliche stand. Der sogenannte „Gottglauben" war nur Camouflage für die An-betung der Partei und ihres Führers. „Mein Führer, du bist Weg und Ziel" hieß es in einem NS-Bekenntnis.

Die Kirche mußte Stellung beziehen. Die Kanzelabkündi-gung vom 17. März 1935 gegen das Neuheidentum wurde als Angriff auf die Partei gewertet: Damals wurden 715 Pfarrer, die die Abkündigung von den Kanzeln verlesen wollten, vorübergehend gefangengesetzt. Ich selbst hatte damals keine Pfarrstelle und wurde wohl darum nicht einge-sperrt. In Potsdam fand sich im Gefängnis in der Linden-straße ein ziemlich aufgeräumter Pfarrkonvent zusammen. Er ließ sich vom nahen Glockenspiel der Garnisonkirche er-bauen: „Üb immer Treu und Redlichkeit" und „Lobe den Herrn". Um seiner Gesinnung willen im Gefängnis zu sit-zen galt von jenen Tagen an nicht mehr als ehrenrührig.

Doch das Klima wurde bald frostiger. Die Vorläufige Lei-tung der Bekennenden Kirche entschloß sich im Mai 1936, Hitler selbst eine Denkschrift zuzuleiten. Themen waren der neuheidnische Führerkult, aber auch der Mißbrauch von Eidesleistungen und Gelöbnissen, der vielfältige Wahl-schwindel, Willkür in Rechtsdingen, das Vorhandensein von Konzentrationslagern, der Terror der Geheimen Staatspoli-zei und der von der Partei geschürte Judenhaß. Die Leitung der Bekennenden Kirche sprach aus, was viele Deutsche bewegte; der innerkirchliche Rahmen war zum erstenmal überschritten. Die Denkschrift gelangte ins Ausland und wurde schon zwölf Tage nach ihrer Übergabe an die Präsidialkanzlei in verschiedenen Blättern, in vollem Wortlaut in den „Basler Nachrichten", veröffentlicht. Daraufhin wurde der Leiter der Kanzlei der Bekennenden Kirche, Friedrich Weisler, in das KZ Sachsenhausen verschleppt, als „Judenschwein" beschimpft, bespuckt, geschlagen und schließlich totgetrampelt. Sein Leichnam wurde aufgehängt, um einen Selbstmord vorzutäuschen. Friedrich Weisler starb als erster Märtyrer der Bekennenden Kirche. Als von Hitler keine Antwort kam, wurde die Denkschrift in gekürzter Form von den Kanzeln verlesen. Als Hilfsprediger habe ich das in Greifswald getan. Wir sind damals wohl alle nicht leichten Herzens auf die Kanzel gestiegen. Aber wenn wir es hinter uns hatten, erfüllte uns Freude und Gewißheit. Solche Erfahrungen führten uns zusammen.

Aber es blieb nicht bei solchen Einzelaktionen, gab es doch allenthalben immer neue Konfliktfelder. Der Staat antwortete zunehmend mit Verhaftungen, Ausweisungen, Redeverboten und Einweisungen in Konzentrationslager. Sonntag für Sonntag verlasen wir Pfarrer der Bekennenden Kirche in den Gottesdiensten die lange Liste der in ihrem Dienst Behinderten, der Ausgewiesenen und Arretierten. Im September 1939 waren vier Mitglieder der Bekennenden Kirche ins KZ verbracht, acht waren inhaftiert, 105 aus ihren Heimatgemeinden verbannt, fünf mit Ausreiseverboten aus Deutschland und 44 mit Redeverboten belegt. 178 hatten Behinderungen der verschiedensten Art zu erdulden.

Seit dem 1. Juli 1937 stand Martin Niemöller regelmäßig auf der Fürbittenliste, bis zu seiner Verhaftung die zentrale Gestalt der Bekennenden Kirche. Ich selbst war Zeuge der folgenden Szene: Kurz vor einem Gottesdienst in Dahlem hielt ich mich in der Sakristei auf. Niemöller wurde berichtet, daß die Gestapo beim Verhör einer Pfarramtssekretärin eine Pistole auf den Tisch geknallt habe. Darauf sagte

Niemöller spontan, daß er das der Gemeinde von der Kanzel herab berichten werde – und tat es.

Als in einer großen Pfarrerversammlung in Stettin über die Kirchenausschüsse gestritten wurde, begann ein Redner seine Ausführungen mit einem altväterlich-salbungsvollen „Meine Herren und Brüder". Niemöller sprang auf und rief dazwischen: „Entweder sind wir hier Herren, oder wir sind Brüder!" So war er! Welch ein Weg: Vom U-Boot auf die Kanzel, von der Kanzel ins KZ, aus dem KZ – nach dem Krieg – in die Weite der Welt, aus der Welt auf die Straße.

Ganz anders war Paul Schneider, Pfarrer auf dem Hunsrück. Weil er einer Ausweisung durch den Staat nicht Folge leistete, wurde er ins KZ Buchenwald eingeliefert. Weil er das tausendfache Unrecht um sich herum nicht still hinnehmen konnte, kam er in den „Bunker". Von dort aus klagte er die Aufseher des vielfachen Mordes an, tröstete er seine Mithäftlinge, die auf dem unmittelbar daneben liegenden Appellplatz angetreten waren. Jedesmal hörten die Kameraden die Peitsche klatschen. Eine Spritze gab dem furchtbar Zugerichteten endlich den Tod.

Nach dem Kriege haben mir viele Kommunisten ihre Hochachtung für Paul Schneider ausgesprochen. Christlicher Glaube ist nicht „Opium" oder Verführung. Das hat Paul Schneider mit seinem Sterben bezeugt.

Einen Höhepunkt der Konfrontation und zugleich den Übergang in eine neue Qualität des Widerspruchs stellte der Gebetsgottesdienst zur Tschechenkrise von 1938 dar. Die Bekennenden Gemeinden bezeugten die Schuld der Deutschen an der gespannten politischen Lage und verurteilten einen drohenden Krieg. Kritik an der deutschen Außenpolitik – das war neu: hatte doch Niemöller im Namen des Pfarrernotbundes zum Austritt Deutschlands aus dem Völkerbund noch eine zustimmende Adresse an das Staatsoberhaupt gerichtet.

Auf den Gebetsgottesdienst antwortete das SS-Blatt, „Das Schwarze Korps" mit dem Vorwurf des Landesverrats. Nun wurde plötzlich und vor aller Welt ein tiefer Riß quer durch die Bekennende Kirche sichtbar. Die Bischöfe der „intakten", das heißt der durch Hitlers Reichsbischof nicht zerstörten Landeskirchen Bayern, Württemberg und Hannover distanzierten sich öffentlich.

Nach diesem Schlag hatte die Bekennende Kirche nicht mehr die Kraft, gemeinsam gegen die Judenpogrome vom 9. November 1938 zu protestieren.

Damit ist der Finger auf das schwerwiegendste Versäumnis der Bekennenden Kirche gelegt. Als die SA am 1. April 1933 die jüdischen Geschäfte boykottierte, hatten nur zwei Kirchenmänner ihre Stimme erhoben: der bayerische Freiherr von Pechmann und Dietrich Bonhoeffer. Dessen Aufsatz vom 15. April 1933 „Die Kirche vor der Judenfrage" war das einzige öffentliche Dokument, das auf den Boykott und den „Arierparagraphen" im „Gesetz zur Wiederherstellung des Berufsbeamtentums" vom 7. April 1933 antwortete.

Auch die Barmer Theologische Erklärung schwieg zur Judenfrage: Es gebe Wichtigeres zu bedenken, sagte der sonst so klarsichtige und kritische Karl Barth – später war er über seine eigene Haltung sehr bekümmert. Erst die letzte Bekenntnissynode überhaupt hat im Oktober 1943 in Breslau unter Berufung auf das 5. Gebot den Mord an Geisteskranken und Juden ausdrücklich verurteilt. Zu dieser Zeit aber war der industrielle Mord in Auschwitz, Majdanek und anderen Vernichtungslagern längst in vollem Gange.

Auf die Habenseite gehören nicht wenige mutige Christen – und Nichtchristen –, die Juden in ihren Häusern verbargen, gehören Frauen wie Hildegard Jacoby und Männer wie Heinrich Grüber und sein Gehilfe Werner Sylten. Sie haben sich im Auftrag der Bekennenden Kirche getaufter und später auch nichtgetaufter Juden angenommen und so manchen legal oder illegal ins Ausland geschafft.

Das Stuttgarter Schuldbekenntnis der Kirche vom Oktober 1945 hat zwar beklagt, daß „durch uns unendliches Leid über viele Völker und Länder gebracht" worden ist, die Juden hat es nicht erwähnt. Erst die Friedenssynode von 1950 in Berlin hat ein spezifisches Schuldbekenntnis abgelegt.

War die Bekennende Kirche eine Widerstandsbewegung? Gewollt hat sie einen umfassenden Widerstand gegen die Nazidiktatur gewiß nicht. Auch auf den Sturz Hitlers hat sie nicht hingearbeitet.

Der englische Erzbischof Temple hatte im Oberhaus mehrfach die Meinung vertreten, der Widerstand der Bekennenden Kirche habe sich auf die Eingriffe in Leben und Lehre der Kirche beschränkt.

Der ehemalige Generalsekretär des Ökumenischen Rates der Kirchen, der Niederländer Vissert' Hooft, gibt hingegen zu bedenken: „Wie wenig kennen Sie die Situation in einem Lande, in dem Diktatur herrscht! In einer solchen Situation ist jeder Protest in jedem Teilbereich zugleich grundsätzlicher Widerstand gegen das System als Ganzes."

Karl Barth schließlich kommt in seinem Rundfunkinterview vom 31. Mai 1964 zu diesem Urteil: „Die Barmer Synode und diese Theologische Erklärung waren ja damals eine streng theologisch kirchliche Angelegenheit, und von vielen Seiten wurde größtes Gewicht darauf gelegt zu beteuern, behüt uns Gott davor, daß das irgend etwas mit Politik, vielleicht mit oppositioneller Politik zu tun haben könnte! Nein! Es geht uns nur um die Kirche, nur ums Evangelium und seine Reinheit! Faktisch aber hat diese Barmer Synode damals, ob wir es wollten oder nicht, auch ihre hochpolitische Bedeutung gehabt. Es war ja ein Minimum, was wir damals geleistet haben; aber immerhin – es war ein Minimum an Opposition gegen das ganze NS-Regime als solches in einer ganz schmalen Sparte. Es war keine Heldentat. Immerhin darf man sagen: Wären nur auf allen Gebieten des deutschen Lebens solche Minima geleistet worden! [...] Denn wenn die Kirche ein Bekenntnis ausspricht, dann kann das nicht nur innerkirchliche Bedeutung haben."

Grund zum Selbstruhm ist nicht gegeben, und Martin Niemöller bekannte nach seiner Befreiung aus dem Konzentrationslager: „Die eigentliche Schuld liegt auf der Kirche; denn sie allein wußte, daß der eingeschlagene Weg ins Verderben führte, und sie hat unser Volk nicht gewarnt; sie hat das geschehene Unrecht nicht aufgedeckt oder erst, wenn es zu spät war. Und hier trägt die Bekennende Kirche ein besonders großes Maß von Schuld; denn sie sah am klarsten, was [...] sich entwickelte; sie hat sogar dazu gesprochen und ist dann doch müde geworden und hat sich vor Menschen mehr gefürchtet als vor dem lebendigen Gott." Niemöllers Stimme ist leider sehr vereinzelt geblieben.

8. Predigerseminar Finkenwalde

Der Bruderrat der Bekennenden Kirche berief mich zum 15. April 1935 in das neugegründete Predigerseminar in Zingst an der Ostsee. Die Bekennende Kirche kam damit auch in meinem Falle dem Beschluß der Dahlemer Synode vom Oktober 1934 nach, die Ausbildung ihrer Theologen in die eigene Hand zu nehmen. Sie richtete trotz äußerst gespannter Finanzlage fünf Predigerseminare ein: Bloestau in Ostpreußen, Naumburg am Queis in Schlesien, Bielefeld in Westfalen, Elberfeld im Rheinland und Zingst in Pommern. Dieses Seminar wurde später nach Finkenwalde verlegt. Mit der Gründung dieser Einrichtungen wurde der Versuch gemacht, Kandidaten der Theologie, die an mit Deutschen Christen durchsetzten theologischen Fakultäten staatlicher Universitäten nur unzureichend für ihr geistliches Amt vorbereitet worden waren, wenigstens postgradual, zwischen Vikariat und 2. Theologischer Prüfung, eine, wenn auch kurze, so doch intensive Ausbildung zukommen zu lassen.

Zur gleichen Zeit wurde in Berlin die Kirchliche Hochschule ins Leben gerufen. Sie stand von Anfang an unter schwerstem Beschuß durch staatliche Organe. Der Eröffnungsgottesdienst am 1. November 1935 wurde verboten. Die Lehrveranstaltungen konnten nur in aller Heimlichkeit und an wechselnden Orten durchgeführt werden. Am 2. Dezember untersagte Reichskirchenminister Kerrl der Bekennenden Kirche jedes kirchenleitende Handeln.

Bonhoeffer, gerade dreißigjährig, wurde aus seinem Londoner Pfarramt zur Leitung des Predigerseminars in Pommern berufen. Der Entschluß, ja zu sagen, fiel ihm nicht leicht. Im September 1934 schrieb er an einen Freund: „Ich quäle mich damit ab, einen Entschluß zu fassen, ob ich als Leiter eines neu zu errichtenden Predigerseminars nach Deutschland zurückgehen soll oder ob ich nach Indien gehe (zu Gandhi). [...] Die gesamte Ausbildung des Theologen-nachwuchses gehört heute in kirchlich-klösterliche Schulen, in denen die reine Lehre, die Bergpredigt und der Kultus ernst genommen werden."

Damit meinte Bonhoeffer weniger ein Leben in klösterli-cher Abgeschiedenheit, gar noch unter den drei Mönchs-regeln: Arbeit, Ehelosigkeit, Gehorsam, sondern er forderte vielmehr eine Möglichkeit zu „innerster Konzentration für den Dienst nach außen". Noch deutlicher wird, worum es ihm ging, aus einem Brief an Karl Barth vom 19. September 1936: „Ich bin fest davon überzeugt, daß die jungen Theo-logen sowohl im Blick auf das, was in den Gemeinden – be-sonders hier im Osten – an selbständiger Arbeit von ihnen gefordert wird, eine ganz andere Vorbildung brauchen, in die ein solches gemeinsames Seminarleben unbedingt hin-eingehört. Man macht sich ja gar kein Bild davon, wie leer, wie völlig ausgebrannt die meisten der Brüder ins Seminar kommen. Leer sowohl in bezug auf theologische Erkennt-nisse und erst recht biblisches Wissen, wie auch in bezug auf ihr persönliches Leben."

Das Seminar begann am 15. April 1935 im Heim der westfälischen Jugend, dem Zingsthof, zwei Kilometer öst-lich des Ostseebades Zingst. Eine ideale Sommerfrische: der Strand, einer der feinsandigsten an der Ostsee, kaum 200 Meter entfernt. Leider war nur das Wasser noch recht kalt. Am 1. Mai badeten wir das erste Mal, und dabei maßen wir gerade acht Grad. Als es dann erträglicher wurde, mußte das Seminar den Jugendlichen aus Westfalen weichen. Aber die Sonne meinte es doch so gut mit uns, daß wir in den Dünen liegen konnten. In der Nähe gab es ein urwaldähnli-ches Revier, und in der Ferne, hinter Prerow, lud der Darß-wald zum Wandern ein. Abends grüßten die Leuchtfeuer von Darßer Ort und Hiddensee. Das Haus selbst besteht übrigens noch heute, flankiert von Anbauten, die die Barak-ken und die hochgestelzte Bude, in der ich wohnte, damals „Zeppelin" genannt, ersetzt haben.

Wir waren 23 Kandidaten und kamen alle aus den östli-chen Provinzen der „Altpreußischen Union", wie die Evangelische Kirche der Union damals noch hieß. Die Kandidaten kamen aus Ostpreußen, der Kirchenprovinz Sachsen (Magdeburg-Halle), aus Pommern und die Mehrzahl aus Berlin-Brandenburg. Wir Brandenburger hatten zum größten Teil schon zum Bonhoefferkreis gehört, der bereits in Prebelow etwas von dem „klösterlichen" Leben erfahren hatte, das Bonhoeffer meinte. Durch die wöchentlichen Zusammenkünfte in Bonhoeffers Elternhaus in Berlin-Grunewald kannten wir uns und den „Meister" schon ganz gut. So haben Joachim Kanitz, Winfried Maechler und ich den andern ein wenig helfen können, sich in die Spezifika der Gemeinsamkeit im Sinne Bonhoeffers hineinzuleben. Die beiden Provinzsächsler Eberhard Bethge und Gerhard Vibrans waren alledem ziemlich ahnungslos ausgesetzt. Vibrans' Briefe zeigen in schöner Farbigkeit, wie bei einem von Hitler emotional beeindruckten jungen Theologen allmählich die Erkenntnisse reiften. Er hatte etwas jungenhaft Liebenswertes an sich, das ihn gerade auch für den „Meister" anziehend machte. Eberhard Bethge wuchs in Bonhoeffers Nähe zu dem Theologen heran, der, vor allem in den Gefängnisbriefen von 1943 bis 1945, wichtigster Gesprächspartner für den gefangenen Freund wurde. Der Schüler wandelte sich in der Nachkriegszeit zu einem selbständigen, kritischen Denker. Seine Bonhoeffer-Biographie ist nicht nur eine der schönsten und wichtigsten, sie ist zugleich ein Kompendium der theologischen, kirchlichen und politischen Geschichte der Zeit des Nationalsozialismus. Von den übrigen Kandidaten sei noch der Ostpreuße Horst Lekszas mit seinem herrlichen Temperament erwähnt. Er und Gerhard Vibrans sind im Krieg gefallen.

Nach oft drückender Einsamkeit unter den Pfarrern im Amt, nach vielfältigen Polizeischikanen – nicht wenige hatten Gefängnis und Ausweisungen, alle aber Diskriminierungen und Benachteiligungen hinter sich – freuten wir uns, die wir als Fanatiker, Kampfhähne oder Miesmacher des nationalen Aufbruchs beschimpft worden waren, mit Gleichgesinnten zusammen zu sein. Wir freuten uns, nach Unrast und Kämpfen, jetzt Zeit für solide theologische Arbeit zu haben.

Für manchen gestaltete sich der Tageslauf dann aber doch recht schwierig. Es sollte ein Leben unter Gottes Wort werden. Der Tag begann mit einer Morgenandacht von etwa drei viertel Stunden Länge. Vorher war Schweigezeit. In der Andacht beteten wir eine Reihe von Psalmen. Wie in Klöstern sollten die 150 Psalmen in einer Woche durchgebetet werden. Die Lesungen umfaßten ein ganzes Kapitel Altes und ein entsprechendes Stück Neues Testament; dazwischen wurden feststehende und wechselnde Lieder aus dem Gesangbuch gesungen. Das Gebet sprach Bonhoeffer selbst. Er bezog es genau auf die geistliche Situation des Tages, es hat unsre Gemeinschaft geprägt und zusammengehalten. Nur an den Wochenenden hielt Bonhoeffer eine kurze Auslegung. Auf die Andacht folgte ein äußerst bescheidenes Frühstück. Der Tagessatz für Verpflegung betrug eine Mark! Bevor die theologischen Vorlesungen und Übungen begannen, breitete sich für eine halbe Stunde absolute Stille, die der Meditation dienen sollte, im Hause aus. „Meditation" hieß für uns aber nicht, in sich selbst hineinzuhorchen oder über ein Bild nachzusinnen. Ein Bibeltext sollte so lange bedacht werden, bis er zu jedem ganz persönlich sprechen würde. Bonhoeffer erinnerte gern an den Vers aus der Weihnachtsgeschichte: „Maria aber behielt alle diese Worte und bewegte sie in ihrem Herzen" (Lukas 2,19). Die Meditation fiel mir schwer. Meine Gedanken ließen sich nicht so leicht festhalten. Andrerseits war mir klar: Wie soll ich andern vermitteln wollen, was nicht durch mich selber hindurchgegangen ist! Vor dem Mittagessen gab es eine halbe Stunde Chorgesang, angeleitet von Joachim Kanitz. Wir stellten einen ganz respektablen, vierstimmigen Männerchor dar, der bei Heinrich Schütz und Bach zu Hause war. Wie haben wir in Tönen geschwelgt, wenn wir in großen Kirchen zu Gast waren!

Einmal in der Woche war ein Spielabend angesetzt. Damals habe ich gelernt, wie wichtig es für eine Gemeinschaft ist, miteinander zu spielen. Das habe ich später in meinen Gemeinden immer wieder kräftig geübt, und sogar im hochwürdigen Bischofskonvent, den ich zu leiten hatte, haben wir Spaß am Spielen gehabt. Die schönsten Abende aber erlebten wir, wenn Musik gemacht wurde. Es waren Höhepunkte in unserer Seminarzeit, wenn sich Bonhoeffer und Joachim Kanitz – später in Finkenwalde –, an die beiden Flügel setzten und das c-Moll-Klavierkonzert von Beethoven spielten, der eine den Solo-, der andere den Orchesterpart. Den Abend beschloß dann wieder eine Andacht. Das war manchmal kaum noch mit offenen Augen und Ohren zu schaffen – ein Glück nur, daß wir uns bei den Liedstrophen erheben mußten. Wir „alten Hasen" wurden mit den Anstrengungen leichter fertig. Bei den anderen hörte man zuweilen ein Murren. Aber Bonhoeffer wußte zu überzeugen.

Das Heilige Abendmahl haben wir einmal im Monat gefeiert und uns sorgfältig darauf vorbereitet. Bonhoeffer ermunterte uns zur gegenseitigen persönlichen Beichte. Ich habe meiner Braut nach dem ersten gemeinsamen Abendmahl geschrieben: „Ich hab's wohl noch nie so erlebt, als befreiende Wirklichkeit. Ich habe Arroganz und Unbrüderlichkeit hingetragen und ein reines Herz mitgebracht." In der evangelischen Kirche war damals das Abendmahl zu einem individuellen Mensch-Gott-Geschehen zusammengeschrumpft. In der Bekennenden Kirche und besonders hier in Zingst eröffnete sich uns die andre Seite: das reinigende und stärkende Mahl der kämpfenden Gemeinde. Bonhoeffer hat die Gedanken, die ihn im Predigerseminar leiteten, später, nachdem es durch die Gestapo aufgelöst worden war, in seinem Buch „Gemeinsames Leben" aufgezeichnet.

Das wichtigste theologische Ereignis dieser Zeit war für uns die Vorlesung über die „Nachfolge". Ich erinnere mich noch deutlich an den Schock, den Sätze wie dieser bei uns verursachten: „Billige Gnade ist die Gnade, die wir mit uns selbst haben. [...] Aber wissen wir auch, daß diese billige Gnade in höchstem Maße unbarmherzig gegen uns gewesen ist? Ist der Preis, den wir heute mit dem Zusammenbruch der organisierten Kirchen zu zahlen haben, etwas anderes als eine notwendige Folge der zu billig erworbenen Gnade? Man gab die Verkündigung und die Sakramente billig, man taufte, man konfirmierte, man absolvierte ein ganzes Volk, ungefragt und bedingungslos, man gab das Heiligtum aus menschlicher Liebe den Spöttern und Ungläubigen, man spendete Gnadenströme ohne Ende, aber der Ruf in die strenge Nachfolge Christi wurde seltener gehört. [...] Teure Gnade ist das Evangelium, das immer wieder gesucht, die Gabe, um die gebeten, die Tür, an die angeklopft werden muß. Teuer ist sie, weil sie in die Nachfolge ruft; Gnade ist sie, weil sie in die Nachfolge Jesu Christi ruft; teuer ist sie, weil sie den Menschen das Leben kostet, Gnade ist sie, weil sie ihm so das Leben erst schenkt. [...] Immer deutlicher erweist sich die Not unserer Kirche als die eine Frage, wie wir heute als Christen leben können. [...] Wohl denen, die in der Erkenntnis solcher Gnade in der Welt leben können, ohne sich an sie zu verlieren, denen in der Nachfolge Christi das himmlische Vaterland so gewiß geworden ist, daß sie wahrhaft frei sind für das Leben in dieser Welt."

Bonhoeffer hat das biblische Wort „Nachfolge" wieder zur Geltung gebracht. Nachfolge läßt an einen Weg denken, nicht an einen Standpunkt; Nachfolge birgt die Frage in sich: Wo befindet sich der heute, dem ich folgen möchte? Nachfolge rechnet damit, daß ich jetzt aufbrechen muß, um den nicht zu verfehlen, der mich ruft. Nachfolge ist eine Definition des Glaubens in den Koordinaten von Raum und Zeit.

Bonhoeffer sagte uns, was Glauben in dieser Zeit des Bekennens oder Verleugnens, des deutlichen Ja und des deutlichen Nein bedeutet: Entscheidung für die Kirche Jesu Christi oder für eine Kirche als Dienstleistungsbetrieb für religiöse Bedürfnisse oder als ideologischer Kitt für eine sogenannte „deutsche Volksgemeinschaft".

Das Hauptstück der Vorlesung zum Thema „Nachfolge" stellt die Auslegung der Bergpredigt dar. „Ich glaube, [...] daß die ganze Sache (der Kirchenkampf und die Zukunft der Kirche) an der Bergpredigt zur Entscheidung kommt", schreibt er ein Jahr zuvor einem Freund, und in einem Brief an seinen Bruder Friedrich Karl vom Januar 1935 heißt es: „Ich glaube zu wissen, daß ich eigentlich erst innerlich klar und wirklich aufrichtig sein würde, wenn ich mit der Bergpredigt wirklich anfinge Ernst zu machen. Hier sitzt die einzige Kraftquelle, die den ganzen Zauber und Spuk einmal in die Luft sprengen kann, bis von dem Feuerwerk nur ein paar ausgebrannte Reste übrigbleiben."

Immer wieder wird Bismarcks Wort zitiert, mit der Bergpredigt könne man nicht regieren. Aber hat sich inzwischen nicht herausgestellt, daß man mit dem Gegenteil, mit dem Vertrauen auf militärische Gewalt, erst recht in einer Sackgasse endet, und ist Matthäus 7,12: „Alles nun, was ihr wollt, daß euch die Leute tun sollen, das tut ihnen auch" etwa keine „Goldene Regel", kein Grundsatz für eine gute Politik?

Das Wasser der Ostsee hatte „menschlichere" Temperaturen angenommen, und die Sonne brannte uns braun, wenn wir in den Dünen diskutierten: Die Zeit im Zingsthof ging zu Ende, als es an der See schön wurde. Der Zingsthof war nun einmal Jugendheim und nicht Ausbildungsstätte für künftige Pastoren. Aber wohin mit uns? In diesem Jahr, in dem der Angriff von Staat und Partei gegen die Bekennende Kirche sich verschärfte, galt es einen Ort zu finden, an dem wir hoffen konnten, unsere Ausbildung einigermaßen unangefochten fortzusetzen. Das ehemalige Pädagogium in Finkenwalde bei Stettin, ursprünglich ein Besitz derer von Katte, bot sich an. An ein altes Gebäude war ein moderner Flügel angebaut – so gab es reichlich Platz. Aber das Haus war ziemlich heruntergekommen, so daß es erst allmählich wieder richtig bewohnbar wurde. Ein besonderes Problem stellte in den ersten Wochen der Schlafsaal dar, in dem ich meine Bettstatt hatte: ein Feldbett mit uralten, von Generationen früherer Bewohner plattgewalzten Matratzen. Die Seegrasfüllung war bereits pulverisiert, und wenn ich ins Bett ging, breitete sich explosionsartig eine Wolke im Raum aus. Im alten Gutsteil gab es einige sehr schöne Räume, sogar mit einem funktionierenden Kamin. Ich erinnere mich an manchen Geburtstag bei Kaminfeuer. Das Lied „Täglich zu singen" von Matthias Claudius, „Ich danke Gott und freue mich", gehörte unbe-

dingt dazu. Daß wir diese Verse mit Begeisterung gesungen
haben, läßt sich denken:

Ich danke Gott mit Saitenspiel,
daß ich kein König worden;
ich wär geschmeichelt worden viel,
und wär vielleicht verdorben.

Auch bet ich ihn von Herzen an,
daß ich auf dieser Erde
nicht bin ein großer reicher Mann,
und auch wohl keiner werde.

Denn Ehr und Reichtum treibt und blüht,
hat mancherlei Gefahren,
und vielen hat's das Herz verdreht,
die weiland wacker waren.

Wegen der Möblierung schrieb unser bewährter Haus-
dichter Winfried Maechler mit Erfolg Bettelgedichte an Be-
kenntnisgemeinden, pommersche Kirchenkreise und betuchte
Sympathisanten aus der Nachbarschaft. Aber damit war die
Verpflegungsfrage nicht gelöst. In Zingst war fast täglich
Dorsch auf den Tisch gekommen. Der war nicht teuer. In
Finkenwalde dichtete Winfried Maechler:

… was kann das schönste Haus uns nützen,
mit seinen Zimmern mancherlei,
was soll man über Büchern schwitzen,
wenn doch der Magen knurrt dabei?
Drum soll euch mahnen dies Gedicht:
Verschließt die Vorratskammern nicht!
Denn im Seminar die Knaben,
die müssen was zu essen haben!

Und so blieben uns die Vorratskammern vieler freundlicher Gutsleute in Pommern nicht verschlossen. Unsere Spei-
sekarte wurde hin und wieder erheblich aufgewertet, wenn
vom Güterbahnhof Altdamm ein halbes Schwein gemeldet
wurde. Hauseltern wie in Zingst hatten wir in Finkenwalde
nicht. So wurde Frau Struwe als Hausdame engagiert. Sie

86

hat uns mit erstaunlicher Phantasie bekocht und sich mit großem Takt in die Männergesellschaft eingefügt.

Zum Gebäude gehörte auch eine geräumige Turnhalle, die wir für Gottesdienste und unsern Chorgesang nutzten. Der Bildhauer Wilhelm Groß aus Eden bei Oranienburg stellte sich für die Umgestaltung dieses kahlen, unfreundlichen Raumes zur Verfügung. Auf das Retabel unsres Altars setzte er ein großes goldenes „APAX", „einmal" (Hebräer 9,26), die *eine* Offenbarung Gottes in dem Jesus Christus der Bibel und nicht wie die Deutschen Christen es wollten: Gottes Offenbarung in Jesus Christus *und* im „völkischen Aufbruch" durch Adolf Hitler. Mit der Zeit fanden sich auch Besucher aus dem benachbarten Podejuch bei unseren Gottesdiensten ein.

Auf dem Wege von Zingst nach Finkenwalde machten wir in Greifswald halt, um die dortigen Theologiestudenten, wie wir es ausdrückten, etwas „aufzumöbeln". Die Situation war damals noch nicht so spannungsgeladen wie ein paar Monate später, als die theologische Fakultät sich geschlossen den Kirchenausschüssen zur Verfügung gestellt hatte. Dennoch wurde unser Besuch als deutliche Kritik an dem milden Greifswalder Kurs empfunden. In einem Brief an meine Braut schrieb ich: „Hoffentlich werden wir nun nach den schwierigen Greifswalder Tagen etwas Ruhe haben. Das war aber auch eine Zeit! Wir hatten jeden Tag viele Diskussionen. Am Schlußtag hielt Bonhoeffer einen Bombenvortrag, danach Abendgottesdienst in der schönen Kirche. Wir haben viel gesungen, am schönsten den Kanon ‚Agnus Dei'."

Am tiefsten in den Seelen der Professoren und Studenten hat sich wahrscheinlich der leidenschaftliche Ausruf von Horst Lekszas verankert: „Wir sind hierherkommen, damit hier etwas geschieht!"

Ein Jahr später habe ich das jedenfalls in Greifswald deutlich zu spüren bekommen.

Am 16. März 1935 war die Allgemeine Wehrpflicht eingeführt worden. Ich hatte diese Nachricht als eine Fügung des Schicksals hingenommen und mich nur gefragt, wie ich möglichst ungeschoren davonkommen könnte. Wiederum in einem Brief an meine Braut schrieb ich: „Heute, am Ausspracheabend, war das Kriegsproblem auf dem Tapet. Ich glaube nicht, daß daran unsre Bruderschaft noch scheitert, wenn die Meinungen natürlich auch geteilt sind. K. verteidigte die Kriegsleute ganz wirksam. Allerdings kamen heute unsre ethischen Vorfragen dran, zum Beispiel der Sinn von Römer 13. Möglichkeit des ethischen Konfliktes. In die eigentliche Sache haben wir uns noch nicht so recht hineingebohrt. Es war übrigens nicht so, daß Bonhoeffer die Sache aufs Tapet brachte, sondern einige von uns baten um Aufklärung. G. hatte den guten Gedanken in bezug auf die alttestamentarischen Kriege: Sie sind dort da, den Teufel, Feind der Kirche, zu besiegen. Christus hat endgültig über den Teufel gesiegt, darum sind solche Kriege nicht mehr möglich und nötig."

Später haben wir uns dann darauf einigen können, daß sowohl Wehrdienst wie Wehrdienstverweigerung christliche Möglichkeiten sein müßten.

Mit dem Wehrdienst war die Eidesfrage gestellt. Ich unterschied den Soldateneid vom Beamteneid: der eine gilt dem Vaterland, der andere dem Regime. Der Soldateneid verpflichtete mich nicht, das derzeitige Regime zu stützen oder zu fördern, er verpflichtete mich, das Vaterland vor seinen Feinden zu schützen. Mir war klar, daß ein Eid nur unter dem deutlichen Vorbehalt geschworen werden dürfe, daß er mich nicht zwingen könne, etwas gegen Gottes Gebot zu tun. Wir meinten damals, es sei Pflicht der Kirche, dies dem Staat ganz klar zu sagen. Daß wir Deutschen einen Aggressionskrieg würden führen können, kam mir damals nicht in den Sinn.

Die Judenfrage kam in unsern Diskussionen – wie sollte es anders sein! – immer wieder zur Sprache. Die Nürnberger Gesetze hatten bestimmt, daß Juden Staatsangehörige „deutschen Blutes" nicht heiraten dürften. Kanitz und ich wurden beauftragt, theologisch die Möglichkeit zu prüfen, ob die Bekennende Kirche auch ohne standesamtliche Eheschließung eine vor der Gemeinde gültige Trauung zwischen Juden und Christen vornehmen könne.

Die Barmer Theologische Erklärung mit ihrer ersten These, „Jesus Christus ist das *eine* Wort Gottes", führte zu der Frage, was es dann mit dem Alten Testament auf sich habe. Bonhoeffer war von der Auslegung des Barmer Dozenten Wilhelm Vischer sehr beeindruckt, die den Christus auch überall in der Hebräischen Bibel nachweisen wollte. Viele haben das damals für eine notwendige Konsequenz aus der Barmer Theologischen Erklärung gehalten. Mir aber war diese Auslegung allzu gewalttätig, ja peinlich. An einem Predigtentwurf über den Gottesknecht von Jesaja 53, den ich im Rahmen unserer Seminarübungen verfaßte, kritisierte Bonhoeffer, ich hätte ihn so geschrieben, als ob der Text im Neuen Testament stehe. Heute ist mir klar, daß wir das Alte Testament erst einmal ausreden lassen müssen, ehe wir es in das Gespräch mit dem Neuen Testament hineinziehen.

Eine Dissertation über „die guten Werke nach den lutherischen Bekenntnisschriften", zu der mich Bonhoeffer ermuntern wollte, blieb in ihren Anfängen stecken. Ich war nicht auf eine akademische Laufbahn aus, wollte bald heiraten und befand keine der Theologischen Fakultäten in Deutschland für „würdig", mich ihr anzuvertrauen. Sie schienen mir alle zu sehr mit Deutschen Christen durchsetzt zu sein. Ich habe erst später gelernt, von diesem prinzipiellen Denken – genauer: von diesem Hochmut – zu lassen.

Hingegen half mir die Arbeit für meine 2. Theologische Prüfung über das lutherische Verständnis von der Beichte dabei, Klarheit zu gewinnen über mich selbst und den Dienst, den ich zu tun hatte. Ich nehme an, daß Bonhoeffer seine Hand im Spiel gehabt hat, als mir dies Thema gestellt wurde. Er hat uns die persönliche oder „Privatbeichte" – man unterscheidet die Privatbeichte von der Allgemeinen Beichte, wie sie in unsern Gottesdiensten vor dem Abendmahl üblich ist – lieb gemacht. In seiner Schrift vom „Gemeinsamen Leben" hat er ihr ein ganzes Kapitel gewidmet. In den Sermonen Luthers von 1520/21 und im „Großen Katechismus" finden sich wunderschöne Ausführungen darüber, wie Luther die Beichte als den praktischen Ausdruck seiner Rechtfertigungslehre versteht. Ich habe mir in meiner Arbeit auch einige Urteile über die Psychoanalyse erlaubt, die auf keinerlei Sachkenntnis beruhten, sondern einfach von anderen Autoritäten übernommen worden waren. Aus dem Grunde fiel die Beurteilung auch nicht so gut aus, wie ich es erwartet hatte. Der Beurteiler war ein überzeugter Vertreter der von mir so töricht und undifferenziert eingeschätzten Richtung. Aus Trotz habe ich meine Arbeit dann später in Druck gegeben, sie ist 1938 als meine erste größere Schrift unter dem Titel „Lutherische Privatbeichte" in Göttingen veröffentlicht worden.

Dank Finkenwalde und besonders dank dieser Arbeit wurde verbindliches Christsein zu einem Hauptthema meines theologisch-kirchlichen Lebens und Denkens. Bald nach Kriegsbeginn, am 2. November 1939, schrieb ich meinem Freund Joachim Kanitz aus meiner Gemeinde Brüssow: „Von einem ‚Hunger' nach Gottes Wort ist nichts zu spüren. Hier und da kommt mal einer in die Kirche, der vorher nicht da war, aus irgendeiner Angst heraus vielleicht. Aber das ist selten. In den Predigten bin ich, glaube ich, etwas weiter ins Konkrete vorgestoßen. Aber der Pharisäismus ist doch so groß, daß auch die Konkretheiten an den Leuten abprallen. Ich bin manchmal ganz verzweifelt darüber, eine wie geringe Macht das Wort Gottes in dem Leben meiner Gemeinde hier bedeutet. Das Christentum ist Standpunkt, Freibrief zu allgemeiner Kritik, aber nicht mehr. Mir graust vor der Zeit in zehn Jahren. Aber vielleicht hat das geordnete Pfarramt keine Hörbarkeit mehr. Vielleicht muß alles erst von Grund auf anders werden, vielleicht muß alles sterben, was uns das Christentum zur Sitte, zum Standpunkt, zur Partei macht, damit es dann aus denen neu werde, die sich an Christus als ihren Retter klammern."

Im Hinblick auf die Meinung mancher junger Pastoren, die behaupten, ihr Stand sei „ein Job wie jeder andere", muß ich bekennen, daß wir als Pastoren der Bekennenden Kirche anders gedacht haben – und wohl auch noch denken. Damals bekannte ich in einem Brief an meine Braut: „Es macht mich froh, daß Du spürst: ein ‚Für-sich-Leben‘ geht nicht. Wenn mir etwas klargeworden ist, dann das, daß unser Pfarrerstand in der Art wie bisher nicht weiterleben kann. Vielleicht geht das noch in Hinterpommern. Aber wir können doch nicht auf die vielen Großstädte verzichten. Wir sind einfach zu bürgerlich. Wenn wir dem Proletariat predigen wollen, müssen wir selbst arm sein. Das ist mir einigermaßen klar. Bloß fehlt mir der Glaube, damit Ernst zu machen. Was ist das für eine unselige Sache, mit einem gänzlich uninteressierten Menschen ein Gespräch vom Zaun zu brechen. Man mag wohl ‚bekennen‘, aber das reizt bestenfalls zur Diskussion. Erst dann wird die Sache ernsthaft, das Gespräch ‚existentiell‘, wenn ich mit meinem Leben dahinterstehe. Ich kann schlecht von der Ungesichertheit des Lebens sprechen und selber jeden Ersten des Monats mein gutes Gehalt haben. Wieviel ist schon jetzt durch die Not der Pfarrer gewonnen! Was müßte noch gewonnen werden! Mir ist klargeworden, daß später viel Arbeit vergeblich sein dürfte, wenn man als Pfarrer nicht einfach anders lebt. Doch zu so etwas gehört allerlei Glaube. Und an dem mangelt's der Kirche heut, mir auch! Vgl. Matthäus 10. Wir meditieren das jetzt nicht umsonst."

Das alles ist sehr unbeholfen gesagt, und der große Lehrer schaut dem Kandidaten offensichtlich über die Schulter. Dennoch bekenne ich mich dazu, daß ich bis heute in den Grundzügen noch genauso denke.

Glücklicherweise hatte ich in meiner Braut einen Menschen, dem ich meine Erkenntnisse, Fragen und Zweifel anvertrauen konnte und der mich verstand. Wir waren nunmehr als zwei Jahre verlobt, und die Sehnsucht war groß. Als das Pfingstfest nahte – wir waren noch in Zingst – hatten Joachim Kanitz und ich die gleiche Idee: Wir sollten unsre Bräute einladen! Der Meister war einverstanden, der offizielle Besuch eines Predigerseminars gehöre zur Dignität einer künftigen Pfarrfrau. So kamen sie beide und wurden in Zingst untergebracht, nicht weit von uns entfernt. Der Lebensstil der beiden war recht unterschiedlich. Kanitz'

Verlobte war der Jugendbewegung verbunden, die Meine gab sich studentisch-modern – und rauchte. So war auf den ersten Blick wohl wenig Sympathie zwischen den beiden jungen Frauen. Aber vor den Augen der andern Kandidaten haben unsre Damen anscheinend bestanden.

Am Pfingstmontag kam uns der Gedanke, im Ort tanzen zu gehen. Der Chef äußerte sich ungehalten, nicht weil wir getanzt, sondern weil wir an diesem Festabend das Seminar verschmäht hätten. Aus der Begegnung der beiden Frauen entspann sich eine tiefe Freundschaft. Inge meinte, meiner Braut einiges über ihr künftiges Milieu vermitteln zu sollen, und lud sie ein, sie eine Weile bei ihrer Arbeit als Gemeindeschwester in der Stralsunder Jacobigemeinde zu unterstützen. Offenbar mit großem Erfolg. Hilde lernte nicht nur, mit den alten Leuten im Spital umzugehen. Sie hielt auch schon gelegentlich Andachten und Bibelstunden. Beide hatten erhebliche Schwierigkeiten, weil sie ihre Zugehörigkeit zur Bekennenden Kirche nicht verleugneten. Ich war natürlich sehr beglückt über das, was ich aus Stralsund hörte. Bemühte ich mich doch, meiner künftigen Frau soviel wie möglich von dem mitzuteilen und anzuempfehlen, was wir im Seminar lernten. Daß sie sich das offenbar gefallen ließ, spricht für große Toleranz, vor allem jedoch für große Liebe.

Endlich gelang es mir auch, in Joachim Kanitz einen wirklich guten Freund zu gewinnen. Er imponierte mir durch seine klare theologische Linie. Dazu kam eine warmherzige Art, mit der er sich dem andern öffnete. Ich war sehr dankbar, daß er mich, so wie ich war, akzeptierte. Wir galten bald als Zwiegespann, besonders seit wir ein Zimmer teilten. Obwohl wir später für lange Zeit weit entfernt voneinander lebten, waren wir uns doch, wenn wir uns trafen, ganz schnell wieder nahe. Während ich zu Harmonie und Kompromissen neige, war Joachim Kanitz immer sehr eindeutig in seinen Entscheidungen. Er hatte es darum nicht leicht. In der Zeit des Kirchenkampfes mußte er häufig die Stelle wechseln, manchmal wurde er vertrieben, bevor er seine Möbel abladen konnte. Als er dann endlich unweit Dahme/Mark eine Pfarrstelle verwaltete, mußte er Soldat werden. Nach dem Krieg Pfarrer in Berlin-Lichterfelde Süd und an der Kirchlichen Hochschule Zehlendorf, mußte er sein Pfarramt aufgeben, weil er die Kindertaufe ablehnte. Es blieb ihm ein Auftrag an einem Krankenhaus. Seit ein paar Jahren hindert ihn ein Schlaganfall beim Sprechen. Nichts aber hindert ihn daran, mit der Kerze in der Hand für Frieden und Gerechtigkeit auf die Straße zu gehn.

Bonhoeffer ging es um Kontinuität. Die Mühen eines gemeinsamen Lebens und die Suche nach dem rechten Weg, „Kontemplation und Kampf", sollten nicht alle halbe Jahre aufs neue beginnen. Was christliches Leben, was brüderliche Gemeinschaft ist, sollte nicht nur theoretisch erörtert, sondern in praktischer Gemeinschaft gelebt werden.

„Um in den gegenwärtigen und kommenden kirchlichen Kämpfen das Wort Gottes zur Entscheidung und zur Scheidung der Geister zu predigen, um in jeder neu erwachsenen Notlage sofort zum Dienst der Verkündigung bereit zu sein, bedarf es einer Gruppe völlig freier, einsatzbereiter Pastoren. Sie müssen bereit sein, unter allen äußeren Umständen, unter Verzicht auf alle finanziellen und sonstigen Privilegien des Pfarrerstandes zur Stelle zu sein, wo der Dienst gefordert wird. Indem sie aus einer Bruderschaft herkommen und immer wieder in sie zurückkehren, finden sie dort die Heimat und die Gemeinschaft, die sie für ihren Dienst brauchen. Nicht klösterliche Abgeschiedenheit, sondern innerste Konzentration für den Dienst nach außen ist das Ziel." So heißt es in dem Antrag, den Bonhoeffer gemeinsam mit uns im September 1935 an den Bruderrat der Bekennenden Kirche sandte. Wir, Eberhard Bethge, Joachim Kanitz, Winfried Maechler, Horst Lekszas, Fritz Onnasch und ich, beantragten, die Einrichtung eines Bruderhauses zu genehmigen, und der Bruderrat entsprach unserer Bitte. Er trug uns Dienste im Predigerseminar und in pommerschen Gemeinden auf. Meine Aufgaben bestanden für das halbe Jahr vom November 1935 bis April 1936, in dem ich dazugehörte, darin, die Redaktion der Rundbriefe zu übernehmen und ein kirchengeschichtliches Repetitorium anzufertigen. Das Bruderhaus existierte zwei Jahre. Als die Gestapo das Predigerseminar auflöste, was auf Grund des Himmlererlasses vom Ende August 1937 geschah, der die gesamte Ausbildungstätigkeit der Bekennenden Kirche verbot, war auch das Ende des Bruderhauses gekommen. Das Seminar wurde in reduzierter Form, als „Sammelvikariat" getarnt, in Hinterpommern bis Mai 1940 weitergeführt.

An zwei „Ausflügen" des Seminars habe ich teilgenommen. Ende September 1935 tagte in Berlin-Steglitz die Bekenntnissynode der Altpreußischen Union. Sie mußte unter anderem zu den neuerlichen Eingriffen des Staates in das kirchliche Rechts- und Finanzwesen Stellung nehmen. Darüber hinaus forderten die Nürnberger Gesetze vom 15. September 1935 die Bekennende Kirche heraus. Das Predigerseminar war mit Bonhoeffer als Pressure Group erschienen. Es sorgte für Mißfallenskundgebungen, als – ohne Beispiel auf einer Bekenntnissynode – der Ministerialdirigent Dr. Julius Stahn in Vertretung des Reichskirchenministers am Rednerpult erschien und uns mit dem Prophetenwort (Jesaja 7,4) „Hüte dich und sei fein stille" ruhigstellen wollte. Genau das hatte Heinrich Rendtorff, ehemals Landesbischof in Mecklenburg, nun Pfarrer in Stettin, vorher in seiner Predigt als die gegenwärtige Versuchung angeprangert. Ich werde das wiederholte „Schweig doch!", das der Versucher uns heute zurufe, nicht vergessen. Bei Stahns Vortrag saß Wilhelm Groß hinter mir und zeichnete ihn – mit leerem Gesicht.

Die Beschlüsse der Synode waren nicht stark, aber vertretbar. Judentaufe und Judenmission wurden verteidigt. Eine ausdrückliche Kritik an den Nürnberger Gesetzen unterblieb. Aber die Denkschrift vom Juli 1936 hat dann den Judenhaß immerhin angeprangert.

Wir Finkenwalder schrieben in dieser bewegten Zeit an unsere Brüder des ersten Kurses:

„1. Lasset Euch unter keinen Umständen irremachen durch die Rede, wir seien eine ‚Bewegung', aber keine

Kirche. Damit ist alles in Barmen und Dahlem Gesagte aufgegeben, wir stehen damit in der Linie der Glaubens-*bewegung* der Deutschen Christen. Wir sind eben keine Bewegung, sondern Kirche Jesu Christi.

2. Mit dem Verbot unserer Kirchenleitung wäre die Bekennende Kirche verboten.

3. Auch eine verbotene Kirchenleitung bleibt unwiderruflich unsere Kirchenleitung, auf die wir uns jederzeit allein berufen müssen und deren Weisung für uns allein verbindlich bleibt.

4. Die Unterzeichnung irgendwelcher Reverse ist ausgeschlossen.

5. Keine Anordnung, die eine solche unserer Kirchenleitung durchkreuzt oder aufhebt, darf ohne ausdrückliche Weisung der Kirchenleitung befolgt werden.

6. Ihr tragt in diesem Sinne Verantwortung für Eure benachbarten Brüder. Schließt Euch mit ihnen zusammen!

7. Wir brauchen Euch nicht zu sagen, daß wir uns über jeden freuen, der zu uns kommt."

Meine Zeit in Finkenwalde und meine Kandidatenzeit überhaupt fanden einen krönenden Abschluß in der Reise des Predigerseminars nach Schweden vom 2. bis zum 11. März 1936. Erzbischof Eidem von Uppsala hatte uns alle eingeladen. Das war in der Zeit des Kirchenkampfes eine Sensation. Eine Sensation war es auch, daß wir alle nach einigen Anstrengungen Bonhoeffers Pässe bekamen. Der Leiter des Kirchlichen Außenamtes der Reichskirche, Bischof Heckel, hatte in letzter Minute versucht, die Reise zu verhindern. Er denunzierte Bonhoeffer dem Reichskirchenausschuß gegenüber als „Pazifist und Staatsfeind". Aber er kam zu spät.

Die Reise war auch davon überschattet, daß deutsche Truppen in das Rheinland einmarschiert waren. Das Rheinland sollte nach dem Versailler Vertrag entmilitarisierte Zone bleiben. Bonhoeffer rechnete mit einer scharfen Reaktion der Alliierten. Sie erfolgte bekanntlich nicht.

An Bord eines kleinen dänischen Frachters legten wir in

Stettin ab. Auf dem Stettiner Haff mußte unser Schiffchen manche Eisscholle brechen, was in den Kabinen ein beängstigendes Knirschen hören ließ. Bonhoeffer hatte etwas Fieber. Ich wurde ihm als Krankenwärter zugeteilt. So hatten wir einen Abend voller persönlicher Gespräche miteinander. Ich freute mich, daß meine Braut ihm gut gefiel. Er hatte zugesagt, uns zu trauen. Am hellen Morgen legten wir in Kopenhagen an und kamen gerade noch zur Predigt des früheren Potsdamer Superintendenten Görnandt in der deutschen Kirche zurecht. Er predigte selbst für unseren kritischen Kandidatengeschmack gut, aber er wußte das auch. Der berühmte Christus von Thorwaldsen wirkte in der Klassik der Frauenkirche eindrucksvoll und „natürlich". Bischof Ammundsen führte uns in den Geist der Dänischen Lutherischen Kirche ein, die ganz von Grundtvigs volkskirchlichem Denken geprägt ist. Am Grabe von Kierkegaard, der für die theologische Neubesinnung in Deutschland eine große Rolle gespielt hat, sagte uns ein junger dänischer Pastor: „Mit Kierkegaard befassen wir uns nur bei Liebeskummer." Es war eine schöne Erfahrung, daß die dänischen Freunde sehr mit uns dachten und gerade für uns „Radikale" viel Verständnis hatten.

Anderntags brachte uns eine Fähre hinüber nach Schweden. Nach einem Zwischenaufenthalt in Lund war unsere nächste Station Uppsala. Ich durfte bei Erzbischof Eidem wohnen und staunte über die herrlichen alten Möbel im erzbischöflichen Palast. Als wir in der großen Halle empfangen wurden und allerlei konkrete Ereignisse in Deutschland angesprochen wurden, schaute ich mit Sorge auf das Telefon, das da völlig frei im Raume stand. Wir waren es gewohnt, bei Gesprächen das Telefon mit einer Kaffeemütze zu bedecken.

Erzbischof Eidem behandelte uns mit einer wunderbaren Natürlichkeit. Mich beeindruckte, daß er sich vom Tisch wegholen ließ, als ein Händler ihm ein Fußbodenmittel verkaufen wollte.

In Alt-Uppsala bestaunten wir heidnische Grabstätten und wunderten uns zu erfahren, daß die alten Germanen ihre

Götter nicht nur in den Wäldern, sondern auch in richtigen Tempeln verehrten.

In der Universität Uppsala hörten wir nicht weniger als drei Vorlesungen berühmter schwedischer Professoren und einen sehr schwierigen Vortrag Bonhoeffers über den Kirchenbegriff. Selbstverständlich pilgerten wir auch zum Grab des berühmten Erzbischofs Nathan Soederblom, eines Vaters der Ökumenischen Bewegung. In Schweden fanden wir ebensoviel Verständnis für unsere Haltung im deutschen Kirchenkampf wie zuvor in Dänemark. Bonhoeffers Vorträge wurden nicht nur aus Höflichkeit ohne Widerspruch aufgenommen. Man dachte ganz selbstverständlich von der Kirche aus; Kirche, Kultur und Volk stellten eine Synthese dar, die andererseits in unser von der dialektischen Theologie geprägtes Weltbild gar nicht recht passen wollte.

In Stockholm, dem letzten Ort unserer Reise, wohnte ich in der Neunzimmerwohnung einer alleinstehenden Frau Hofrat, die mich mit einer Tischdecke aus schwedischem Leinen für meine Braut entließ. Großes Aufsehen erregte es, daß uns Prinz Bernadotte, der Bruder des Königs, empfing. Die Reise beschloß ein Theaterabend mit einer Bearbeitung von „Gösta Berling". Ich verstand kein Wort, freute mich aber an der klangvollen Sprache.

Als ich auf der Rückfahrt mit der Fähre nach Saßnitz die Tage überdachte, war ich froh über die Zustimmung und Herzlichkeit, mit der man uns in den beiden Ländern aufgenommen hatte. Es war für den Kirchenkampf, in den wir nun wieder hineinmußten, eine große Stärkung, daß wir auf soviel Verständnis gestoßen waren. Betrüblich war nur, daß einer der Kandidaten trotz strengen Verbots einer dänischen Zeitung ein Interview gegeben hatte – sehr zum Ärger Bonhoeffers.

Das Finkenwalder Jahr hat mich reich gemacht. Es hat mich sehr mit Pommern verbunden. Diese Verbindung hat bis heute gehalten und fand eine schöne Bestätigung darin, daß mir die Theologische Fakultät der Ernst-Moritz-Arndt-Universität zu Greifswald 1965 die Ehrendoktorwürde verlieh. Was die Pommersche Kirche durch deutsche Schuld mit

Hinterpommern verlor, vermag ich zu ermessen, wenn ich an die lebendigen Gemeinden, wackeren Pastoren und frommen Gutsherrinnen und -herren denke, die ich in jener Zeit kennengelernt habe.

Ruth von Kleist-Retzow war eine intensive Freundin Bonhoeffers und des Seminars. Ich erlebte sie als eine ungemein klardenkende, energische und zielbewußte Frau. Sie wurde mit 30 Jahren Witwe, mußte fünf kleine Kinder durchbringen und hatte die beiden verschuldeten Güter Kieckow und Klein-Krössin im Kreis Belgard am Hals. Es paßt genau zu meinen Erinnerungen, was Pastorin Brigitte Metz über sie geschrieben hat: „Als sie ihrem Vater sagte: ‚Vater, das kann ich nicht‘, antwortete er: ‚Nein, das kannst du nicht, ich weiß! Aber du wirst es lernen.‘"

Und sie hat es gelernt: Die Güter wurden schuldenfrei. Mit 68 Jahren mußte sie noch einmal eine neue Aufgabe übernehmen. Ihre Enkel wurden in den NS-geprägten Internatsschulen ständig herabgesetzt. So mietete die Großmutter in Stettin eine Wohnung und nahm die Enkel in Pension. Es wird erzählt, daß sie dort selbst erarbeitete Andachten hielt. Um ihre Auslegung vor den Enkeln verantworten zu können, lernte sie, fast 70 Jahre alt, Griechisch. Nach Finkenwalde kam sie oft mit den Enkeln zum Gottesdienst. So entwickelte sich eine Freundschaft zu Dietrich, die sogar zum vertrauten Du führte. „Und wenn man weiß, daß nach der Einstellung des hinterpommerschen Adels ein Pastor eigentlich jemand war, der unter ihm saß, … dann weiß man, was es bedeutete, daß solch eine alte Gutsbesitzersfrau einem jungen Theologen das Du anbietet."

Die Enkel wurden Dietrichs Konfirmanden, und als das Finkenwalder Seminar aufgelöst wurde, hat er mir – ich war inzwischen Pastor im nahen Brüssow – die Vertretung anvertraut. Ruth von Kleist-Retzow begleitete ihre Schützlinge regelmäßig und brachte jedesmal einen großen Korb mit Produkten ihrer Güter mit. Was ich den Konfirmanden im Angesicht der gestrengen Großmutter beizubringen versuchte, weiß ich nicht mehr. Es wird hoch theologisch und für junge Menschen ziemlich unverdaulich gewesen sein.

Die vier Konfirmanden, zwei Jungen und zwei Mädchen, hat Bonhoeffer am 9. April 1938 konfirmiert – am gleichen Tag, sieben Jahre später, wurde er hingerichtet.

Ein Erlebnis aus den Kriegsjahren ist mir in lebhafter Erinnerung. Meine Frau und ich waren im Sommer 1941 auf Frau von Kleist-Retzows Alterssitz Klein-Krössin eingeladen. Da erreichte uns die Nachricht, daß ihre beiden Enkelsöhne gefallen waren. Wir wollten absagen, aber sie bestand auf dem Besuch. Es hat uns tief beeindruckt, wie die Familie mit dem Tod der beiden jungen Menschen fertig wurde. Die letzten Briefe der Gefallenen wurden verlesen, und man sprach von ihnen nicht mit heroischer Trauergeste, sondern getröstet.

Ruth von Kleist-Retzow stand in scharfem Gegensatz zu ihrem Belgarder Superintendenten. Nach Kriegsende – sie war beim Einmarsch der Roten Armee in ihrem Heimatort geblieben – fanden sich beide in ihrer Hilfe für die Vielzahl von Kriegsopfern. Der Superintendent hat sie beerdigt, so, wie sie es wollte.

Reinhold von Thadden-Trieglaff ist mir damals nur auf Tagungen und Konventen begegnet. Er war Vorsitzender des Pommerschen Bruderrates und gehörte zu jenen „Junkern", die in der Tradition der Erweckungsbewegung des vorigen Jahrhunderts treu und mutig zu ihrem Glauben standen. Uns Finkenwaldern vermittelte er manche Spende aus den Gutshäusern der Umgebung. Ich habe ein anderes Bild von diesen Gutsbesitzerfamilien bekommen, als es uns später durch die primitiv pauschalierende DDR-Propaganda vermittelt wurde.

Eberhard Baumann, Pfarrer der Reformierten Gemeinde in Stettin, war der unbestechliche, klarsichtige Theologe im Pommerschen Bruderrat. Ausgerechnet dieser nüchterne Calvinist befreundete sich mit dem aus lutherischer Tradition schöpfenden Bonhoeffer. Aber er verwechselte Bundesgenossenschaft nicht mit Zustimmung um jeden Preis. In den Wirren der Zeit, als die dem Bruderrat und der Bekennenden Kirche in Pommern treue Pfarrerschaft durch die Auseinandersetzungen um die Kirchenausschüsse auf 60

Mitglieder zusammengeschrumpft war, blieb er der Fels in der Brandung. Wir wußten: Auf ihn ist Verlaß.

Die Organisation des Pommerschen Bruderrates lag in den Händen von Stephanie von Mackensen-Astfeld. Sie war streng katholisch erzogen worden, und erst nach ihrer Heirat mit dem Juristen Ferdinand von Mackensen-Astfeld trat sie, sogar für ihren Ehemann überraschend, zur Evangelischen Kirche über. Soziale Gesinnung und Nationalgefühl führten sie der NSDAP zu, und für eine Zeit fühlte sie sich den Deutschen Christen zugehörig. Aber schon im Herbst 1933 kam für sie wie für viele die Wende: Sie stellte sich der werdenden Bekennenden Kirche zur Verfügung, und zwar mit ganzem Herzen.

Als einzige weibliche Delegierte nahm sie an der Bekenntnissynode von Barmen teil. Und das, obwohl ihr Ehemann unter dem Oberpräsidenten von Pommern, dem Uralt-Nazi Schwede-Coburg, Regierungspräsident von Stettin war. Das konnte auf Dauer nicht gut gehen: Als sie 1938 einen Beschwerdebrief an den Pommerschen Oberherrn richtete, wurde ihr Mann entlassen. Aus Furcht vor einer Verhaftung zog das Ehepaar nach Berlin.

Was wäre aus mir geworden, wenn ich Bonhoeffer nicht begegnet wäre! Ich wage es nicht auszudenken. Niemand, meine Mutter ausgenommen, hat mich so geprägt wie er. Der englische Captain Payne Best, der Bonhoeffers Mitgefangener bis einen Tag vor seinem Tode war, sagt über ihn: „Er war einer der ganz wenigen Menschen, die ich je getroffen habe, denen ihr Gott wirklich und immer nahe war." Das ließ mir diesen vielseitig begabten und interessierten Menschen so glaubwürdig und so einheitlich erscheinen. Er war alles andere als einlinig, man nehme nur sein Gedicht „Wer bin ich?" zur Hand. Bonhoeffer war kein religiöser Fanatiker und auch kein Asket. Er spielte sehr gut Klavier, hatte Freude an gutem Essen und Trinken, war im Tischtennis kaum zu schlagen und lief uns beim Handballspielen allen davon. Seine Läuferbeine wünschte er seinem Patenkind Christoph Bethge „vererben" zu können. Auto fuhr er leidenschaftlich gern, er war stolz auf seinen Opel mit den roten Ledersitzen. Und seine Brautbriefe, die wir jetzt lesen dürfen, zeigen, daß er eine ganz junge Frau mit voller Hinwendung lieben konnte.

Dies alles war gebändigt und zusammengehalten von einem wachen und ganz auf Jesus Christus gerichteten Geist. Nicht von ungefähr lautet die erste Strophe des Gedichtes, das er am Tage nach dem Fehlschlag des Attentats vom 20. Juli 1944 wie ein Testament geschrieben hat:

Ziehst du aus, die Freiheit zu suchen, so lerne vor allem Zucht der Sinne und deiner Seele, daß die Begierden und deine Glieder dich nicht bald hierhin, bald dorthin führen. Keusch sei dein Geist und dein Leib, gänzlich dir selbst unterworfen und gehorsam, das Ziel zu suchen, das ihm gesetzt ist. Niemand erfährt das Geheimnis der Freiheit, es sei denn durch Zucht.

Erst danach folgt die Strophe „Tat". Von Zucht zu reden ist heute nicht sehr zeitgemäß. Mit Recht, soweit es sich um gewaltsam erzwungene Zucht handelt. Aber „auf dem Wege zur Freiheit" darf diese Station nicht ausgelassen werden. Sonst wird Freiheit zur Willkür, zur Freigabe von Gewalt, zur Anarchie. Die Freiheit, wie Bonhoeffer sie verstand und wie sie ein demokratisches Staatswesen braucht, zeigt sich vor allem in der Bereitschaft, Verantwortung zu übernehmen. Das gilt von dem engen Kreis der Familie und des beruflichen Lebens bis zur politischen Verantwortung.

Seinem Bruder Friedrich Karl, einem Naturwissenschaftler und Agnostiker, schreibt er am 14. Januar 1935: „Es gibt doch nun einmal Dinge, für die es sich lohnt, kompromißlos einzutreten. Und mir scheint, der Friede und die soziale Gerechtigkeit oder eigentlich Christus sei so etwas."

Dieser eine, Christus, steht für ihn hinter dem Bemühen um Frieden und soziale Gerechtigkeit, steht hinter dem vielfältigen Leben dieses Mannes. Das schafft jene Einfalt, von der Matthias Claudius singt: „Laß uns einfältig werden und vor dir hier auf Erden wie Kinder fromm und fröhlich sein."

Dietrich Bonhoeffers Einfalt: Er dachte, was er glaubte, er wollte, was er dachte, er tat, was er wollte.

9. Theologiestudentenamt in Greifswald

Ende März 1936 war die 2. Theologische Prüfung fällig. Die „Notordnung", die die Bekenntnissynode von Dahlem 1934 erlassen hatte, verpflichtete die Bekennende Kirche, die Prüfung abzunehmen, obwohl ihr solche Amtshandlungen inzwischen verboten waren. Die Prüfung begann „brüderlich" mit einer Tasse Kaffee bei Martin Albertz, dem Spandauer Superintendenten und Verantwortlichen für Ausbildungsfragen in der Bekennenden Kirche Berlin-Brandenburg. Ich habe nur noch vage Erinnerungen, zum Beispiel, daß ich im Fach Pädagogik viel dazugelernt habe. Die Bekennende Kirche prüfte besonders qualifiziert, also streng.

Am 5. April bereits fand die Ordination statt: es wurde die Erlaubnis, ein Pfarramt zu führen. Die Ordination nahm der damalige Generalsuperintendent Dibelius vor. Man legte in in unserem Interesse Wert darauf, möglichst solche Männer mit dieser für das Leben eines Pastors entscheidenden Amtshandlung zu betrauen, die unter normalen Verhältnissen das Recht dazu gehabt hätten. Dibelius war schon lange beurlaubt und danach zwangsweise in den vorzeitigen Ruhestand versetzt worden, aber darüber setzte er sich hinweg. Das Gespräch, bei dem die innere und äußere Bedeutung der Ordination erläutert wird, dauerte etwa eine Stunde. Am Schluß wünschte uns der Ordinator, daß wir weder in Vorpommern, in der Uckermark, noch in der Magdeburger Börde, den als besonders unkirchlich bekannten Gegenden im Osten Deutschlands, Pfarrer würden – als ob das bei uns damals überhaupt eine Rolle spielte! Ob wir überhaupt eine Pfarrstelle bekommen würden, das war für uns die Frage.

Ordiniert wurden wir, Joachim Kanitz, Eckardt Brix, später Superintendent in Berlin, Claus Westermann, der Alttestamentler, und ich in der Annenkirche in Dahlem. Nach

102

dem feierlichen Akt, der für den Generalsuperintendenten wahrscheinlich Routine, für uns junge illegale Pastoren der Bekennenden Kirche ein tiefer Einschnitt in unser Leben war, wurden wir offiziell entlassen – sang- und klanglos. Ich bin Bonhoeffers Freund Franz Hildebrandt noch heute dankbar dafür, daß er uns in sein Zimmer zu einem Glas Wein und zu einem guten Gespräch einlud. Ich habe mir dieses Erlebnis zu Herzen genommen. Nach den Ordinationen, die ich später zu vollziehen hatte, fand mit den Ordinanden, ihren Bräuten oder Frauen und den nächsten Anverwandten ein festliches Essen statt. Auch der Vorbereitung der Ordination widmeten wir uns intensiver. In den Zeiten des Kirchenkampfes war es für uns selbstverständlich, den „Ordinationsvorhalt" mit der Bindung an die Heilige Schrift und die Bekenntnisse der Kirche und der Ermahnung an die künftigen Pfarrer, den Gemeinden „Vorbild" zu sein, zu verknüpfen. Damit haben sich spätere Generationen schwer getan.

Meine Hochzeit folgte auf dem Fuße. Am 15. April 1936 wurden Hildegard Enterlein und ich in der Seegefelder Kirche in Falkensee bei Berlin von Dietrich Bonhoeffer getraut. Als Trauspruch hatte er 1. Thessalonicher 5, 16–18 gewählt: „Seid allezeit fröhlich. Betet ohne Unterlaß. Seid dankbar in allen Dingen, denn das ist der Wille Gottes in Christo Jesu an euch." Die Mahnung zur Fröhlichkeit gelte auch für die Zeit, in der wir lebten, „nicht nur, wenn ihr sie voneinander nehmen könnt, sondern auch da, wo sie euch versagt wird, wo die äußeren Schwierigkeiten euch bedrängen und bedrücken ... Albrecht, sei ein fröhlicher Pfarrer! Wer sich eins weiß mit Jesus Christus, weiß, daß er erlöst ist, und wer darum auch so aussieht, der wird seiner Gemeinde eine große Hilfe sein. Und dir, liebe Hilde, sage ich dazu: Hilf deinem Manne alle Zeit, fröhlich zu sein ... Seid dankbar nicht nur für euer Glück, sondern auch für alles Rätselhafte in eurem Leben, für Krankheit, Leiden und Verfolgungen um des Evangeliums willen."
Wir beide waren damals sehr dankbar für diese Predigt, so amtsbezogen und „präfeministisch" sie auch scheinen mag.

Gefeiert wurde im „Alten Finkenkrug", mitten im Walde. Das ganze Bruderhaus war gekommen, alle in Gehröcken, die uns offenbar ein Pommerscher Pfarrkonvent irgendwann ins Haus geschickt hatte. Ich habe mir den meinen später zum Frack umändern lassen.

Die Hochzeitsreise machten wir nach Berlin, ins Kronprinzenpalais, wo wir moderne Bilder besichtigten, und in ein Konzert in der Philharmonie mit der begnadeten Sängerin Erna Berger. Und ein Essen bei Kempinski leisteten wir uns auch. Der Bruderrat der Altpreußischen Union hatte mich nach Greifswald beordert. Dort sollte ich das Theologiestudentenamt der Bekennenden Kirche wahrnehmen. Es war an mehreren Universitäten eingerichtet worden, um den künftigen Pfarrern den Weg in die Bekennende Kirche zu weisen.

Aber bevor ich in Greifswald begann, nahm ich an der Freizeit des 1. Kurses in Finkenwalde teil. Bonhoeffer trug eine Bibelarbeit über den Wiederaufbau der Kirche nach Esra und Nehemia vor, die den leidenschaftlichen Widerspruch des Alttestamentlers Friedrich Baumgärtel in Greifswald hervorgerufen hat. Besonders aufregend war aber sein Vortrag „Zur Frage der Kirchengemeinschaft", in dem er den Satz wagt: „Wer sich wissentlich von der Bekennenden Kirche in Deutschland trennt, trennt sich vom Heil."

Der Satz ist auf scharfen Widerstand, auch innerhalb der Bekennenden Kirche (Gollwitzer) gestoßen, obwohl er nichts anderes deutlich machte, als daß sich die Bekennende Kirche als die rechtmäßige evangelische Kirche in Deutschland verstand: „Wer die Frage nach der Bekenntniskirche von der Frage nach seinem Seelenheil trennt, begreift nicht, daß der Kampf der Bekennenden Kirche der Kampf um sein Seelenheil ist."

Greifswald war für mich ein harter Boden. Die Theologische Fakultät verhielt sich strikt ablehnend. Professor Rudolf Hermann, der bekannte Lutherforscher, war Delegierter bei der 1. Bekenntnissynode von Barmen gewesen, aber schon seit September 1935 nicht mehr Mitglied der Bekennenden Kirche. Der Neutestamentler Professor Deißner hatte sein Amt im Pommerschen Bruderrat niedergelegt. Friedrich Baumgärtel erwies sich als besonders harter Gegner, zumal ihm als Alttestamentler die in der Bekennenden Kirche zur Geltung kommende christusbezogene Auslegung, wie sie der Betheler Wilhelm Vischer vertrat, zuwider war. Die Greifswalder Fakultät, die einzige, die noch fast unzerstört gewesen war, hatte sich für die vom Reichskirchenminister Kerrl ins Leben gerufenen Ausschüsse entschieden. Hermann fürchtete, daß die Bekennende Kirche sich von der Volkskirche in eine Sekte verwandeln würde. Besonders verärgert war er über die Kritik der Bekennenden Kirche an den staatlichen Fakultäten, in die der Staat allenthalben deutschchristliche Professoren eingeschleust hatte. Daß die Bekennende Kirche kirchliche Hochschulen ins Leben gerufen hatte, stellte für ihn einen Affront dar. Daß die Ausschüsse vom Staat ins Leben gerufen worden waren und sie sich damit ihre Autorität und Handlungsfähigkeit von diesem (!) Staat geborgt hatten, nahmen ihre Befürworter in Kauf. Dieses Stadium des Kirchenkampfes war meiner Meinung nach so gefährlich, weil nun wissenschaftlich ausgewiesene und kirchlich engagierte Professoren wie die Greifswalder und in der Kirche hoch angesehene Persönlichkeiten wie der westfälische Generalsuperintendent Zoellner diesen Weg meinten gehen zu sollen. Es ist ergreifend zu lesen, wie Hans Joachim Iwand, Hermanns Schüler, in jenen Jahren um seinen Lehrer gerungen hat: „In Wahrheit ist doch der Kampf, in den wir geworfen sind, ein Glaubenskampf, nur in zweiter Linie ein Kirchenkampf. Es geht darum, ob der Gott, den wir bezeugen, ein Nationalgott ist oder der Gott, der Himmel und Erde geschaffen hat und vor dem wir alle *eine* Menschheit sind. ... Jedes Kirchenregiment (Kirchenleitung), das dieser Klärung dient und aus dieser Entscheidung heraus die Gemeinden sammelt, baut auf, jedes Kirchenregiment, das um diese Entscheidung herumkommen möchte, verführt."

Als ich den Professoren meinen Besuch machte, haben wir solche theologischen Fragen nicht erörtert. Vielmehr machte mir Hermann den Vorwurf, durch mein Kommen bräche ich in die „Ehe" zwischen den Professoren und Studenten ein. Dieser Vorwurf hat mich nicht losgelassen. Ich konnte ihn nur ertragen, weil es mir allein um die Wahrheitsfrage ging. Dem einzigen Professor, der sich zur Bekennenden Kirche hielt, dem aus Breslau hierher strafversetzten Neutestamentler Ernst Lohmeyer, war ich dankbar dafür, daß ich bei ihm Verständnis für meine Arbeit fand.

Ablehnung erlebte ich auch bei den meisten Pfarrern. Als ich ihnen meinen Antrittsbesuch machte, redeten sie über das Wetter. Nur einer sagte mir offen ins Gesicht: „Sie sind hier unerwünscht!"

Unter den Studenten herrschte eine, angesichts des Kirchenkampfes, unklare Situation. Von einer Reihe Studenten wurde ich erwartungsvoll aufgenommen. Ich fand einen kleinen Kreis vor, den mein Mit-Finkenwalder Horst Lekszas um sich versammelt hatte. Wie weit der Nationalsozialistische Studentenbund in der Theologenschaft Anhänger hatte, konnte ich nicht erfahren. Von dort hatte ich keinen Zulauf zu erwarten. Unter Leitung des Privatdozenten Johannes Fichtner gab es eine Deutsche Christliche Studentenvereinigung. Sie stand der Bekennenden Kirche nahe, gehörte aber nicht korporativ zu ihr. Im Januar 1938 wurde sie verboten.

Für den Start hatte ich Generalsuperintendent Dibelius gewonnen. In der ersten Versammlung waren nicht nur Studenten, sondern auch Professoren anwesend. Gegen Dibelius kam keiner auf. Zu späteren Veranstaltungen hatte ich häufiger Bonhoeffer zu Gast, auch Martin Fischer, den Reisesekretär der Deutschen Christlichen Studentenvereinigung. In drei Bibelkreisen versuchte ich, uns durch die Arbeit am „Buch der Bücher" zusammenzubringen und miteinander Klarheit über unsern Weg zu finden.

Mir lag von vornherein daran, nicht nur in Versammlungen und Arbeitsgemeinschaften die Sache der Bekennenden Kirche zu verdeutlichen, sondern auch zu einer Lebensgemeinschaft zu verhelfen, wie wir sie in Finkenwalde erlebt hatten. In einem Rundbrief an Freunde und Mitglieder der Bekennenden Kirche hatte ich geschrieben: „Der

Kirchenkampf hat mit grauenhafter Deutlichkeit Unbrüderlichkeit und Zerrissenheit in der jetzigen Pfarrergene-
ration ans Licht gebracht. In Zukunft soll jeder Pfarrer der
Bekennenden Kirche, soweit Menschen da etwas tun können, wissen, daß er auch für den Amts*bruder* verantwortlich
ist und daß er ihn nicht allein lassen darf. Das ist für eine
christliche Gemeinde an sich selbstverständlich, und doch
muß ein solches Verantwortungsbewußtsein gelernt und geübt werden – schon in der Gemeinschaft der Universität.
Darum richtet sich die Studentenarbeit der Bekennenden
Kirche neben aller wissenschaftlichen Förderung vor allem
darauf, daß das Zusammensein der Studenten in der Bekennenden Kirche wirklich eine geistliche Lebensgemeinschaft
werden möge. Und solche Lebensgemeinschaft hat ja dann
auch eine ganz neue Werbekraft unter den uns noch fernste-
henden Kommilitonen. Wir haben nun die Möglichkeit zu
grundlegender Hilfe. Wir können eins der ehemaligen
Greifswalder Verbindungshäuser, das für den Zweck sehr
geeignet ist, mieten und dort ein Studentenheim der Bekennenden Kirche einrichten. Wir möchten also gern eine
Art ‚Konvikt‘ gründen …“

Mit dem Wintersemester 1936/37 konnten wir das Haus
der Burschenschaft Borussia beziehen. Die studentischen
Verbindungen waren gerade aufgelöst worden. Sie versuchten, ihre Häuser einer neuen Bestimmung zuzuführen, und
so konnten wir am 1. November 1936 unseren Konvikt einweihen. Dazu war Hermann Ehlers, der spätere Präsident
des Bundestages, als Abgesandter des Bruderrates der Altpreußischen Union gekommen. Kurze Zeit später mußten
wir ins Haus der „Gothia“ umziehen, und nach meinem
Weggang gab es noch einmal einen Umzug ins Haus der
christlichen Verbindung „Wingolf“. Im Sommer 1939 war
mit dem Konvikt der Bekennenden Kirche endgültig Schluß.

Unser Heim sollte Versammlungsraum und Arbeitsstätte
für alle und Wohnung für zehn Theologiestudenten bieten.
Wir waren froh, als bald Theologen aus Westfalen und dem
Rheinland für frischen Wind sorgten, unter ihnen Günter
Schulz, der spätere theologische Leiter der Sozialakademie

Friedewald in Hessen. Es gelang uns, Frieda Dankert als Hausdame zu gewinnen. Sie brachte sich mit viel Mut – wir waren ja illegal –, hausfraulichem und menschlichem Geschick und einer entwickelten Gabe des Regierens ein. Unser Konvikt wurde allmählich nicht nur zum Versammlungsort für Studenten. Auch die Bekennende Gemeinde Greifswalds und sogar der Konvent der Bekenntnispfarrer Vorpommerns fanden hier ihr Domizil. Im Mai 1936 beherbergte unser Haus einen Laienkonvent, an dem zweihundert pommersche Älteste und sechzig Studenten teilnahmen.

Offiziell war ich nach Greifswald als Hilfsprediger zur Vertretung des einzigen Pfarrers der Bekennenden Kirche, Edmund Koch, an die Marienkirche entsandt worden. Damit hatte ich die Möglichkeit, in der Marienkirche zu predigen, einmal auch in der Nicolaikirche, an der Superintendent Karl von Scheven seine Predigtstelle hatte. Wie sich das gehört, wollte ich ihn besuchen, obwohl ich ihm als Pastor der Bekennenden Kirche nicht unterstand. Es gelang mir nicht, bis zu ihm vorzudringen. Er hatte immer „keine Zeit". Als nach ein paar Monaten die Amtszeit Kochs abgelaufen war, blieb mir als einzige Predigtstelle unser Konvikt. Meine letzte Predigt in einer Greifswalder Kirche habe ich am 13. September 1936 gehalten. Der Gemeindekirchenrat von St.Marien sperrte mir danach seine Kirche grundsätzlich. Ich bekam nicht einmal die Erlaubnis, dort die Trauung eines nahen Bekannten vorzunehmen.

Meiner Mutter berichtete ich über ein Zusammentreffen mit Herrn von Scheven in der Arbeitsgemeinschaft für reformatorisches Christentum. Ich fand es schauderhaft, er verharmloste alles. Ich faßte mir ein Herz und trat entschieden gegen ihn auf. Die Leute sollten sehen, daß von Scheven kein Mann der Bekennenden Kirche war. „Der dicke pommersche Nebel entschwindet", meldete ich meiner Mutter.

Pastor Koch und seine Frau hatten uns mit aller Herzlichkeit aufgenommen. Koch war ein klarer, kritischer Kopf, in seinen Predigten freilich knochentrocken. Wir beiden jungen Leute waren für die Freundschaft, die uns die alten

Pfarrersleute in der eisigen Greifswalder Atmosphäre gewährten, sehr dankbar.

Freundschaftlich und durch gleiche Haltung zur Bekennenden Kirche verbunden waren wir auch mit dem nahegelegenen Pfarrhaus Pfannschmidt in Groß Kiesow. Wir waren mehrfach zu Gast dort und bekamen einen Vorgeschmack davon, was es mit dem Pfarrerdasein auf dem Lande auf sich hat. Die Zeiten eines Möricke waren längst vorüber.

Der Pastor wurde bei Kriegsende erschossen, als er seine beiden Töchter nicht den sowjetischen Soldaten überlassen wollte.

Seine Frau zog nach Neuruppin und hatte eine gute Freundschaft mit meiner Mutter. Heute lebt sie in einem Heim in Berlin, körperlich schwer behindert, aber wachen Geistes.

Nach einigen Wochen in einer Pension bezogen wir eine Wohnung im Hause eines Bäckermeisters, in einem nicht sonderlich vornehmen Stadtviertel, natürlich ohne Bad, die Toilette auf halber Treppe. Aber wir haben es uns mittels Tapeten und Gardinen sehr schön machen können. Sehr stolz waren wir auf unsere Möbel. Ein Berliner Tischler hatte sie nach unseren Zeichnungen gearbeitet. Das letzte Jahr vor der Ehe waren wir beide mit Notizbuch und Metermaß zu den Ausstellungen der Deutschen Werkstätten Hellerau und zu verschiedenen Heimgestaltern gepilgert, um uns anregen zu lassen. Einen gebrauchten Duysen-Flügel hatten wir erstehen können. Leider ist das bei Kriegsende alles verbrannt. Unser Gehalt betrug einhundertfünfzig Reichsmark monatlich. Eine regelmäßige Kaffeesendung der Schwiegermutter und finanzielle Spenden des Schwiegervaters, wenn er uns besuchte, waren willkommene Zugaben. Auch meine Mutter schickte trotz unseres Protestes unentwegt Pakete.

Unser erstes Kind, die Tochter Barbara, wurde am 1. Juli 1937 bei uns zu Hause geboren. An diesem Tage erreichte uns die Nachricht, daß Niemöller verhaftet worden war.

Unser Kind wurde im Konvikt durch Pastor Koch getauft. Eines Tages erfuhr ich, daß neun Kilometer von Greifswald entfernt, auf dem Rittergut Behrenhoff, eine Freizeit der liturgischen Bewegung der Berneuchener stattgefunden hatte. Ich wußte, was solche Zeiten der Konzentration und der Gemeinschaft bedeuteten, fuhr dorthin und fragte die Gutsherrin, die Gräfin Mechtild von Behr, ob unsere Studenten der Bekennenden Kirche nicht auch einmal bei ihr zu Gast sein könnten. Zu meinem Erstaunen sagte sie sofort zu, obwohl oder weil sie wahrscheinlich nicht viel über die Bekennende Kirche wußte. So hatten wir denn mehrmals gutbesuchte Freizeiten in Behrenhoff. Unsere Gastgeberin war großzügig. Die Mahlzeiten nahmen wir im Spiegelsaal des Schlosses ein, ein livrierter Diener mit weißen Handschuhen reichte den nicht immer seriös gekleideten Studenten die Speisen. Ich vergesse nicht, wie Hans Asmussen, einer der führenden Männer der Bekennenden Kirche, nach einem Vormittag mit einer heißen Diskussion am Ende des Diners aus einem silbernen Kästchen eine Zigarette mit gräflichem Wappen nahm und sie genüßlich anzündete, eine wahrhaft kultische Handlung! An den Vorträgen und Diskussionen nahm die Hausherrin teil, obwohl es ihr schwer geworden sein muß, sich in unsere Gedankengänge hineinzudenken. Die pommersche Kirchenhistorikerin Brigitte Metz berichtet, daß die Gräfin das letzte Reitpferd ihres Mannes im Park hatte beerdigen lassen und nicht zwecks „kriegswichtiger Tierkörperverwertung" an die Abdeckerei abgeliefert hatte. „Sie gefährdet [...] durch ihr Verhalten den Bestand und die Sicherheit des Volkes und des Staates." Sie mußte ins Gefängnis. Natürlich nicht allein deswegen, sondern „weil sie der Anordnung, aus Anlaß des Sieges in Flandern zu flaggen, nicht nachkam." Die Gräfin erinnerte sich an ein Verhör: Sie hatte – als Redensart – auf eine Frage geantwortet: „Mein Gott, das weiß ich nun wirklich nicht". Darauf der Beamte: „Ach so, an Gott glauben Sie auch noch?" Antwort: „Ich will Ihnen einmal etwas sagen. Sie glauben auch an Gott. Sie nennen das nur anders."

Wie uns damals zumute war, mag ein Rundbrief zeigen, den ich am 11. Februar 1937 an Studenten und Freunde unserer Arbeit verschickte. Darin heißt es: „Unser neues Studentenheim hat nun ein Semester seinen Dienst getan. Und es hat einen guten Teil der Erwartungen erfüllt, die wir an dieses Haus geknüpft haben. Es ist Mittelpunkt unserer Arbeit wie unserer Freude gewesen. Täglich hat es morgens und abends den Raum für die Andacht gewährt. Allwöchentlich ist dort die Bibelstunde gewesen. Auch diejenigen, die nicht im Hause wohnten, haben es immer mehr als das ihre anzusehen gelernt. Hatten manche Pessimisten gemeint, daß das Heim Abschluß von den andern mit sich bringen würde, so ist diese Meinung durch die Erfahrung dieses Semesters voll widerlegt. [...] Niemöller war bei uns! Zuerst in einer besonderen Studentenversammlung sprach er über ‚Volkskirche und Freikirche‘, dann im überfüllten Lutherhof (dem größten kirchlichen Saal in Greifswald) zu einer aus Studenten und Gemeindegliedern zusammengesetzten Versammlung: ‚Geht es mit der Kirche zu Ende?‘ Allen, die dabei gewesen sind, wird die Sache, um die es ging, die geradezu verzweifelte Situation unserer Kirche heute, die mit aller Offenheit und Klarheit geschildert wurde, und die Person Niemöllers, der das alles so einfach und ehrlich und vor allem in Verantwortung sagte, unvergeßlich bleiben. Dieser Abend, an den sich dann noch eine sehr lange Aussprache anschloß, hat der Sache der Bekennenden Kirche starke, neue Impulse gegeben. [...] Leider kann ich über einen Punkt nichts Erfreuliches berichten. Unsere Studenten leiden sehr darunter, daß das alte Vertrauensverhältnis zwischen den Professoren und ihnen noch nicht hat wiederhergestellt werden können. Die sachlichen Unterschiede und Gegensätze in den kirchlichen Entscheidungen lassen ein vertrauensvolles Zusammenarbeiten nicht zu. Zwei Besprechungen zwischen den Professoren und Studenten über das Problem ‚Theologische Fakultäten und Kirchliche Hochschulen‘ blieben ergebnislos. Die Frage, an der sich die Geister schieden, war die nach der Verbindlichkeit der Barmer Erklärung auch für unser kirchliches Handeln heute. Am Anfang des Semesters sah es allerdings so aus, als ob eine Einigung und Zusammenarbeit zu erwarten sei. Sie werden alle von der Rede gehört haben, in der der Gaustudentenbundsführer Kreul ausgeführt hatte, daß die Semesterarbeit als Ertrag für einen jeden die Entscheidung bringen solle, ob er Christ oder Nationalsozialist sein wolle. In der Ablehnung dieser Rede und im Protest fanden sich fast alle Theologen (außer den Thüringer Deutschen Christen – die extremste Richtung) und die Dozentenschaft der Theologischen Fakultät (nach anfänglichem Zögern auch Professor Koepp). Dieser Protest wurde damit beantwortet, daß gegen die Mitglieder der Theologischen Fakultät, soweit sie in der Partei sind, das Parteigericht angerufen wurde. Dies Verfahren schwebt noch. […] Über die Lage in Pommern ist nicht viel Neues zu sagen. Auch hier regt sich die christentumsfeindliche Propaganda. Man denke an die Worte, die auf der Burg Krössinsee gesprochen wurden – daß der Nationalsozialismus das 1. Gebot ‚Ich bin der Herr, dein Gott, du sollst keine andern Götter haben neben mir‘ allein für sich in Anspruch nehme, denn ihm gehöre das Reich und die Kraft und die Herrlichkeit in Ewigkeit (so SS-Obergruppenführer Schultz-Pommern). Neuerdings redet man von zahlreichen, offenbar systematischen Kirchenaustritten, so in Swinemünde."

Die Geheime Staatspolizei hat uns beobachtet, aber damals nichts gegen uns unternommen. Mein Nachfolger, Gerhard Krause, Sohn eines pommerschen Superintendenten, später Professor für Praktische Theologie, mußte mehrmals eine Hausdurchsuchung über sich ergehen lassen. Zu meiner Zeit stand es einmal auf des Messers Schneide. Für das Jahr 1937, nach dem Scheitern der Kirchenausschüsse, hatte Hitler Kirchenwahlen angeordnet. Die Bekennende Kirche lehnte kirchliche Handlungen auf Anordnung des Staates ab, auch könne man mit den Deutschen Christen zusammen keine kirchlichen Handlungen vornehmen. So gab sie die Parole aus, die Wahl sei zu boykottieren. Ein anderer junger Pastor der Bekennenden Kirche, Winfried Krause, er ist im Kriege gefallen, besuchte mit mir eine Reihe von Pfarrhäusern auf Rügen und im nördlichen Vorpommern, in denen wir um Verständnis für den Boykott werben wollten.

Ich erinnere mich noch daran, daß am Gartenzaun eines Pfarrhauses zu lesen war „Vorsicht, bissiger Hund" – seltsam für ein Pfarrhaus. Zurückgekehrt, machten wir uns daran, Flugblätter mit dem Aufruf zum Wahlboykott herzustellen. Sie sollten anderntags, dem Wahltag, unter die Kirchgänger verteilt werden. Am frühen Morgen erreichte uns die Nachricht, daß die Wahl abgesagt worden sei. Was wäre geschehen, wenn wir die Boykottblätter verteilt hätten!

Am 6. November 1937, bei meinem Abschied aus Greifswald, schrieb ich an Professor Hermann:

„Hochverehrter Herr Professor!
Erlauben Sie, daß ich, bedrängt durch großen Zeitmangel, auf diese Weise mich von Ihnen verabschiede, um in ein märkisches Pfarramt zu gehen. Ich kann bei meinem Weggang, gerade auch im Hinblick auf Ihre Kritik und Ablehnung unserer Arbeit, Gott danken. Wir sind durch Ihre oft so beherzigenswerten Mahnungen immer wieder gezwungen worden, unsere Stellung ernst zu überprüfen, und sind dadurch vor Schritten bewahrt geblieben, die unseren Kampf um die Geltung des Artikels 1 der Verfassung der Deutschen Evangelischen Kirche als irgendeine Parteisache hätten mißverstehen lassen können. Gerade auch im Blick auf meinen Nachfolger muß ich Gott bitten, daß er Sie bereit macht, uns und der ganzen Bekennenden Kirche zu glauben, daß es uns nicht um uns selbst geht, sondern um Seine Evangelische Kirche in Deutschland und deren Grundlagen.

In dieser Hoffnung zu Gott grüße ich Sie als Ihr sehr ergebener
Schönherr."

Hermann antwortete unter dem 8. November:

„Sehr verehrter Herr Pastor!
Für Ihre Abschiedszeilen danke ich Ihnen vielmals. Ich höre einen persönlich nicht unfreundlichen Ton aus ihnen heraus und glaube mich dabei nicht zu täuschen. Ich möchte Ihnen auch meinerseits für Ihre neue Tätigkeit Gottes Segen wün-

schen, ebenso zur Geburt Ihres Töchterchens, wovon ich neulich hörte. – Gegen Sie persönlich habe ich auch kaum etwas gehabt, abgesehen davon, daß ich bedaure, daß junge Pfarrer, die ihre akademische Ausbildung auf deutschen Universitäten noch nicht lange hinter sich haben, in Stellen in deutschen Universitätsstädten gehen, wo sie zwischen die Studenten und ihre Lehrer treten müssen. Aber es liegt im revolutionären Zuge der Zeit, und Sie waren hergeschickt. Ich halte auch jetzt diese Art der Arbeit für nicht recht. Es ist schmerzlich, daß man somit auf dem Wege des Sich-Widersprechens, wie auch Ihre Zeilen andeuten, etwas voneinander hat. Denn das Widersprechen ist meines Erachtens erst dann wirklich fruchtbar, wenn man nicht zugleich in Separation steht. – Was Sie zugleich an Innerlichem schreiben, darf ich auch dahin ausdehnen, daß Ihre vor Ihnen liegende Gemeindearbeit außer der auf der Evangeliumsverkündigung verheißungsmäßig gelegten Segensfrüchte auch Verständnis dafür bringen möchte, weshalb zwischen Ihnen und uns hier kein rechtes Verhältnis möglich war.

Mit freundlichem Gruß Ihr sehr ergebener

Hermann.“

Die Schlußfreizeit hielt ich zusammen mit Franz Hildebrandt, dem Freunde Bonhoeffers und profunden Lutherkenner. Noch im gleichen Jahr mußte er als „Halbarier“ nach England emigrieren. Um die Nachfolge für mich war ich an Gerhard Ebeling herangetreten. Er schrieb ab, weil er sich auf die akademische Laufbahn vorbereitete. Mein Nachfolger Gerhard Krause war Greifswalder Student und Schüler Rudolf Hermanns gewesen. Er ist später zu den Kirchenausschüssen übergegangen.

10. Erste Pfarrstelle in Brüssow

Im Sommer 1937 schlug mir Pfarrer Scharf, Präses der Bekenntnissynode Brandenburg, wiederholt Pfarrstellen vor, um die ich mich bewerben sollte. Als „Illegaler" konnte eine Bewerbung nur bei Stellen Erfolg haben, die durch einen Patron zu besetzen waren. Das Patronatsrecht stammte aus dem Mittelalter. Der Patron hatte das Recht, „seine" Pfarrstellen zu besetzen, in der Kirche einen besonderen Platz einzunehmen, das „Patronatsgestühl". Im Gemeindekirchenrat ließ er sich gewöhnlich durch einen von ihm bestellten Gemeindeältesten, den „Patronatsältesten", vertreten. Seine Pflicht bestand nach dem Allgemeinen Preußischen Landrecht darin, für kirchliche Baulichkeiten „Holz, Kalk und Steine" zu liefern, während die Kirchengemeinde die „Hand- und Spanndienste" zu versehen hatte. Das klingt alles recht altväterlich und überholt. Für uns „Illegale" war damals ein der Bekennenden Kirche zugeneigter Patron die einzige Möglichkeit, in ein geregeltes Pfarramt zu kommen. Städtische Patronate, die es auch gab, kamen wegen der NS-Dominanz dieser Behörden nicht in Frage. Das Patronatsrecht wurde im Land Brandenburg erst im Jahre 1946 aufgehoben. Als „Ersatz" wurde der Evangelischen Kirche das Domstift Brandenburg/Havel übereignet, das bis dahin staatlich verwaltet worden war. Auf Regierungsseite verhandelte damals Kurt Grünbaum, der spätere Kurator des Domstifts.

Ich versuchte mein Heil in Wiesenburg/Mark, wo immerhin ein Reichsgraf von Plauen residierte – ohne Erfolg. Ebenso erging es mir in Groß Behnitz bei Nauen, Besitz des Großindustriellen Borsig. Endlich bekam ich einen Hinweis auf Brüssow; es liegt zwischen Prenzlau und Stettin. Dort regierte der greise Generalfeldmarschall von Mackensen. Brüssow war Domäne gewesen, aber von Hermann Göring.

In seiner Eigenschaft als preußischer Ministerpräsident dem verdienten Kämpfen des Ersten Weltkrieges geschenkt worden. Hier war schon alles klar, als ich mich bewarb: Die Nichte des Patrons, Frau von Mackensen-Astfeld in Stettin, hatte offenbar vorgearbeitet. Als ich meinen Antrittsbesuch machte, war der alte Herr bereits fest entschlossen, mich anzustellen. Er hätte das auch ohne die immer noch notwendige Einwilligung des Konsistoriums getan.

So erwartete meine Frau und mich am Bahnhof Prenzlau der Dienstwagen des Generalfeldmarschalls, ein „Horch"-Achtzylinder, um uns die zwanzig Kilometer bis Brüssow zu bringen. Die Chaussee, mit Linden, Kastanien und Obstbäumen bestanden, führte durch die nördliche Uckermark. Hier war die Mark Brandenburg alles andere als eine Streusandbüchse mit Stangenkiefern: Es ging durch eine abwechslungsreiche Hügellandschaft, kleine Waldstücke waren eingestreut, hier und da ein See, großflächige Weizenfelder und Rübenäcker, die jetzt im Herbst für eine glitschige Straße sorgten. Eine Reihe von Gutsdörfern mußten wir durchfahren, alle mit einer Kirche versehen. An der Straße Arbeiterhäuser. Endlich, als die Chaussee einen Bogen machte, grüßte zur Linken der See, und vor uns präsentierte sich auf einem Hügel das Städtchen Brüssow, auf dem höchsten Punkt die Kirche mit ihrem roten Fachwerkturm.

Der Generalfeldmarschall empfing uns äußerst wohlwollend, was auch daran zu erkennen war, daß er eine Flasche Niersteiner Trockenbeeren Auslese spendierte. Bald hielt ich meine Berufungsurkunde in Händen. Etwas schwieriger ging es mit dem Patron des Filialdorfes Menkin, Joachim von Winterfeld. Er hatte meiner Berufung keineswegs begeistert zugestimmt, sondern sich eher durch den großen Nachbarn genötigt gesehen, mich zu akzeptieren. Herr von Winterfeld war Landeshauptmann gewesen, also Leiter der provinzialen Selbstverwaltung. Sein Haus hing voller Gemälde berühmter Künstler – ich erinnere mich an Bilder Leo von Königs. Die Menkiner Dorfkirche hatte er mit großem Geschmack und profunder Sachkenntnis restaurieren lassen. Sie ist bis heute ein Schmuckstück. Winterfeld war

116

Ästhet. Als ein echter Pastor der Bekennenden Kirche hatte ich meine Predigt über „die eine Offenbarung in Jesus Christus" im Sinne der Barmer Theologischen Erklärung gehalten. Nach dem Gottesdienst verabschiedete er sich von mir: „Diese herrliche Kirche im Sonnenschein, das ist doch wirklich eine Offenbarung Gottes." Winterfeld nahm sein Patronat ernst und war entweder selbst im Gottesdienst, oder er ließ sich durch seine Schwester vertreten, die ein inniges Verhältnis nicht nur zu dem Kirchengebäude hatte, sondern auch zu dem, was dort geschah. Mit der Zeit wurde ich voll angenommen. Das Schloß wurde in den letzten Kriegstagen völlig zerstört; das Gut fiel unter die Bodenreform. Nach dem Krieg traf ich seine Tochter, Christa von Wedel, auf dem Acker an, sie hatte ein paar Morgen des väterlichen Besitzes gepachtet. Bald darauf mußte sie den Kreis wieder verlassen. Joachim von Winterfeld starb auf der Flucht. Er wurde 1991 auf Veranlassung und mit Hilfe des Deutschen Roten Kreuzes, dessen erster Präsident er gewesen war, in das Familiengrab im Schatten seiner geliebten Kirche umgebettet.

Meinem Patron von Mackensen verdanke ich viel. Wie mancher alte Soldat war er von schlichter Frömmigkeit. Wenn er am Vormittag in Stettin den Garnisonsgottesdienst besucht hatte, war das für ihn noch lange kein Grund, am Nachmittag nicht auch in „seine" Brüssower Kirche zu gehen – mit Bärenmütze und der Uniform der Schwarzen Husaren. Dann saß er mitten unter der Gemeinde, lediglich ein Kissen zeigte den „Patronatssitz" an. Die Gemeinde erhob sich damals noch zu Beginn der Liturgie und stand die ganze Zeit; der fast Neunzigjährige war immer der Erste. Wenn ich später im Kriege Urlaub hatte, erwartete er, daß ich mich spätestens am zweiten Tage bei ihm meldete – nicht in Uniform. Er fragte mich dann jedesmal, ob ich für meine Gemeinde Geld brauchte. Und er bot mir an, meine UK-Stellung, Beurlaubung vom Wehrdienst wegen Unabkömmlichkeit, zu erwirken. Ich lehnte ab, ich wollte es nicht besser haben als meine Gemeinde. Der kleingewachsene Greis mit den krummen Reiterbeinen war durch und durch Soldat. Dennoch konnte er meinem Freund Winfried Maechler, als der mich während des Krieges in Uniform besuchte, mit auf den Weg geben: „Bleiben Sie ja nicht Soldat" (wozu Winfried absolut keine Neigung hatte), „werden Sie wieder Pfarrer. Pfarrer brauchen wir am nötigsten." Von Mackensen übernahm das Patenamt für meinen ältesten Sohn Ralf Oswald, der im April 1939 geboren wurde.

Als „Hofprediger" hatte ich bei der Weihnachtsfeier für das Gutspersonal die Andacht zu halten. Bei solcher Gelegenheit traf ich auch den ältesten Sohn Mackensens, der damals Botschafter in Rom war. Im Gespräch ließ ich die Bemerkung fallen, daß in unserer Gegend nur die unfähigsten Bauern in die NSDAP eingetreten seien. Herr von Mackensen wurde eisig. Später erfuhr ich, daß er Hitler ganz ergeben war. Anders seine Schwester Ruth: Sie war Gemeindeschwester in Pätzig, dem Gut der späteren Schwiegereltern Dietrich Bonhoeffers, von Wedemeyer. Sie stand zur Bekennenden Kirche.

Im Juli 1937 setzte sich von Mackensen für inhaftierte Bekenntnispfarrer ein, insbesondere für Professor Rendtorff, damals Pfarrer in Stettin-Braunsfelde. Hitler weigerte sich daraufhin, den Generalfeldmarschall zu empfangen. Das aber war gegen die Regel. Ein Soldat dieses Dienstgrades hat das Recht, jederzeit vom Staatsoberhaupt empfangen zu werden. So gab es längere Zeit erhebliche Verstimmung. Dennoch versicherte mir der alte Herr mehrmals: „Hitler hat eine reine Weste. Joseph Goebbels ist der Verbrecher." Erstaunlich, wie Führerkult und Propaganda ihren Eindruck selbst auf einen solchen Mann nicht verfehlten. Nach dem Polenfeldzug, zum 90. Geburtstag Mackensens, am 4. Dezember 1939, kam es dann auch zur Versöhnung. Hitler erschien in Brüssow und meldete: „Mein Feldmarschall, Polen ist besiegt." Diese Geste schien dem Feldherrn des Ersten Weltkrieges zu imponieren, hatte er seine Siege damals doch gerade in diesem Gebiet erkämpft. Der Neunzigjährige saß jeden Tag, wenn er in Brüssow war, im Sattel und ritt über Stock und Stein. Das Heer schenkte dem Jubilar ein Reitpferd. Man hatte den bildschönen Apfelschimmel ausgesucht, aber Rücksicht auf das hohe Alter des Reiters genommen. Mackensen hat ihn nur einmal bestiegen, dann kehrte er zu seinem gewohnten, treuen Reitpferd zurück. Der geschenkte Gaul war ihm zu „fromm".

Mackensen blieb nicht bei seiner guten Meinung über Hitler. Nach der Schlacht von Stalingrad hat er – so berichtete mir meine Frau – immer nur kopfschüttelnd über den Berichten gesessen: Das kann man doch nicht machen … Als 1945 die sowjetischen Truppen nahten, wäre Mackensen am liebsten in Brüssow geblieben, er meinte wohl, dem alten, berühmten Soldaten würde nichts geschehen. Aber Hitler schickte ihm einen Omnibus, um das Nötigste zu verstauen, und befahl ihm, nach Westen zu fliehen. Im Herbst 1945 ist August von Mackensen in Wienshausen bei Celle gestorben. Der Superintendent von Celle hielt die Traueransprache über das Wort „Von Gottes Gnade bin ich, was ich bin" (1.Kor.15,10). In seinem Testament hatte er ein Gedicht niedergeschrieben, dessen erste Zeilen lauten: „Wenn ich begraben werde, so laßt das Rühmen sein." So war er.

Die Gemeinde Brüssow kam mir freundlich entgegen. Ich konnte von den Früchten ernten, die durch das Wirken meiner Vorgänger gereift waren. Wohl weniger durch einen alten Superintendenten, der sehr streng gewesen sein soll: Die Jungs, so hieß es, hätten sich verkrochen, wenn er auf der Straße erschien. Er war jedoch ein ausgefuchster Pferdekenner, dessen Rat unter den Bauern viel galt. Um das Jahr 1933 war Pfarrer Iskraut in Brüssow tätig. Ihm wird es zu verdanken sein, daß die Gemeinde und ihr Gemeindekirchenrat, mit Ausnahme eines einzigen, der der NSDAP angehörte, mich illegalen Pfarrer der Bekennenden Kirche freundlich aufnahmen. Ich traf meinen unmittelbaren Vorgänger, den Prädikanten Höhne, noch an. Er hielt am Bußtag seine Abschiedspredigt. Wir haben beide ein paar Tage Junggesellenleben im nur kümmerlich beheizten Pfarrhaus geführt; in unserem gemeinsamen Schlafraum mußten wir morgens als erstes das Eis auf dem Waschwasser entfernen. Ich konnte dankbar an die Arbeit anknüpfen, die Höhne geleistet hatte. Am 1. Advent hielt ich meine Antrittspredigt.

An die erste Pfarrstelle, an unsere „erste Liebe", denken wir Pfarrer gern zurück. Das Städtchen mit seinen nicht einmal zweitausend Einwohnern war nicht sehr bedeutend. Eine Kartoffelflockenfabrik war das einzige industrielle Unternehmen. Die Kirchengemeinde profitierte von ihrem Geschäftsführer, Herrn Wittstock, der sich als Rendant bewährte und mich in die Geheimnisse der Haushaltsführung und Rechnungslegung einwies. Brüssow ist Bahnstation an der Kleinbahn Prenzlau – Löcknitz. Sie war hauptsächlich der Rüben und Kartoffeln wegen gebaut worden. So konnte es kommen, daß man für die zwanzig Kilometer nach Prenzlau manchmal zweieinhalb Stunden brauchte. Über Löcknitz kam man in einer Dreiviertelstunde nach Stettin.

Brüssow besitzt noch die Reste einer Stadtmauer und natürlich ein Rathaus. Das schönste Bauwerk ist aber die Kirche, ein stattlicher Bau aus dem 13. Jahrhundert. Ihre Mauern bestehen, wie bei vielen alten Kirchen in Norddeutschland, aus sorgfältig behauenen Feldsteinen. Ich bewundere die Kunst, mit der man aus diesem spröden Material mit den damaligen Mitteln so exakte Quader brechen konnte, daß die Fugen des Gebäudes schnurgerade ausfallen. Dazu kommt die schöne Buntheit des Granits. Man hat in der Barockzeit größere Fenster in die Mauern geschlagen, aber das hat der stillen Größe dieses Gotteshauses nichts anhaben können. Im Innern sah es, als ich nach Brüssow kam, allerdings schlimm aus. Man hatte den Eindruck, in eine enge Schleusenkammer geraten zu sein.

Daß die Kirche so verunstaltet worden war, hatte einen historischen Grund. Hundert Jahre zuvor hatte der Erweckungsprediger Carl Büchsel (1803–1889, in Brüssow 1840–1846) mit seiner zupackenden, seelsorgerischen Predigt die Kirche so sehr gefüllt, daß breite Emporen eingebaut werden mußten. Die Leute kamen damals von weither, um ihn zu hören. In den „Erinnerungen aus dem Leben eines Landgeistlichen" (1861) bekommen wir ein ungeschminktes Bild von der Frömmigkeit wie von der Gottlosigkeit jener Zeit. Das Buch gehörte neben Jürn-Jacob Swehns berühmter „Amerikareise" zu der Lektüre am Mittagstisch in Finkenwalde. Nach Kriegsbeginn, im November 1939, begann eine gründliche Restaurierung der Kirche. Nun wurden die Emporen gestutzt, der bereits an das Uckermärkische Museum in Prenzlau abgegebene barocke Kanzelaltar kehrte zurück. Ein nach den Erkenntnissen der Orgelbewegung konzipiertes Instrument wurde von Schucke (Potsdam) gebaut. Die ganze Kirche bekam durch Professor Thol ein heiteres, helles Gesicht. Die Emporenfelder zeigen Abbilder der wichtigsten Gleichnisse Jesu. Auf dem tragenden Balken entlang der Empore ist mit goldenen Buchstaben Paul Gerhardts Bekenntnislied „Ist Gott für mich, so trete gleich alles wider mich" aufgezeichnet. In den ersten Februartagen 1943 war es mit der Einweihung soweit: Ich hatte dazu Sonderurlaub bekommen und konnte mich nun an der Musik erfreuen, die das Fest begleitete: Meine Frau hatte längst einen Singkreis zusammenbekommen, der sich auch an zeitgenössische Kirchenmusik heranwagen konnte. Mein Schwager Peter Lehmann, Erster Solocellist bei der Städtischen Oper Charlottenburg, und seine mit einem hohen Sopran begabte Schwester sorgten für Großstadtniveau. Die alten Brüssower erinnern sich noch gern an diese Jahre reicher Kirchenmusik. Wenn der alte Mackensen anwesend war, kamen wir um das „Largo" von Händel nicht herum.

Ich habe in den Jahren, in denen ich in eine normale Gemeindearbeit mit regelmäßiger Predigttätigkeit eingebunden war, alle Sparten absolviert. Die Frauenhilfe war die wichtigste Gemeindegruppe. An die Schwestern Pfeiffer, „große Tante" und „kleine Tante", denke ich besonders gern, auch Frau Batzlaffs Name ist mir gegenwärtig. Leider hat sie sich zusammen mit ihrem Mann beim Einmarsch der Sowjets das Leben genommen. Ein ganz respektabler Männerkreis kam noch kurz vor Weihnachten 1938 zusammen; Thema: „Unser Kampf um die Bibel". Jungen- und Mädchenkreise und die Bibelstunde gehörten zum Pensum eines Gemeindepfarrers. Es lag mir daran, die Gemeinde zur Gesprächsform zu ermutigen. In Brüssow gelang das, in den Dörfern war die Scheu zu groß, vor den andern und dem Pastor den Mund aufzumachen. Der Konfirmandenunterricht machte mir die größten Schwierigkeiten; es gehörte damals noch der ganze Schulabgängerjahrgang dazu. Da war das Interesse recht unterschiedlich. Ich bin nicht davor zurückgeschreckt, wenn es gar nicht anders ging, Ohrfeigen auszuteilen – was ich mir selbst als pädagogische Niederlage bescheinige.

Wie überall in den Bekennenden Gemeinden haben wir auch in Brüssow im Gottesdienst das gemeinsame Sprechen des Glaubensbekenntnisses und des Vaterunsers eingeführt. Das Abendmahl wurde im Gottesdienst, nicht mehr im Anschluß an ihn gehalten. Bei der Taufe gelang das nur teilweise: Haustaufen waren das Normale. In der Kirche ließ nur taufen, wer kein eigenes Zuhause hatte: die Mütter mit unehelichen Kindern. Am wichtigsten waren mir die Predigt und der Besuchsdienst. Aus meinen Aufzeichnungen geht hervor, wie sehr ich mich um jede Predigt bemüht habe. Anfangs war es mein Stolz, der Gemeinde meine neuesten Entdeckungen am Bibeltext mitzuteilen. Das Interesse meiner Hörer daran hielt sich in Grenzen. Mit der Zeit lernte ich, daß eine Predigt erst dann Verkündigung ist, wenn sie durch den Prediger hindurch bis in das Alltagsleben der Menschen vordringt. Wenn ich das einmal geschafft hatte, nickte Makkensen deutlich mit dem Kopf. Noch heute, nach fast sechzig Jahren „Übung", macht mir eine Predigt Mühe. Eine gute Schule war mir später der Militärdienst; im täglichen Miteinander mit einfachen Menschen lernte ich deren Freuden und Nöte erst richtig kennen, achten und ansprechen.

Darum waren mir die Besuche so wichtig. Ich bin immer ein überzeugter Befürworter eines stetigen, möglichst lückenlosen Besuchsdienstes gewesen. Ich kann nicht verstehen, wenn sich gerade heute, da unsere kirchliche Tätigkeit äußerst kritisch, oft ohne Verständnis beurteilt wird, so viele Pfarrer davon dispensieren. Viele Menschen können sich nicht vorstellen, daß wir Theologen auch am Schreibtisch arbeiten. Wenn wir die Alten und Kranken und auch manche andern Leute besuchen, leuchtet ihnen das ein. Ich habe damals in Brüssow und den beiden Filialdörfern jedes Haus besucht. Wenn ich nachts nicht schlafen konnte, bin ich die

Gemeinde Straße für Straße durchgegangen. Ich dachte auch an die „Ausgebauten", Bauernfamilien, die sich bei der Bauernbefreiung am Anfang des vorigen Jahrhunderts mitten auf ihrem Grundbesitz niedergelassen hatten. Witthuhns, Zanders und Laatschs zu besuchen, war ein kleiner Ausflug. Und er lohnte sich. Ich werde nicht vergessen, was mir einer der Brüder Laatsch bei meinem „Antrittsbesuch" sagte: „Herr Pastor, wenn Sie einem Menschen hier zu mehr Freude geholfen haben, war Ihre Zeit nicht vergeblich."

Sogar eine diakonische Einrichtung hatten wir in Brüssow. Die Innere Mission unterhielt im „Haus am See" ein Heim für schwerstbehinderte Kinder. Die Leiterin, Schwester Ida, haben wir sehr geschätzt. Ich habe sie bewundert, daß sie mitten in diesem Elend – unter Kindern, die den ganzen Tag nur eine Bewegung machen konnten – heiter sein konnte. Mich brachte der Anblick dieser Kinder bis an die Grenze des Glaubens.

In den Dörfern Wollschow und Menkin, ungefähr vier Kilometer von Brüssow entfernt, hatte ich vierzehntäglich zu predigen. Im Bauerndorf Wollschow, dessen Kirche ein unansehnlicher Bau ohne jeden Schmuck war – die Orgel funktionierte nicht mehr, die Fenster ließen Wind und Wetter herein –, hatten wir fast immer einen Gottesdienstbesuch von zehn Prozent. Im Winter gingen wir in die Schulklasse. Auch unter dem Hitlerbild und trotz der Schulbänke als einziger Sitzgelegenheit blieb der Gottesdienstbesuch unverändert. In dem Bauerndorf herrschte noch eine ganz intakte, ständische Gliederung: Es gab die großen Bauern, die kleinen Bauern oder Kätner und die Tagelöhner. Bei den Beerdigungen war immer der ganze Stand vertreten; die jungen Männer hatten das Grab ausgeschaufelt und sorgten nach der Aussegnung dafür, daß es mit größter Eile wieder zugeschaufelt wurde. In Menkin zog die so liebevoll hergerichtete Dorfkirche mit funktionierender Orgel kaum mehr als acht Menschen an: einige der Schloßbewohner und ein paar kleine Bauern. Daran, daß sich ein Gutsarbeiter in die Kirche „verirrt" hätte, kann ich mich nicht erinnern. Das lag nicht an einem ideologischen Atheismus. Der Hauptgrund sei gewesen, habe ich mir sagen lassen, daß den Arbeitern für ihr Stückchen Land die Pferde nur am Sonntag zur Verfügung gestanden hätten. Da hätten sie sich den Kirchgang abgewöhnt.

Das Pfarrhaus war ein einfacher, klassizistischer Bau vom Beginn des vorigen Jahrhunderts. Seit der Vermögensauseinandersetzung um das Küsterschulland stand die alte Schule, ein geräumiges Fachwerkhaus, als Gemeinderaum zur Verfügung. Im Pfarrhaus hatten wir sieben Wohnräume im Erdgeschoß und zwei Dachzimmer, der größte Raum, unser Musikzimmer, war fünfunddreißig Quadratmeter groß. Fast kein Ofen war brauchbar, nur das kleinste Zimmer wurde warm. Der Gemeindekirchenrat erklärte mir, solange ich nicht als Pfarrer eingeführt wäre, täte sich im Hause nichts.

Dieses Problem mußte also bewältigt werden. In den Augen der konsistorialen Behörde war ich nur Hilfsprediger und illegal dazu. Mit Rücksicht auf meinen Patron hatte sie sich bereits sehr zurückgenommen: Man verlangte von mir keine Unterwerfung oder Anerkennung. Nur den Dienstweg über den Superintendenten des Kirchenkreises Prenzlau II sollte ich einhalten. So wurde auch die formelle Bestallung in Angriff genommen. Wir konnten uns darauf einigen, daß von keiner Seite die Frage, welche denn nun die rechtmäßige Kirchenleitung sei, vor der Gemeinde ausgebreitet werden soll. Bruderrat und Konsistorium waren damit zufrieden, daß die formelle Einführung ohne Verlesung einer Urkunde vollzogen werde. Meine Einführung fand am 30. Oktober 1938 statt. Der Kreispfarrer der Bekennenden Kirche aus Strasburg hatte am Sonntag vorher den Standpunkt des Bruderrates dargelegt. Der Superintendent empfand das als unfair. Ich habe versucht, unsere Auffassung zu interpretieren. Überzeugt habe ich ihn nicht. Ich hätte es auch hingenommen, wenn ich illegaler Hilfsprediger geblieben wäre. Aber dem Bruderrat lag daran, möglichst viele der „jungen Brüder", für die er verantwortlich war, in ein rechtlich und finanziell abgesichertes Pfarramt zu bringen.

Superintendent Wilhelm Nagel war ein in der Uckermark

geachteter Mann. Er hatte große Verdienste um die Heimat-
forschung. Uns „abtrünnigen" Leuten der Bekennenden
Kirche gegenüber war er tolerant. Über ihn gab es folgende
Anekdote: Im Konsistorium Berlin ging es um die Be-
setzung einer wichtigen Pfarrstelle. Man nannte viele Namen – keiner war Nagel recht. Endlich fragte ihn der
Konsistorialrat: „Nach welchen Kriterien pflegt man denn
bei Ihnen die Pfarrer zu beurteilen?" Nagel: „Nach dem
Gewicht." Unter diesem Gesichtspunkt konnte er bestehen.

Bis zu dem Zeitpunkt meiner Einführung war ich aus der
Sicht des Konsistoriums meinem Nachbarpfarrer unterstellt.
Der bemühte sich um ein familiär-gemütliches Miteinander
der Pfarrfamilien. So wurden wir Nachbarn alle zum Advent in sein Haus eingeladen. Während seine Frau uns mit
Kaffee und Kuchen bewirtete, rutschte er schon ungeduldig
auf seinem Stuhl hin und her, und ehe noch der letzte
Schluck ausgetrunken war, hatte er sich zu seinem Billard
begeben. Hier lag seine Leidenschaft. Seine Frau besorgte
die Verwaltungsarbeit, als ich Soldat wurde, auch in Brüssow.

Unsere eigentliche geistliche Heimat fanden wir im Pfarrkonvent der Bekennenden Kirche, der sich unter dem Vorsitz des Kreispfarrers Haenelt in Strasburg über die aktuellen Probleme des Kirchenkampfes austauschte, aber auch
profunde theologische Arbeit leistete. Freunde fanden wir
in Ernst Grüneisen und seiner Frau Hanna, Tochter des Generalsuperintendenten Dibelius. Die Frauen haben viel miteinander gesungen, vor allem später in Brandenburg. Dort
wohnten wir Haus an Haus, bis nach Ernsts frühem Tode.
Noch heute verbindet mich diese Freundschaft mit Hanna.
Ihre Tochter Veronika wurde mein Patenkind.

Bei den Konventen der Bekennenden Kirche spielten die
Informationen über Verhaftungen, Ausweisungen, Behinderungen von Mitgliedern eine wichtige Rolle. Wir alle hatten
uns verpflichtet, darüber auch unsern Gemeinden Auskunft
zu geben. Ich habe die Gemeinde an jedem Sonntag zur
Fürbitte aufgefordert, die ganze Fürbittenliste aber nur etwa
jedes dritte oder vierte Mal verlesen. Sie umfaßte zeitweise

weit über hundert Namen. Ich wollte die Verlesung nicht zu einer Routinesache verkommen lassen. Von einem Glied der Gemeinde Wollschow wurde ich der Fürbitte wegen bei der Gestapo angezeigt. Ich wurde zur Dienststelle der Geheimen Staatspolizei nach Potsdam vorgeladen. Es stellte sich heraus, daß die Anzeige von einem mir an sich wohlgesinnten Gemeindeglied kam. Ich war sehr enttäuscht und erklärte, in dieser Gemeinde die namentliche Liste nicht mehr verlesen zu wollen.

In Brüssow lebte nur eine einzige jüdische Familie, ihr gehörte das Textilgeschäft am Ort. Meine Frau kaufte dort, ungeachtet des Boykotts. Das brachte ihr eine Notiz im „Stürmer" ein. Eine Synagoge gab es in Brüssow nicht. Wir hörten im Radio natürlich die Nachricht vom Brand der Synagogen. Zu meiner Beschämung kann ich mich nicht erinnern, was ich daraufhin in der Gemeinde getan habe. Wir haben sicher darüber gesprochen. Aber etwas Nachhaltiges ist in Brüssow offenbar nicht geschehen.

Ein andres Problem bewegte uns mehr. Der deutschchristliche Präsident der Kirchenkanzlei der Altpreußischen Union, Dr. Werner, wollte Hitler zu seinem Geburtstag 1938 ein besonderes Geschenk machen: Er ordnete an, daß jeder, der in ein geistliches Amt berufen wird oder bereits angestellt ist, dem Führer Treue und Gehorsam zu schwören habe. Wer sich weigere, sei zu entlassen. In der gleichzeitig veröffentlichten „verbindlichen Ansprache" des Evangelischen Oberkirchenrates hieß es darüber hinaus, dieser Eid bedeute mehr als die durch das Neue Testament eingeschärfte Pflicht, der Obrigkeit untertan zu sein. Er bedeute „innerste Verbundenheit mit dem Dritten Reich … und mit dem Manne, der diese Gemeinschaft geschaffen hat und verkörpert". Die angedrohte Entlassung hatte Gewicht, zumal Dr. Werner auch sonst nicht zimperlich war. Es kam zu einer heftigen Diskussion in der Pfarrerschaft und in der Bekennenden Kirche. Die Bekenntnissynode erteilte keine klare Weisung. Sie gab zuletzt den Eid unter Bedingungen frei, die aber nie wirklich erfüllt worden sind: Der Eid müsse staatlich gefordert und durch das Ordinationsgelöbnis begrenzt sein. Nur einige wenige Pfarrer verweigerten den Eid. Ich war nicht gewillt, den Eid zu leisten, war aber nicht direkt betroffen, da ich noch nicht eingeführt war. Mitte August wurde ein Brief des Leiters der Parteikanzlei, Martin Bormann, bekannt: Die Anordnung habe lediglich innerkirchliche Bedeutung, da sie nur von den Kirchen erlassen sei. Ein Eid habe nur Bedeutung, „wenn er auf Anordnung des Führers von der Partei oder vom Staat dem einzelnen abgenommen wird" – eine böse Ohrfeige für beide, die Bekennende Kirche und den Oberkirchenrat.

11. Soldat hinter der Front

Den Ausbruch des Krieges am 1. September 1939 haben die Brüssower ebensowenig bejubelt wie die meisten Deutschen. Die Stimmung war gedrückt. Das Konglomerat von Lügen und Angst, Aufbegehren und Fatalismus lähmte den Geist und legte sich auf das Gemüt. Wir verspürten eine gewisse „Befreiung", wie wenn ein Geschwür platzt. Ich habe, denke ich, die Stimmung getroffen, als ich am folgenden Sonntag, dem 3. September, über Johannes 16,33 predigte:

„Wir wollen es hinnehmen, daß uns Christus hier ohne Umschweife sagt: ‚In der Welt habt ihr Angst!' … Wir dürfen zu ihm kommen mit unserer Angst und mit dem Grauen vor allem, was uns diese Tage jetzt aufbürden, und dürfen ihm ganz getrost alles sagen, wie ein Sohn mit seiner Angst zu seiner Mutter kommen kann und wissen darf: Dort, am Herzen der Mutter, darfst du sein, der du bist. Wir wollen Gott danken, daß für uns alle, auch die Heimatlosen, auch die ganz Einsamen, dieser Eine da ist, dem wir alles sagen dürfen.

Wir dürfen zu ihm kommen mit unsrer großen Angst um unser Leben und das Leben unserer Lieben. Vielleicht geht das jetzt vielen so: Plötzlich steigt in uns die unsägliche Angst vor dem Tode auf. Ganz heiß greift sie uns nach dem Herzen und will uns den Hals würgen. Die entsetzliche Angst, es könnte nun auf einmal alles zu Ende sein, alles, was ich mir aufgebaut habe in langer Arbeit, das ganze schöne Leben mit all seinen Fäden von Mensch zu Mensch, meine Pläne und Sehnsüchte, all das wäre mit einemmal abgeschnitten, und dann bliebe nur das Nichts.

Für uns Christen gibt es aber noch eine ganz andere Angst, viel schwerer vielleicht zu ertragen als die Angst vor dem Tode. Und das ist die Angst um die Welt. Da ist durch Menschenhaß diese gefährlichste Maschine in Gang gesetzt. Und sie wird nicht zum Stillstand kommen, bis sie ihr vernichtendes Werk getan hat. Und wir stehen dabei und können nichts tun. Wir können nicht hindern, daß alle menschlichen Leidenschaften wie in einem Treibhaus hochsprießen werden und sich unverhüllt zur Schau stellen. Und das in derselben Welt, in der es einmal geheißen hat: ,Friede auf Erden', auf die einer hinabsieht, der uns geboten hat: ,Liebe deinen Nächsten wie dich selbst!' Wir sehen diese Welt dem Tag der großen Entscheidung entgegenrasen, an dem Gott uns nach unsern Taten richten wird. Und die Menschen kümmern sich nicht darum. Sollten wir da keine Angst haben müssen – Angst um die Seelen unserer Mitmenschen? Und der Herr hat uns doch für sie verantwortlich gemacht. Haben wir auch laut und unerschrocken genug gesagt, was wir um Gottes willen sagen müssen? Sollten wir nicht auch Angst haben um unsere eigene Seele?

Aber nun sagt uns Jesus hier ganz schlicht: ,Aber seid getrost!'"

Mein Nachbar Kindler war als Reserveoffizier sogleich eingezogen worden. So fielen mir seine Gemeinden Fahrenwalde und Grimme zur Vertretung zu. Nach Fahrenwalde führte ein etwa 7 km langer Weg, teils mit Kopfsteinpflaster, teils völlig unbefestigt. Ich erinnere mich an eine Fahrt im Spätherbst, es regnete und war kalt, der mit einem Pferd bespannte Wagen versank stellenweise bis an die Achse im Schlamm. Durchfroren kam ich in Fahrenwalde an und ging zu einem Kirchenältesten, um mich dort umzuziehen. Der saß am Ofen und rührte sich nicht: „Herr Paster, is so kalt hüt, ich bliww to Hus." So dachten offenbar auch viele Gemeindemitglieder.

Irgendwann würde auch ich einberufen werden. Wir haben darum die Zeit, die uns blieb, bewußt gestaltet. Mitten im Winter entschlossen wir uns, noch einmal viel Schönes in uns aufzunehmen. Die Burg Lauenstein in Thüringen, die man von der Bahn aus auf der Höhe liegen sieht, hatte uns schon immer zu einem Besuch gereizt. Nach einem Marsch von Lichtenfels in eisiger Kälte hielt Vierzehnheiligen für uns eine Überraschung bereit: Virtuose Orgelmusik erfüllte den fröhlich-festlichen Raum. Bambergs Dom setzte den würdigen Schlußpunkt unserer Reise. Solche Stätten sprechen auf besondere Weise zu uns, wenn wir sie mit dem Gedanken besuchen: Vielleicht ist es das letzte Mal.

Zum 15. Januar 1940 kam der Gestellungsbefehl: zur Infanterie, nach Stralsund. Was Kommiß heißt, bekamen wir gleich auf dem ersten Sammelpunkt, dem Bahnhof Pasewalk, zu spüren. Der Feldwebel, der uns nun führen sollte, erklärte uns: „Sie stehen jetzt unter Militärgesetz. Wer jetzt noch abhaut, dem wird die Rübe abgehackt." In Stralsund bezog ich die Prinz-Moritz-Kaserne, einen Neubau der letzten Jahre.

Meine Truppe bestand aus meist älteren Kameraden. Wir wurden darum wohl nicht so gescheucht wie die Neunzehnjährigen. Es war bald bekannt, daß ein Pastor in der Kompanie war. Als Soldat legt man wohl den Bäcker oder den Bauern ab, nicht aber den Pastor. Ich erinnere mich nicht daran, deswegen verspottet oder gehänselt worden zu sein. Die Pommern hatten noch Respekt vor unsereinem und kamen mit ihren Sorgen und Fragen zu mir. Immer wieder hieß es: „Wie kann Gott das alles zulassen?" Die Frage, die seit Hiob und den Psalmen nicht verstummt. Wenn ich mit der ganzen Stube im Gespräch war, konnte einer sagen: „Pastor, lies uns was Tröstliches aus der Bibel!"

Das Soldatsein fiel mir nicht schwer. Ein bißchen stolz war ich sogar, als mir der Ausbilder sagte: „Drei Tage sind Sie erst hier, und Sie stehen schon wie eine Eins." Die Finkenwalder Gespräche über Kriegsdienstverweigerung lagen weit zurück. Mit einer Frau und zwei Kindern verbot sich mir eine Entscheidung, die den sicheren Tod bedeutet hätte. Als ich später von den Verweigerern und ihrem Tod hörte, auch vom Sterben vieler Zeugen Jehovas, schämte ich mich. Aber die Kraft, ein klares Nein zum Waffendienst zu sagen, habe ich nicht gehabt. Auch von Bonhoeffer bekamen wir kein derartiges Signal. Ich deute das so, daß er sich nicht einem pazifistischen Ideal, sondern dem Friedensgebot Jesu verpflichtet wußte. Und das sagte ihm konkret, den zu beseitigen, der diesen Krieg angezettelt hatte und Millionen von Menschen hineinzog.

Über Rostock wurden wir Mitte April als Ersatzbataillon ins Rheinland verlegt. In Langenberg genoß ich den Frühling, der nun mit Macht die Schneeglöckchen aus dem Winterschlaf trieb. Einen Ausflug nach Köln konnte ich noch einlegen, um dort die Eltern meiner Schwiegermutter zu besuchen und einen Blick auf den Dom und Groß St. Martin zu werfen.

Am 10. Mai begann die Offensive gegen Frankreich. Wir Ersatzleute marschierten hinter der Front her – das war unser Los bis zum Ende des Feldzuges. Unmittelbar vor dem Rheinübergang erreichte mich ein Telegramm, das mir die Geburt unseres dritten Kindes, der Tochter Ursula-Brigitte, anzeigte. Und ich mußte immer weiter nach Westen ziehen. Am Ersten Pfingsttag erlebte ich das erstemal die Grausamkeit des Krieges: Dicht über uns wurde ein französisches Flugzeug abgeschossen. Auf dem Marsch durch das südliche Belgien und Nordfrankreich hörten wir das Donnern der Kanonen nur von fern. Ganz nahe aber waren uns die endlosen Züge der aus der Kampfzone geflüchteten Zivilisten, die alte Frau auf einer Schubkarre, die Säuglinge auf den Armen der Mütter. Das Vieh lag aufgedunsen, die Beine nach oben, auf den Feldern und verbreitete einen unerträglichen Gestank. Hier und da stand ein Panzer am Wege, die Reste der Besatzung klebten drinnen an den Wänden. Der Krieg hatte keine heroische Seite. Ich dachte an die Bilder von George Grosz, an Erich Maria Remarques und Ludwig Renns harte Beschreibungen des Krieges.

Für uns hieß es marschieren, marschieren, marschieren. Das normale Tagespensum war vierzig Kilometer. Einmal ging es ohne Schlaf über einhundertachtzig Kilometer. Wir waren in Richtung Calais-Dünkirchen aufgebrochen; plötzlich kam der Befehl zu einer Wendung um fast einhundertachtzig Grad: Der Plan zur Englandinvasion war aufgegeben worden. Wir marschierten an dem brennenden Amiens vorbei, bis wir nach eintausendeinhundert Kilometern Marsch unweit von Poitiers endlich auf offene Güterwagen verladen wurden. Inzwischen hatte Frankreich kapituliert. Ich hatte keinen kämpfenden Franzosen gesehen. Nur einmal mußten wir den Stahlhelm aufsetzen, weil irgendwo Panzer durchgebrochen sein sollten. Wir atmeten auf, meinten wir doch, der Krieg sei nun bald zu Ende, England werde zum Frieden bereit sein.

Die Bahn brachte uns bis dicht vor die spanische Grenze, in die Gegend von St. Palais, fünfzig Kilometer östlich von Biarritz. Dort hatten wir die Grenze zum unbesetzten Frankreich zu bewachen. Das war nicht sehr aufregend. Wir konnten uns an der ungewohnten südlichen Landschaft mit Palmen und Zypressen erfreuen. Die Schneegipfel der Pyrenäen leuchteten herüber. Wir bewunderten die Basken bei ihrem Nationalspiel Pelota, bei uns unter dem Namen Squash bekannt. Einmal durften wir auch das berühmte Biarritz besuchen, allerdings wegen der Sogwirkung der atlantischen Dünung nur bis zu den Knien ins Wasser gehen.

Nach dem Frankreichfeldzug wurden viele Soldaten in die Heimat beurlaubt. Ich kam zur Entlassung nach Ostpreußen. In Heilsberg, Mehlsack und zuletzt in Königsberg habe ich ein wenig Bekanntschaft mit dem alten Ordensland gemacht. Die Ordensburger waren imposant und ungeheuer abweisend.

Zu Hause bin ich, untreu meinem Versprechen, mich erst einmal ganz der Familie zu widmen, sofort voll in die Arbeit eingestiegen. Die Konfirmanden waren inzwischen von meiner Frau versorgt worden. Ich fand aber, sie müßten viel mehr lernen, und habe darum kräftig mit ihnen gepaukt.

Eberhard Bethge traf ich im Deutschen Theater in Berlin bei einer „Antigone"-Aufführung. Ich schrieb an meine Mutter, diese Tragödie enthalte Sätze, „die heute wie Keulenschläge wirken müßten". Der Anspruch und das Recht der „unteren Götter" setzten der Macht des Staates Grenzen. Die Unerbittlichkeit der Schuld am Schluß „schreit nach Christus".

Die Bekennende Kirche war nach Kriegsbeginn nicht mehr sehr aktiv, zu viele Leute waren eingezogen. Man ließ sie in Ruhe. Selbst die Breslauer Synode von 1943 blieb unbehelligt, obwohl sie anhand der Zehn Gebote die Sünden des Dritten Reiches, einschließlich des Mordes an Juden

und am „lebensunwerten Leben", in aller Deutlichkeit an-
prangerte. Ich habe noch im Febuar eine Bekenntnisver-
sammlung in Brüssow durchgeführt. Eberhard Bethge habe
„sehr schön und nüchtern" gesprochen, befand ich. Einige
haben die Rote Karte unterschrieben und sind Mitglieder
der Bekennenden Kirche geworden. Meine Frau lebte auf,
als sie mit Eberhard, der sehr schön Flöte spielte, Musik
machen konnte. Ich habe mit der Blockflöte nur einen kleinen Beitrag geleistet. Es war eine bewegte und ausgefüllte
Zeit: allabendlich Gemeindeveranstaltungen oder Gäste.
Auch Konvente der Bekennenden Kirche gab es immer noch
regelmäßig unter Kreispfarrer Haenelts Vorsitz in Strasburg,
in Boitzenburg oder Prenzlau. In diesem Kriegsjahr war der
Erntedankgottesdienst besser besucht als je zuvor. Alle
zweihundertfünfzig Plätze unserer Kirche waren besetzt.
Das Missionsfest wurde, wie es Tradition war, in der Case-
lower Heide gefeiert, unser Kirchenpatron von Mackensen
hatte die Einladung selber unterschrieben.

Nun aber kamen die ersten Todesnachrichten. Sie bewegten uns sehr. Mir schien es keine ausreichende „Trauer-
arbeit" zu sein, wenn die Todesfälle im Gottesdienst nur ab-
gekündigt wurden. Die Angehörigen hatten ja kein Grab, an
dem sie ihre Trauer „niederlegen" konnten. Daher ließ ich
für jeden Gefallenen bei unserem Tischler eine einfache,
kreuzförmige Tafel machen, auf der Name und Daten einge-
kerbt wurden. Eine kleine, halbrunde Konsole vor dem Namen bot Platz für eine Kerze. Wir gedachten des Gefallenen
zuerst im Gottesdienst; dann begab sich die Gemeinde in
den Vorraum, wo die Kerze brannte. Dies kleine Zeichen
wurde gern angenommen. Noch lange nach dem Krieg hingen Kränze an den Tafeln.

Ende Januar 1942 wurde ich wieder eingezogen. Diesmal
erwartete mich das Lager Stablack, in der Nähe von Deutsch
Eylau (Ostpreußen). Offenbar sollten die Verluste, die in
den Kämpfen gegen die Sowjetunion entstanden waren, wett-
gemacht werden. Wir erreichten Stablack nach dreißig
Stunden Bahnfahrt und vier Stunden Marsch mitten im
strengen Winter. Die Unterkunft war denkbar primitiv, acht-

zehn Mann in einer Stube mit einer Karbidlampe als Beleuchtung, ein Wasserhahn für eine ganze Kompanie. Es lag viel Schnee.

Hier in Stablack wurde mir Ende Februar eine Entscheidung abgefordert. Eine neue Verordnung besagte, daß die einzigen Söhne von Vätern, die im Ersten Weltkrieg gefallen waren, als „Namensträger" nicht an die Front brauchten – es sei denn, sie gäben eine schriftliche Erklärung ab, daß sie von dieser Möglichkeit keinen Gebrauch machen wollten. Die meisten der in Frage Kommenden ließen sich sofort vom Frontdienst befreien. Ich erklärte, ich würde gern in der Kompanie bleiben, mich aber dem Votum meiner Angehörigen fügen. Antwort: Sie müssen sich gleich entscheiden, entweder – oder. Ich war in schwere Zweifel gestürzt: Ich wollte gerade als Christ und Pfarrer nicht feige sein. Einerseits wollte ich bezeugen, daß mein Leben in Gottes Hand liegt und ich an die Auferstehung der Toten glaube. Andrerseits konnte diese ganze Tapferkeit nichts als selbstgewähltes Leiden, romantische Demonstration, also Hochmut und Leichtsinn sein. Ein Seelsorger war nicht in der Nähe. Die Entscheidung wurde mir abgenommen, da die Schreibstube mich, als ich mich dort noch einmal meldete, bereits als „Namensträger" gemeldet hatte. Von mir werde keine Verzichtserklärung mehr erwartet.

Ich stand noch vor einer weiteren Entscheidung: Sollte ich mich zum Dienst eines Kriegspfarrers melden? Der Schreibstubendienst, zu dem ich nun bestimmt worden war, schien mir zu unwichtig zu sein. Aber auch die Tätigkeit eines Kriegspfarrers war mir problematisch. Ich meinte, man könne, weil man immer wieder neue, unbekannte und sich verändernde Soldatengesichter vor sich hätte, nicht konkret genug reden. Wie sieht das Evangelium für den Frontsoldaten denn nun wirklich aus? Die Kriegspfarrerpläne zerschlugen sich aber bald. Mir wurde gesagt, man nehme nur Jahrgang 08 und älter. Meine Bedenken bestätigten sich, als ich kurz danach die Predigt eines Kriegspfarrers über Jesu Gleichnis von der selbstwachsenden Saat (Markus 4,26-29) hörte. Seine Botschaft war: Der Glaube muß wachsen und einwurzeln und sich in Tapferkeit bewähren. Meine Frau hatte übrigens von dem Plan, Kriegspfarrer zu werden, energisch abgeraten.

Ich wurde nach Hasselt in Belgien kommandiert. Die Feldkommandantur dort war für die Provinz Limburg zuständig. Da man das weithin wallonische Belgien offenbar nicht wie die „germanischen" Niederlande in das künftige große Reich der Deutschen einzubeziehen dachte, herrschte dort das relativ milde Besatzungsrecht. Der oberste Befehlshaber, General von Falkenhausen, stand in dem Ruf, sich an die Regeln des Kriegsrechts zu halten. Sabotageakte, beispielsweise die Unterbrechung von Kabeln, die fast täglich gemeldet wurden, ließ er dadurch ahnden, daß die Bevölkerung Kabelwachen stellen und Fahrräder abgeben mußte.

Ich wurde also Schreiber, hatte Meldungen zu tippen, Urlaubsscheine auszustellen, kurz, alle anfallenden Schreibarbeiten zu erledigen. Mein spezieller Vorgesetzter war ein Hauptfeldwebel aus München mit Namen Euba. Er war Anhänger Otto Strassers gewesen, der eine Zeitlang in der NSDAP eine stark sozialistische Linie mit einer Neigung für die Sowjetunion vertrat. Strasser hatte sich 1930 aus der Partei zurückgezogen und die „Schwarze Front" gebildet, durch die er die NS-Partei zu spalten versuchte. Als das scheiterte, mußte er ins Exil gehen. Hitler, der sich der Großindustrie anzunähern bestrebt war, verfolgte die Anhänger der „Schwarzen Front" mit aller Härte. So mußte Euba ins Zuchthaus und galt damit als wehrunwürdig. Er hätte das Zeug zum General gehabt. Nun, trotzdem eingezogen, rächte er sich auf seine Weise. Er verstand es, jeden neuen Kommandanten der Feldkommandantur in kurzer Zeit durch allerlei zweifelhafte Dienste zu korrumpieren und ihn sich so, bei Wahrung der äußeren Form, zu unterwerfen. Er brannte vor Haß. Das bekam auch ich zu spüren: Wenn ich in meinen Schreibarbeiten einen Tippfehler machte, mußte ich hören: „Sie als Christ und sogar noch als Pfarrer lassen sich so gehen?" Als Stalingrad verloren war, jubelte er. Er merkte mit der Zeit, daß ich kein Freund des Dritten Reiches war; daraufhin wandelte sich sein Verhalten grundlegend: Ich wurde Persona grata. Nun machte er aus seinem Herzen keine Mördergrube mehr und vermittelte mir laufend seine Beurteilung der Kriegslage. Und die hieß: Die Niederlage ist uns sicher, sie kommt mit Riesenschritten.

In einem Rechtsanwalt aus Preetz, Gustav Koertz, traf ich einen Gleichgesinnten. Wir fanden uns in der Freude an der Natur. Die Heidelandschaft der belgischen Provinz Limburg war voll kleiner Seen und Teiche, ein Entendorado. Hier erlegte ich die einzige Jagdbeute meines Lebens, einen Erpel und ein Kaninchen. Wir konnten uns über Hölderlin, Goethe und Rilke unterhalten. Bald fand sich auch ein kleiner Bibelkreis aus weiblichen und männlichen Mitgliedern des Stabes zusammen. Meine nicht gerade herausragenden Eigenschaften als Chorleiter konnte ich mit einem Singkreis ausprobieren, der sich um leichte alte Sätze bemühte. Zu Weihnachten trugen wir natürlich den Standardsatz „Es ist ein Ros' entsprungen" des Michael Praetorius vor – das einzig Geistliche, das bei der „Weihnachtsfeier" der Feldkommandantur erklang.

Das Schönste an der Hasselt-Zeit war die Möglichkeit, an jedem zweiten Wochenende ins Land fahren zu können. Das habe ich kräftig wahrgenommen: Brüssel, Antwerpen, Mecheln, Gent, Brügge, Ypern, Dinant – alle diese Stätten flandrischer Kultur habe ich mehrfach besuchen können. Des Krieges wegen waren die kostbaren van Eycks nicht zugänglich, aber die Bauwerke waren offen. Vor der „Maria mit dem Kinde" des jugendlichen Michelangelo in Brügge empfing ich einen ersten Gruß aus Italien.

Und dann die Konzerte in Brüssel! Die Wehrmacht sorgte dafür, daß den Soldaten auf dieser ruhigen Insel im Tumult der Zeit vielfältige Anregungen geboten wurden. Bei einer Aufführung der Johannespassion traf ich eine Neuruppiner Freundin, Eva-Maria, die jüngste Tochter meines Konfirmators Bittkau, damals Nachrichtenhelferin in Brüssel. Ich konnte mich ihrem kleinen Freundeskreis anschließen, zu dem ihre Freundin Ilse Lenger, später Pfarrfrau in Hildesheim, und ein Pastor der Altlutheraner gehörte. Sie frönten derselben Leidenschaft wie ich, in dieser schrecklichen und stupiden Kriegszeit soviel wie möglich von dem Schönen in sich aufzunehmen, was es noch immer gab. So haben wir zu viert viele Ausflüge ins Land gemacht.

Ich habe die Hasselter Zeit so gut wie möglich genutzt. Eine ganze Menge theologischer Bücher, aber auch schöner Literatur habe ich lesen können. Die Briefe von zu Hause zeigten, daß es dort schwieriger geworden war. Meine Frau hatte meine Schwägerin Marianne und eine Freundin meiner Frau, Hilde Koenig, in unserem Haus aufgenommen, beide mit Kind, beide in Erwartung eines weiteren. Meine Mutter war häufig in Brüssow, um meine Frau zu unterstützen. Das war auch nötig. Der größte Teil der pfarramtlichen Arbeit blieb an der Pfarrfrau hängen. Besonders lästig waren die Ariernachweise, die in großer Zahl angefordert wurden. Von jedem Anwärter eines öffentlichen Amtes verlangte der NS-Staat, daß er mindestens bis zu den Großeltern „reinarischen Blutes" sei. Vor Errichtung der Standesämter 1875 konnten nur die Kirchenbücher über den Personenstand Auskunft geben.

Allmählich konnte meine Frau die Kirchenbücher fast auswendig. Es machte ihr Spaß, wenn sie einem SS-Anwärter mitteilen konnte, daß sich unter seinen Ahnen ein „Röschen Cohn" fand. Der Betroffene wird das nach dem Kriege als ein Geschenk des Himmels gepriesen haben. Hilde sorgte dafür, daß das Musikleben nicht dem Krieg zum Opfer fiel. Mit ihrer besonderen Gabe, sich in andere Menschen einzufühlen, war sie für manches belastete Gemüt – und deren gab es damals viele – die willkommene Anlaufstelle. Ich erlebte es später selbst, wenn wir zusammen in einem kirchlichen Heim Urlaub machten: Sofort hängten sich die Mühseligen und Beladenen an sie und raubten ihr die nötige Entspannung. Und es kamen in dieser Zeit, in der man jede noch aufrechterhaltene, menschliche Bindung als eine Kostbarkeit empfand, viele, viele Menschen zu Besuch. Die Hausmädchen wechselten häufig. So war es kein Wunder, daß ich Signale von zu Hause erhielt, die mich besorgt machten: Meine Frau sei nervös, am Rande ihrer

Möglichkeiten, es komme manchmal zu Streitigkeiten in dem großen, nun aber überbelegten Pfarrhaus. Was ich als Soldat auszustehen hatte, war dagegen ein Geringes.

Ein Unterführerkurs bereitete meine Beförderung zum Unteroffizier vor. Das geschah am 1. Juni 1943. Damit war ich wieder vor eine einschneidende Entscheidung gestellt. Mein Adjutant fragte mich, ob ich Offizier werden wollte. Das war vom rein Dienstlichen her durchaus erwägenswert: Als Schreiber mußte ich einen untergeordneten, ziemlich stupiden Dienst verrichten, hatte allerdings in der reichlichen Freizeit Gelegenheit zu eigner Arbeit und zu allerlei schönen Dingen. Bei einem Offiziersdasein würde ich die Gelegenheit zur Menschenführung, aber wenig Freizeit haben. Maßgeblich war mir aber der innere Grund: Ich wollte über mein einfaches Soldatsein hinaus keine weitere Bindung an Hitler eingehen. Das deutete ich meinem Adjutanten an, und damit gab er sich zufrieden. Daß ich 1946 als Feldwebel entlassen wurde und nicht als Offizier, hat mir wahrscheinlich einige Monate oder Jahre zusätzlicher Gefangenschaft in der Sowjetunion erspart.

Ein andres Gespräch mit meinem Adjutanten war weniger angenehm. Nach dem Absturz des hochdotierten Jagdfliegers Mölders machte ein in seiner Echtheit umstrittener Brief von ihm die Runde, in dem er sich als treuer Katholik bekannte und der Naziideologie eine eindeutige Absage erteilte. Ich hatte diesen Brief auch in der Gemeinde verbreitet. Nun wollte mich die Gestapo dafür belangen. Ich hatte den Brief von der Ehefrau des Generalfeldmarschalls erhalten. Als ich dies zu Protokoll gab, war die Sache beendet. Ich bekam später die Nachricht, daß beim Sondergericht Stettin ein Verfahren gegen mich eröffnet, dann aber eingestellt worden sei. Weder über die Eröffnung noch über den Gegenstand des Verfahrens hatte ich etwas erfahren.

Bei einem Urlaub traf ich mich mit Eberhard Bethge. Von ihm hörte ich, daß Dietrich Bonhoeffer am 5. April 1943 verhaftet worden sei; es gebe aber keinen Grund zu größerer Beunruhigung. Ich habe mich in jenen Tagen noch einmal geprüft: War mein Weg mit der Bekennenden Kirche geboten? War ich zu stur? Oder habe ich zu viele Kompromisse gemacht? Ich wollte wach für den Zeitpunkt sein, an dem Widerstand unbedingt geboten sei. Meine Mutter schrieb mir, daß Eltern ihre Tochter verstoßen hätten, weil sie sich mit einem Pfarrer der Bekennenden Kirche verlobt habe. Meinen Schwiegereltern konnte ich nur dankbar sein. Sie haben uns nichts in den Weg gelegt, obwohl er für sie nicht immer verständlich war.

Im Sommer 1943 verdichteten sich die Gerüchte, daß sich meine Zeit in Hasselt dem Ende zuneigte. Der General Unruh mit dem Spitznamen „Heldenklau" ging um. Er soll gerade an meiner Person besonders Anstoß genommen haben: Ein so junger, gesunder Mann und nicht an der Front! Die Namensträgerverordnung wurde aufgehoben. Ich mußte also damit rechnen, mit dem schrecklichen Gesicht des Krieges Bekanntschaft zu machen. Aber noch vorher bekamen mein „Leidensgefährte" Koertz und ich die Möglichkeit, für drei Tage nach Paris zu fahren. Es war entsetzlich heiß, und wir hatten als „guten Anzug" nur unsere dicken Feldblusen. Doch trotz der Schwitzkur haben wir das, was uns von Paris zugänglich war, ausgiebig genossen. Mein Freund, ein Liebhaber guten Essens, sorgte dafür, daß wir in dem hochberühmten Tour d'argent mit Blick auf Notre-Dame kultiviert französisch aßen.

Abschied von Brüssel nahm ich mit einer Aufführung des „Messias" von Händel. Sie fand in einem vorwiegend von Belgiern besuchten Konzertsaal statt. Mit meiner deutschen Uniform war ich kein gern gesehener Gast in diesem Haus.

Endlich kam auch ein Gespräch zustande, das mir Frau von Kleist-Retzow nahegelegt hatte. Ihr Schwiegersohn, Major von Bismarck, arbeitete auf der Oberfeldkommandantur in Brüssel. Der Austausch mit ihm hat mich sehr beeindruckt. Auf die Frage, wie wir uns verhalten sollten, wenn das „Dritte Reich" endgültig zusammenbrechen würde, sagte er mir: „Wir können keine Pläne machen. Aber wir müssen uns so verhalten, daß andre Menschen, die keine eigenen Wege wissen oder wagen, sich an uns orientieren können." Ich fand hier etwas wieder von dem „neuen Adel",

über den Bonhoeffer in seinem Essay „Nach zehn Jahren"
zur Jahreswende 1942/43 geschrieben hatte:

„In anderen Zeiten mag es Sache des Christentums gewesen sein, von der Gleichheit der Menschen Zeugnis zu geben; heute wird gerade das Christentum für die Achtung
menschlicher Distanzen und menschlicher Qualität leidenschaftlich einzutreten haben. Die Mißdeutung, als handele
man in eigener Sache, die billige Verdächtigung unsozialer
Gesinnung, muß entschlossen in Kauf genommen werden ...
Wir stehen mitten in dem Prozeß der Verpöbelung in allen
Gesellschaftsschichten und zugleich in der Geburtsstunde
einer neuen, adligen Haltung, die einen Kreis von Menschen aus allen bisherigen Gesellschaftsschichten verbindet.
Adel entsteht und besteht durch Opfer, durch Mut und durch
ein klares Wissen um das, was man sich selbst und was man
anderen schuldig ist."

Im Dezember meldete ich mich beim Marschbataillon in
Rostock. Dort erlebte ich kurz hintereinander einen Lieder-
abend mit Walter Ludwig, dem Tenor der Städtischen Oper
Charlottenburg – „O wie schön ist deine Welt ..."–, und einen furchtbaren Luftangriff, der das Zentrum Rostocks
grausam verwüstete.

Es folgte eine Zeit in Stettin, Urlaub in dem nahen Brüssow, Aufenthalt im Lazarett – eine Zeit, die ich auch theologisch nutzen konnte. Im Frühling wurde ich zu einem
Singleiterlehrgang auf dem Gelände des Truppenübungs-
platzes Hammerstein befohlen. Das war eine erfreuliche
Abwechslung, zumal wir dort gute Lehrer hatten. Den
Abschluß bildete ein Konzert auf der Ordensburg Krössinsee vor dem pommerschen Gauleiter Schwede-Coburg. Ich
schämte mich für uns und auch für Rudolf Alexander
Schröder, daß wir dort dessen Pseudochoral „Deutschland,
heiliges Wort, du voll Unendlichkeit, über die Zeiten fort
seist du gebenedeit ..." singen mußten. Am 25. Mai 1944
landete ich endlich an der Stelle, für die ich eigentlich von
Hasselt aus bestimmt war: Auf dem Truppenübungsplatz
Mlawa in Polen, damals Südostpreußen. Damit beginnt der
zweite Abschnitt meiner Kriegserlebnisse.

12. Frontsoldat und Kriegsgefangenschaft in Italien

Qualifiziert durch meine Tätigkeit in einer Kommandantur wurde ich in Mlawa sogleich Schreiber in einem neu aufgestellten Bataillon. Glücklicherweise dauerte der Aufenthalt an dem öden Ort nicht lange. Ich bekam sogar Heimaturlaub für ein verlängertes Wochenende. Meine Frau begleitete mich ein Stück Wegs; wir konnten getröstet voneinander Abschied nehmen. Als ich an meinen Standort zurückgekehrt war, mußte ich feststellen, daß meine Truppe bereits abtransportiert war. So schloß ich mich einer nachfolgenden an, die den zusätzlichen Esser wohl oder übel aufnehmen mußte.

Die Bahnfahrt verlief für mich dramatisch. Nach den Verlusten an der Ostfront mußten wir damit rechnen, dort eingesetzt zu werden. Da ich in Geographie ein wenig bewandert bin, paßte ich bei den Eisenbahnknotenpunkten auf, ob die Weichen nach links oder rechts gestellt waren. Es ging – gottlob! – nach rechts. Als wir unter der Feste von Kufstein hielten, war klar, wohin der Weg führte. In Verona wurde ich ausgeladen und zur Sammelstelle geschickt. Bis man herausgefunden hätte, wo meine Gruppe gelandet war, würden noch einige Tage vergehen. Ich nutzte sie, um mich in der ersten italienischen Stadt, die ich betrat, ein wenig umzusehen: die schattigen Plätze mit den Wasserspielen, die römische Arena. Aber dann ging es auf offenem LKW, der Flieger wegen bei Nacht, in Richtung Pisa – Livorno. Der Wagen fuhr abgeblendet, der rote Mond über uns und die Tausende von Glühwürmchen ringsum sorgten für eine märchenhafte Stimmung. Am nächsten Morgen stand ich vor dem Schiefen Turm und bewunderte seine feingliedrige Architektur. Da ranzte mich ein Oberst der Division „Handgranate" – meiner Division – an: Ich habe mich zu meiner Truppe zu begeben, für Tourismus sei jetzt keine Zeit. Ich beeilte mich also und fand meine Truppe wieder, unter ihnen den Kommandeur, Major Noll, mit dem mich dieselbe christliche Gesinnung verband. Wir waren als Ersatz in eine Division gekommen, die bei Nettuno, südlich Roms, unter dem Feuer der Invasionstruppen und der Kriegsschiffe schwere Verluste erlitten hatte. Mit dem Frontdasein versöhnte mich die weingartenreiche Toscana und nicht zuletzt die von einem Profikoch gezauberte Verpflegung. Ich war froh, daß ich die schöne, alte Kultur Italiens um mich hatte. Die Dörfer auf den Hügeln, die in die Landschaft gestreuten Schirme der Pinien und die schlanken Zypressen ließen mich manchmal vergessen, daß wir uns im Krieg befanden.

Und zwar mitten darin! Am 24. Juli 1944 empfing ich meine Feuertaufe, eine Granate mittleren Kalibers detonierte keine zehn Meter von meinem Graben und bewarf mich mit Dreck. Das war nunmehr unsere tägliche Ration: Die Amerikaner verpulverten ungeheure Mengen Material. Von der Infanterie hörten und sahen wir nichts. Die Kräfte der Alliierten waren, so sagte man uns, in der Gegend Rimini konzentriert, um von dort in die Poebene vorzustoßen. Ich schrieb damals an meine Mutter: „Ich hatte ein starkes Gefühl des Bewahrtseins, ich konnte heiter und gelassen sein." Es war wirklich erstaunlich: Als Gefechtsschreiber im Bataillonsgefechtsstand mußte ich den Kommandeur auf seinen Inspektionsgängen begleiten; einen Feuerüberfall habe ich dabei nie erlebt.

Wir zogen uns langsam über den Appenin nach Norden zurück. Oben auf der Höhe fand ich ein ganzes Feld mit Alpenveilchen. Der Krieg konnte nicht alles Schöne auslöschen. Für den Rest des Krieges blieben wir im Raum südlich von Bologna, an der Futapaßstraße. Von unserer Stellung aus sahen wir hinunter auf das Dorf Pianoro, etwa fünfzehn Kilometer südlich von Bologna gelegen. Es war sehr zerschossen. Unsere Leute vom Troß, die uns bei einfallender Dunkelheit das Essen und die Post bringen mußten, sputeten sich, über die Brücke in Pianoro zu kommen. Es geschah nicht nur einmal, daß sie durch Feuerüberfall Verluste erlitten. Die Pferde, die dabei umkamen, verbesserten unsere Fleischrationen.

Merkwürdigerweise hielt der Kirchturm von Pianoro stand. Ich werde es nicht vergessen: Am Ostertag 1945 erfüllte sein Geläut das ganze Tal. Mir erschien das wie eine Botschaft vom Himmel: Das Leben ist immer noch stärker als der Tod, die Auferstehung ist Gottes letztes Wort und nicht das Grauen, das wir Menschen auf dieser Erde anrichten.

Mein erster Kommandeur Noll war abgelöst worden. Zu meiner Überraschung traf ich ihn später in Brandenburg als Küster der St. Katharinenkirche wieder. Nach einem wenig erfreulichen Zwischenspiel wurde Hauptmann Schildheuer mein neuer Chef. Er war Staatsanwalt in Hildesheim und bekannte sich dazu, kein Christ zu sein. Das hinderte uns aber nicht, uns auf literarischem Gebiet und auch sonst gut zu verstehen. Um fünf Uhr nachmittags erklärte er: Für heute ist der Krieg zu Ende. Dann mußte ich ihm Gedichte vorlesen. Manches tiefergehende Gespräch schloß sich an. Es war ein wahres Geschenk, mit diesem großzügigen Menschen zusammenzuleben. Wir hausten in einer gemeinsamen Höhle, die die Pioniere für den Bataillonsgefechtsstand, etwa zweihundert Meter hinter der Hauptkampflinie, in den Hang getrieben hatten.

Der Kommandeur ließ es zu, daß ich zu Weihnachten Gottesdienst halten konnte. Eine kleine Gemeinde fand sich beim Schein einiger „Hindenburglichter" in einer Höhle ein, deren Ausgang in Richtung „Feind" zeigte. Es hätte durchaus geschehen können, daß eine gezielte Granate mitten unter uns krepierte – eine symbolische Situation.

Zu Beginn des Jahres 1945 traf die Nachricht bei mir ein: Meine Frau hätte ein Kind geboren, es sei sogleich gestorben. Sie selbst habe eine Sepsis erlitten. Das führte in der Folge zu Herzschwäche. Die so gesunde und leistungsfähige Frau mußte sich in Zukunft körperlich abringen, was ihr vorher spielend gelang. Ich konnte sie und mich nur damit trösten, daß dem Kind die zu erwartenden Leiden des Kriegsendes erspart würden. Mein Kommandeur riet mir, auf einen Urlaub zu verzichten. Bei der Kriegslage sei es sicher, daß ein Feldwebel – dazu war ich inzwischen befördert worden – an der Grenze sofort aufgegriffen und an die Ostfront geschickt würde. Ich mußte das einsehen.

Nun erreichten uns Nachrichten, die unübersehbar machten, was auf uns zukam. Die Sowjets hatten deutschen Boden betreten. Ich schrieb damals nach Hause: „Es ist nur gerechter Ausgleich, daß wir den Krieg unmittelbar bei uns erleben: Jetzt kommt es darauf an, ob wir bereit sind, wie Hiob, Gott ‚umsonst zu lieben' (Hiob 1,9), auch wenn er uns nicht mehr die behagliche bürgerliche Existenz erhält."

Am 20. April („Führers Geburtstag!") kam die große Offensive. Nach einem Trommelfeuer von vierundzwanzig Stunden griffen die Amerikaner an. Sie stießen auf keinen großen Widerstand. Mich trafen Splitter einer Wurfgranate an Arm und Oberschenkel. Die Wunden, die sie verursachten, waren winzig. Dennoch befahl mir der Kommandeur, sofort den Hauptverbandsplatz aufzusuchen. Damit rettete er mir das Leben. Er selbst ist am nächsten Tage vor der Überquerung des Po gefallen. Das ganze Bataillon wurde von der übermächtigen amerikanischen Luftwaffe zerschlagen.

Es war gar nicht so einfach, noch an ärztliche Versorgung heranzukommen. Ich mußte mit ein paar Kameraden, denen es ähnlich wie mir ging, durch ein Gebiet hindurch, das von schwerer Artillerie eingedeckt wurde. Ich habe meine Nase recht dicht an den Boden drücken müssen. Als ich abends in Bologna ankam, war der Troß schon abgerückt. Es gelang mir, einen Platz auf einem (gefüllten!) Munitionswagen zu ergattern, der mich bei Dunkelheit über den Po nach Mantua brachte. Ich konnte das überfüllte Lazarett bereits am nächsten Tag wieder verlassen. Ein Lazarettzug sollte uns nach Norden bringen. Plötzlich attackierten uns Jagdbomber, die gefürchteten „Jabos". Die Wagen waren durch das Rote-Kreuz-Zeichen geschützt. Aber die Lokomotive wurde geradezu durchsiebt. So blieben wir auf der Strecke stehen, bis uns nach Stunden Sanitätsfahrzeuge abholten. Sie brachten uns in Richtung Norden. Noch einmal wurden wir Zeugen eines entsetzlichen Schauspiels. Vor unsern Augen ging auf einen Ort am Südende des Gardasees – es muß Peschiera gewesen sein – ein Bombenteppich nieder. Der Anblick war für viele kampfgewohnte Soldaten nichts Besonderes; mir brannte sich diese letzte Kriegshandlung, die ich mit eignen Augen sehen mußte, tief in die Seele ein. Unser Omnibus brachte uns am Ostufer des Gardasees entlang nach Meran. Dort wurden wir in gepflegte Lazarette mit weißer Bettwäsche gelegt und kundigen Ärzten und Schwestern anvertraut. Am 1. Mai 1945 kapitulierte die deutsche Armee in Italien. Wir waren von da an „surrendered people".

Ich war dankbar, daß ich während des Krieges nie auf einen Menschen zu schießen brauchte. Das war nicht mein Verdienst. Wahrscheinlich hätte ich es getan, wenn ich einen Angriff hätte abwehren müssen. Ich hatte auch keinen Haß auf den „Feind" empfunden, wußte ich doch, wie es zu diesem Kriege gekommen war. Als allerdings unmittelbar neben mir ein Kamerad durch einen Granatsplitter tödlich verwundet wurde, stieg eine unbändige Wut in mir hoch; ich hatte alle friedlichen Gedanken vergessen. Was unsere Vernunft im Kriege vermag, ist sehr begrenzt. Krieg und Soldatentum sind eine Welt für sich, die einen fast völlig in ihren Bann schlagen kann. Um die notwendige Distanz zu halten, habe ich mich immer wieder einmal erinnert, was mir der Finkenwalder Freund Werner Koch einen Tag nach seiner Entlassung aus dem Konzentrationslager berichtet hatte. Das hat mich auf den Boden der Wirklichkeit zurückgeholt.

Die Ärzte des Lazaretts in Meran hielten sich an uns Verwundeten fest, solange es ging. Als auch kein Schörfchen mehr an mir zu bemerken war, mußte ich entlassen werden. Nun brachte man uns auf riesigen Lastwagen, wo wir zu Hundert auf einem Anhänger zusammengepfercht waren und mehrere Filzungen über uns ergehen lassen mußten, bei denen ich Uhr und Fotoapparat loswurde, in ein provisorisches Gefangenenlager. Über das, was folgte, berichtete ich meiner Frau in meinem ersten Brief nach Hause. Das war im Februar 1946, also ein dreiviertel Jahr später. Daß ich am Leben war, hatte sie inzwischen von einem Heimkehrer erfahren.

„Über die Zeit des Zusammenbruchs, vor allem das furchtbare Desaster am Po, hat mich Gott getragen, da ich rechtzeitig, am 20. April, eine kleine Verwundung erhielt, die mir einen Monat Lazarett in Meran einbrachte. Von dort aus ging's dann in ein Lager nördlich Rimini. Ich bin gerade für diese erste Gefangenenzeit (26. Mai – 19. August) sehr dankbar, ich habe viel Ruhe gehabt, mich zu besinnen und viel im Kontakt mit Kameraden zu lernen. In dem aus dem Baltischen stammenden Amtsbruder Seeberg-Elverfeldt gewann ich einen Freund.

Ende August kam ich dann in ein sehr enges Gefangenenlager in der Nähe von Tarent. Obwohl die äußeren Bedingungen dort nicht ganz leicht waren, hat mich diese Zeit besonders reich gemacht. Ich hatte als vorrangige Aufgabe die Seelsorge an Offizieren. Bei den jüngeren Fallschirmjägern, die der Kirche teilweise völlig entfremdet waren, war das schwierig. Es ist mir geschenkt worden, vielen von ihnen zum Glauben zu helfen, in einigen sogar den Entschluß zum geistlichen Amt zu wecken. Als sehr fruchtbar erwiesen sich volksmissionarische Vorträge zur Einführung in den christlichen Glauben oder zur Neuorientierung in unserm Zusammenleben überhaupt. Ich habe formal und inhaltlich viel gelernt, vor allem, daß man sehr behutsam vorgehen muß bei den innerlich so schwer Verwundeten. Im Grunde schreit ja alles nach einem wirklichen Halt. Der Gottesdienst war sehr gut besucht, von durchschnittlich zehn Prozent aller Lagerinsassen, oft auch von mehr. An den Vorträgen nahmen bis zu drei Vierteln teil.

Als besonders schöne Aufgabe wurde mir Ende September die Leitung eines theologischen Seminars anvertraut. Es sollte denen, die Theologie studieren wollten (und allen, die in einen kirchlichen Dienst eintreten wollten), die Möglichkeit geben, schon während ihrer Gefangenenzeit sich darauf vorzubereiten … Vor allem seelsorgerisch war für mich diese enge Gemeinschaft, die in manchem Finkenwalde ähnelte, ein Gewinn. Alle die Schwierigkeiten, aber auch das offenbare Wirken des Heiligen Geistes habe ich erlebt. Extreme politische Gegensätze machten uns Kummer. Aber Liebe und Buße waren doch immer stärker. Selbstverständlich habe ich auch wissenschaftlich viel aufgefrischt. Sehr froh bin ich über eine intensive Durcharbeitung des Römerbriefs, ganz ohne Hilfsmittel außer dem griechischen Neuen Testament.

Weihnachten in der Gefangenschaft! Kannst Du Dir vorstellen, wie das ist? So arme Verhältnisse und kein Gruß von zu Hause. Ich nahm die Briefe vom Vorjahr, die lieben. Ich muß gestehen, daß ich geheult habe über ihnen. Und doch war es so schön, so getröstet in meiner Seminargemeinschaft. Jeden Abend von Weihnachten bis Neujahr kamen wir zu Weihnachtsliedern in unserer Halle zusammen. Wir waren trotz allem voller Glück und Freude! Im Advent hatten wir ein selbstgemachtes Laienspiel über das Gleichnis von den anvertrauten Pfunden (Matthäus 25, 14-30) mit Erfolg aufgeführt.

Bald nach Neujahr, am 12. Januar, wurde das ganze Seminar, auch ich als der Leiter, aus Tarent versetzt: Repatriierung zwecks Studium. Ich würde also, wenn es bis zu Ende klappt, in absehbarer Zeit in Deutschland aufkreuzen … Ich sitze vorerst wieder in Rimini und spiele Lagerpfarrer in einem großen Lager. Ich habe einen ‚Paß‘ und kann auch außerhalb des Lagers frei umherlaufen, so daß ich von der Gefangenschaft kaum etwas spüre. Auch verpflegungsmäßig ist es gut, ich nehme langsam wieder zu … nachdem es in Tarent ziemlich knapp war. Jedenfalls ist der Hunger weg. Kürzlich bin ich mit dem Auto nach Ravenna gekutscht (das geht hier alles!) und habe mir die herrlichen uralten Basiliken mit den wunderbaren Mosaiken angesehen. Du siehst, ich bin noch der alte Kunstbold. Ich bin hier zusammen mit unserem Brandenburger Bruder Neumann, Sohn des Beeskower Superintendenten, der in Striche/Neumark Pfarrer war … Hier warten noch Tausende aus der Westzone mit uns auf die Heimkehr. Wenn die ‚Parolen‘ stimmen, soll es Mitte März wieder losgehen mit dem Heimkehren. Es ist vielleicht gut so, daß wir Euch in diesen schwersten Monaten nicht auch noch zur Last sind. Wie mögt Ihr bloß die Kälte und den Hunger überstehen! Und um die Kinder ist mir so besonders bange! Gott gebe, daß wir uns alle bald wiederhaben! …"

Und aus einem späteren Brief:

„Alles wird mir viel leichter dadurch, daß ich durch eine große Arbeit sehr eingespannt bin. Ich habe ein Gefangenenlager von ca. 4 000 Mann, ein besonders treues Sonderlager und das Generalslager zu betreuen ...“

Endlich, am 23. Februar 1946, kommt eine Nachricht aus der Heimat. Sie hatte, auf dem Wege über Genf, sieben Wochen gebraucht. Die Meinen waren alle am Leben! Das Pfarrhaus war einem fehlgeleiteten Brandgeschoß zum Opfer gefallen. Elektrischen Strom hatte es nicht mehr gegeben, also auch keine funktionierende Wasserpumpe. Die Möbel, der Flügel, die Bücher, die Papiere waren verbrannt, soweit sie meine Frau nicht in einer alten Gruft, die sich vollkommen tarnen ließ, versteckt hatte. Die Familie kam in der Apotheke unter. Meine Frau hatte den Dienst des Ortspfarrers zu versehen – auf Befehl des sowjetischen Ortskommandanten! Sie hat mir das später erzählt: Sie bekam eines Tages den Befehl, sich auf der Ortskommandantur zu melden. Sehr gern ging man, besonders als Frau, nicht diesen Gang. Sie wurde mit dem üblichen Wodka empfangen. Der Ortskommandant: „Warum hier kein Gottesdienst?“ – „Mein Mann, der Pfarrer, ist in Kriegsgefangenschaft.“ – „Dann du Gottesdienst!“ Ein erstaunlicher Befehl eines Russen, für den doch, wenn er überhaupt etwas von der Kirche wußte, ein weiblicher „Priester“ ein Greuel, mindestens ganz ungewohnt sein mußte. Meine Frau: „Aber die Kirche ist völlig verschmutzt. Die Fenster sind durch eine Mine zerstört.“ Daraufhin befahl der Kommandant dem Bürgermeister, die Kirche säubern zu lassen. Und zu Pfingsten, am 9. Juni 1945, fanden sich die Mutigsten der Gemeinde zum Gottesdienst in der Brüssower Kirche ein. Offenbar gehörte es – vielleicht im Rahmen alliierter Abmachungen – zur sowjetischen Strategie, mit den Kirchen in Deutschland tolerant umzugehen. So ist vielleicht die Tatsache zu verstehen, daß unter den Augen der sowjetischen Militäradministration die Kirchen von der Bodenreform ausgenommen wurden, daß Lizenzen für Gemeindeblätter, für die Evangelische Verlagsanstalt und die Hauptbibelgesellschaft er-

148

teilt wurden, daß das Evangelische Oberseminar in Potsdam-Hermannswerder eine vortheologische Ausbildung mit Abitur durchführen durfte. Die DDR-Regierung hat die Anerkennung des Abiturs später zurückgenommen.

Meine Frau hielt den Gottesdienst. Ihre Amtskleidung: weiße Wickelschürze und Holzpantinen. Sie hatte in dieser Tracht bereits in den vergangenen Monaten amtieren müssen – vor allem bei Beerdigungen. Die kleine Stadt war übervoll von Flüchtlingen, unter ihnen holte sich der Typhus täglich seine Opfer. Wie durch ein Wunder blieb meine Frau trotz täglicher Besuche in den Krankenbaracken unversehrt. Bis zu sieben Beerdigungen täglich wurden ihr abverlangt. Als erster kirchenamtlicher Besuch meldete sich übrigens der Superintendent des Kirchenkreises, Dr. Nagel. Er war zu Fuß von Prenzlau nach Brüssow gepilgert. Bald erschien auch der Präses der Bekenntnissynode Kurt Scharf, zusammen mit Pfarrer Harder (Fehrbellin), der mit dem Pfarrkonvent der Bekennenden Kirche oft Gast im Haus meiner Mutter in Neuruppin gewesen war.

Noch einige Ergänzungen zu den zitierten Briefen. Es erstaunte mich nicht so sehr, daß wir bei den Transporten auf den Lastkraftwagen von der italienischen Bevölkerung in der ersten Zeit nicht gerade freundlich empfangen, häufig sogar mit Steinen beworfen wurden. Es konnte dann geschehen, daß einer der Bewacher ausstieg und die „Verbündeten" vertrieb. Ich habe den Italienern ihr Verhalten nicht verübeln können, war ihnen doch von Hitler der Krieg aufgezwungen worden. Es dauerte kein Jahr, und wir verspürten von solcher Feindschaft kaum noch etwas. Es entwickelte sich sogar eine rege Geschäftstätigkeit zwischen Italienern und deutschen Kriegsgefangenen. Ein ganzer LKW mit Zucker, hieß es damals, sei von einem besonders geschäftstüchtigen Kriegsgefangenen an Italiener verkauft worden. Der Deutsche habe sich dafür ein Haus am Gardasee gesichert.

Bei meinem ersten Aufenthalt in der Nähe von Rimini verpflichtete ich mich für ein Jahr zum Dienst als Lagerpfarrer. Mir schien damals der seelsorgerische Dienst an den Kriegsgefangenen wichtiger zu sein als die Heimkehr zu

Frau und Kind. Ich habe diesen Entschluß nie bereut. Aus einer Fülle von Briefen, die ich nach der Heimkehr erhielt, konnte ich ersehen, wie wichtig die Zeit der Besinnung im Kriegsgefangenenlager war. Bei vielen wurde längst Verschüttetes wieder ans Licht gebracht, einige erlebten damals eine erste Begegnung mit Christus.

Im Gefangenenlager in Tarent waren die äußeren Bedingungen zwar nicht so provisorisch wie in Rimini. Angenehm war es in den Zelten gerade nicht, durch die der kalte Wind ungehindert hindurchblies. Das Essen war sehr knapp. Meist gab es „Zyklopensuppe“, das heißt eine Brühe, auf der nur ein einziges Fettauge schwamm. Das erste Mal im Leben lernte ich Hunger kennen. Seitdem weiß ich, daß auch der „zivilisierte“ Mensch durchaus soweit kommen kann, sich in der Mülltonne Nahrung zu suchen.

Ich arbeitete mit dem sächsischen Pfarrer Rein, dem eigentlichen Lagerpfarrer, zusammen. Er kam aus der Bekennenden Kirche. Die Anforderungen an unsere Seelsorge machten uns deutlich, wie tiefgehend nach dem militärischen der innere Zusammenbruch war, besonders bei den jungen Menschen. Das seelsorgerische Gespräch, das meist beim Spaziergang auf der Lagerstraße geführt wurde, verlangte eine Einteilung nach Minuten. Viele verbargen ihre innere Zerrissenheit hinter einem Vollbart. Wenn der Bart fiel, wußten wir: Er hat sich wieder gefunden. Ich bin Pfarrer Rein für seine Brüderlichkeit und auch für sein mutiges Eintreten für mich – mit seinem stark sächsisch gefärbten Schulenglisch – bei dem englischen Kommandanten dankbar.

Durch die Vermittlung des walisischen Militärpfarrers Williams konnte das kleine Seminar begonnen werden, von dem schon die Rede war. Wir nannten es „Martin-Niemöller-Seminar“. Sogar eine massive Baracke wurde speziell für uns gebaut. Mittels Petroleumlampen, die wir unter unsere Sitze plazierten, konnten wir uns gegen die winterliche Kälte – immerhin mit Temperaturen um den Gefrierpunkt – einigermaßen schützen. Leider war in unsere kleine Schar ein Spitzel eingeschleust worden. Er hat über die kontroversen politischen Diskussionen unter uns berichtet. Es gab ein oder zwei Seminaristen, die die „Wende" nicht ganz so schnell zu vollziehen in der Lage waren. Ich wurde also zum Kommandanten bestellt und erhielt eine deutliche Verwarnung. Der wöchentliche Spaziergang an den Golf von Tarent wurde gestrichen. Ich durfte im Hauptlager nicht mehr predigen. Pfarrer Rein reagierte auf diese Entscheidung ganz dramatisch nach dem Ritus der Bekennenden Kirche: Nach einer Abkündigung löschte er beim Hauptgottesdienst des Lagers feierlich die Kerzen.

In Tarent brachte mir Reverend Williams die Nachricht von der Hinrichtung Dietrich Bonhoeffers. Ich hatte seine Beteiligung am aktiven Widerstand gegen Hitler nur geahnt. Bei meiner letzten Begegnung mit ihm, wahrscheinlich nicht lange vor seiner Verhaftung im April 1943, hatte er mich nicht eingeweiht. Ich habe das später voll verstanden: Ich hätte ja doch nur ein Mitwisser ohne Auftrag sein können.

Das große Lager in Rimini-Bellaria wurde von deutschen Offizieren unter britischem Oberbefehl geführt. Die deutschen Kriegsgefangenen hatten einen großen Spielraum zu eigener Betätigung. Unter Leitung von Pfarrer Jentsch arbeitete ein Theologisches Seminar mit einem Lehrkörper von dreizehn Dozenten. In dem mir vorliegenden Programm sind achtzehn Vorlesungen angezeigt. Mit dem Ökonomiker Professor Prinzing hatten wir eine sehr anregende Gesprächsrunde, in der ich erste Kenntnisse auf diesem Gebiet erwarb. Er wurde wegen SS-Zugehörigkeit noch lange gefangengehalten. Später hat er mir geschrieben, daß er sich völlig neu orientieren konnte. In der „Deutschlandhalle" trafen sich die Lagerinsassen zu besonderen Festen. Bald nach meiner Ankunft hatte ich bei einer Feier zur 400. Wiederkehr des Todestages von Martin Luther zu sprechen. Ein Lagerchor, ein Horn- und ein Streichquartett bildeten den festlichen Rahmen. Der Clou aber war eine von den Gefangenen selbst gebaute Orgel aus einer alten, in der Umgebung aufgetriebenen Windlade. Die Pfeifen hatte ein sachkundiger Mitgefangener aus Konservenbüchsenblech gefertigt. Und sie klang! Immerhin spielte ein Könner damals das g-Moll-Präludium von Bach darauf.

Die liebsten Arbeiten waren mir Predigt und Seelsorge im „CI-Lager", einem Sonderlager der militärischen Abwehr. Es war besonders scharf bewacht, die Gefangenen fühlten sich sehr eingeengt. Von den einhundertsiebzig Evangelischen kamen fünfzig zum Gottesdienst, vierzig zur Bibelstunde, hundert zum Vortrag. Ich traf dort den Heidelberger Kunsthistoriker Walter Paatz; wir blieben nach seiner Entlassung freundschaftlich verbunden bis zu seinem Tode.

Eine der schwierigsten seelsorgerischen Aufgaben meines Lebens war der Dienst im Generalslager. Die ehemals so großen Herren wurden mit ihrer neuen Situation nicht fertig. Sie lebten in Erinnerung an ihre einstigen Taten, jetzt hatten sie nur zu klagen. Ihnen wollte ich das Stuttgarter Schuldbekenntnis der Evangelischen Kirche vom Oktober 1945 nahebringen, so den Satz: „Mit großem Schmerz sagen wir: Durch uns ist unendliches Leid über viele Völker und Länder gebracht worden." Ich entsinne mich zweier jüngerer Generalstabsoffiziere, die in dem Zusammenbruch die Chance für einen umfassenden Neuanfang erkannten. Die Mehrzahl der Generäle war weder bereit noch fähig, ihr menschliches Versagen und ihre Schuld zu sehen.

Mit einem Württemberger Pfarrer, Bührlen, sprach ich über dies Wort; nach Martin Niemöller war es das maßgebliche, aktuelle Bekenntnis unserer Zeit, wie es die Barmer Theologische Erklärung vor zwölf Jahren gewesen war. Den Inhalt konnte ich bejahen. Mir mißfiel, daß es in der Öffentlichkeit höchst kontrovers diskutiert und empört angegriffen wurde. So werde, meinte ich, politischer Mißbrauch mit einem Wort getrieben, das doch eigentlich und ausschließlich in Gottes Ohr gehöre. Darauf mein Gesprächspartner: „Wenn du aufrichtig mit Gott sprichst und wenn du dich in deinem Bekenntnis Gott ganz preisgibst und also nicht nach links oder rechts schaust, muß es dir doch gleichgültig sein, wie du vor den andern Menschen dastehst." Bührlen war Deutscher Christ gewesen. Ein Mitglied der von mir die ganze vergangene Zeit bekämpften Kirchenpartei mußte mir diese

Lektion erteilen! Eine ökumenische Frucht dieser Öffentlichkeit war, daß das Stuttgarter Schuldbekenntnis sogar in den Kirchen aus den früher feindlichen Ländern die Frage nach der eigenen Schuld aufwarf, so in einigen amerikanischen, niederländischen und englischen Kirchen.

Anfang März fuhr mein Seminar mit mir zusammen über den Brenner in die Heimat. In Ingolstadt wurden wir entlassen. Ich begab mich auf dem schnellsten Wege in das Bayerische Landeskirchenamt in München, damals in der Himmelreichstraße. Dort erfuhr ich, es gebe zur Zeit keine legale Möglichkeit, in die sowjetisch-besetzte Zone zu gelangen. Daher bat ich um einen vorläufigen Dienst in der Bayerischen Landeskirche und mußte zunächst ein Glaubensverhör bei dem Landesbischof Meiser über mich ergehen lassen. Ich habe es offenbar bestanden. Einen Denkzettel bekam ich allerdings von ihm: Ich berichtete von meiner Arbeit in Tarent und fügte hinzu, sie sei erfolgreich gewesen. Darauf der Bischof: „Mein lieber Bruder, wir Christen sprechen nicht von ‚Erfolg‘, sondern von ‚Frucht‘."

Ich wurde nach der sehr reizvollen Stadt Landsberg am Lech gewiesen. Über Bayern hinaus ist sie durch ihre Strafvollzugsanstalt bekannt geworden. In ihr hatte Hitler „Mein Kampf" geschrieben. Jetzt waren hier viele der von den Amerikanern verurteilten Kriegsverbrecher untergebracht. Ich durfte sie einmal betreten; mein Begleiter zeigte mir die Abteilung, in der fast vor jeder Zelle ein Posten mit rotem Barett Wache hielt; dort waren die zum Tode Verurteilten eingeschlossen.

Der evangelisch-lutherische Pfarrer Müller, ein Verehrer Bismarcks, hieß mich freudig willkommen. Die kleine Diasporagemeinde war durch die Flüchtlinge über Nacht angewachsen. Die umliegenden, rein katholischen Dörfer beherbergten plötzlich eine Menge Evangelische. Ich machte mich also auf und bat die Ortspfarrer, uns gelegentlich die Kirchen zur Verfügung zu stellen. Soweit ich mich erinnere, wurde das in den meisten Fällen gewährt.

Die Gottesdienste selber zu halten – dazu kam ich nicht mehr. Ich erfuhr, daß mein Präses Scharf zu irgendeiner Ta-

153

gung nach Treysa in Hessen kommen würde. Sofort machte ich mich dorthin auf und erreichte Treysa tatsächlich in zwei Tagen. Der erste, der mir begegnete, war mein Kontrahent aus der Greifswalder Zeit, Herr von Scheven, nun mit einem goldenen Bischofskreuz auf dem Lutherrock. Das hat mich hart getroffen: also Restauration statt Reformation! Um so froher war ich, als ich meinen lieben Kurt Scharf zusammen mit Eberhard Bethge, dem Finkenwalder Gefährten, wiedersah. Sie waren mit dem Militärzug Berlin – Frankfurt gekommen. Mit einer Packung Zigaretten hatten sie ihn zu einem kurzen Halt auf dem Bahnhof Treysa veranlaßt. Wir verabredeten, daß ich auf dem legalen Weg sofort in die sowjetische Besatzungszone nachkommen würde.

Es half nichts: Noch einmal mußte ich Kriegsgefangener sein, diesmal bei den Sowjets. Nach einigen Zwischenstationen, wo die Offiziere ausgesiebt wurden, landete ich in einem Quarantänelager in Belzig in der Mark. In Belzig sollten wir das Berlin-Leipziger Fernsehkabel ausgraben, hatten aber keine Eile damit. Die Quarantäne bescherte mir nach langer Zeit wieder Wanzen.

Nach vierzehn Tagen war auch das überstanden. Auf dem Belziger Bahnhof wurde ich gleich mit den ökonomischen Verhältnissen in meiner Heimat vertraut gemacht: Amerikanische Zigaretten wurden dort mit zehn Mark das Stück gehandelt. Bei einem Zwischenaufenthalt in Berlin versorgte mich Renate Bethge mit einem lange entbehrten, von weiblicher Hand zubereiteten, gepflegten Mahl. Meine Schwiegereltern in Finkenkrug konnten mir Näheres über meine Familie berichten. Dann endlich absolvierte ich die letzte Etappe meiner Heimkehr, die Fahrt nach Prenzlau. Die Reise von Berlin bis dorthin dauerte fast einen Tag, abends zehn Uhr traf ich ein. Natürlich gab es kein Gefährt mehr für die letzten zwanzig Kilometer. Ich ging zu Fuß. Freude und Sehnsucht beflügelten meine Schritte. Um ein Uhr stand ich vor der Brüssower Apotheke. Es bedurfte keiner großen Mühe: Das Fenster und bald auch die Tür taten sich auf, und ich konnte Frau, meine Mutter und die drei Kinder umarmen.

154

13. Abschied von Brüssow – Domgemeinde und Superintendentur in Brandenburg

Wir waren glücklich wieder beisammen, aber die letzten zwei Jahre hatten bei meiner Frau deutliche Spuren hinterlassen: ihren Herzfehler wurde sie nie wieder los. Meiner Mutter, die die ganze Zeit bei ihr ausgeharrt hatte, und den Kindern schien nichts zu fehlen. Hungern mußte man in einer uckermärkischen Landstadt nicht, wenn auch der tägliche Weg um Milch für die Kinder beschwerlich war. Brüssow hatte sein Zentrum verloren. In der Mitte des Städtchens gähnte ein leerer Platz. Ein ganzes Häuserkarree war abgebrannt. Den Bürgermeister, Mitglied der NSDAP und im Hauptberuf Fotograf, der nicht unfreundlich gewesen war, hatten die Sowjets nach Fünfeichen bei Neubrandenburg verbracht. Er ist nicht wiedergekommen. Der amtierende Bürgermeister war Genosse der neuentstandenen SED; er wirkte nicht sehr überzeugend. Das zeigte sich bei den Wahlen dieses Jahres.

Für den September waren Kommunalwahlen angesetzt. Mit einigen treuen Kirchenleuten kamen meine Frau und ich überein, daß wir der SED nicht einfach das Feld lassen wollten. Als einzige Alternative bot sich die CDU an. Dabei reizte uns das „C" am wenigsten – die Verbindung des Christlichen mit den Interessen einer Partei schien mir der Sache Christi nicht zuträglich zu sein. Daß die CDU eines Jakob Kaiser und Karl Arnold nach all den Unmenschlichkeiten des Naziregimes ein starkes soziales Engagement zeigte, ohne sich einem sozialistischen Kollektivismus zu verkaufen, leuchtete uns ein. Von der FDP hatten wir keine Vorstellung. So gründeten wir in meiner Wohnung eine Ortsgruppe der CDU; ich selber trat ihr allerdings nicht bei. Das war meine einzige politische Aktivität in der kurzen Phase, in der es in der SBZ die Möglichkeit einer demokratischen Entscheidung gab. Sie war beschränkt genug. Es bedurfte einiger Mühe, die Zulassung einer örtlichen CDU-Liste zur Wahl zu erreichen. Die politische Hauptarbeit lag in den Händen eines jungen Kreissekretärs. Er führte auch die einzige Wahlveranstaltung in Brüssow durch. Die Wahl erbrachte eine deutliche Mehrheit für die CDU. Damit hatte diese Partei längere Zeit den Bürgermeister zu stellen. Bei der Landtagswahl im Oktober bekam die CDU in Brüssow sogar die absolute Mehrheit. Von der Volkskammerwahl 1950 an gab es dann nur noch die Einheitsliste: Die Wahl bestand einzig im Transport des Stimmzettels. Abweichungen von der gewünschten Meinung konnte man nur durch Fernbleiben oder durch die Benutzung der Wahlkabine bekunden, was prompt vermerkt wurde

Die Arbeit in der Gemeinde machte Freude. Die alten Getreuen hatten zusammen mit meiner Frau durchgehalten, der Religionsunterricht war in Gang gekommen, zunächst noch in den Schulräumen. Die alte Lehrerin Käthe Labuda, die ihren christlichen Glauben bewahrt hatte, nahm sich der Kinder an. Aber eine umfassende Erweckung, wie sie Brüssow vor hundert Jahren ergriffen und wie sie sich christliche Phantasie auch für die Nachkriegszeit erträumt hatte, fand nicht statt. Martin Niemöller schrieb in einem Rundbrief am 23. November 1946:

„Wir haben die frohe Botschaft zu bringen von dem in Jesus Christus erschienenen Reich Gottes unter den Menschen. Diese Botschaft hatte im Dritten Reich ihre aktuelle Bedeutung gegenüber einem menschlichen Messianismus, der sich anheischig machte, der Welt das Heil zu bringen. Hier sollten die Menschen verführt werden, nicht Gott, sondern einen Menschen über alle Dinge zu fürchten, zu lieben und ihm zu vertrauen. Wir haben es durchlebt, wie unserm Volk diese Heilshoffnung zerschlagen wurde. Aber dieser Irrglaube und Unglaube ist nicht so leicht ausgerottet, wie wir wohl meinen möchten. Wir haben sehen müssen, wie alsbald nach dem Zusammenbruch sich wieder alle Hoffnungen auf menschlich-irdische Möglichkeiten gerichtet haben. Nun sollte das Heil von den Siegermächten und von der Demokratie kommen. Es war eine falsche Umkehr und ein falscher Glaube; und es ist durchaus kein Unglück, sondern eine Gnade Gottes, daß auch dieser neue Messianismus so schnell und gründlich ad absurdum geführt worden ist."

Ich war gern und ohne Frage zu „meiner" Gemeinde zurückgekehrt. Aber es hielt mich dort nicht mit aller Macht. So folgte ich der Aufforderung meiner Kirchenleitung, in Berlin-Lichterfelde eine Probepredigt zu halten. Bei der Frühpredigt in einem Krankenhaus hörte mich Bischof Dibelius – das einzige Mal, wenn ich mich recht erinnere. Ich predigte über das Gleichnis vom „Schalksknecht" (Matthäus 18, 21-25). Ich behauptete, wenn Gott unsere Schuld vergibt, vergißt er sie auch. Für einen wirklichen Neuanfang unseres Volkes war mir ein Wort wichtig, in dem von der einzigartig göttlichen Weise, mit unserer Schuld umzugehen, die Rede ist: „Ich, ich tilge deine Übertretungen um meinetwillen und gedenke deiner Sünden nicht." (Jesaja 43, 25) Der Bischof war anderer Meinung: Gott vergibt, aber er vergißt nicht. Der Wechsel nach Lichterfelde kam nicht zustande, die vorgesehene Stelle wurde nicht frei. Wie anders wäre mein Leben verlaufen, wenn der Weg über Westberlin gegangen wäre!

Nach mündlicher Vorankündigung erhielt ich am 21. November 1946 ein etwas verstümmeltes Telegramm: „Antwort umgehend, ob bereit, Domdechantur Brandenburg/Havel als Superintendent von Brandenburger Dom und künftiger Direktor des Predigerseminars zu übernehmen, Dienstantritt Anfang November... Kurt Scharf, Präses." Unter Domdechantur konnte ich mir nichts vorstellen. Eine Superintendentur lockte mich überhaupt nicht. Wohl aber freute ich mich auf die Aussicht, ein Predigerseminar zu leiten: Ich war es Bonhoeffer und meinen Erfahrungen in Finkenwalde schuldig, etwas davon an die kommende Generation weiterzugeben. So sagte ich zu. Ich hielt in Brüssow noch den Adventsgottesdienst und predigte gegen Mißmut und Verzagen über „Freuet euch in dem Herrn allewege" (Philipper 4. 4). Ich dachte daran, was mir der Bauer Laatsch zu Beginn meines Dienstes in Brüssow gesagt hatte. Der Abschied war herzlich. Die Gemeinde verstand, daß mich die neue Arbeit reizte. Superintendent Dr. Nagel schrieb mir einen freundlichen Gruß.

Der Umzug unter den damaligen Verhältnissen war dramatisch. Wir hatten von unserm kleinen Stück Acker ein paar Säcke Kartoffeln geerntet und in einem Stallraum für den Abtransport am nächsten Tage aufbewahrt. Und gerade in dieser Nacht kam ein ungewöhnlich harter Frosteinbruch. Die Kartoffeln erfroren alle. Ich fuhr anderntags auf offenem LKW mit ein paar Möbeln und den Hühnern gen Brandenburg. Mich selbst habe ich dick einpacken können, aber den armen Hühnern erfroren die Kämme, so daß wir sie in Brandenburg ins temperierte Schlafzimmer aufnehmen mußten, wenn wir sie am Leben halten wollten. Hühner im Schlafzimmer – das ist nicht sehr komfortabel. Erst im nächsten Frühjahr kamen die restlichen Möbel und Utensilien nach Brandenburg. Meine Mutter zog in ihr Haus in Neuruppin.

Der Start in Brandenburg war dürftig. Das eigentliche Pfarrhaus St. Petri liegt breit am Zugang zum eigentlichen Domgelände: ein klassizistischer Bau mit einer Eingangstreppe, deren Geländer hinunterzurutschen das Privileg der Jugend der Domgemeinde ist. Das Pfarrhaus war noch vermietet. Erst im nächsten Jahr konnten wir dort einziehen. Vorerst mußten wir mit dem kleinen Haus Burgweg 4 vorliebnehmen. Der kalte Winter 1946/47 machte uns sehr zu schaffen. Holz zum Heizen mußte ich auf dem Domgelände zusammensuchen, bis uns endlich der Domstiftsforst Seelensdorf versorgte. Die Gemeinde half, soweit sie konnte. In diese Situation hinein wurde unser viertes Kind, mein Sohn Dietrich, geboren. Der Zeit entsprechend ein Leichtgewicht von nicht ganz fünf Pfund, er hatte auf meiner Hand Platz. Die Wochenpflege fand in dem einzigen Zimmer statt, das wir auf achtzehn/neunzehn Grad heizen konnten.

Aber auch auf diesen schwierigen Anfang schien die Sonne. Helmut Passauer, Pfarrer an St. Gotthardt, vormals „illegaler" Vikar in Ostpreußen, hatte uns als Bundesgenossen aus der Bekennenden Kirche bereits dringend er-

158

wartet. Unsere beiden Familien freundeten sich bald an. Wir trafen uns fast jeden Sonntagabend in einem der beiden Pfarrhäuser. Die Freundschaft hielt über die gemeinsame Zeit in Brandenburg hinaus.

Die Gemeinde kam uns freundlich entgegen. Das „Interregnum", das wir beendeten, hatte für Mißstimmung unter den Mitarbeitern der Domgemeinde gesorgt. Die war bald vergessen. Die Kindergärtnerin, Fräulein Kochheim, hat sich unter den damals besonders schwierigen Verhältnissen sehr bewährt. Frau Havemann, die Küsterin, war zu jeder Arbeit bereit: „Mach ick, Frau Paster!" – das war ihre typische Redensart. Auch mit dem Domstiftsrendanten, Herrn Vogler, und seinem Mitarbeiter und Nachfolger, Herrn Ludwig, und ihren Familien verband uns bald ein freundschaftliches Verhältnis. Meine Frau und ich waren erstaunt, daß die Gemeinde uns schon bei unserm ersten Geburtstag in Brandenburg ein blumenreiches Fest veranstaltete. Von den Gemeindemitgliedern, die uns von Anfang bis Ende mit viel Liebe und Verständnis begegneten, nenne ich nur Frau Margarete von Förster.

Der andre Sonnenstrahl, der uns die erste Zeit in Brandenburg erhellte, war die Nachbarschaft mit Ernst und Hanna Grüneisen, die bald nach uns aus der Uckermark in das Nebenhaus, die Domkurie 3, zogen. Ernst wurde Pfarrer in der St.-Pauli-Gemeinde. Unsere Grundstücke trennte die Mauer, die den Dombezirk umschloß. Unten hatte sie eine Öffnung, durch die man, tief gebückt, kriechen konnte. Wir fanden, daß eine solche „Demutspforte" gar kein so übles Symbol für das Miteinander zweier Familien darstellt. Hanna Grüneisen hatte dafür gesorgt, daß uns der „Domer Singkreis" zum Geburtstag mit allerlei Gesang und dem Kanon begrüßte: „Du guter, lieber, alter Freund – wir haben treulich uns vereint und wünschen dir ein gutes Jahr – viel besser als das letzte war!" Ernst Grüneisen starb bereits am 26. Juni 1948.

Auf die guten Freunde Gerhard und „Heni" Schultz, die in Grüneisens Wohnung einzogen, komme ich später noch zurück. Ebenso auf deren Nachfolger, Jürgen und Erika Henkys. Zur Freude und Bereicherung für uns persönlich, aber auch für Gemeinde und Predigerseminar entsandte das Konsistorium 1956 den ehemaligen Kandidaten des Brandenburger Seminars als Hilfsprediger in die Domgemeinde und als Studieninspektor in das Predigerseminar. Mit ihm und seiner Frau wurden wir sehr bald gute Freunde. Später übernahm er die Domgemeinde ganz, bis er Dozent am Sprachenkonvikt, der Kirchlichen Hochschule im Ostteil Berlins, wurde.

Meine Arbeit in Domgemeinde, Superintendentur und Predigerseminar machte es notwendig, eine Sekretärin anzustellen. Schon bald konnte ich Ruth Blank gewinnen, die mir mit ihrer hilfsbereiten und zuverlässigen Art den Anfang sehr erleichterte. Nach ihrer Heirat und Übersiedlung in den Westen trat Ursula Cohen an ihre Stelle. Sie konnte eine unglaubliche Arbeitskraft entwickeln und war wegen ihrer musikalischen Sicherheit im Chor unentbehrlich. Sie sagte mir eines Tages, daß ein Beauftragter der Partei sie für Spitzeldienste anwerben wollte. Ich riet ihr, dem Betreffenden beim nächsten Treffen zu sagen, daß sie mir alles berichtet habe. So geschah es. Danach war Ruhe. Ursula Cohen war später bei der Kirchenkanzlei der Evangelischen Kirche in Deutschland angestellt. Die letzte und am längsten bei uns tätige Sekretärin war Margarete Peetz. Sie gehörte zur Familie wie auch zu der meines Nachfolgers, Dr. Forck. Mit allen drei Sekretärinnen sind wir noch heute herzlich verbunden.

Das alte Brandenburg hat drei Stadtteile, die von Industrie und Handel geprägte Neustadt mit der St.-Katharinen- und St.-Pauli-Kirche, die Altstadt der Handwerker und Ackerbürger mit der St.-Gotthardt- und der Nicolai-Kirche, und den „Dom" – wer dort lebt, wohnt „auf dem Dom", der Insel zwischen zwei Havelarmen. Die durchgehenden Straßen, Domlinden und Mühlendamm werden von zwei großen Wassermühlen wie von Burgen bewacht. Das etwas erhöhte Zentrum bildet die Domkirche mit dem Burghof, um den sich die Domkurien lagern. Die Domgemeinde ist klein, sie umfaßte damals etwa tausend Evangelische. Dazu kommen die Domgüter Mötow und Grabow mit zusammen etwas mehr als dreihundert „Seelen". Die Domgemeinde wurde erst 1929 in die Stadt Brandenburg eingemeindet. Kirchlich gehörte sie noch 1947 zum Kirchenkreis Brandenburg-Dom, dessen Superintendent ich wurde. Geschichte und Größenverhältnisse lassen verstehen, daß die Domgemeinde und die alte Bischofskathedrale im Rahmen der Stadt eine besondere Rolle spielen; Spannungen blieben nicht aus.

Eine so übersichtliche Gemeinde zu haben ist für den Pfarrer natürlich ein Glücksfall. Die Gemeindebesuche von Haus zu Haus bewältigte ich schon in den ersten beiden Jahren. Auf dieser Basis konnte ich gut aufbauen, auch als Superintendentur und Predigerseminar meine Zeit erheblich in Anspruch nahmen.

Die üblichen Männer-, Frauen-, Mütter- und Jugendkreise wurden zusammengefaßt in dem monatlichen Gemeindefamilienabend. Bei Tee und mitgebrachten Broten besprachen wir die wichtigsten gesamtkirchlichen und gemeindlichen Ereignisse – unbedingt nötig in diesen schwierigen Jahren. Nach der Einführung des Evangelischen Kirchengesangbuches in den Gemeinden übten wir systematisch die oft ungewohnt rhythmischen Weisen – wir kamen bis auf siebenundfünfzig. Die Gemeinde gab die alten Gesangbücher gegen ein Entgelt von einer Mark ab. Wir stellten sie dem Gustav-Adolf-Werk für Diasporagemeinden zur Verfügung.

Mit besonderem Eifer kümmerten wir uns um die Finanzen. Als im Oktober 1948 der Opfergroschen eingeführt wurde, nahmen wir das zum Anlaß, die Gemeinde zu freiwilligen Spenden zu motivieren; die Kirchensteuer wurde weithin als Steuer, also als Zwangsauflage, verstanden. Der Erlaß der Justizministerin Hilde Benjamin vom 10. Juli 1956 verbot, die Kirchensteuer durch die Finanzämter einziehen zu lassen. Im SED-Staat war diese Praxis, die die Möglichkeit der Zwangsvollstreckung einschloß, wahrlich ein Unding. Ich habe unsere kirchlichen Finanzfachleute nicht davon überzeugen können, das Wort „Kirchensteuer" aufzugeben, auch dann nicht, als es gar nicht mehr zutraf. Bezeichnend war mir folgende Erfahrung: Als in den ersten

Jahren das Kirchgeld, ein Teil der Kirchensteuer, um zwei Mark pro Jahr erhöht werden sollte, protestierten die betroffenen Alten aufs heftigste. Als ich die Opfergroschenspender bat, den Opfergroschen, der besonders dem Domkindergarten zugute kam, zu verdoppeln, stieg der Betrag von heute auf morgen um fünfzig Prozent – ohne Klage. In den Jahren 1959 und 1960 waren wir so weit, daß die gottesdienstlichen Kollekten plus Opfergroschen von etwa einhundertdreißig Familien die Kirchensteuer-Einnahmen überstiegen. Ich halte es für ein großes Versäumnis, daß wir die DDR-Zeit nicht dazu genutzt haben, ein glaubwürdiges gemeindenahes Finanzsystem aufzubauen.

Das reiche Angebot jener Tage an Kirchenmusik hat sich mir und wohl auch vielen Brandenburgern besonders eingeprägt. Meine Frau hatte kein abgeschlossenes Musikstudium. Aber sie war eine charismatische Dirigentin. Es gelang ihr, in kurzer Zeit einen „Domer Singkreis" zusammenzustellen, zu dem sich bald eine Kurrende gesellte. Als es noch kein städtisches Orchester gab, war diese Musik an den drei großen Kirchen das einzige und beeindruckende Ereignis auf diesem Gebiet in Brandenburg. Am 15. September 1947 fand im Kreuzgang des Doms die erste „Domserenade" statt. Das Programm umfaßte einen bunten Strauß von Liedern, Sätze aus Streichquartetten von Haydn und Mozart und dazu passende Lesungen. Es kamen von Jahr zu Jahr mehr Besucher. Viele mußten auf dem Klosterhof Platz nehmen. Die alten Gemäuer und der Kerzenschimmer sorgten für die Einstimmung. Das auflebende Konzertleben der Stadt machte dann irgendwann einmal Veranstaltungen dieser Art überflüssig. Es blieb ein reiches Angebot an Kirchenmusik, regelmäßige Domvespern, Kantategottesdienste, vor allem aber das Christgeburtsspiel, das viele Jahre hindurch zwei- bis dreimal den Dom füllte. Die Schinkelsche Treppe, die damals noch vom Mittelschiff in seiner ganzen Breite zum Chor hinaufführte, war eine ideale Bühne.

Meine Frau spielte anfangs auch die große Domorgel, ein besonders gut erhaltenes, herrliches Werk des „Märkischen Silbermann", Joachim Wagner, von 1923. Sie hatte seinerzeit in der Garnisonkirche Potsdam bei Professor Becker Orgelstunden genommen, aber keine Organistenprüfung ablegen können; so war das Drängen der Kirchenmusiker verständlich, diese besondere Orgel einem „gelernten" Organisten anzuvertrauen. 1952 löste Brigitte Seiffert, bis dahin Dozentin an der Kirchenmusikschule Görlitz, meine Frau ab. Wir waren traurig, als sie uns 1954 wieder verließ. Mit dem 1. Januar 1957 begann Wolfgang Fischer seine Tätigkeit als Organist, Chorleiter und Dozent im Predigerseminar. Er führte die „Sommermusiken" ein, die den Dom seitdem alljährlich an jedem Mittwoch von Juni bis September füllen. Seine Nachfolger Christoph Krummacher (1975-80) und Matthias Passauer (seit 1980) haben sie mit großem Engagement weitergeführt.

Ich empfand es als eine hohe Auszeichnung, in diesem ehrwürdigen Dom, der ältesten Großkirche der Mark Brandenburg und Mutterkirche der meisten Gemeinden des Landes, predigen zu dürfen. 1961 drohte der Kanzelpfeiler zusammenzubrechen. Es stellte sich heraus, daß alle Pfeiler von Grund aus neu fundamentiert werden müßten. Eine umfassende Restaurierung des ganzen Doms war nötig geworden. Schon Schinkel hatte vorausgesagt, daß der Dom nur noch hundert Jahre stehen würde. Bei dieser Gelegenheit wurde die große Treppe, die das Innere zu sehr beherrschte, entfernt. Die Krypta wurde wieder geöffnet, so daß man vom Langschiff aus in diesen noch rein romanischen Teil des Doms schauen kann. Der Blick fällt auf die Gedächtnisstätte für die evangelischen Märtyrer der NS-Zeit. Sie entstand aus Spenden aller östlichen Landeskirchen. Die Namen der Märtyrer, die jeweils auf einer mit Pergament überzogenen Tafel stehen, habe ich damals, um der Diskussion, auch der künftigen, zu entgehen, wer als „Märtyrer" eingestuft werden kann und wer nicht, dem Buch von Bernhard Heinrich Forck, „und folget ihrem Glauben nach", entnommen. Wir haben die Gedächtnisstätte am 9. April 1953, dem 8. Todestag Dietrich Bonhoeffers, eingeweiht. Es war mitten in der Zeit der Verfolgung der Jungen Gemeinde.

Meine besondere Liebe aber galt der Petrikapelle. Sie ist vielleicht noch älter als der Dom. Ihr besonderer Schmuck ist das seltene spätgotische Zellengewölbe. Wir haben die Kapelle für den gottesdienstlichen Gebrauch hergerichtet und heizbar gemacht. Die Kanzel war nur eine Stufe höher als der Fußboden, für eine Predigtkirche ideal. Die Gottesdienstbesucher – Anfang der fünfziger Jahre im Jahresdurchschnitt über hundert, 1962 noch einundsechzig – paßten gut in diesen intimen Raum.

In der Berlin-Brandenburger Kirche war großer Pfarrermangel. Zu Beginn der fünfziger Jahre haben die Landeskirchen in der DDR im Westen dafür geworben, in unsere Gemeinden zu kommen, wenn auch nur für einige Jahre. Nicht wenige kamen. Die meisten blieben, einige strebten nach Jahren tüchtiger Arbeit zurück. Mit dieser Aktion war dem Mangel aber noch nicht abzuhelfen. So ging unsere Kirche, an der Spitze der Sprengel Niederlausitz, daran, Lektoren zuzurüsten, denen Predigten zum Vorlesen zur Verfügung gestellt wurden. Die Lektoren hatten die Freiheit, sie zu aktualisieren. Um hier ein wenig zu helfen, stellte ich einen Jahrgang meiner Predigten als Lesepredigten zur Verfügung. Sie sind unter dem Titel „Rede, Herr, denn dein Knecht hört" 1955 als Buch erschienen. Sie wurden meist gern angenommen. Nur die deutschen Gemeinden in Kasachstan, denen sie das Gustav-Adolf-Werk schenken wollte, lehnten ab: Die Predigten seien zu kurz.

Mit meiner Tätigkeit als Dompfarrer war von Anfang an das Amt des Superintendenten, des Domdechanten und seit 1951 die Leitung des Predigerseminars verbunden. Meine Frau leitete neben Singkreis und Kurrende die Frauenhilfe und einen Mutterkreis. Anfangs konnten wir uns eine Hausgehilfin leisten. Ich war damals der Meinung, daß das Amt und alles, was damit zusammenhängt, den unbedingten Vorrang vor dem Privaten haben müsse. Meine Frau hat sich nicht, jedenfalls nicht mit Nachdruck, dagegen gewehrt. 1952 wurde die dritte Tochter, Susanne Kathrin, geboren, 1953 der Sohn Michael Johannes. Die älteste Tochter Bärbel war inzwischen 16 Jahre alt geworden. Die Kinder hatten Platz im Haus, die kleineren konnten in dem großen, schönen Garten spielen. Die Großmutter kam oft zu Besuch; als sie ihr Neuruppiner Haus für eine sowjetische Familie räumen mußte, siedelte sie ganz zu uns über.

Hildes Gesundheitszustand war in den Brandenburger Jahren sehr wechselhaft. 1960 feierten wir die Hochzeit unserer Ältesten mit Pastor Hans-Joachim Kretschmann, der Kandidat in meinem Predigerseminar gewesen war. Ein halbes Jahr später mußte meine Frau sich in Buch zwei Operationen unterziehen. Kurz vor Weihnachten – ich kam einen Tag vor der zweiten Operation aus Buch – erlitt ich im Auto eines Freundes einen scheußlichen Unfall: An einer Kurve vor Brandenburg glitt der Wagen durch Glatteis an einen Baum. Damals gab es noch keine Gurte an den Sitzen. Ich erlitt einen doppelten Kieferbruch. Dieses Weihnachten im Krankenhaus, meine Frau in Buch, ich in Brandenburg, war traurig. Die Operationen brachten meiner Frau noch eine Frist von eineinhalb Jahren. Sie konnte an der Hochzeit ihrer zweiten Tochter Ursula mit Pastor Leopold Esselbach teilnehmen, ebenfalls ehemaliger Brandenburger Kandidat.

Sie hat ein paar Wochen lang sogar die Übungen in der Stimmbildung am Predigerseminar wieder aufnehmen können. In den Stunden an ihrem Bett nahm ich an ihren Irritationen und Kämpfen teil, erlebte ich Stunden einer schwer errungenen Ruhe. Bis kurz vor dem Ende mühte sie sich um das literarische Werk Ernst Barlachs. Ein paar Tage vor ihrem Tode kam sie noch einmal in die Obhut der Ärzte. Am 26. März 1962 starb sie. Mein Sohn Oswald war bei ihr, ich hatte mich gerade für ein paar Stunden Schlafs nach Hause zurückgezogen. Mein Freund Jürgen Henkys hielt in der St. Petri-Kapelle die Traueransprache: Über den „Gott allen Trostes, der uns tröstet in aller unserer Trübsal, damit wir auch trösten können, die in allerlei Trübsal sind" (2. Korinther, 1, 3.4). Er verschwieg nicht, daß es Hilde Schönherr mit dem Glauben und auch mit dem Sterben nicht leicht gehabt hat. Ich habe ihr auf den Grabstein schreiben lassen: „Ihm leben sie alle" (Lukas 20, 37).

Die Domgemeinde lag im Kirchenkreis Brandenburg-

Dom. Er umfaßte die Kirchengemeinden im Havelland, deren Patron das Domstift Brandenburg war und erstreckte sich bis vor die Tore von Nauen. Neben Brandenburg-Dom gab es den Kirchenkreis Brandenburg-Stadt. Zu ihm gehörten die übrigen Stadtgemeinden und einige Dörfer in der Nähe.

Ich war mit Abstand der jüngste Pfarrer in meiner Superintendentur. Mein Vorgänger, Pfarrer Lemcke in Plauen, hatte sein Amt wegen Zugehörigkeit zu den Deutschen Christen abgeben müssen. Ich spürte, wie verletzt er war. Er ist mir immer sachlich und freundlich entgegengekommen. 1963 ist er gestorben.

Um den ausgedehnten Kirchenkreis bedienen zu können, schenkte mir Bischof Dibelius ein Fahrrad, das ich am Westhafen in Berlin abholen konnte. Es wurde später durch ein gebrauchtes Fichtel & Sachs-Moped ersetzt. Ihm folgte ein Motorroller Marke „Wiesel" mit einer Spitzengeschwindigkeit von zweiundsechzig km/h. Mit ihm habe ich bei Besuchen meiner Kandidaten die DDR von Rügen bis Görlitz durchstreift. Ein Auto bekam ich erst ganz am Schluß meiner Brandenburger Zeit.

Meine Fahrzeuge habe ich ausgiebig genutzt. Nach einem halben Jahr hatte ich alle Pfarrer des Kirchenkreises aufgesucht. In der angespannten Situation damals waren brüderliche Gemeinschaft und schnelle Informationen von unabdingbarer Wichtigkeit. Darum legte ich großen Wert darauf, daß alle Pfarrer zu den monatlichen Konventen kamen. Als drei der am weitesten entfernt wohnenden älteren Herren mehrere Male fehlten, habe ich – jugendlich entschlossen – sie zu mir bestellt. Das würde ich heute wahrscheinlich nicht wagen.

Der Kirchenkreis Brandenburg-Stadt hatte keinen ordentlich bestallten, sondern nur einen kommissarischen Superintendenten, Pfarrer Schubert von der St.-Katharinen-Kirche. Er hatte früher zur Bekennenden Kirche gehört, war aber ausgetreten, als er seine Kanzel verlieren sollte – er war als Kanzelredner außerordentlich beliebt. Nach dem Kriege wurde er CDU-Stadtrat. Eines Tages erschien der Bischof persönlich und nahm Schubert die Superintendentur-Vertretung ab. Eine Begründung habe ich nicht erfahren. Das Entsetzen in der Stadt, besonders bei den älteren Pfarrern, war groß. Schubert übernahm später eine Pfarrstelle in Berlin-Wilmersdorf. Er schloß sich der konservativen Lutherischen Arbeitsgemeinschaft an.

Mit der Vertretung ab 1. November 1948 wurde ich betraut. Zugleich erhielt ich den Auftrag, beide Kirchenkeise zusammenzuführen. Dazu bedurfte es der Beschlüsse beider Kreissynoden. Mit einer winzigen Mehrheit stimmte die Kreissynode Brandenburg-Stadt entgegen der Erwartung vieler zu; die Synode Brandenburg-Dom hatte schon früher mit überwiegender Mehrheit ihr Ja gegeben.

Nach solchen Ereignissen war es dringend nötig, die Brandenburger Stadtgemeinden zu gemeinsamen Aktionen zu bewegen. Wir richteten die „Stunde der Kirche" ein, eine Vortragsreihe, die in ihren besten Zeiten wöchentlich stattfand. Bei den Themen und der Auswahl der Vortragenden ließen wir uns vom Deutschen Evangelischen Kirchentag und den Evangelischen Akademien beraten. Die Gemeinden haben, von Radio und Fernsehen noch nicht verwöhnt, das Angebot dankbar angenommen. Von Zeit zu Zeit kamen die Chöre der drei großen Kirchen zu gemeinsamen Konzerten zusammen. Ich erinnere mich an die „Johannespassion" von Leonhard Lechner, für die jeder Chor einen Teil einstudierte. Mehrere Jahre luden wir, Kirchenmusikdirektor Hanft von der St.-Katharinen-Kirche und ich, zu Orgeltagen ein. Wir gewannen dafür bekannte Organisten aus ganz Deutschland. Ich erinnere mich besonders an den Leipziger Piersig: Mit seinem Vortrag über Reger, den er als imperialen Schwulst in Grund und Boden verdammte und für endgültig tot erklärte, hat er sich nicht gerade als Prophet erwiesen. Anläßlich der Orgeltage trafen sich auch die Orgelbauer aus der DDR und tauschten ihre Erfahrungen aus.

Politisch war Brandenburg ein heißes Pflaster. Zu meiner ersten Zeit regierte dort derselbe Lange, der als Volksbildungsminister durch seinen Erlaß vom 12. Februar 1958 berüchtigt wurde. Er bestimmte, daß zwischen Schulunterricht und außerunterrichtlichen Veranstaltungen (sprich Christenlehre) mindestens zwei Stunden liegen sollten, in denen sich die Kinder erholen könnten. Das war für die Christenlehre, besonders auf dem Lande, wo die meisten Schulkinder mit Omnibussen zu den Zentralschulen gebracht wurden, ein fast tödlicher Schlag. Sein Nachfolger Max Herm war von anderer Art. Er hatte in Brandenburg seine Wurzeln. Wir haben ihn dafür gewinnen können, den Kandidaten des Predigerseminars aus seinem Leben als junger Kommunist zu erzählen. Es hat uns imponiert, einem Mann zu begegnen, der sich mit Leib und Leben für seine Sache eingesetzt hat. Er war kein Fanatiker. Uns war es wichtig, mit einem Mann aus einem ganz andern Milieu und mit einer ganz andern weltanschaulichen Tradition so offen reden zu können. Die wenigen offiziellen Gespräche, die wir Pfarrer damals mit dem Rat der Stadt führten, waren im Grunde Monologe, in denen beide Seiten ihr Sprüchlein sagten, ohne aufeinander einzugehen.

Das Friedenswort der Weißenseer Synode vom April 1950 sollte in allen Kirchen von der Kanzel verlesen werden. Abgesandte von Staat und Partei haben mich länger als drei Stunden bedrängt, das nicht zu tun. Ein erstaunlicher Vorgang, wenn man bedenkt, daß die DDR sich als Friedensstaat verstanden wissen wollte! Aber das Wort war eben nicht von der Partei formuliert und enthielt Wendungen, die sie nicht dulden wollte. Alle Pfarrer haben es verlesen. Die Gemeinden nahmen es dankbar auf.

Im selben Jahr verlangte die Regierung der DDR, daß die Leitung der Berlin-Brandenburger Kirche in die Stadt Brandenburg, also möglichst weit entfernt von Westberlin, verlegt werden sollte. Wir Brandenburger waren herausgefordert. Die Partei hatte eine Reihe von Bürgerversammlungen veranstaltet, die ihr Einverständnis mit einer Sache, die nur uns Kirchenleute etwas anging, bekunden sollten. Wir meldeten unsern Widerspruch allenthalben an. Die große Schlußkundgebung im Parteihaus verlief nicht nach Plan: Die Resolution fiel durch, wir beantragten eine Gegenresolution, die die Kirchenleitung aufforderte, in Berlin zu bleiben. Sie wurde mit Mehrheit angenommen. Bei der Provinzialsynode 1951, deren Mitglied ich als Vertreter des Domstifts Brandenburg seit einem Jahr war, hatte ich einen entsprechenden Beschluß einzubringen. Er fand einmütige Zustimmung.

Ein besonders hartes Kapitel war der Kampf gegen die Junge Gemeinde und die Studentengemeinde 1952/53. Wir wissen heute, daß das Politbüro der SED am 27. Januar 1953 den Generalstaatsanwalt beauftragt hat, in den Bezirks- und Kreisstädten der DDR – nicht in Berlin – in kurzen Zeitabständen drei bis vier öffentliche Prozesse durchzuführen, „in denen klar die kriegshetzerische und Agenten- und Sabotagetätigkeit von Mitgliedern und Funktionären der Jungen Gemeinde nachgewiesen wird". Das zog übelste Beschimpfungen nach sich, vor allem in der FDJ-Zeitung „Junge Welt". Die Junge Gemeinde sei eine „Tarnorganisation für Kriegshetze, Spionage und Sabotage im Auftrag der westdeutschen und amerikanischen Imperialisten". Die FDJ gab 1953 die Schrift des sowjetischen Autors P. F. Kolonitzki, „Kommunistische und religiöse Moral", heraus. In ihr heißt es:

„Die Religion ist die Quelle der Heuchelei und der Lüge. Alles, was die Religion predigt, ist bewußt falsch und enthält kein Körnchen Wahrheit. Die Diener der Kirche treiben, sofern sie den Glauben an Gott predigen, ein schändliches Handwerk. Sie säen auf Unwissenheit beruhende Vorstellungen in das Bewußtsein der Gläubigen und stehen im Widerspruch mit dem Kampf für den Kommunismus."

Etwa 3000 Glieder der Jungen Gemeinde werden von den Schulen verwiesen worden sein. In Brandenburg waren es allein dreiundsiebzig, mehr als in jeder anderen Stadt. Meine Tochter Bärbel kam eines Tages weinend aus der Schule, auch sie war unter den Opfern. An einem Abend im Februar 1953, als sich das Predigerseminar zu einer Faschingsfeier versammelte, fehlten plötzlich der Kandidat des Predigerseminars Johannes Althausen und seine Braut. Althausen war Leiter der Geschäftsstelle der Studentengemeinde. Wir

169

vermuteten richtig und zogen zum Gebäudes des Staats-Sicherheitsrates. Aber da „wußte niemand etwas". Unter den zahlreichen Verhafteten jener Tage war auch der Hallenser Studentenpfarrer Johannes Hamel. Die Aktion fand am 10. Juni 1953 ein plötzliches Ende – wie wir heute wissen: auf Befehl von Moskau. Die Verhandlungen zwischen dem Rat der Evangelischen Kirche in Deutschland unter Leitung von Bischof Dibelius und Ministerpräsident Grotewohl führten zum Widerruf aller Maßnahmen, unter ihnen auch die Beschlagnahme diakonischer Einrichtungen wie der Pfeifferschen Anstalten in Magdeburg. Die bösartige Polemik ging jedoch weiter, besonders nach dem Arbeiteraufstand am 17. Juni 1953: Die Junge Gemeinde habe Funkkontakt mit dem RIAS. An dem Sturm auf das Philipp-Müller-Haus, das Parteihaus der SED in Brandenburg, hätten sich verkleidete Pastoren beteiligt. Auf den Karfreitag setzte man ein Tanzturnier an. Wahrscheinlich wollte man die Scharte auswetzen, daß die Partei in Brandenburg am 17. Juni keine rühmliche Rolle gespielt hatte. Ich sah die protestierenden Stahlwerker in Achterreihen, Plakate mit sich führend, durch unsere „Domlinden" ziehen. Die Lehrer, die sich im Kampf gegen die Junge Gemeinde besonders hervorgetan hatten, hätten sich, hieß es, im Fahrradschuppen verkrochen.

Doch die Verhandlungen des Ministerpräsidenten mit dem Rat der Evangelischen Kirchen in Deutschland beendeten den Kampf nicht. Er wurde nun aus der Öffentlichkeit in die Schulklassen und in die Häuser verlegt. Ich kann mich noch genau entsinnen, daß ich am 12. November 1954, die Morgenzeitung in der Hand, zu meiner Frau sagte: „Jetzt soll unsre Arbeit mit den Jugendlichen endgültig zerstört werden": Die Jugendweihe wurde wieder eingeführt. Zunächst versicherte der Zentrale Ausschuß, dem Johannes R. Becher, Wolfgang Langhoff senior und Anna Seghers angehörten, es handele sich dabei keineswegs um die proletarisch-sozialistische Jugendweihe der Weimarer Republik – sie war ein paar Jahre vorher in aller Form abgeschafft worden –, sondern um „eine feierliche Veranstaltung beim

Übergang der Jugendlichen in das Leben der Erwachsenen" mit vorausgehenden „Jugendstunden". Die Jugendweihe sei absolut neutral, sie sei weder vom Staat noch von einer gesellschaftlichen Organisation veranlaßt. Die Teilnahme sei absolut freiwillig. Es gebe somit auch für die Anhänger einer christlichen Konfession kein Hindernis, ihre Kinder daran teilnehmen zu lassen. Dennoch war sonnenklar, daß die Jugendweihe die Konfirmation ersetzen sollte: Darum die Feier mit einem Gelöbnis, darum das Familienfest mit Geschenken, darum der traditionelle Termin der Konfirmation vor Ostern, obwohl das Schuljahr erst im Sommer endete, darum die Feier mit den Vierzehnjährigen, obwohl die Schulzeit erst für die Sechzehnjährigen ihren Abschluß hat.

Der Wortlaut des Gelöbnisses enthielt keine direkt atheistischen Aussagen. Das Buch „Weltall, Erde, Mensch" jedoch, das die Jugendstunden begleitete, weiß es anders. Schon in dem Vorwort Walter Ulbrichts heißt es: „Der Kampf gegen Aberglauben (damals das Etikett für den christlichen Glauben), Mystizismus, Idealismus und alle andern unwissenschaftlichen Anschauungen" wurde in diesem Buch geführt. Robert Havemann, der spätere Systemkritiker, entblödete sich nicht, die Kinder zu fragen, ob denn Gagarin bei seiner Erdumkreisung den lieben Gott gesehen habe.

Nachdem der Erfolg der Werbung zur Jugendweihe im ersten Jahr aus der Sicht von Staat und Partei mäßig war, wurde der Staat selber tätig. Die Lehrer wurden verpflichtet, für die Jugendweihe zu werben. Schüler, die sich nicht der Jugendweihe unterzogen, wurden nicht in die Erweiterte Oberschule aufgenommen. Walter Ulbricht bekannte sich in Sonneberg/Thüringen am 29. September 1957 dazu, daß ein „alter, schöner Brauch", nämlich die freidenkerische Jugendweihe, wieder aufgenommen worden sei. Sie wurde Teil der staatsbürgerlichen Erziehung.

Bereits am 30. November 1954 wandte sich die Evangelische Kirchenleitung Berlin-Brandenburg an die Gemeinden. Sie erklärte, daß entgegen den Behauptungen des

Jugendweiheausschusses hier doch eine Neuauflage der früheren freidenkerischen Jugendweihe vorliege. Jugendweihe und Konfirmation seien unvereinbar. Sie konnte sich auf die kirchliche Lebensordnung von 1954 berufen: „Kinder, die sich einer Handlung unterziehen, die im Gegensatz zur Konfirmation steht (Jugendweihe oder dgl.), können nicht konfirmiert werden." Ähnlich argumentierten die andern Landeskirchen und die Katholischen Bischöfe. Die Ostkonferenz, in der die acht evangelischen Landeskirchen in der DDR zusammenkamen, äußerte, daß die Schulen „immer mehr den Charakter einer Zwangsbekenntnisschule der materialistischen Weltansschauung annehmen".

Die Kirchen haben deutlich erklärt und nie zurückgenommen, daß Konfirmation und Jugendweihe unvereinbar sind. Diesem Grundsatz kamen einige Landeskirchen recht rigoristisch nach: Die Jugendlichen sollten ihre Jugendweiheurkunden öffentlich verbrennen. Doch alle Kirchen mußten bald die schmerzliche Erfahrung machen, daß sich der größte Teil der Jugendlichen nicht nach ihren Beschlüssen richtete. Den meisten Eltern war es wichtiger, die Zukunft ihrer Kinder nicht zu gefährden, als der kirchlichen Disziplin zu entsprechen. Es war der größte Triumph der Partei und eine bittere Niederlage der Kirche. Die Kirchenleitungen haben erkennen müssen, wie wenig Kraft die kirchliche Sitte noch hatte. Dibelius hatte noch gemeint, die Konfirmation sei unangreifbar, sie sei zu fest in der Bevölkerung verankert.

Schon der Kirchenkampf in der NS-Zeit hat gezeigt, daß wir nicht mehr an dem Begriff „Volkskirche" im Sinne von „Kirche des Volkes" festhalten können. Von einer Kirche des Volkes würde man nur sprechen können, wenn das Verhalten der Mehrheit eines Volkes vom christlichen Geist geprägt wäre, wenn die Bibel ein bekanntes und in den Häusern gebrauchtes Buch wäre, wenn die Eltern den Kindern biblische Geschichten erzählen und mit ihnen zum Gottesdienst gehen würden, wenn das Tischgebet noch üblich wäre und die christlichen Feste als christliche Feste gefeiert würden. Von alledem konnte keine Rede mehr sein. Daß die

Kirche offen sein muß für alle, für die Probleme des einzelnen Menschen und der Gesellschaft, daß sie nicht darauf verzichten darf, sich einzumischen, daß sie die Gebote bei Staat und Gesellschaft anmahnt, alles das gehört zur Kirche Jesu Christi überhaupt. Sie ist Kirche für die Menschen, oder sie ist nicht seine Kirche.

Es mußte auch bedacht werden, daß die Jugendlichen ganz von ihren Eltern abhängig waren. Eine eigene, selbstverantwortete Entscheidung war ihnen noch nicht abzuverlangen, schon gar nicht, wenn man bei den Eltern stillschweigend Vergleichbares akzeptierte. So entschlossen sich die Kirchenleitungen – ohne ihr Nein zur Jugendweihe zurückzunehmen –, den jungen Menschen den Weg zu zeigen: Wenn die Jugendgeweihten sich noch eine längere Zeit zur Jungen Gemeinde hielten, könnten sie konfirmiert werden. In meiner Berlin-Brandenburger Kirche umfaßte dieser Zeitraum ein Jahr. In einigen Landeskirchen war er wesentlich kürzer. So entstanden besonders dort, wo zwei Landeskirchen mit unterschiedlicher Praxis aneinandergrenzten, böse Spannungen: Warum geht bei uns nicht, was in der Nachbargemeinde möglich ist?

Die Auseinandersetzung Konfirmation – Jugendweihe hat uns erkennen lassen, daß wir von der Vorstellung loskommen müssen, der isolierte Festtag mit dem Gelöbnis sei schon die entscheidende Weichenstellung für ein christliches Leben in der Gemeinde. Konfirmation kann in unserer Situation nur konfirmierendes Handeln sein, das sich eigentlich über das ganze Leben erstreckt. In diesem Sinne hat ein Ausschuß des Bundes der Evangelischen Kirchen Vorschläge gemacht, die die Synode akzeptierte.

Wir wurden später gefragt, warum wir bei Verhandlungen mit dem Staat nicht immer wieder auf dies Problem hingewiesen hätten. Ich muß für meine Person gestehen, ich hätte es als beschämend empfunden, dann hören zu müssen: Was wollen Sie? Wo sind die Bürger, für die Sie eintreten?

14. Predigerseminar und Domstift Brandenburg

Endlich, am 1. November 1951, konnte das Predigerseminar beginnen, um dessentwillen ich eigentlich nach Brandenburg gekommen war. Die Kirchenleitung hatte am Dom zu Brandenburg, in Rechtsträgerschaft des Domstiftes, diese Ausbildungsstätte ins Leben gerufen. Der junge Theologe legt seine 1. Prüfung ab und absolviert bei einem Pfarrer sein Lehrvikariat. Im Predigerseminar soll er in konzentrierter Ruhe und in Gemeinschaft mit anderen das, was er später zu tun hat, theologisch durchdenken. Diese Einrichtung wurde im vorigen Jahrhundert geschaffen und hat sich, wie Finkenwalde gezeigt hat, im Kirchenkampf bewährt.

Vorerst standen nur das kleine Haus, in dem wir anfangs gewohnt hatten, und eine angemietete Etage, Domlinden 10, zur Verfügung. Für die ersten Sieben, die kamen, reichte es aus. Aus dem Konsistorium hatte ich gehört, die Kandidaten sträubten sich mit allen Mitteln dagegen, noch ein halbes Jahr im Predigerseminar zu verbringen. Nach oft langer Soldatenzeit wollten sie nicht mehr fern von den Ihren und mit anderen zusammenleben müssen. Das war zu verstehen. Die Situation war anders als zur Finkenwalder Zeit. Dennoch wollte ich versuchen, den mir Anbefohlenen so viel wie möglich von meinen Erfahrungen zu vermitteln.

Unser „Lehrkörper" entsprach wahrscheinlich nicht den heute gültigen Normen. Ich selber habe nicht promoviert. Als Lehrer für Pädagogik fungierte Pfarrer Kunkel (Potsdam), Pfarrer Passauer, Pfarrer Goebel (St. Pauli Brandenburg), Bankdirektor Felscher, Kantor Bothe (St. Gotthardt) teilten sich in die weiteren Aufgaben. Das Fach Liturgik wurde später von Fräulein Seiffert betreut.

Gerhard Schulz übte von 1954 bis zu seinem Tode das Amt eines Inspektors aus. Jürgen Henkys folgte ihm 1956. Ich selbst nahm das Fach Predigtlehre wahr. Für meine eigene theologische Entwicklung habe ich in diesen Stunden viel gelernt: Die von einem der Kandidaten ausgearbeitete Predigt wurde in Gruppen besprochen. Sie gaben eine erste Beurteilung ab. Dann hörten wir alle die Predigt vom Tonband und sagten dazu unsere Meinung, auch zu Stil und Aussprache. Danach aber begannen wir noch einmal gemeinsam, an dem Text und seiner Botschaft zu arbeiten. Es kam zu einem lebhaften und meist fruchtbaren Austausch. Erst am Schluß hielt der Autor seine Predigt, die er aufgrund der gemeinsamen Arbeit umgeschrieben hatte, in einem Gemeindegottesdienst. Meine Kritik beschränkte sich zu diesem Zeitpunkt auf das Allernotwendigste. Ich hatte bei Bonhoeffer gelernt: Im Gottesdienst gehaltene Predigten soll ich als Gottes Anrede an mich hören, aber nicht aus der Distanz kritisieren.

Als Hausdame, eine besonders wichtige Person in einer solchen Einrichtung, gewannen wir Frau Melitta Lang, Tochter eines Lehrers in Plaue/Havel, einen treuen und umsichtigen Menschen. Manche Kandidaten bevorzugte sie sichtlich, manche machten ihr das Leben schwer. Aber alle wußten: Sie gehört zu uns, und sie ist mit ganzem Herzen für uns da.

Zum ersten Kurs waren nur sieben Kandidaten einberufen, alle männlichen Geschlechts. Gemischte Gruppen gab es erst viel später. Eine Ausnahme: Einmal hatten wir ein junges Ehepaar bei uns, Theologe und Theologin. Sie wurden feierlich mit Kutsche und livriertem Diener eingeholt. Der Anfang einer Ehe in so großer, bunter Gemeinschaft ist für sie wohl nicht ganz leicht gewesen. Als die Zahl der Kandidaten zurückging, kamen auch Absolventen aus der Berliner Predigerschule Paulinum dazu. Sie haben mit ihrer längeren Berufserfahrung dazu beigetragen, daß wir mit unseren Vorstellungen „auf dem Boden" blieben. Besondere Freude machte mir ein Kurzkurs für „Geistliche Hilfskräfte", Männer mit verschiedenen Ausbildungsgängen und aus verschiedenen Berufen, die teilweise schon im Predigerdienst gestanden hatten.

Wie in Finkenwalde begann unser gemeinsamer Tag mit

der Morgenandacht, meist im Hohen Chor des Doms. Als Wolfgang Fischer seinen Dienst bei uns angetreten hatte, bot er uns an jedem Morgen ein Stück Orgelliteratur auf der Wagnerorgel. Einer der Kandidaten hielt eine kurze Auslegung. Wie ich hörte, wurde sogar in einem der Kurse ein Wettbewerb veranstaltet um die kürzeste Andacht. Am Ende gab ich den Kandidaten einige Punkte für ihre tägliche Meditation mit, also Anregungen und Fragen, die sie in der stillen Zeit nach dem Frühstück bewegen sollten. Wieweit die Kandidaten das wirklich befolgten, habe ich nicht kontrolliert. Ich fürchte, die Bemühung um Konzentration und Stille war nicht durchweg intensiv. Zur persönlichen Lektüre hatte ich Bonhoeffers kleine Schrift „Gemeinsames Leben" in jedem Zimmer ausgelegt. Ich nahm an, es würde sich von selbst zum Gebrauch anbieten. Eines Tages fand ich die Hefte gesammelt im Heizungskeller.

Mir schien es in der schwierigen Situation, in der wir uns befanden, dringend notwendig zu sein, den jungen Pastoren bei ihren ersten Schritten in die Praxis zu helfen. Ich nahm mir vor, alle Ehemaligen dann an ihrer neuen Wirkungsstätte zu besuchen. Mittels meines Rollers habe ich das auch weithin durchgeführt, bis die Krankheit meiner Frau und die Berufung in ein neues Amt dem ein Ende setzten.

Einer der Kurse, der sich nach der Ordination in Brandenburg traf, hat folgende Sätze verfaßt und sie im Juni 1956 anderen, die in gleicher Lage waren, übersandt:

„Wir jungen Pastoren, die durch das Predigerseminar Brandenburg gegangen sind, wenden uns an unsere Brüder im Amt und hoffen, daß auch sie sich zu eigen machen können, worin wir übereinstimmen:

Wir erbitten für unsere Gemeinden, daß der Herr sie in einer anders gewordenen Welt erneuern möge. Wir dürfen dies aber nur erwarten, wenn wir Pastoren bereit sind, uns an einige ganz einfache Dinge erinnern zu lassen. Wir leiden an geistlicher Einsamkeit und wissen von vielen Brüdern das gleiche. Das ist zu einem guten Teil unsere eigene Schuld. Denn wir achten es zu wenig, daß Gott uns Brüder geschenkt hat, einander zu helfen. Darum müssen wir um so mehr fürchten, von den inneren und äußeren Lasten unseres Amtes erdrückt zu werden.

Das hat uns dazu geführt, voneinander brüderliche Hilfe zu erbitten. Dies schließt ein: Wir billigen einander das Recht zu, gegenseitig darüber zu wachen, wie wir unsern Dienst und unser Leben führen. Wir sind bereit, unter uns Kritik zu üben und entgegenzunehmen.

Wir machen einander Mut zum Beichten und erbitten von Gott, daß wir rechte Beichtiger und Beichtende werden. Wir sagen einander zu, daß wir trotz allen Scheiterns stets neu versuchen werden,

täglich auf das Wort der Bibel zu hören und dabei nach Gottes Willen für uns selbst zu fragen, die Brüder, die mit uns in einem Seminarkurs waren, ebenso aber auch alle Pfarrbrüder, die mit uns in einem Kirchenkreis stehen, regelmäßig und namentlich in unsere Fürbitte aufzunehmen,

unsere Kreiskonvente nach Kräften zu fördern und ihnen unsere praktische und theologische Mitarbeit anzubieten,

in unserem Amte keine größere Entscheidung zu fällen, ohne brüderlichen Rat einzuholen.

Wir bitten die Brüder, die sich diese Zusagen zu eigen machen, uns das mitzuteilen."

Wir spüren in diesen Worten, wie sehr die jungen Pastoren bereits unter der traditionellen und durch die politischen Umstände aktuellen Isolierung ihres Standes gelitten haben. Ich weiß nicht, wie groß das Echo auf dieses „Brandenburger Wort" gewesen ist. Daß einiges in unsrer Kirche anders gelaufen wäre, wenn sich viele zu solcher brüderlichen, der Bibel gemäßen Handlungsweise entschlossen hätten, liegt auf der Hand. Daß in dem Wort nur von „Brüdern" die Rede ist, hängt damit zusammen, daß unsere Seminarkurse nur männliche Kandidaten umfaßte. Die Frauen bekamen ihr Predigerseminar in Potsdam und Berlin-Spandau erst ab 1958.

Die Leiter der deutschen Predigerseminare trafen sich bis 1961 jährlich zu einem Fachkonvent. Der Austausch war notwendig und fruchtbar. Wir haben die Gelegenheit, die deutsch-deutsche Grenze zu überschreiten, so intensiv wie möglich genutzt. Mit dem Besuch bei den Gastgebern verband sich eine Reise durch deren ganzes Kirchengebiet. Ich erinnere mich besonders lebhaft an Westfalen 1955. Der Bielefelder Seminarleiter Thimme hatte ein Minutenprogramm für uns vorbereitet. Es geriet völlig durcheinander, weil der Historiker von Soest nicht müde wurde, uns seine schöne Stadt in Geschichte und Gegenwart minutiös zu schildern. Der Osnabrücker Landessuperintendent Wischmann hatte ein Herz für die Kandidaten und gab ihnen Zeit, sich für die ihnen geschenkten D-Mark etwas zu kaufen. Von unserer Rheinlandtour ist mir das Winzerdorf Winningen an der Mosel in bester Erinnerung, eine evangelische Enklave mitten im katholischen Teil Rheinlands. Dort heilte der herrliche Wein meine schleichende Grippe. In besonderer Erinnerung blieb mir bei unserm Besuch in Württemberg der Ort Bernhausen, unweit Stuttgarts. Ich hatte am Sonntag Quasimodogeniti dort zu predigen. Obwohl das Osterfest nur eine Woche zurücklag, fand ich eine gestopft volle Kirche vor: Im Kirchenschiff die Frauen, auf der 1. Empore die Männer, alle in Schwarz, auf der 2. Empore die Jugend. Ich hatte das Gefühl, die Leute, selbstbewußt zurückgelehnt, dachten sich: Was wird der junge Mann uns schon zu „sage habe". Vielleicht tue ich ihnen Unrecht, aber ich mußte mir jedes Wort gleichsam aus dem Gehirn ziehen. Zu Mittag war ich bei dem Vorsteher der Hahnschen Gemeinschaft eingeladen. Der mächtige Mann saß mir allein gegenüber, während seine Schwester uns bediente. Er würdigte sie keines Wortes. Die Hahnschen, so lernte ich, lehren drei Sündenfälle: Der erste sei der Fall der „Gottessöhne", 1. Mose 6,2, der zweite bestehe darin, daß Adam an Gott nicht genug gehabt, sondern sich eine Gefährtin erbeten habe, der dritte ist dann der Sündenfall, den uns 1. Mose 3 schildert. Darum ist nur der Mann wahrhaft fromm, der keine Frau begehrt und nicht heiratet. Mein Gastgeber bekannte mir: „I dank mei'm Gott, daß i a Jungfrau bin." Gewiß, er hatte seine Schwester zur Bedienung.

Ein besonderer Spaß erwartete uns auf einer Fahrt durch die provinzsächsischen Gefilde im traditionsreichen Predigerseminar Wittenberg. Es war der 11. Juni 1953. Wir hatten im Gasthof aus dem Radio die Nachricht gehört: Zwischen dem Ministerpräsidenten Grotewohl und dem Rat der Evangelischen Kirche in Deutschland, vertreten durch Bischof Dibelius, sei eine Vereinbarung getroffen worden, die die Verfolgung der Jungen Gemeinde beendete. Die Kandidaten feierten das sogleich ausgiebig. Auf dem Bahnhof Wittenberg wurden wir von einem schwarzgekleideten Kandidaten feierlich empfangen. Ähnlich ging es im Hause zu. Ich bat meine Schützlinge flehentlich, sie sollten uns, in dem Zustand, in dem sie sich befanden, keine Schande machen. Unser Seminar war kaum zwei Jahre alt und hatte einen Ruf zu verlieren. Es wurden, bei einer klösterlichen Mahlzeit, sehr seriöse Reden gehalten. Dann kündigte Direktor Paul Wätzel an: Und jetzt wird uns die Schola (ein liturgischer Chor) etwas singen. Und es erklang: „Pack die Badehose ein …" Der Bann war gebrochen, ich war erleichtert, und die Wittenberger amüsierten sich köstlich.

Politisch gesehen war das Predigerseminar den Vertretern des Staates ein Dorn im Auge. Grund war das Wahlverhalten. Meist ging höchstens einer zur Wahl. Als ich von einem Funktionär deswegen angesprochen wurde, konnte ich darauf verweisen: Diesmal sind es hundert Prozent mehr. Es waren zwei.

Eines Tages im Jahre 1958, einer schwierigen Zeit im Verhältnis Staat – Kirche, erschien eine Abordnung der Stadt mit dem Auftrag, unsere Bibliothek nach faschistischen Schriften zu durchsuchen. Nach Rückfrage beim Konsistorium in Berlin mußte ich sie gewähren lassen. Sie fanden ein paar Bücher deutschchristlicher Machart, die wir aus kirchengeschichtlichen Gründen behalten hatten. Da sie es an einem Tag nicht schafften, würden sie am nächsten wiederkommen. Bis dahin sollte die Bibliothek versiegelt bleiben. Die großen Schiebetüren waren statt mit Glas, das damals nicht zu beschaffen war, mit Pappe versehen. Die entfernten wir vorsichtig, und Fräulein Lang und ich stiegen ein und sorgten dafür, daß am nächsten Tage keine Konterbande mehr zu finden war.

Die Stadt Brandenburg hatte sich der meisten Domkurien bemächtigt und dort ein Altersheim eingerichtet. Immerhin bekamen wir auf unser ständiges Drängen die Zusage, jede freiwerdende Wohnung, die dem Domstift Brandenburg gehörte, für die Zwecke des Predigerseminars in Anspruch nehmen zu können. So zogen wir 1958 in eine geräumige Etage im Hause Burghof 10 ein. Aus den viel zu großen Räumen, die einst als Domherrendomizil gedient hatten, wurden viele kleine Einzelzimmer geschaffen, dazu ein Wasch- und Duschraum für alle. Die Duschen, Wasserhähne, gußeisernen Abflußrohre mußten Stück für Stück aus Westberlin geholt werden. Die Kandidaten erwiesen sich als Meister in der Technik, die teils recht sperrigen Utensilien durch die Kontrollen in Griebnitzsee zu bringen. Nichts ist beschlagnahmt worden.

Mit der dazugewonnenen Wohnung hatte es eine eigene Bewandtnis. Sie war vorher durch eine Frau von X. mit ihrem erwachsenen Sohn bewohnt worden. Diese Dame hatte viel Zeit und beobachtete von ihrem Fenster aus, ob und wie viele Bauernwagen vor meinem Hause vorfuhren. Da ich Superintendent eines ländlichen Kirchenkreises war, kamen schon einige. „Bauernwagen" bedeutete für sie: zusätzliche Verpflegung vom Lande. Eine Aufstellung mit einer beigefügten Schrift, „Die Machenschaften des Superintendenten Schönherr", übersandte sie Bischof Dibelius. Der schickte das Elaborat an mich: „Zur unmittelbaren Erledigung". Den eigentlichen Grund ihres Mißfallens bekam ich nie heraus, vernachlässigt hatte ich sie nicht. Allerdings kostete es mich immer Überwindung, ihre total verschmutzte Wohnung zu betreten. Eines Tages war Frau von X. verschwunden. Nach einiger Zeit erhielt ich das Schreiben eines westdeutschen Notars, das mich zum Eigentümer der gesamten Einrichtung machte. Ich war mir nicht klar, ob das ein Racheakt oder doch ein Zeichen freundlicher Gesinnung sein sollte. Erst sehr viel später, nach einigen Mühen, nach Reinigungen und Restaurierungen, wußte ich, daß ich wertvolle Barock- und Biedermeiermöbel geerbt hatte.

Noch heute bekleide ich ein Amt, das ich mit meiner

Übersiedlung nach Brandenburg angetreten habe: Ich bin Dechant des Domkapitels. Der altehrwürdige Name „Domkapital" steht für das Gremium, von dem das Domstift verwaltet und vertreten wird und dessen Vorsitz der Dechant innehat.

Im Jahre 948 errichtete Kaiser Otto I. das Bistum Brandenburg als Missionsbistum für die Slawen des Havelgebietes. Die Gründungsurkunde hat die Stürme des Jahrtausends überlebt. Sie befindet sich als kostbarer Besitz im Domarchiv, ich vermute, als älteste Urkunde östlich der Elbe überhaupt. Das dazugehörende Domkapitel wurde vom Reformorden der Prämonstratenser gebildet. Er erbaute den heutigen Dom; der Grundstein wurde 1165 gelegt. Neben Kloster Jerichow bei Tangermünde ist der Brandenburger Dom der älteste Backsteinbau östlich der Elbe. Anfang des 16. Jahrhunderts wurde das Domkapitel in ein weltliches Chorherrenstift umgewandelt, das vornehmlich dazu diente, Söhne des märkischen Adels zu versorgen. Die Reformation wurde gegen den Widerstand der Domherren eingeführt: Erst 1555 fand der erste evangelische Gottesdienst im Dom statt. 1705 bekam das Domstift einen anspruchsvollen Auftrag: Die Ritterakademie wurde als Internatsschule für den Adel gegründet; niemand sollte in dem Kurfürstentum Brandenburg in den Höheren Staatsdienst übernommen werden, der nicht diese oder eine gleichwertige Schule besucht hatte. In diesem Institut muß ein spartanisch-preußischer Geist geherrscht haben. Davon konnten wir uns bei der Besichtigung der Räume überzeugen. Als 1810 der preußische Staat die Kriegskontributionen an Napoleon zahlen mußte, schien das Ende des Domstifts gekommen. Es wurde dennoch wiederbelebt, nun freilich noch strikter kirchlichen Zwecken entzogen. 1848 geriet der Brandenburger Dom plötzlich in das grelle Licht der Politik: Er sollte dem preußischen Landtag als Tagungsort, anstelle des unruhigen Berlin, dienen. Dazu ist es nicht gekommen. In der NS-Zeit wurde das Domstift noch einmal aufgewertet: Verdiente Staatsdiener sollten durch Berufung in das Domkapitel geehrt werden, so der Generalfeldmarschall von

Hindenburg. 1946 trat die Wende ein: Das Domstift Brandenburg wurde als Entschädigung für das fortfallende Kirchenpatronat an die Kirche zurückgegeben.

Nach der Satzung, die die Berlin-Brandenburger Kirchenleitung am 1. April 1946 erließ, hat es folgende Aufgaben.:

1. Die Pflege des Gottesdienstes auf der Dominsel sowie die Unterhaltung des Brandenburger Doms mit seinen Domkurien und sonstigen Nebengebäuden, insbesondere der ehemaligen Ritterakademie,

2. die Vorbildung und Schulung kirchlicher Kräfte für das geistliche Amt sowie für andere wichtige Aufgaben,

3. die Förderung der theologischen Wissenschaft, der kirchlichen Kunst und der Kirchenmusik durch Mitglieder des Domkapitels sowie durch Personen, die der zuständige Bischof dem Domstift zur Erfüllung derartiger Aufgaben anweist,

4. die Erfüllung anderer kirchlicher Aufgaben, die dem Domstift von der Kirchenleitung oder durch die Verfassung der Kirche übertragen werden.

Nicht besonders genannt, aber höchst gravierend ist die Verantwortung des Domkapitels für die Verwaltung der eintausendfünfhundert Hektar landwirtschaftlicher und eintausendsechshundert Kilometer forstwirtschaftlicher Betriebsfläche. Es handelt sich um die Domstifsgüter Mötzow und Grabow bei Brandenburg und den Domstiftsforst Seelensdorf bei Pritzerbe. Dieser Besitz sollte eigentlich die Kirche finanziell unterstützen. Leider sah es anders aus. Die Landwirtschaft war eine Quelle ständiger Sorge. Als der Kurator Grünbaum und ich 1947 das erste Mal das Gut Mötzow besichtigten, lief als einziges lebendes Inventar eine Katze über den Gutshof. Später halfen die Bayern mit ein paar Ochsen als Zugkräfte aus. Der landwirtschaftliche Berater, Wilfried Merian aus Herrnhut, hat seine ganze Kraft, viel Phantasie und all seinen Optimismus daran gewandt, die Domgüter aus den Roten Zahlen zu bekommen. Wasserkatastrophen durch die Aufstauung des Beetzsees, der die beiden Domgüter zu einem guten Teil umfaßt, sorgten immer wieder einmal dafür, daß das wenige, was der karge

Boden hervorbrachte, noch verlorenging. Die Ergebnisse des Gesprächs zwischen Staat und Kirche vom 6. März 1978, die Zusammenlegung der Domgüter mit anderem eigenbewirtschafteten Kirchenbesitz und die landwirtschaftliche Preisreform brachten Besserung. Heute, nach der „Wende", sind die Sorgen nicht geringer geworden.

Anders stand es um den Forst. Wir übernahmen einen einigermaßen geschonten Baumbestand, der besonders durch den Domstiftsforstmeister Robert Hinz, jetzt Landesforstmeister in Brandenburg, zu einem Musterbetrieb in finanzieller und in sozialer Hinsicht entwickelt wurde.

Das Domkapitel wird von der Kirchenleitung berufen. Ihm gehörten anfangs so bekannte Persönlichkeiten wie der Berliner Bürgermeister Friedensburg und Kirchentagspräsident von Thadden an. Zum Kurator wurde Kurt Grünbaum ernannt. Er war bereits im Ministerium Nuschke und in der Landesregierung Brandenburgs tätig gewesen. Grünbaum war von umwerfender Vitalität. Er hat mindestens zwei schwere Autounfälle und drei Aufenthalte im Gefängnis vor und nach 1945 überstanden. Er war ein hervorragender Jurist, ein unverwüstlicher und humorvoller Optimist und ein gewiefter Pragmatiker. Von ihm stammt der Satz: „Gesetze müssen kurz und dunkel sein." Für die schwierige Aufgabe, das Domstift in seiner prekären wirtschaftlichen Lage zu leiten, war er genau der richtige Mann. Meine Frau und ich waren Grünbaums für ihre Freundschaft, mit der sie uns bedacht haben, herzlich dankbar. Kurt Grünbaum starb am 9. April 1982. Zum Begräbnis hatte er sich seinen Konfirmationsspruch 1. Thessalonicher 5, 16-18 (meinen Trauspruch) gewünscht. In meiner Ansprache habe ich ihm nachrufen können: „Seid dankbar in allen Dingen": „Für diese Dankbarkeit war Kurt Grünbaum ein glaubwürdiger Zeuge. Vielleicht war Dankbarkeit überhaupt der wichtigste Zug seines Wesens ... Er war dankbar für seine enorme Gesundheit, für die Vitalität, die es ihm noch im hohen Alter möglich machte, an leitender Stelle mitzuwirken. Er war dankbar für seine Familie, daß er seine Frau mehr als fünfzig Jahre bei sich haben konnte, daß er sieben Kinder aufziehen durfte, mit ihren großen Verschiedenheiten und all dem bunten Leben, das sie zusammen mit ihren Kindern und Enkeln in das Elternhaus brachten ... Dankbar war er für die Kollegen und Freunde, denen er auf seinem langen Lebensweg begegnete. Mit großer Achtung hat er von Otto Nuschke gesprochen, unter dessen Leitung er nach dem Kriege eine sehr verantwortungsvolle Arbeit des Aufräumens und Neuordnens zu leisten hatte. Dankbar dachte er besonders an die schöne Arbeitsgemeinschaft in der Kirchenkanzlei der Evangelischen Kirche der Union, aus der er sich erst mit achtzig Jahren herausgelöst hat ..."

Unter den Domherren des Anfangs war Paul Braune, der Leiter von Lobetal bei Bernau, der diakonischen Anstalt. Braune hatte sich seinerzeit erfolgreich dagegen gewehrt, seine Schützlinge dem „Euthanasieprogramm" Hitlers preiszugeben. Er hatte in seiner Anstalt gute Erfahrungen mit der Symbiose von Diakonie und Landwirtschaft gemacht. Auf seine Anregung hin richteten wir zuerst im Gutshaus Mötzow, dann im eigenen Haus „Lindenhof" am Beetzsee ein Heim für Behinderte ein. Einige von ihnen wurden gute Hilfskräfte im Domstiftsforst Seelensdorf.

Seit einigen Jahren befindet sich in den Klostergebäuden des Doms ein Museum. Neben der Gründungsurkunde ist dessen größter Schatz ein Evangeliar, ein Buch, mit leuchtend farbigen Bildern und Initialen illuminiert. Es stammt vom Anfang des 13. Jahrhunderts und enthält die zum gottesdienstlichen Gebrauch ausgewählten Evangelienstellen. Zum Domschatz gehört auch eine große Anzahl kunstvoller, geistlicher Gewänder. Im Domarchiv werden neben den eigentlichen Domstiftsakten ganze Pfarrarchive gesammelt und erschlossen. Ich denke, man versteht, warum ich noch immer am Dom hänge und mich über alles freue, was dort vor sich geht.

Jedes Jahr im Herbst findet der Kapitelstag statt. Zum Gottesdienst ziehen die Domherren in ihren alten Gewändern ein, in schwarzen Roben mit rotem Barett, der Dechant ganz in Violett. Die Predigt hält normalerweise der Bischof. So war es auch bei der Tausendjahrfeier am 19. September

1948. Ich vergesse nicht, wie Bischof Dibelius seine Predigt begonnen hat: „Die Missionierung Brandenburgs fängt erst an." Er wies darauf hin, daß bisher das meiste in unserer östlichen Kirche durch Fürsten und Könige angeordnet worden sei. Jetzt sei die Zeit gekommen, in der die Kirche ihren Weg eigenständig gehen kann – und gehen muß. Ich habe oft daran gedacht.

15. Als Christ in der DDR bleiben

Es muß um die Jahreswende 1956/57 gewesen sein, da meldete ich mich bei dem Kirchenreferenten des Bezirkes Potsdam und erklärte ihm: „Bitte nehmen Sie zur Kenntnis, wir sind keine Partisanen des Westens. Wir stehen mit beiden Beinen in der DDR. Aber wir wollen in dieser DDR Christen sein."

Zu diesem Schritt hatte ich mich nach längerem Schwanken und inneren Kämpfen entschlossen. Wie war damals die politische Situation? Die Genfer Außenministerkonferenz von 1955 war gescheitert. Die Bundesrepublik war bereits 1954 in die NATO aufgenommen worden; 1955 wurde der Warschauer Pakt gegründet, die DDR war Mitglied von Anfang an; im Westen galt die „Hallstein-Doktrin"; im Osten wurde die Nationale Volksarmee aufgestellt. Alles deutete darauf hin, daß die Sowjetunion ihren Vorschlag, Deutschland auf der Basis strikter Neutralität wiederzuvereinigen, nicht wiederholen würde. Wir mußten uns klarmachen, daß die DDR kein „Wölkchen" ist, „das vorübergeht" („nubiculum est, transibit" hatte Dibelius gern zitiert). Wir Christen mußten uns theologisch und glaubensmäßig mit dem Gedanken vertraut machen, in einem Staat zu leben, der unter der Diktatur einer Partei stand. Und diese Partei war im Kern atheistisch. Was ich mir damals gedacht habe, möchte ich hier wiederzugeben versuchen.

Noch einmal war die Frage an jeden einzelnen Christen gestellt, ob er an seinem Platz bleiben oder in den Westen ausweichen sollte. Sie hatten 1952/53 die harte Verfolgung der Jungen Gemeinde erfahren, sie erlebten den Kampf gegen die Jugendweihe und vielerlei Benachteiligungen und Restriktionen.

Den Gedanken, in den Westen zu gehen, habe ich nie ernsthaft erwogen. Ich wußte, daß ich nach Berlin-Brandenburg gehöre. Meine Heimat der Wälder und Seen war mir vertraut. Ich war in meiner Kirche verwurzelt, dieser eigenartigen Mischung aus Weltstadt- und Bauerngemeinden. Gott hatte mich dort hingestellt. Dort war das Feld, auf dem ich mich als sein Zeuge bewähren sollte.

Das war meine persönliche Glaubensüberzeugung. Ich konnte und wollte sie nicht als Verpflichtung für andere ausgeben. Ich fühlte mich von meiner Kirche unterstützt: 1956 und 1960 hat die Synode der Evangelischen Kirchen der Union, der ich selbst angehörte, in einem Wort an die Gemeinden ausdrücklich darum gebeten: Bleibt im Lande! Wir hatten zu achten, daß andere Christen andere Prioritäten gesetzt haben. Verstehen können habe ich aber nicht, daß Ärzte und Pfarrer in einer Zeit die DDR verließen, da in einer krassen Einbahnstraßen-Situation jeder Weggehende eine empfindliche Lücke hinterließ – es sei denn, der Betreffende hatte unverschuldet unter erheblicher politischer Bedrohung oder unter schwerer Beeinträchtigung in Beruf und Familie zu leiden. Heute wird manchmal der Eindruck erweckt, daß eigentlich nur der Emigrant vor dem Urteil der Geschichte bestehen könne. Man kann es auch anders sehen. Ich denke an Dietrich Bonhoeffer: Unmittelbar vor Kriegsausbruch 1939 entschied er sich, nicht in den USA zu bleiben, obwohl ihm dort alle Wege geebnet worden waren. Nach nur fünf Wochen Aufenthalt in Amerika kehrte er nach Deutschland zurück. In einem Brief an seinen Freund Reinhold Niebuhr, Anfang Juli 1939, schreibt er:

„Während ich hier... saß, hatte ich Zeit, über meine Lage und die Lage meines Volkes nachzudenken und zu beten, und Gottes Wille wurde mir klarer. Ich bin zu dem Schluß gekommen, daß ich einen Fehler gemacht habe, indem ich nach Amerika kam. Ich muß diese schwierige Periode unserer nationalen Geschichte mit den Christen Deutschlands durchleben. Ich werde kein Recht haben, an der Wiederherstellung des christlichen Lebens nach dem Kriege in Deutschland mitzuwirken, wenn ich nicht die Prüfungen dieser Zeit mit meinem Volke teile."

Er wußte, daß sein Weg durch Leiden und Krieg führen wird. Er wußte auch, daß er sich dabei die Hände schmutzig machen würde. So bekennt er 1942 unmittelbar vor seiner Verhaftung:

„Wir sind stumme Zeugen böser Taten gewesen, wir sind mit vielen Wassern gewaschen, wir haben die Künste der Verstellung und der mehrdeutigen Rede gelernt, wir sind durch Erfahrung mißtrauisch gegen die Menschen geworden und mußten ihnen die Wahrheit und das freie Wort oft schuldig bleiben, wir sind durch unerträgliche Konflikte mürbe und vielleicht sogar zynisch geworden – sind wir noch brauchbar?"

Sein Weg war ohne Zweifel unendlich gefährlicher als der unsere. Die Situation war in vielen Beziehungen anders. Aber für die Fragestellung „Bleiben oder Weggehen?" war mir Bonhoeffers Entscheidung immer sehr hilfreich.

Was bedeutete es für den Christen, in der DDR zu bleiben? Eine erste Klärung brachte bereits die EKD-Synode 1956 in Berlin. Günter Jacobs berühmtes Referat verkündete „das Ende des konstantinischen Zeitalters", also das Ende der Bindung der Kirche an eine bestimmte Gesellschaftsordnung und an staatliche Macht. Nur so kann sie dem Menschen in jeder sozialen Ordnung gerecht werden. Es ist ihr nicht erlaubt, ihr Handeln auf den „Raum des rein Religiösen" zu beschränken. Christlicher Gottesdienst ist keine Kulthandlung, „die toleriert werden könne, weil das gottesdienstliche Geschehen doch keinen Bezug zur Wirklichkeit habe". Die missionarische Funktion der Gemeinde enthält eine klare Absage an die theoretische und an die praktische Gottlosigkeit, „also auch an den Atheismus in Gestalt des dialektischen Materialismus". Das darf die Kirche aber nicht dazu verführen, in die „Rolle eines politischen Widerstandszentrums, eines Bollwerks gegen den realen Sozialismus zu verfallen"; denn die Kirche ist nicht auf eine konkrete politische und soziale Ordnung fixiert. Jede staatliche Ordnung, auch wenn sie den Freiheitsraum der Kirche einengt, ist Obrigkeit im Sinne von Römer 13: Jeder Staat muß, „ganz unabhängig von seiner Genesis und seines faktischen Soseins, von der christlichen Gemeinde in der von der Bibel gebotenen Loyalität respektiert werden".

Im gleichen Sinne hat die Synode entschieden:

„Das Evangelium widerstreitet jedem Versuch, eine bestimmte menschliche Gesellschaftsordnung als absolut zu behaupten und sie als letztes Ziel der Menschheit durchzusetzen ... Das Evangelium rückt den Staat unter die gnädige Anordnung Gottes, die wir in Geltung wissen, unabhängig von dem Zustandekommen der staatlichen Gewalt oder ihrer politischen Gestalt."

Im gleichen Sinne beschloß die EKU-Synode von 1957 eine Erklärung, „Zum Weg unserer Kirche in der DDR", und ein „Wort der Hilfe, wie wir Christen uns zu unserm Staat verhalten sollen". Darin finden wir die Sätze:

„Ein Christ ist aus der Verantwortung für seinen Staat niemals entlassen. Er nimmt sie auch dann wahr, wenn er im Gehorsam gegen Gottes Wort Widerspruch anzumelden hat ...Wo immer uns die Möglichkeit gegeben wird, Gutes zu tun – auch im Bereich des öffentlichen Lebens – sind wir dazu bereit, weil wir im Dienste Gottes stehen, der das Gute will." (6. Dezember 1957)

Was ist über diesen Staat zu sagen? Ich möchte hier einige Reflexionen anfügen. Als Christen denken wir in zwei Bezugsebenen: In der Ebene Mensch – Mitmensch und der Ebene Welt und Mensch – Gott. Das Doppelgebot der Liebe verpflichtet uns auf beiden Ebenen gleichermaßen (Matthäus 22, 37-40). Auf die DDR-Situation bezogen: Wir Christen können unser Verhältnis zueinander und unser Urteil übereinander letztgültig nicht unter selbstgemachten Maßstäben, also auch weder unter dem Gesichtspunkt des Klassenkampfes noch unter dem des Kampfes gegen den Kommunismus sehen (ich vermeide das pauschalisierende Wort „Antikommunismus"). Beim Studium meiner Stasiakten bemerkte ich, daß ich ausschließlich danach beurteilt worden bin, wie ich zur DDR-Regierung und den Entscheidungen des Politbüros stand. Immer wieder haben mir die Einschätzer des MfS „schwankende Haltung" vorgeworfen, weil ich nicht in ihr Schema „diesseits oder jenseits der Barrikaden" hineinpaßte. Man fand es unverständlich, daß ich den Staat DDR für mich bejahte und an der Brüderlichkeit gegenüber dessen „Feind" Kurt Scharf festhielt oder daß ich Bischof Dibelius trotz vieler gegenteiliger Ansichten nicht die Gemeinschaft aufzukündigen bereit war. Man ging von der Vorstellung aus, ich hätte mit politisch Andersdenkenden in der Kirchenleitung und Synode einen dauernden Machtkampf zu bestehen. Ich wußte mich jedoch in einer Gemeinschaft aufgehoben, die nicht durch Klasseninteressen oder politische Standpunkte oder gar durch Machtkämpfe geprägt war. Der Glauben an Gott hat uns trotz aller Auseinandersetzungen im tiefsten verbunden.

Wer mit Gottes Herrschaft rechnet, wird so handeln, daß mitten in dieser Welt, mitten in einer privaten oder politischen Situation Gottes Wort und Wille zur Geltung kommen. Er wird es im Konfliktfall mit den Aposteln halten: „Man muß Gott mehr gehorchen als den Menschen." (Apostelgeschichte 5, 29) Christen werden sich zum Beispiel um Gemeinschaft bemühen, wo Haß gepredigt wird. Sie dürfen sich aber auch nicht blenden lassen, wenn man sich auf „christliche Prinzipien" beruft. Ich bin nur dann bereit, jemand seine „Christlichkeit" zu glauben, wenn er um das Wort Gottes willen sein Handeln zu verändern bereit ist.

In unserer von Luther geprägten Sprache benutzen wir das Wort „Obrigkeit", wenn wir nach Römer 13,1 von den „vorgesetzten Gewalten" sprechen. Es ist natürlich zu fragen, ob der Ausdruck „Obrigkeit" sprachlich verbraucht ist, zumal er sofort das Substantiv „Untertan" assoziiert. Es steht aber ein Verbum da: „untertan sein" als Übersetzung eines griechischen Wortes mit der Bedeutung „sich einorden". Karl Barth hat in der Barmer Theologischen Erklärung vom „Staat" gesprochen. Aber das verkürzt. War es eigentlich der „Staat Deutsche Demokratische Republik", der Gewalt über uns hatte? War es nicht die Partei? War der Staat nicht lediglich der Dienstleistungsbetrieb, der auszuführen hatte, was das Politbüro beschloß? Uns war zwar der Staatssekretär für Kirchenfragen als Gesprächspartner zugeordnet; aber seine Weisungen bekam er vom Zentralkomitee der SED.

Mit der nötigen Vorsicht gebraucht, scheint mir das Wort „Obrigkeit" dafür zu stehen, daß die „übergeordneten Gewalten" nicht nur auf der politischen Ebene, sondern auch für den Glauben relevant sind. Ich möchte die „Obrigkeit" oder den Staat nicht als (Erhaltungs)-Ordnung Gottes bezeichnen und ihnen damit göttlichen Glanz verleihen. Die Barmer Theologische Erklärung redet in These 5 davon, daß der Staat „nach göttlicher Anordnung ... die Aufgabe hat, für Recht und Frieden zu sorgen". Nicht der Staat ist göttlich, wohl aber die Aufgabe, die Gott ihm erteilt hat und nach der allein er von uns Christen zu beurteilen ist. Ich verstehe die Stelle im Römerbrief so: Das 12. Kapitel endet mit der Mahnung, daß die Christen Frieden halten und ihre Feinde lieben sollen. Der letzte Satz lautet: „Laß dich nicht vom Bösen überwinden, sondern überwinde das Böse mit Gutem." (21) Die Frage muß kommen: Gebe ich mich damit nicht schutzlos in die Hand des Feindes? Paulus antwortet: Gott selbst hat dafür gesorgt, daß du nicht schutzlos bist. Er hat die „übergeordneten Mächte" beauftragt, für Recht zu sorgen.

Paulus hat den Römerbrief zu Zeiten des Kaisers Nero und angesichts der Rechtlosigkeit der Sklaven und der grausamen Praxis der römischen Gouverneure geschrieben. Dennoch muß er auch von diesen übergeordneten Gewalten ein gewisses Maß von Recht erwartet haben, das das Unrecht in Grenzen hält. Johannes Hamel hat 1957 über die DDR-Regierung den schönen Satz geprägt: „Auch eine Obrigkeit, die sich von einer Ideologie her versteht, wird ihrer göttlichen Bestimmung nicht entgehen können." Wer es anders sieht, muß uns davon überzeugen, daß Römer 13 als Wort der Heiligen Schrift nicht mehr gilt.

Wenn die herrschende Macht allerdings bewußt auf den Krieg hinarbeitet und brutal ganze Völker mordet, dann kann es geschehen, daß wir darin nicht mehr die Hand des Schöpfers erkennen, der die Welt erhalten will. Dann rücken Verschwörungen wie die des 20. Juli 1944 auch für den Christen in den Bereich verantwortlicher Erwägungen. Das heißt nicht, eine Theologie der Revolution zu entwickeln.

Ein Aufstand wie dieser kann nur Ultima ratio sein; er beseitigt bestenfalls schreiendes Unrecht, aber er schafft keine bleibende, umfassende Gerechtigkeit. Wir haben immer wieder die Erfahrung gemacht, daß Gewalt keine Probleme endgültig löst, sondern neue schafft.

Otto Dibelius hat 1959 in seiner Schrift „Obrigkeit? Eine Anfrage an den sechzigjährigen Landesbischof" (Lilje) die Dinge anders gesehen: Totalitäre Staaten weisen ein zu großes Defizit an Rechtsstaatlichkeit auf. Darum haben ihre Gesetze und Verordnungen für den Christen „keinerlei verpflichtende Kraft". Er zitiert den Kirchenvater Augustin: „Wo es kein Recht mehr gibt – was sind da die Staaten anderes als Räuberbanden?" Dibelius' Schrift nahm in der gerade auf breiter Front angelaufenen Diskussion über unsere Existenz im Staat Deutsche Demokratische Republik einen Standpunkt ein, mit dem wir nicht hätten aufrichtig leben können. Wir hätten dann eigentlich alle auswandern müssen.

Gewiß war die Deutsche Demokratische Republik kein Rechtsstaat im verfassungsrechtlichen Sinne. Sie kannte keine Gewaltenteilung und hatte darum kein oberstes Verfassungsgericht; eine Verwaltungsgerichtsbarkeit fehlte. Dennoch wage ich zu sagen: Sie war kein „Unrechtsstaat". Mit einem Pauschalurteil macht man es sich zu leicht, man kann dann bequem und ohne zu differenzieren alles, was in ihr geschah, verteufeln. Es gab, mindestens im bürgerlichen Recht, eine Fülle von Entscheidungen, die durchaus „verpflichtende Kraft" hatten. Das Urteil „Unrechtsstaat" würde einige Fragen aufwerfen: Warum hat man mit einem solchen Staat überhaupt paktiert? Warum hat man gegen ihn nicht Sanktionen erlassen wie gegen den Irak? Die Bundesrepublik hat sogar beantragt, den „Unrechtsstaat" in die Völkergemeinschaft der UNO aufzunehmen. Und sie hat gut daran getan. Man sollte auch die Bundesregierungen von 1972 bis 1989 nicht ins Unrecht setzen, weil sie mit einem „Unrechtsstaat" verkehrt hätten. Wir haben in manchen Handlungen dieses Staates auch soziale und historische Gerechtigkeit sehen können: Arbeiterkindern war der Weg zur höheren Schule und zum Studium nicht nur offen, sondern auch finanziell geebnet; die Bürger hatten ein Recht auf Arbeit und auf eine Wohnung. Arbeitenden Frauen wurden Lasten abgenommen. Es gab in der DDR keine Bodenspekulation. Die Korruption hielt sich in Grenzen, Wandlitz war keine Nobelsiedlung, eher ein selbstgewähltes Gefängnis. Man konnte sicher leben, wenn man den Mund hielt und sich einfügte.

Das Unrecht war freilich unübersehbar. Die DDR war auf das Wohl ihrer Bürger bedacht, zugleich aber Bündnispartnerin im internationalen Klassenkampf. Insofern trugen ihre Rechtsnormen Züge des „Kriegsrechtes": das Freund-Feind-Denken beherrschte alles. Die Stasiakten teilten in „positive" oder „negative" Kräfte ein. Die ideologische Voraussetzung hieß: Sozialismus gleich Friede, darum ist die sozialistische Sowjetunion samt ihrem Anhang per Definition ein Friedensstaat. Hinzu kommen die unsinnigen Behauptungen, der Marxismus-Leninismus sei allmächtig, weil er wahr ist; die Partei habe immer recht. Wir sehen die Folgen heute genauer als zu DDR-Zeiten.

Darf man mit der Etikettierung „totalitär" den Hitlerstaat und die DDR auf eine Stufe stellen? Hitler hat von Anfang an den Revanchekrieg angesteuert und millionenfache Opfer von Soldaten und Zivilisten auf beiden Seiten bis zum bitteren Ende in Kauf genommen. Er hat die geradezu industrielle Vernichtung von Behinderten, Juden, Roma, Homosexuellen vorangetrieben. Die slawischen Völker wollte er für alle Zeiten versklaven. Und er hat in seinen Sturz Millionen von Menschen des eignen Volkes hineingerissen. Zweifellos gab es im SED-Staat viel Unrecht; vielleicht kommt noch mehr an den Tag. Aber auf einen Krieg hat er nicht hingearbeitet und millionenfachen Mord hat er nicht betrieben. Es schimmerte immer noch einiges von seinen Ursprüngen durch: Der Sozialismus war als Menschenrechtsbewegung angetreten. Ohne die vor dem Ersten Weltkrieg noch ungespaltene Sozialdemokratische Partei hätte es einen guten Teil der Sozialgesetzgebung, auf die wir Deutschen stolz sind, nicht gegeben. Darum haben wir trotz der bösen Erfahrungen, die wir insbesondere 1952/53 gemacht hatten und auch danach immer wieder machten, an der Deutschen Demokratischen Republik als „Obrigkeit" festgehalten und haben unsere Verantwortung als „Regierte" wahrgenommen.

Wie ich unser Kirchesein in der DDR unter diesen Voraussetzungen verstand, habe ich in einigen Thesen vom Oktober 1960 festgehalten.

1. Indem unsere Kirche dem Marxismus-Leninismus in der unausweichlichen Form staatlicher Macht begegnet, wandelt sie sich radikal. Wir glauben, daß wir diese Begegnung als Gottes Willen annehmen sollen. Wir haben vor allem danach zu fragen, wie wir in ihr als Gemeinde Jesu Christi gehorsam sein können. Wir glauben, daß wir nicht nach rückwärts auf liebgewordene Traditionen und "wohlerworbene Rechte" zu schauen haben, auch nicht auf den Bestand und Zustand der Kirche heute, auch nicht auf die Strategie des Gegenübers, um von ihr das Gesetz des Handelns bestimmen zu lassen. Wir glauben, daß wir allein nach dem Auftrag zu fragen haben, von dem die Gemeinde Jesu Christi von Anfang bis heute lebt (Matthäus 28, 18-20; Apostelgeschichte 1,8). Wir glauben, daß wir dann auch in der bedrängenden Gegenwart die Hand Gottes entdecken, der uns in die Schule nimmt, um bessere Zeugen seiner Sache aus uns zu machen.

2. Wir glauben, daß die Grenze zwischen Gottesreich und Satansreich, zwischen Gehorsam und Sünde nicht identisch ist mit den Grenzen von Konfessionen, Weltanschauungen und Machtsphären. Nicht der theoretische Atheismus, sondern der praktische Atheismus der Christen, wie er sich in Angst, Zank und Heuchelei ausdrückt, ist die eigentliche Gefahr für die Gemeinde und für die Welt.

3. Wir glauben, daß Christus gekommen ist, weil Gott die Welt geliebt hat. Nicht die Kirche, sondern das Reich Gottes, nicht Kirchlichkeit, sondern Gehorsam des Glaubens ist sein Ziel. Er will nicht eine selbstgenügsame Schar im Ghetto, sondern Zeugen, die sich in den Sturm hinauswagen und alle Leidenschaft daransetzen, gute Zeugen ihres Herrn zu sein – auch gegenüber den „Atheisten".

4. Wir glauben, daß Gott, indem er seiner Gemeinde Macht und Einfluß nimmt, die Chance gibt, glaubhaft Zeugnis abzulegen von der Macht ihres „sanftmütigen Herrn" (Matthäus 21,5). Wir glauben, daß diese Macht Basis genug ist, auf der wir unsere Aufgaben erfüllen können – auch unter sehr veränderten Bedingungen.

5. Wir glauben, daß Gott seiner Gemeinde mit der geringer gewordenen Zahl ihrer Glieder die Chance gibt, eine Schar von Brüdern (und Schwestern) zu werden und damit ein wesentliches Moment des Christuszeugnisses wiederzugewinnen.

6. Wir glauben, daß Gott der kleingewordenen Gemeinde, die nicht mehr mit der allgemeinen Gesellschaft identisch ist, die Chance gibt, den Gehorsam gegen die Gebote Jesu Christi (siehe die Bergpredigt) neu zu lernen. Wir glauben, daß nur die gehorsame Gemeinde glaubhaft ihren Herrn bezeugen und hilfreich seinen Weg weisen kann.

16. Der Weißenseer Arbeitskreis

Solche Gedanken, die deutlich das Erbe der Bekennenden Kirche und insbesondere Barths und Bonhoeffers verraten, und Folgerungen auf politischem Gebiet haben schon bald nach dem Krieg einen theologischen Arbeitskreis und in der zweiten Hälfte der fünfziger Jahre eine Reihe von Theologen und Nichttheologen bewegt. Sie fanden sich zusammen in den Bruderschaften Sachsen/Dresden und Sachsen/Magdeburg, im Unterwegskreis in Westberlin und im Weißenseer Arbeitskreis. Der Name ist ein reiner Arbeitstitel: Man traf sich im Stöcker-, später Stephanusstift in Berlin-Weißensee. Wir „Weißenseer" waren uns darin einig, daß unsere Existenz im Staat Deutsche Demokratische Republik nicht nur Schicksal war, das wir zu erleiden hatten, sondern Herausforderung für den Glauben und Chance zur Erneuerung der Gemeinde.

Viele von uns litten darunter, daß das Erbe des Kirchenkampfes keine Erneuerung, sondern Restauration gebracht hatte. Der Bestand der Kirchen, ihre Traditionen beanspruchten das Hauptinteresse. Theologische Erwägungen traten zurück. Alle diese Entwicklungen waren für uns an der Person von Bischof Dibelius festgemacht. Ihm ging es darum, soviel wie möglich von der Tradition der Volkskirche festzuhalten – darin Moritz Mitzenheim in Thüringen ähnlich – und alles zu vermeiden, was ihren Bestand in Frage stellen konnte.

Um den Weißenseer Arbeitskreis zu charakterisieren, folge ich einer Selbstdarstellung vom Frühjahr 1960: Der Weißenseer Arbeitskreis ist im Januar 1958 zum ersten Mal zusammengetreten. Es ging ihm vor allem um Erneuerung der Kirche und Beantwortung der heute gestellten Fragen und Aufgaben. Er bekennt sich zu gemeinsamer theologischer Arbeit, er will Gespräche mit andern Gremien und mit der Kirchenleitung führen. Er hat sich zur Atomrüstung und zur Obrigkeitsfrage geäußert. „Der Weißenseer Kreis vertritt keine herrschende Schulmeinung" – dennoch ist unverkennbar, daß seine geistigen Väter Karl Barth, Dietrich Bonhoeffer, Hans Joachim Iwand, Heinrich Vogel sind. „Er hat kein politisches Programm": dennoch weiß er sich mit dem Kampf der westdeutschen Bruderschaften verbunden. Trotz schlimmer Erfahrungen ist er aufgeschlossen gegenüber der DDR-Regierung, ohne sich von der Partei für ihre Zwecke einspannen zu lassen. Mir liegt die Niederschrift über den ersten Besuch des Leiterkreises bei Staatssekretär Seigewasser vom 10. Juli 1961 vor, nach der wir einmütig jegliche staatliche Unterstützung abgelehnt haben: Wir seien in der Lage, uns selber zu helfen. „Der Weißenseer Arbeitskreis ist von kirchlichen und staatlichen Institutionen unabhängig", hieß es damals. Er unterschied sich unter anderem auch darin vom Evangelischen Pfarrerbund.

Der Weißenseer Kreis war anfangs ein theologisch recht buntes Gremium. Zu ihm gehörten Martin Fischer und Siegfried Ringhandt wie auf der anderen Seite Gerhard Bassarak und Hanfried Müller. Den ersten Vortrag hielt Ringhandt, der spätere Propst im Evangelischen Konsistorium Berlin-Brandenburg, zum Thema „Die Verrechtlichung der Kirche". Er äußerte sich scharf gegen den restaurativen Kurs von Bischof Dibelius, der Deutschen Demokratischen Republik gegenüber war er äußerst kritisch und wachsam. Als Superintendent des Kirchenkreises Seelow hat er sich mutig und tatkräftig bemüht, Kirchen und Pfarrhäuser in dieser durch den langen Stellungskrieg an der Oder völlig verwüsteten Gegend wieder nutzbar zu machen. In dieser Zeit wurde er verhaftet und im Gefängnis übel behandelt. An seine kritische Begleitung unserer Arbeit in der Berlin-Brandenburger Kirchenleitung kann ich mit Dankbarkeit zurückdenken, auch wenn und gerade weil er mir manchmal schroff entgegengetreten ist. Als er in den Ruhestand gegangen war, hat uns seine kritische Stimme sehr gefehlt.

Allmählich entmischte sich der Kreis. Ein Anlaß war die Diskussion um die Wahl von Scharf, die 1962 stattfinden sollte. Dibelius war nicht wirklich zurückgetreten, sondern machte seinen Rücktritt vom Ausgang der Wahl abhängig. Der Bischofsstuhl war also noch nicht frei. Das hielten viele für nicht seriös. So kam die Wahl nicht zustande. Der Weißenseer Arbeitskreis hatte damals vorgeschlagen, diese Situation dazu zu nutzen, das Bischofsamt ganz abzuschaffen und eine neue Grundordnung zu schaffen. Das war nicht gegen Scharf persönlich gerichtet. Aber es gab im Weißenseer Arbeitskreis Stimmen, die ihn in schlimmer Weise angriffen: Scharf sei die menschgewordene Demagogie. Bei der Beliebtheit von Scharf mußte solche unqualifizierte Redeweise einen erheblichen Mitgliederschwund nach sich ziehen. Scharf war für die meisten der künftige Bischof. Sie dankten ihm dafür, daß er eine Berufung in das Magdeburger Bischofsamt abgelehnt hatte.

Nachdem Dibelius sein Amt am 31. März 1966 niedergelegt hatte, fand im gleichen Jahr eine zweite Wahl statt. Diesmal erhielt Scharf die erforderliche Mehrheit. Daß er auf heimtückische Weise daran gehindert wurde, sein Amt im Osten wahrzunehmen, hat uns damals sehr verbittert. Ein Teil des Weißenseer Arbeitskreises hatte freilich versucht, auch diese Wahl zunichte zu machen. Das rief den Protest der anderen hervor. Auch ich war der Überzeugung, daß Scharfs Wahl nun fällig war, wenn ich auch nicht viel Hoffnung hatte, daß er sein Amt im Ostteil der Kirche würde ausüben können.

Der Weißenseer Arbeitskreis hat sich intensiver theologischer Arbeit befleißigt. Er nahm sich eines besonders brisanten Themas an, des Problems der Kindertaufe in einer entchristlichten Welt. Einige Pfarrer unserer Kirche hatten die Taufe ihrer Kinder bis zu dem Zeitpunkt aufgeschoben, da diese selber den Wunsch, getauft und dazu vorbereitet zu werden, aussprechen würden. Sie beriefen sich auf die reformatorische Überzeugung, daß zur Taufe die Taufunterweisung in Haus und Gemeinde gehöre, und an der fehlte es weithin. Wer die Taufe begehrte, sollte diesen Wunsch in eigener Verantwortung kundtun. Daß gerade Pfarrer ihre Kinder nicht als Säuglinge taufen wollten, sollte anderen

Gemeindegliedern Mut machen, das gleiche zu tun. Die Gegner dieser Praxis beriefen sich darauf, daß man den Kindern die Gemeinschaft mit Gott nicht vorenthalten dürfe. Sie erinnerten an die Augsburgische Konfession, in der es in Artikel IX heißt: „... daß man auch die Kinder taufen soll, welche durch solche tauf Gott überantwort und gefällig werden." Zur Ehre der Berlin-Brandenburger Synode sei gesagt, daß sie sich einer schnellen Verurteilung verweigert hat. Nachdem ein theologischer Ausschuß gründlich über dieses Thema gearbeitet hatte, beschloß die Synode 1981, daß Kindertaufe und Taufaufschub in der Berlin-Brandenburger Kirche gleichberechtigt seien.

Höhepunkt der theologischen Geschichte des Weißenseer Arbeitskreises war nach meinem Urteil die Diskussion über die von den Kirchenleitungen angenommenen Zehn Artikel, in die der Weißenseer Arbeitskreis die Sieben Sätze einbrachte. In der Synode der Evangelischen Kirche der Union 1959 war eine ausführliche Arbeit zum Thema „Das Evangelium und das christliche Leben in der DDR" vorgestellt worden. Sie war das erste größere „amtliche" Dokument, das die Situation des Christen und der Kirche in der DDR theologisch durchleuchtete. Es warnt vor dem Rückzug in die Innerlichkeit, in ein privates Christentum, aber ebenso vor einer Politisierung des Evangeliums. Es fordert auf, sich vom Antikommunismus wie von opportunistischer Anpassung freizumachen und die Fronten des Kalten Krieges im Namen des Evangeliums zu durchbrechen. Auch ein „atheistischer Weltanschauungsstaat" könne Werkzeug Gottes sein. Das waren erstaunliche Töne in der damaligen Zeit. Das Dokument wurde wegen seines Umfangs nur „entgegengenommen", nicht beschlossen. Nach dem 13. August 1961 wurde die Weiterarbeit daran eingestellt. Die einschneidend neue Situation erforderte eine neue Besinnung.

Man verlangte jetzt nach einem kurzen, katechismusartigen Dokument. Dank maßgeblicher Vorarbeit von Johannes Hamel entstanden die „Zehn Artikel über Freiheit und Dienst der Kirche". Sie wurden am 8. März 1963 von der Konferenz der Kirchenleitungen und danach von den Kirchenleitungen der acht Landeskirchen in der DDR angenommen. Den Synoden wurden sie nicht vorgelegt. Wir können sie nur würdigen, wenn wir die Situation, in der sie entstanden sind, ins Auge fassen: Die Kubakrise 1961 brachte die Welt an den Rand des heißen Krieges; nach dem Mauerbau am 13. August 1961 befürchteten viele Christen, sie seien nun schutzlos der kommunistischen Übermacht ausgesetzt; der VI. Parteitag der SED forderte, die wissenschaftliche Weltanschauung zu verbreiten und die „reaktionäre bürgerliche Ideologie" zu entlarven. Er verankerte die „Zehn Gebote der sozialistischen Ethik und Moral" Walter Ulbrichts im Parteiprogramm. Im Januar 1962 beschloß die Volkskammer das Gesetz über die Allgemeine Wehrpflicht.

Die Zehn Artikel setzen gegen alle diese angstmachenden und verunsichernden Ereignisse den Glaubenstrotz, der sich an Gott, den Herrn der Welt, klammert und bereit ist, ihm ins Leiden nachzufolgen. Zu dieser Nachfolge gehört, sich den Herausforderungen der Zeit zu stellen, aber auch die Freiheit und darum die nötige Distanz zu bewahren. In den Zehn Artikeln ist unter anderem zu lesen: „Buße heißt nicht Lähmung angesichts der Schuld, sondern besserer Gehorsam gegenüber dem Auftrag … In der Freiheit unseres Glaubens dürfen wir nicht von vornherein darauf verzichten, in der sozialistischen Gesellschaftsordnung zu unterscheiden zwischen dem gebotenen Dienst an der Erhaltung des Lebens und der gebotenen Verweigerung der atheistischen Bindung." Es sei der Behauptung zu widersprechen, „daß die Gebote Gottes und die Zehn Gebote der sozialistischen Moral eine gemeinsame humanistische Zielsetzung hätten". Für die Obrigkeit sollten wir beten und ihre Autorität achten. Doch es wäre Ungehorsam, „wenn wir nicht prüfen, wo wir nach Gottes Willen im Staat der Erhaltung des Lebens dienen können", und, „wenn wir für die Wahrheit nicht einstehen, zum Mißbrauch der Macht schweigen und nicht bereit sind, Gott mehr zu gehorchen als den Menschen". Und endlich zur Kirche: „Sie handelt im Ungehorsam, wenn sie träge wird, sich hinter Kirchenmauern zurückzieht oder die Verantwortung, die allen Gliedern der

Gemeinde auferlegt ist, nur einzelnen Personen, Gruppen oder kirchlichen Organen überläßt. Sie handelt ebenso im Unglauben…, wenn sie nicht bei ihrem Thema bleibt."

Die Zehn Artikel wurden im Westen von vielen Zeitungen als Heldentat kirchlicher Opposition gefeiert, in der DDR-Presse als „mit der Tinte der Militärkirche geschrieben" abqualifiziert. Da auch in theologischen Kreisen die Meinungen geteilt waren, wurde der immer noch hoch angesehene Theologe Karl Barth um ein Gutachten gebeten. Barth antwortete, er könne jedem Wort zustimmen, aber die Tonart gefalle ihm nicht: „Allerlei an sich wohl angebrachte und verständliche Seufzer hätten etwas zurücktreten dürfen hinter dem freudigen Gebrüll des Löwen von Juda (vgl. 1. Mose 49,9) … Im Blick auf die umgebende Welt des Sozialismus … wäre dann etwas hoffnungsvoller und darum beteiligter – im Blick auf den Staat im Geist tieferen inneren Respektes und größerer Verantwortlichkeit … – im Blick auf die an der Existenz Gottes ja nur eben vorbeiredende und darum komische atheistische Propaganda hätte dann mit mehr Erbarmen und Humor geredet werden können." Das alles hinderte Barth nicht zu sagen: „Die Kirche möchte in der DDR – aber nicht nur in der DDR – auf dem in diesem Text angetretenen Weg öffentlicher Klärung ihrer Stellung und Funktion in der heutigen Welt tapfer und demütig, umsichtig und sauber weiterarbeiten."

Der Weißenseer Arbeitskreis hat eine Diskussion der Zehn Artikel für besonders wichtig gehalten, er hatte sich ja dazu zusammengefunden, „auf die der Kirche heute gestellten Fragen und Aufgaben Antwort zu suchen". Ihm schienen die Thesen zu wenig an dem Sieg Christi, an der alles überwindenden Liebe Gottes und der dadurch geschenkten Freiheit orientiert und darum nicht hilfreich zu sein. In seinen „Sieben Sätzen von der Freiheit der Kirche zum Dienen" hat er die Zehn Artikel nicht polemisch kommentiert, sondern eine eigene, unabhängige Verlautbarung vorgetragen. Seine unmittelbare Bezugnahme auf die Zehn Artikel verbot sich auch darum, weil diese in der DDR nicht publiziert werden konnten.

Wie die Sieben Sätze das Verhältnis von Kirche und Welt sehen, geht bereits aus den ersten Worten hervor: Die Kirche steht im Dienst Christi, des Erniedrigten und Erhöhten … die „Versammlung von Juden und Heiden, Gesetzestreuen und Gesetzlosen, Frommen und Unfrommen". Die Kirche ist keine Partei der Frommen, die sich anmaßen dürfte, „Ankläger, Verteidiger oder gar Richter der Parteien der Welt zu sein". „Darum begegnen wir der nichtchristlichen Gesellschaft nicht ängstlich oder gehässig, sondern hilfsbereit und besonnen und können so auch in der sozialistischen Gesellschaftsordnung verantwortlich mitleben … Dabei haben wir – frei von Antikommunismus und Opportunismus – zu prüfen, was Gott von uns will … So werden wir der Erhaltung des Lebens durch Mitarbeit und kritischen Rat dienen und jeder Gefährdung des Lebens wehren." Der Christ kann „frei gegenüber allen Weltanschauungen und Gedankensystemen, gegenüber allen menschlichen und also auch sozialistischen Geboten der Moral" leben. Endlich: Wir stehen unter der gnädigen Herrschaft Christi „gemeinsam mit allen Inhabern staatlicher Gewalt im politischen Leben". Deshalb kann nicht Distanz der entscheidende Gesichtspunkt sein: Wir beten für die, die staatliche Funktionen ausüben, und helfen ihnen bei der Erfüllung ihrer Aufgabe, lassen uns selber aber nicht von eigensüchtigen Interessen leiten und treten allen, die das Recht auf Frieden gefährden, entschlossen entgegen. „Im Glaubensgehorsam werden wir die politische Ordnung unserer Gesellschaft, den Staat, weder fürchten noch lieben, sondern uns an der Erfüllung seiner von Gott angeordneten Aufgabe beteiligen." Das sind große Aussagen, die die entchristlichte Welt nicht fürchten oder abweisen, sondern unter der Herrschaft Christi wissen. Sie in die Praxis umzusetzen ist für den Christen „an der Basis" mit seinen täglichen Erfahrungen schwierig nachzuvollziehen. Dennoch ist es gut, wenn unser Handeln auf Maximen beruht, die sich nicht, wie es naheliegt, am weltanschaulichen oder politischen Gegensatz, sondern an der überlegenen Liebe Christi orientieren.

Der letzte Abschnitt unterscheidet irdischen Frieden und Gottes Frieden, fordert aber dazu auf, „gemeinsam mit Nichtchristen eine Friedensordnung zu errichten, in der der Krieg als Mittel des Machtkampfes überwunden, die Rüstungen überflüssig, die bewaffnete Macht auf polizeiliche Ordnungskräfte beschränkt und der Kampf der Interessen in waffenlosem Wettstreit ausgefochten wird. Wir meinen, daß der Frieden das Normale und der Krieg das Unnormale ist. Deshalb bedürfen auch nicht etwa die Gewaltlosigkeit, sondern die Gewaltanwendung, nicht etwa die Abrüstung, sondern die Rüstung, nicht etwa die Ablehnung des Waffendienstes, sondern der Waffendienst einer ausdrücklichen Begründung, inwieweit sie dem friedlichen Zusammenleben der Staaten und Gesellschaftsordnungen dienen" – Gedanken, wie sie in den Verlautbarungen der Synoden des Bundes der Evangelischen Kirchen in der DDR von Halle 1982 und Görlitz 1987 wiederkehren.

Die Sätze schließen mit der Bitte, Jesus Christus möge alle, die ihn noch nicht kennen, erkennen lassen, „daß er nicht gegen, sondern für sie gestorben ist". Damit drücken die Sieben Sätze ein wesentliches Anliegen aus: Die Liebe Gottes zur Welt (Johannes 3, 16) macht uns frei davon, ängstlich, rechthaberisch oder feindselig auf Distanz zu gehen. Sie macht uns frei für alle Menschen, auch für ideologische Gegner, wenn es um den Dienst am Frieden, an der Gerechtigkeit, an der Erhaltung der Schöpfung geht. Wenn die Bibel den Gegensatz zur „Welt" betont, will sie dem Unglauben absagen. Dieser Gegensatz ist im Laufe der Geschichte zu einem institutionellen Gegensatz zwischen Kirche und Nichtkirche geworden. Die Sieben Sätze verweisen mit Nachdruck darauf, daß sich die Kluft zwischen Glaube und Unglaube mitten in der sichtbaren Kirche, ja in den einzelnen Christen auftut. Darum ist Buße und Erneuerung lebenswichtig, Streit und Scheidung der Geister unumgänglich.

Manche Gedanken werden wir in den Verlautbarungen des Bundes der Evangelischen Kirchen wiederfinden. Vor allem war die Aufforderung hilfreich, christliche Freiheit in mehr Gelassenheit zu praktizieren. Die Gefahr der Zehn Artikel bestand darin, einer weit verbreiteten Stimmung des Trotzes und der Abgrenzung entgegenzukommen. Die Gefahr der Sieben Sätze scheint mir darin zu liegen, den Glauben an die umfassende Liebe Gottes mit naiver Gutgläubigkeit und Leichtfertigkeit zu verwechseln. Wer sich verantwortlich mit der Geschichte der Kirche in der DDR befaßt, sollte die drei erwähnten Stellungnahmen einer sorgfältigen Prüfung unterziehen. Er wird entdecken, daß da manches gerade heute Bedeutsames zu lesen ist.

Als ich in das Bischofsamt gewählt wurde, habe ich gespürt, daß man nicht zugleich „Regierung" und „Opposition" sein kann. Ich legte ein paar Tage danach mein Amt im Leiterkreis des Weißenseer Arbeitskreises nieder. Schon die geschilderten Vorgänge um die Scharf-Wahl 1966 haben mich und andere befremdet. Als ich 1968 den Brief der Berlin-Brandenburger Kirchenleitung anläßlich des Einmarsches der Truppen des Warschauer Paktes in die Tschechoslowakei unterschrieb, erlebte ich Mißverständnisse und Fehldarstellungen in solchem Maße, daß ich mich ganz zurückzog. Anderen ging es ähnlich. Es dominierte der Einfluß derjenigen, die dem SED-Staat sehr viel zugeneigter waren. Die heutigen „Weißenseer Blätter" lassen kein Urteil darüber zu, was der Weißenseer Arbeitskreis in seinen ersten Jahren gedacht hat. Das zugängliche Aktenmaterial weist leider aus, daß die Staatlichen Organe der DDR den Weißenseer Arbeitskreis als Hilfstruppe ansahen, mit dem sie ihre eigenen Pläne in der Kirche zu verwirklichen hofften.

17. Die Prager Christliche Friedenskonferenz

„Friede auf Erden, das ist kein Problem, sondern ein mit der Erscheinung Christi selbst gegebenes Gebot … Wie wird Friede? … Nur das eine große ökumenische Konzil der Heiligen Kirche Christi aus aller Welt kann es so sagen, daß die Welt zähneknirschend das Wort vom Frieden vernehmen muß und daß die Völker froh werden, weil diese Kirche Christi ihren Söhnen im Namen Christi die Waffen aus der Hand nimmt und ihnen den Krieg verbietet und den Frieden Christi ausruft über die rasende Welt."

Das ist ein großes Wort in einer Welt, in der die Kirchen mit ihrem „Gott will es" nicht nur zu Zeiten der Kreuzzüge die Kämpfenden ermutigt haben. Mich hat dieser Gedanke Dietrich Bonhoeffers, den er am 28. August 1934 auf der Ökumenischen Konferenz in Fanö aussprach, nicht losgelassen.

Es bedeutete also keinen Bruch in meinem Leben, daß ich mich im November 1961 auf einer Friedenskonferenz in Berlin in die Pflicht nehmen ließ. Eingeladen hatte Werner Schmauch, Professor für Neues Testament in Greifswald. Ich hatte Vertrauen zu diesem Mann. Ich kannte seinen Namen aus der Zeit des Kirchenkampfes: Er hatte in Schlesien zu denen gehört, die fest zu „Barmen" und „Dahlem" gestanden hatten. Der tschechische Professor Hromadka, bekannt durch seine Kontroverse mit John Foster Dulles auf der ersten Vollversammlung des Ökumenischen Rates in Amsterdam 1948, hatte Schmauch zu der ersten Christlichen Friedensversammlung im Juni 1961 nach Prag eingeladen. Dort hielt der deutsche Professor die Eingangspredigt. Er wurde Mitglied des Arbeitsausschusses der Christlichen Friedenskonferenz (CFK) und Vorsitzender des von ihm zusammengerufenen DDR-Komitees. An der ersten Sitzung dieses Komitees nahm ich teil und wurde in das leitende Gremium berufen, den späteren Regionalausschuß.

Die Weltlage war gespannt: In Ost und West fieberhafte Rüstungsanstrengungen, zwei Abrüstungskonferenzen ohne jeden Erfolg, die Suezkrise von 1956, Krieg in Algier, die H-Bombe, die allgemeine Wehrpflicht in beiden deutschen Staaten, im März 1957 die Römischen Verträge und die Geburt der Europäischen Wirtschaftsgemeinschaft, 1959 Chruschtschows Berlin-Ultimatum und die Debatte über die Atombewaffnung der Bundesarmee und so fort. Das alles veranlaßte Hromadka zu der Frage: Was tun wir Christen, was tun die Gemeinden, was die Kirchen, damit aus dem Kalten Krieg kein heißer Krieg wird?

Die vorhandenen internationalen kirchlichen Gremien, der Ökumenische Rat der Kirchen, die Kommission für Internationale Angelegenheiten und der Internationale Versöhnungsbund setzten andere Akzente oder hatten speziellere Aufgaben. Hromadka ging es um Ausstrahlung in die Gemeinden. Es kam ihm darauf an, eine Atmosphäre der Entspannung, der Versöhnung, des Friedens zu schaffen. Hier sah er die Aufgabe der Christlichen Friedenskonferenz.

In einer Phase des Kalten Kriegs entstanden, wurde die Christliche Friedenskonferenz von vielen sogleich der östlichen Supermacht zugeordnet, die immer wieder mit öffentlichkeitswirksamen Friedensvorschlägen vorstieß. Die Kirchen des Ostblocks inkorporierten sich in der Christlichen Friedenskonferenz – mit Ausnahme der Kirchen der DDR. Und es war kein Wunder, daß nicht nur die Zentrale, sondern der Schwerpunkt der Bewegung im Osten lag. Hromadka hatte nie geleugnet, daß er die Oktoberrevolution von 1917 für das tiefgreifendste politische Ereignis dieses Jahrhunderts hielt. In der Christlichen Friedenskonferenz trafen sich nicht gerade die Konservativen; in der DDR gab es einige Mitglieder, die sich zu der Gleichung bekannten: Frieden = Sozialismus. So ist es zu erklären, daß diese bei den Kirchen und bei vielen Gemeindemitgliedern in der DDR in dem Ruf standen, Emissäre Moskaus oder doch wenigstens auf dem linken Auge blind zu sein. Ich habe unter solchen Einschätzungen gelitten. Die Absicht der Christlichen Friedenskonferenz, die Verantwortung für den Frieden in den christlichen Kirchen der Welt zu einer Hauptsache christlicher Ethik zu machen, hielt ich für so wichtig, daß ich die negativen Urteile in Kauf nahm. Wer für den Frieden eintrat, stand in den fünfziger Jahren und auch später in dem Verdacht, an der Leine der DDR-Führung zu hängen.

Schmauch hatte mich dringend gebeten, in der Leitung der Christlichen Friedenskonferenz zu bleiben und sie nicht denen zu überlassen, die die Freiheit der Bewegung gefährden könnten. Als Schmauch am 24. Mai 1964 starb, wurde ich mit dem Vorsitz im Regionalausschuß betraut. Ich erinnerte mich an mein Versprechen, übernahm diesen Auftrag aber nur kommissarisch bis zur nächsten Wahl dieses Gremiums, denn seit kurzem hatte ich ein neues Amt als Generalsuperintendent angetreten und wurde Mitglied der Kirchenleitung. Dafür brauchte ich meine Kraft.

In den eineinhalb Jahren der kommissarischen Leitung habe ich mich vor allem bemüht, die Christliche Friedenskonferenz stärker mit den Kirchen zu verbinden. Durch mein kirchliches Amt war ich in einer besseren Ausgangslage als ein Professor. Dennoch erwies sich mein Bestreben als schwierig. Einer der Bischöfe lehnte jede Zusammenarbeit ab, „bis die Christliche Friedenskonferenz auf beiden Augen zu sehen" gelernt hätte. Ein anderer wollte sich mit einem leitenden Mann der Christlichen Friedenskonferenz nicht bei einem Staatsempfang sehen lassen. Ein Gespräch mit Vertretern der ostdeutschen Landeskirchen kam trotz langer Bemühungen nicht zustande. Die Berlin-Brandenburger Kirche hat meine Mitgliedschaft in der Christlichen Friedenskonferenz sowohl bei der Ernennung zum Generalsuperintendenten wie bei der Wahl zum Verwalter des Bischofsamtes bedingungslos in Kauf genommen.

1966 war Neuwahl. Ich bekam zwar die meisten Stimmen, gab aber meinen Vorsitz an Professor Bernhardt von der Humboldt-Universität Berlin ab. Ich trat in die zweite Reihe zurück.

Der Regionalausschuß in der DDR machte sich unglaubwürdig, als die Truppen des Warschauer Paktes im August

1968 in die Tschechoslowakei einrückten. Die Kirchenleitung Berlin-Brandenburg hatte sich klar geäußert. In ihrem Brief an die tschechischen Gemeinden, der meine Unterschrift trägt, bedauerte sie den Einsatz militärischer Mittel für politische Zwecke und versicherte die Gemeinden dort ihrer Fürbitte. Der Regionalausschuß verabschiedete nach langem Ringen eine Erklärung (1. November 1968), in der er den Einmarsch guthieß. Er mahnt, emotionale Reaktionen zu vermeiden und mit nüchterner Sachlichkeit zu urteilen. Der Friede Europas beruhe auf einem äußerst labilen Gleichgewicht, jede Veränderung könne zum Dritten Weltkrieg führen. Wörtlich:

„Daß es Wünsche und Bestrebungen gab, besonders seitens des westdeutschen Imperialismus, die ČSSR aus dem sozialistischen Lager herauszulösen, ist nicht zu leugnen, und die Bemühungen in der ČSSR, Fehler der Vergangenheit zu korrigieren, hatten gleichzeitig solchen Kräften innerhalb des Landes einen Spielraum gegeben, die für derartige Hoffnungen und entsprechende Aktionen Ansatzpunkte boten. Die Tatsache, daß viele Menschen in der ČSSR die daraufhin eingeleiteten militärischen Aktionen nicht als eindeutige Hilfsaktionen verstanden, ändert nichts daran, daß die Ereignisse der letzten Monate nur vor dem Hintergrund der Friedensgefährdung und der notwendigen Stärkung der europäischen Sicherheit zu verstehen sind."

Trotz dieser Erklärung blieb ich damals noch Mitglied. Ich wollte wenigstens den Pragern Hromadka und Ondra, dem Generalsekretär der Christlichen Friedenskonferenz, die Treue halten. Im Oktober des nächsten Jahres fand eine Sitzung des Arbeitsausschusses der Christlichen Friedenskonferenz, des nach der Vollversammlung wichtigsten internationalen Gremiums, in Buckow/Märkische Schweiz statt. Dort wurden die beiden Prager hart bedrängt, weil sie aus ihrer Sympathie für den Prager Frühling keinen Hehl gemacht hatten. Daß das nach über einem Jahr noch so massiv geschah, läßt Außensteuerung vermuten. Noch gelang es nicht, die beiden zum Rücktritt zu bewegen. Als Ondra jedoch nach Prag zurückgekehrt war, forderte ihn der Bevoll-

1 Die Mutter, Ida Schönherr, als Braut. 1909

2 Die Mutter mit ihrem Sohn Albrecht. Weihnachten 1913

3   Die Eltern mit ihrem Sohn Albrecht. Weihnachten 1915

4 Albrecht Schönherr mit Vater und Großvater. 1917
5 Als Schulanfänger. 1918

6   Pfarrkirche in Neuruppin. Um 1925
7   Der Zingsthof, Seminar mit Bonhoeffer. 1935

8 „Christus expulsus" von Wilhelm Graß. 1935
9 Die Kapelle in Finkenwalde. Um 1937

10 Das Predigerseminar in Finkenwalde. 1936 (in der hinteren Reihe: 2 v. l. Dietrich Bonhoeffer, 1. v. r. Albrecht Schönherr)

11 Trauung mit Hilde Enterlein. 15. April 1936

12 Die Kirche in Brüssow
13 Altar der Brüssower Kirche
14 Als Soldat. 1942

15 Ehefrau Hilde
   mit den Kindern
   Oswald und
   Ursula. Um 1943

16 Der Dom zu
   Brandenburg.
   Um 1947

17 Das Innere des
   Brandenburger
   Doms in heutiger
   Gestalt. Nach
   1965

18 Als Junger Pastor in Brüssow. 1947
19 Mit dem Staatssekretär Hans Seigewasser. Februar 1971

20 Mit dem Direktor der Anstalten Bethel P. Funke (in der Mitte
   2. Ehefrau Annemarie). November 1974
21 Empfang der Synode der Evangelischen Kirchen Deutschlands.
   Saarbrücken, April 1977

22 Empfang bei Vorsitzenden des Staatsrates der DDR (v. l. Rudi Bellmann, Paul Verner, Erich Honecker, Heinz Eichler, Hermann Kalb, Manfred Stolpe, Christina Schultheiss, Werner Krusche, Albrecht Schönherr). März 1978

23 Empfang beim Patriarchen Pimen. Juli 1981

24 Männertag in Erfurt. September 1982
25 Kapitelstag. Oktober 1983

26 Mit Klaus Gysi und Frau BéRuys auf dem Westberliner Kirchentag. Juni 1989

27 Mit dem Ratsvorsitzenden der Evangelischen Kirchen
Deutschlands, Klaus Engelhardt, auf der Synode in Suhl.
November 1992

28 Mit Enkel Ludwig. September 1986

29 Als Ruderer auf den Berliner Gewässern. Sommer 1990
30 Mit der Ehefrau Annemarie. Herbst 1992

mächtigte des Staates für Kirchenfragen ultimativ auf, den Platz zu räumen. Darauf trat Ondra zurück. Hromadka gab aus Enttäuschung über das Verhalten früherer Bundesgenossen und aus Solidarität mit Ondra sein Präsidentenamt auf. Er starb kurze Zeit danach. Ich verehre ihn als einen ehrlichen und mutigen Kämpfer für den Frieden.

Daraufhin habe auch ich meine Mitarbeit in der Christlichen Friedenskonferenz eingestellt, zumal ich in Berlin selber erlebte, wie der Staat die CFK auf massive Weise zu gängeln versuchte. In der Bewegung verursachten diese Ereignisse heftige Turbulenzen. Viele bewährte Weggenossen, besonders aus der Bundesrepublik, kündigten ihre Mitarbeit auf. Dem neuen Präsidenten, Metropolit Nikodim, gelang es, einige der Risse wieder zu kitten. Aber der alte Schwung fehlte. Ich sah auch später keinen Grund mehr, aufs neue mitzuarbeiten. Inzwischen hatte der Bund der Evangelischen Kirchen in der DDR sich der Friedensarbeit intensiv angenommen, er hatte Friedensgruppen angeregt und ein umfangreiches Programm für Friedenserziehung vorgelegt. Im konziliaren Prozeß für Gerechtigkeit, Frieden und Bewahrung der Schöpfung in den Jahren 1988/89 sah ich die Gedanken, die mich damals bewegt hatten, gut aufgehoben.

18. Generalsuperintendent in Eberswalde

Zum 1. Januar 1963 wurde ich zum Generalsuperintendenten des Sprengels Eberswalde berufen. Der viel zu große Sprengel Kurmark, dem D. Braun vorgestanden hatte, war in zwei Teile, Potsdam und Eberswalde, aufgeteilt worden. Eberswalde umfaßte 12 Kirchenkreise; die meisten liegen im Nordostteil der Kirche Berlin-Brandenburg, der Uckermark. Etwa 120 Pfarrer gehörten dazu. Am 27. Januar 1963 führte mich der Präses der Synode und stellvertretende Vorsitzende der Kirchenleitung, Superintendent Figur, in der Maria-Magdalenen-Kirche in Eberswalde in mein Amt ein.

Die Dienstbezeichnung „Generalsuperintendent" wirkt reichlich altväterlich, sie stammt aus der Reformationszeit. Vor 1945 gab es diesen Titel in allen Kirchen der Altpreußischen Union. Nach dem Krieg hat ihn nur die Berlin-Brandenburger Kirche beibehalten. Als die Grundordnung geschaffen wurde, dachte man darüber nach, ob man nicht lieber, wie in Baden oder Württemberg, den Titel „Prälat" wählen sollte. Da meinte einer: Dann haben wir also den „Prälat am Zoo" und den „Prälat am Alexanderplatz". Damit war der Vorschlag gestorben. („Prälat" hießen zwei große Berliner Restaurants an diesen Orten.)

Nach der Ordnung unserer Kirche haben der Bischof und die Generalsuperintendenten ein „visitatorisches Amt". Ihre Haupttätigkeit soll darin liegen, die Gemeinden zu besuchen und ihnen beratend zur Seite zu stehen. Die evangelische Kirche ist nicht hierarchisch: es gibt in ihr keine Befehlsgewalt von oben nach unten. Bischöfe haben viel zu reden, aber nichts zu sagen. Bindende Beschlüsse können allein die Synode, die Kirchenleitung und, in Verwaltungssachen, das Konsistorium fassen. Als Generalsuperintendent war ich „gehorsames" Mitglied der Kirchenleitung und der Synode. In Gemeindeangelegenheiten beschließt der Gemeindekirchenrat. Bei unsern Verhandlungen mit den staatlichen Organen hielt man es anfangs für eine faule Ausrede, wenn die Vertreter der Kirchenleitung erklärten, eine Gemeindeveranstaltung nicht einfach verbieten zu können, selbst wenn sie es gewollt hätten.

Mit einem leitenden Amt verbindet sich in unserer Kirche der Dienst in einer Gemeinde. Superintendent Erich Schuppan (Eberswalde), bewährter Pastor der Bekennenden Kirche und rastloser Arbeiter in der Gemeinde und in vielen pädagogischen Lehrveranstaltungen im ganzen Land, führte mich in die 7. Pfarrstelle der Kirchengemeinde Eberswalde ein. Meine Predigtstätte war die schöne, auf der Anhöhe thronende Maria-Magdalenen-Kirche in Eberswalde. In einem der zahlreichen Altersheime übernahm ich die Seelsorge.

Ich zeigte Bischof Dibelius meine Einführung in das Generalsuperintendentenamt an. Darauf schrieb er mir, er könne nicht leugnen, daß er den Weg, der mich nach Eberswalde gebracht hat, nicht für richtig halte: Die Zerstückelung der Kurmark (er war lange Zeit Generalsuperintendent der Kurmark gewesen) mindere die Bedeutsamkeit dieses Amtes. Meine kirchenpolitischen Entscheidungen habe er nicht mitvollziehen können. Im Kirchenkampf habe er gelernt, „daß man mit klaren und festen Linien Gottes Willen besser erfüllt". Er habe auf Mitzenheim niemals einen Stein geworfen, sich sogar für seine Wiederwahl in den Rat der Evangelischen Kirche in Deutschland eingesetzt. (Der Thüringer Landesbischof Mitzenheim wurde wegen zu großer „Staatsnähe" – Gespräch mit Ulbricht 18. August 64 – weithin abgelehnt und nicht wieder in den Rat der Evangelischen Kirche in Deutschland gewählt.) „Ich habe mich selber zu einer ganz anderen Haltung berufen gewußt und lebe des Glaubens, daß diese andere Haltung, vom Herrn unserer Kirche her gesehen, zumindest bitter notwendig ist." Aber darunter sollten alte freundschaftliche Beziehungen nicht leiden. „Vielleicht, daß Gott es auch uns schenkt, daß wir uns noch einmal die Hand reichen können wie früher." Dazu ist es nicht gekommen. Freilich habe ich vor dem wahrhaften „Kirchenfürsten" Otto Dibelius, mit seiner Tatkraft (ich denke besonders an die Zeit unmittelbar nach der deutschen Kapitulation), seiner Intelligenz, seiner Rhetorik und seinem beneidenswerten Gedächtnis immer großen Respekt gehabt. Daß man mit klaren und festen Linien Gottes Willen besser erfülllt als mit Schwankungen und Unklarheiten, glaube ich auch. Ich sehe die Linien jedoch an anderer Stelle.

Bei meiner Einführung als Generalsuperintendent hatte neben meiner Mutter die Pastorin Annemarie Schmidt Platz genommen. Wir waren uns darüber klargeworden, daß wir unsern Lebensweg künftig gemeinsam gehen wollten.

Annemarie Schmidt stammt aus Zörbig, einer alten kleinen Stadt in der Nähe von Halle. Ihr Vater war Lehrer. Sie studierte in Halle Theologie und wurde Pastorin in der Vorstadtgemeinde Halle-Gesundbrunnen. Sie war beliebt in ihrer Gemeinde. Das machte das Ministerium für Staatssicherheit mißtrauisch und führte zu folgender Einschätzung, die offensichtlich durch das damals herrschende kirchenpolitische Klima bestimmt war: „Die Schmidt erklärte an der Universität, daß sie sich vorbehält, ihre politischen Entscheidungen aufgrund des Artikels 41 der Verfassung der DDR zu treffen und alle solchen Schritte abzulehnen, die einen Eingriff in ihre persönliche Freiheit und das christliche Bekenntnis jedes Staatsbürgers darstellen." Trotz dieser doch klaren Aussage bezeichnete das Volkspolizeikreisamt Halle sie als „undurchsichtige Person". Bis zu unserer Eheschließung tat sie ein halbes Jahr Dienst in der Geschäftsstelle der Evangelischen Studentengemeinden in der Deutschen Demokratischen Republik.

Wir heirateten am 28. Juni 1963. Getraut hat uns unser alter Freund Jürgen Henkys in der Dorfkirche zu Chorin. Durch unsere Heirat wurde meine Frau sogleich zweimal Großmutter. Sie fand eine komplette Familie mit zwei verheirateten Töchtern und einem verlobten Sohn vor. Drei heranwachsende Kinder waren noch im Haus. Ich habe mir erst allmählich klargemacht, was es für meine Frau bedeutete, gleichsam auf einen „fahrenden Zug" aufzuspringen, zumal sie gern Pastorin war. Dazu kam, daß gemäß dem damaligen Kirchenrecht ihre Ordination nach der Eheschließung „ruhte", sie also ihren Beruf nicht mehr ausüben durfte. In den folgenden Jahren hätte sie ihn gar nicht ausüben können. Sie hat einen wesentlichen Anteil daran, daß manches gut gelaufen ist. Sie war und ist mir noch heute eine auch im Theologischen sehr hilfreiche Partnerin. Ehrenamtlich hat sie lange Zeit die Pfarrfrauenarbeit in der ganzen DDR geleitet: als Vorsitzende der Evangelischen Frauenarbeit in der DDR und des Kuratoriums der Evangelischen Akademie Berlin-Brandenburg. Im Präsidium des Kirchentages bemüht sie sich, die Erfahrungen der DDR-Kirchen für die Gesamtarbeit des Deutschen Evangelischen Kirchentages fruchtbar werden zu lassen.

Die Kirche konnte für die neu begründete Generalsuperintendentur das Haus Schillerstr. 15 erwerben; ein großer Garten gehört dazu. Es liegt nur fünf Minuten von dem hügeligen Mischwald entfernt, dem Vorzeigewald der alten Forsthochschule. Das Haus mußte allerdings baulich etwas verändert werden, bis es im August endlich bezogen werden konnte.

Mit meinem jüngsten Sohn Johannes machte ich die gleiche Erfahrung wie viele christliche Eltern. Darum berichte ich hier davon. Es kostete einige Mühe, ihn in die Erweiterte Oberschule zu bekommen. In der 7. Klasse, berichtete ein Informant der Stasi, sei er dem Lehrer frech entgegengetreten: Er habe nicht Thomas Müntzer, sondern Martin Luther die führende Rolle in der Reformation zugesprochen. Daß er den Lehrer, der sich an die vorgeschriebene Version hielt, mit „Lügner" titulierte, war ja wohl nicht angemessen. In der 12. Klasse warf man ihm vor: „Er hält sich an der christlichen Weltanschauung fest", er habe eine provokatorische Meinung zum Einmarsch der Warschauer-Pakt-Staaten in die ČSSR, er wünsche sich einen demokratischen Sozialismus ohne Führungsrolle der Sozialistischen Einheitspartei Deutschlands. Einschätzung: „Negativ." Der Berichterstatter, ein Oberfeldwebel, schlug vor, Johannes weiter unter „operativer Kontrolle" zu halten. Besonderen Ärger erregte mein Sohn dadurch, daß er in einem benachbarten Dorf eine Junge Gemeinde gegründet hatte.

Am wichtigsten in meiner Arbeit im Sprengel war mir, die schleichende Resignation zu bekämpfen und den Raum, den wir hatten, auch wirklich zu nutzen. Präses Figur hatte uns zugerufen: „Pessimismus in der Kirche ist schlimmer als Atheismus von außen." Nur Offenheit und Vertrauen zueinander konnten eine tragfähige Grundlage unserer Arbeit sein. Das brüderlich-schwesterliche Gespräch, auch über die Zäune theologischer und politischer Gegensätze hinweg, durfte nicht abreißen. Bei dem ersten Konvent mit den Superintendenten des Sprengels habe ich meine Stellung zum Weißenseer Arbeitskreis und zur Christlichen Friedenskonferenz klargelegt. Dies Gespräch hat, soweit ich das beurteilen kann, einen soliden Grund des Vertrauens gelegt. Auch sonst habe ich jede Möglichkeit zum Austausch gesucht, nicht nur auf den offiziellen Konventen, sondern auch, wenn sich in unserm Hause Pfarrer und Pastorinnen, Pfarrfrauen und Ruheständler, Katecheten und Katechetinnen und andere kirchliche Mitarbeiter versammelten. In Rundbriefen habe ich Hilfen für ein intensives geistliches Leben zu geben versucht. Ich hatte gehofft, Brüder der kommunitären Gemeinschaft von Taizé in Frankreich für längere Zeit in unserm Kirchengebiet ansiedeln zu können. Davon hatte ich mir Impulse für unser Christsein in der Welt versprochen. Der Orden stimmte zu, der Staat versagte die Aufenthaltserlaubnis. Es tröstete mich, daß sich junge Menschen aus der ganzen DDR später Jahr um Jahr um einen Bruder aus Taizé im kirchlichen Jugendheim Hirschluch versammeln konnten.

Im ersten halben Jahr habe ich bis auf den mir vertrauten Kirchenkreis Brüssow alle Pfarrhäuser besucht. Leider kam ich nicht auf den Gedanken, auch bei den Katecheten und anderen Mitarbeitern anzuklopfen. Die Katecheten hatten es am schwersten. Sie mußten die Kinder oft mühsam zur Christenlehre heranholen, und dann war es meist nur ein kleines Häufchen. Es gab Dörfer, in denen sich die Kinder nicht getrauten, auf der Dorfstraße zur Christenlehre zu gehen, aus Angst vor Spott oder Gewalttätigkeiten ihrer Mitschüler.

Bei meinen Besuchen lernte ich auch die Familien, besonders die Pfarrfrauen, kennen. Das Bild der Pfarrfrau veränderte sich. Die Pfarrfrau als Frau des Pfarrers, die ganz in der Familie und im Amt ihres Mannes aufging, das Ideal aus nicht lange zurückliegender Zeit, wurde selten. In einem Lande, in dem neunzig Prozent der Frauen berufstätig waren, empfanden es viele als beschämend, zur „nichtarbeitenden Bevölkerung" gezählt zu werden. Um später in den Genuß einer Rente zu kommen, ließen sich nicht wenige für einen Mindestlohn bei der Kirchengemeinde anstellen. Andere Pfarrfrauen hatten einen akademischen Beruf erlernt und übten ihn aus. Als Ärztinnen oder Apothekerinnen verdienten sie weit mehr als ihr Mann. Sie übten ihren Beruf nicht nur aus, um sich und ihre Familien im Notfall versorgen zu können, sondern weil sie ihn liebten und aus ihrem Leben nicht mehr wegdenken konnten. So entstanden soziale Gegensätze, die früher unbekannt waren. Sie belasteten die Pfarrfamilien und führte auch in den Konventen zu Spannungen. Bei den Tagungen und Zusammenkünften der Pfarrfrauen, die meine Frau leitete, ging es manchmal hoch her. Auch die Kirchenleitung befaßte sich eingehend mit diesem Problem.

Eine vergleichbare Spannung bestand zwischen den kirchlichen „Mitarbeitern" – schon dieser Ausdruck besagt einiges! – und den Pfarrern. Diese saßen in beamtenähnlich gesicherten Stellen, jene hatten meist nur den Status von Angestellten; diese bekamen im Vergleich zu dem Durchschnittslohn eines Facharbeiters ein niedriges Gehalt, jene mußten sich mit noch viel weniger zufriedengeben. Wir haben uns damals Mühe gegeben, die Unterschiede auszugleichen. Aber unsere Mittel waren beschränkt. Alle kamen in den Genuß der westlichen Bruderhilfe. Damit konnten sie kaufen, was über den täglichen Bedarf hinausging. Mancher Pfarrer schämt sich heute, daß sich die Spanne zwischen den Pfarrern und den anderen „Mitarbeitern" wieder erheblich vergrößert hat.

Wir haben im Osten die Tradition der „Pastorenkirche". Aber die Kirche besteht nicht nur aus Pfarrern und kirchlichen Angestellten, sondern aus Gemeinden. Ein Hauptziel meiner Arbeit war (und ist), die Nichttheologen sprachfähiger und damit für den Dienst eines Zeugen Christi tauglicher zu machen. Vieles hat sich schon zum Guten verändert. Wir freuen uns, daß in unsern Gottesdiensten Laien nicht nur die Kollekte einsammeln und zählen, sondern auch die Schriftlesungen übernehmen. Angeregt durch die vorbildliche Arbeit in der Niederlausitz, wurden auch bei uns Lektoren dazu ausgebildet, formulierte Predigten nicht nur vorzulesen, sondern sie auch in eigner Verantwortung zu aktualisieren.

Großen Eindruck machte mir der „Lückendorfer Kreis", der sich in der Oberlausitz gebildet hatte. Ihm gehörten in bunter Mischung Laien und Theologen an, der Ofensetzmeister Johannes Cieslack ebenso wie der spätere Superintendent Dietrich Mendt und Landesbischof Hempel. Das Niveau, auf dem dort theologisch gearbeitet wurde, war erstaunlich. Ich versuchte, auch im Sprengel Eberswalde derartiges auf den Weg zu bringen; die Lückendorfer haben mir geholfen. Aber es gelang nicht, einen dauerhaften Kreis zu bilden. Die Arbeit mit der Landjugend unter Anleitung von Pfarrer Hartmut Grüber und Pastorin Stachat kam indessen gut voran. Sie hat vielen Bauern, die von der Entwicklung der Landwirtschaft schwer getroffen worden waren, Mut gemacht. Eine besondere Erinnerung habe ich an einen Konvent mit Kirchenältesten im Jahre 1966, wo mit Engagement und Sachkenntnis vorformulierte Fragen diskutiert wurden. Es zeigte sich, daß die Laien herausgefordert werden müssen. Der württembergische Landesbischof Wurm pflegte, frei nach Schiller, zu sagen: „Gefährlich ist's, den Lai' zu wecken." Aber diese „Gefahr" muß eine Kirche schon riskieren, wenn sie auf dem Boden der Wirklichkeit bleiben will.

Solche zum Teil positiven Erfahrungen konnten aber nicht über den allgemeinen Zustand der Gemeinden hinwegtäuschen. Im Kirchenkreis Eberswalde sorgte Superintendent

216

Schuppan dafür, daß der Kreissynode ungeschminkte Berichte zugeleitet wurden. So ergab sich 1963 folgendes Bild: Den Gottesdienst besuchten im Durchschnitt 2,5 Prozent. Die Taufen waren von 1953 bis 1963 auf die Hälfte zurückgegangen, die Konfirmationen auf etwa ein Siebentel, die Trauungen auf etwas mehr als die Hälfte, die Beerdigungen nur um etwa sieben Prozent. Wegen Teilnahme an der Jugendweihe wurden im Kirchenkreis fünfzig Prozent der Kinder von der Konfirmation zurückgestellt. Zwanzig Prozent der Schüler und Schülerinnen, die in der Berlin-Brandenburger Kirche am kirchlichen Unterricht teilnahmen, waren nicht getauft. In späteren Jahren sah es noch ungünstiger aus.

Solche Ergebnisse sind, denke ich, nur zum Teil direkt auf atheistische Propaganda zurückzuführen. Die meisten Menschen hatten längst keine Beziehung mehr zu dem Gott der Bibel. In den Familien war seit Generationen weithin die christliche Tradition abgerissen. Wozu sollte man noch der Kirche angehören, zumal die Partei jedem, der kirchlich gebunden war, mißtraute? Es ist nicht zu erwarten, daß sich diese Entwicklung in absehbarer Zeit umkehrt. Sonst müßte es in den Ländern der ehemaligen DDR, nachdem der Druck der Partei weggefallen ist, zu einer großen Kircheneintrittswelle oder gar einer Erweckungsbewegung kommen. Der Mensch unserer Zeit hat einen andern Gott als den am Kreuz, er sehnt sich nicht nach Frieden mit Gott, sondern nach Glück und Wohlstand. Der Crucifixus wird ihm fremd, vielleicht auch wieder ärgerlich, wie in den ersten Jahrhunderten. Ein Junge aus der DDR, der das erste Mal das Bild des Gekreuzigten sah, rief aus: „Sieh mal, Spartacus!"

Die Vollversammlung des Ökumenischen Rates in Neu-Delhi 1971 hat uns aufgerufen, missionarische Gemeinde zu werden. Die wesentlichen Funktionen der Kirche seien Sammlung, Sendung und Dienst. Ich versuchte, diesen Gedanken in Vorträgen und Rundbriefen unter die Menschen zu bringen. Ich habe damals in einem Rundbrief geschrieben:

„Die Gemeinde muß aus einer Masse von Betreuten zu einer Dienstschar, zur Zeugin Christi in Wort und Tat werden. An die Stelle eines unverbindlichen Konsumchristentums muß der Glaube treten, der den Christen ... in Bewegung setzt – zum Bruder, zum Nächsten hin. An die Stelle des Laien, der am Talarzipfel seines Pfarrers hängt, muß der voll ausgerüstete diasporafähige Christ treten, der selbständig zu reden und zu handeln in der Lage ist."

Gern denke ich an den Eberswalder Studienkreis. Er bestand zumeist aus Akademikern verschiedener Disziplinen. Durch ihn wurden wir auch ein wenig in Eberswalde verwurzelt. Dieser Kreis wurde vom Ministerium für Staatssicherheit mit besonderer Aufmerkamkeit bedacht. Ein Agent lieferte Berichte mit den genauen Personalien der Teilnehmer, wie ich heute weiß.

Ein Ereignis muß ich erwähnen, das sich mir tief eingeprägt hat. Superintendent Heinemann-Grüder von Gramzow hatte dicht bei Greiffenberg/Uckermark einen verwüsteten jüdischen Friedhof mit Hilfe der Jungen Gemeinde hergerichtet und einen Gedenkstein aufgestellt. Rabbiner Riesenburger weihte den Friedhof im November 1964 wieder ein. Bei dieser Feier und im Gottesdienst, in dem ich predigte, fehlte die Gemeinde fast völlig. Das veranlaßte mich, im nächsten Rundbrief an die Pfarrer zu schreiben:

„... es hat sich gezeigt, daß in unseren Gemeinden, bis in die Kreise der Ältesten hinein, noch ein, wenn auch nicht militanter, so doch latenter Antisemitismus vorhanden ist ..."

Über die antijüdischen Exzesse in den letzten Jahren brauchen wir uns nicht zu wundern.

Nach dem 13. August 1961 hatte die Kirchenleitung Kurt Scharf, der im Ostteil Berlins eine Zweitwohnung unterhielt, gemäß der Notverordnung zum Verweser des Bischofsamtes bestellt. Er wurde bald darauf ausgesperrt; es wurde ihm die Staatsbürgerschaft der DDR aberkannt. Die Kirchenleitung ernannte 1963 den dienstältesten Generalsuperintendenten, Günter Jacob, zum Verwalter des Bischofsamtes. Mit dieser Benennung wollte die Kirchenleitung den Eindruck vermeiden, die Bedeutung des Verweser-

amtes von Kurt Scharf zu beschneiden – obwohl dem Wortlaut nach die Bezeichnung „Verwalter" mehr Befugnis an-
zeigt als „Verweser". Jacobs bischöflicher Dienst war also
gewissermaßen die zweite Ableitung vom eigentlichen Bischofsamt, das Otto Dibelius innehatte. Mit dieser geringeren
Legitimation war Jacobs Stellung gegenüber den Gemeinden
und dem Staat recht schwach, zumal er die Cottbusser
Generalsuperintendentur als Hauptamt behielt. Dennoch befand er damals diese Konstruktion als ausreichend: Sie halte
den Weg für eine Neuordnung des bischöflichen Amtes offen.

Jacob mühte sich besonders um das geistige und geistliche Niveau des Pfarrerstandes. Mit dem Staat hatte er seit
eh und je seine Schwierigkeiten. 1953 findet sich in einer
Akte der SED-Bezirksleitung Cottbus eine Randbemerkung,
die die Genossen des Zentralkomitees auffordern will, Jacob
endlich einzusperren: „Es wird höchste Zeit." 1959 lautet
das Urteil der Partei: „Absolut negativ." Bei seiner ersten
Begegnung mit Staatssekretär Seigewasser warf ihm dieser
vor, daß achtundachtzig Prozent der Pfarrer seines Sprengels nicht zur Wahl gingen. Jacob erklärte das mit dem vielfachen Bruch des Wahlgeheimnisses. Darauf erwiderte der
Staatssekretär brüsk, es sei eine Unverschämtheit, wenn ein
Theologe den Arbeiter-und-Bauern-Staat belehren wolle.
Die Stellung zu Jacob änderte sich erst, als man ihn als
Gegenpol zu Scharf brauchte.

Jacob trug mir auf, mich in seiner Vertretung um die theologischen Ausbildungsstätten zu kümmern. Das gehört zu
den Aufgaben eines Bischofs. Ich habe mich um die Verbindung zu der Theologischen Fakultät der Humboldt-Universität bemüht. In der DDR gab es ja, einzigartig im
Ostblock, immer noch an sechs Universitäten eine Theologische Fakultät, später Sektion genannt. Bestrebungen des
Ministeriums für Hoch- und Fachschulwesen, sie aus den
Universitäten herauszulösen, scheiterten an den Kräften, die
die Möglichkeit, Einfluß auf die Erziehung der künftigen
Pfarrerschaft zu nehmen, nicht aus den Händen geben wollten. Die Kirche besteht auf dem Recht, ihre künftigen Pasto-

ren selbst zu prüfen. Aber schon von alters her gab es auch „Fakultätsexamen". Diese Variante wurde von unsern Kandidaten, soweit sie an der Universität studiert hatten, fast ausschließlich in Anspruch genommen – im Gegensatz zu meiner Examenszeit. Um den Kandidaten eine kirchliche Nachprüfung zu ersparen, kamen wir mit der Fakultät überein, daß ich oder mein Vertreter – freilich ohne Stimmrecht – an ihren Prüfungen teilnehmen konnte. Die Kirche beschränkte sich auf ein Kolloquium.

1963 verlieh mir die Ernst-Moritz-Arndt-Universität zu Greifswald den Grad eines Ehrendoktors der Theologie. Ich dachte an die schweren Stunden, die diese Fakultät mir und ich ihr einst bereitet hatten. Nun freute ich mich, daß eine alte Verbindung unter besseren Voraussetzungen neu geknüpft worden war.

Professor Wagner, Leipzig, der bekannte Rundfunkprediger, fühlte damals wegen einer praktisch-theologischen Professur bei mir vor. Ich lehnte ab: Ich sei glücklich in meinem Amt. Außerdem fehlte mir zu einer Professur das Grundwissen, das sich der Wissenschaftler in seiner Assistentenzeit erwirbt. Mein Freund Professor Heinrich Benckert wollte mich für den Rostocker Lehrstuhl für Praktische Theologie gewinnen. Auch das lehnte ich ab.

Im Jahre 1967 ehrte mich, den Lutheraner, die Reformierte Theologische Akademie von Debrecen in Ungarn anläßlich des vierhundertjährigen Jubiläums der Ungarischen Reformierten Kirche mit der Würde eines Ehrendoktors. Ich nahm diese Ehrung als ein Bekenntnis zu der einen reformatorischen Kirche über die konfessionellen Grenzen hinweg.

Das Verhältnis von Staat und Kirche war zu der Zeit, als ich mein neues Amt in Eberswalde antrat, recht gespannt. Der Bau der Mauer war für die Berlin-Brandenburger Kirche besonders einschneidend. Die Aussperrung Scharfs hatte tiefe Wunden geschlagen. Dauerthema in den Gesprächen mit dem Staat war die Bildungspolitik. Die Einführung der Allgemeinen Wehrpflicht hatte zusätzliche Probleme geschaffen.

Ich selber wurde vom Bezirk Frankfurt mit erheblichem

Mißtrauen aufgenommen. Die politischen Akten meiner Brandenburger Zeit waren dorthin gewandert. Sie beurteilten mich als „negativ" bis „schwankend". Da waren Predigten abgehört worden, in denen ich die Empörung der Bevölkerung über das Geschehen am 17. Juni 1953 erwähnt hatte. Ich war nicht zur Wahl gegangen. Von 1950 bis 1953 war ich für das Ministerium für Staatssicherheit ein „operativer Vorgang". Von dem Gespräch im Bezirk Potsdam, von dem ich berichtet habe, fand ich nichts in den Akten.

In Eberswalde wurden sämtliche Telefongespräche von jemand, der sich weder in Kirchendingen noch in der Orthographie auskannte, sorgfältig registriert – immer mit der Floskel „in meiner Gegenwart". Alle Briefe, die die Grenze der DDR passierten, auch ganz private, selbst Kinderbriefe, wurden kopiert. Über meine Einführung, über die Generalkonvente, an denen die Pfarrer und Pastorinnen des ganzen Sprengels teilnahmen, sogar über den Laienkonvent, von dem ich berichtet habe, wurden ganze Dossiers angefertigt. In einer „Einschätzung" wurde ich als „immer noch Suchender" eingestuft: „Er gehört nicht zu den Fortschrittlichen."

Solche „Einschätzung" war kein Wunder angesichts der Gespräche, die ich im Auftrag meiner Kirchenleitung mit dem Bezirk Frankfurt zu führen hatte. In der Anfangszeit beharrte ich darauf, daß man „mit uns Christen nicht alles machen" kann. Wir hätten auch nicht den Wunsch, in die Blockpolitik der CDU einzuschwenken, wie man uns nahelegte. Ich warf meinem staatlichen Gegenüber Freundlichkeit in der Rede, aber Unfreundlichkeit im Tun vor. Ständiger Gesprächsgegenstand war die Zulassung von Christenkindern in der Erweiterten Oberschule. Es gab aber auch Erfolge: Ein Kreis hatte einem Pfarrer schriftlich bescheinigt, daß seine Kinder nicht zur Erweiterten Oberschule zugelassen würden, weil sie weder an der Jugendweihe teilgenommen hätten, noch Mitglieder der Freien Deutschen Jugend seien. Nach meiner Intervention entschuldigte sich der Schulrat persönlich bei dem Pfarrer und erklärte die Kinder für aufgenommen. Ich mußte mich vor manchen Pfarrer stellen, über den sich der Bezirk beschwerte. Um den Betreffenden aus der „Feuerlinie" zu holen, habe ich manchmal Aussagen über ihn gemacht, etwa über seine Intelligenz, die heute, aus dem Zusammenhang gerissen, kritisiert werden können. Unwichtiges preiszugeben, um Wichtigeres zu erreichen, schien mir damals in einigen Fällen geboten.

Ein einziges Mal hatte ich es wissentlich mit dem Ministerium für Staatssicherheit zu tun. Eines Tages suchte mich ein Offizier dieses Ministeriums auf. Er hatte sich telefonisch angemeldet und stellte sich als Angestellter dieser Behörde vor. Er teilte mir mit, daß im Sprengel Eberswalde eine Reihe von Kirchendiebstählen vorgekommen seien. Die Kriminalpolizei habe nichts erreicht. Damit der Deutschen Demokratischen Republik kein Schaden entstehe, habe das Ministerium für Staatssicherheit die Sache an sich gezogen. Am nächsten Tage erfuhr ich, daß der Täter gefaßt sei.

Ich habe damit rechnen müssen, daß meine Gespräche mit staatlichen Vertretern dem Ministerium für Staatssicherheit zur Kenntnis kommen würden. Daß es auch Berichterstatter aus dem kirchlichen Raum gab, weiß ich konkret erst heute.

Im Jahre 1966 habe ich das einzige Mal in diesen Jahren an einer Veranstaltung der Nationalen Front teilgenommen. Der Informant berichtete, ich hätte über Friedensfragen gesprochen. Er verschweigt, daß ich eine Resolution, die, wie üblich, von der Sozialistischen Einheitspartei Deutschlands vorgefertigt war, zu Fall gebracht habe: Ich erklärte, ich würde Resolutionen nur unterstützen, wenn ich selbst an ihrer Erarbeitung beteiligt gewesen sei. Daraufhin wurde das Papier zurückgezogen.

Mit der Zeit gestaltete sich das Verhältnis zum Bezirk Frankfurt erfreulicher. Als nach 1961 ein gesamtdeutscher Evangelischer Kirchentag nicht mehr möglich war, gab es gewichtige Stimmen, die einen Kirchentag im Raum der Deutschen Demokratischen Republik grundsätzlich ablehnten. Die Berlin-Brandenburger Kirchenleitung kam zu einer anderen Entscheidung. Im September 1965 konnten wir einen Kirchentag in Frankfurt/Oder abhalten. Im Kirchlichen Jahrbuch 1974 lese ich in einem Gesamtüberblick über die Kirchentagsarbeit: „Frankfurt/Oder gilt heute als entscheidende Wegmarke für die Kirchentagsarbeit in der DDR. Damals gelang es zum ersten Mal, staatliches Mißtrauen abzubauen, ohne Eigenes aufgeben zu müssen."

Die Schlußveranstaltung fand im Freilichttheater der Stadt Frankfurt statt; Günter Jacob hielt die Ansprache. Die Kollekte war für den Bau einer Orgel in Polen bestimmt.

Allen Beschränkungen zum Trotz bekam ich die Erlaubnis, auf dem Gelände des mir wohlbekannten Zingsthofes, kaum 200 Meter von einem der schönsten Strände der Ostsee entfernt, ein Fertighaus aufzustellen. Das Evangelische Hilfswerk hat das Geld dazu gegeben. Das Haus tut noch heute seinen Dienst. Es ist besonders geeignet für Pfarrfamilien mit mehreren Kindern, die sich einen andern Urlaubsplatz kaum leisten konnten.

19. Verwalter des Bischofsamtes

Die Februar-Regionalsynode der Evangelischen Kirche Berlin-Brandenburg 1966 wählte mit der erforderlichen Mehrheit Kurt Scharf zum Bischof, nachdem Bischof Dibelius seinen Rücktritt zum 31. März 1966 erklärt hatte. Die Synodalen hatten gehofft, daß dieses eindeutige Ergebnis die Partei umstimmen würde. Das Politbüro hatte eine Übersiedlung Scharfs in die Hauptstadt der DDR bereits vorher, am 18. Januar 1966, abgelehnt. Nur ein Bürger der DDR könne für das Bischofsamt in Berlin-Brandenburg kandidieren. Der Staatssekretär für Kirchenfragen erhielt den Auftrag, dies Jacob mündlich zu eröffnen, leitende Funktionäre wurden angewiesen, für die Kandidatur eines DDR-Bürgers Stimmung zu machen; nach Lage der Dinge konnte dafür nur der Verwalter des Bischofsamtes, Generalsuperintendent Jacob, in Frage kommen.

Die neuerliche Aussperrung Scharfs hat in der Berlin-Brandenburger Kirche viel Verbitterung hervorgerufen. Scharf war für die meisten von uns der künftige Bischof gewesen. Im Kirchenkampf der NS-Zeit hatte er als Präses der Bekennenden Kirche der Synode Brandenburg Mut und Klarheit bewiesen. Nach dem Kriege dankten ihm viele für seine Fürsorge und brüderliche Gesinnung. In „seiner" Brandenburger Kirche kannte er jedes Dorf, jeden Pfarrer. Sein großartiges Personengedächtnis kam ihm dabei sehr zustatten. Ich habe ihn einmal nach dem Geheimnis seines Gedächtnisses gefragt. Er antwortete: „Das Gedächtnis ist eine Sache der Liebe." Ich schwieg beschämt. Scharf wußte, daß er für das höchste geistliche Amt in Berlin in der Pflicht war. Daher hatte er die Kandidatur für Magdeburg ausgeschlagen. Den Vorsitz im Rat der Evangelischen Kirchen in Deutschland sahen wir alle als Vorstufe für das Bischofsamt an. Seine Kraft zum „Widerstehen und Versöhnen" (so der

Titel seines autobiographischen Buches) machte ihn zum „Pontifex", zum Brückenbauer bei den Studentenunruhen in Berlin. Er hatte den Mut, mitten im Strom zu stehen, und das Vertrauen, daß Gott ihm auch dort nahe ist. Mit dieser Kraft hielt er die Einheit der Berlin-Brandenburger Kirche fest, auch als sich eine Teilung der bischöflichen Verantwortung als notwendig erwies.

Die Wahl Scharfs wurde dadurch begünstigt, daß seine Gegner sich deutlich artikuliert hatten. Man war der Meinung, es gehe letzten Endes gar nicht um Berlin-Brandenburg, sondern um die Evangelische Kirche in Brandenburg. Anwürfe wie: Scharf sei die „menschgewordene Demagogie", standen im Raum. Die Synode pflegte unwirsch zu reagieren, wenn Wünsche der Partei erkennbar wurden.

Mit der Wahl Scharfs zum Bischof war das Amt des „Verwesers" gemäß Notverordnung frei. Da Scharf sein Bischofsamt im Osten nicht ausüben konnte, war die Notverordnung von 1959 weiterhin aktuell. Jacob und Scharf hatten sich 1965 in Lund in Schweden abgesprochen, daß für den nun eingetretenen Fall der Verweser auf Dauer und im Hauptamt bestellt werden sollte. Genau dies forderte Jacob von der Kirchenleitung ein. Als man sich nicht dazu entschließen wollte, verließ Jacob die Sitzung und lehnte eine weitere Beauftragung ab, obwohl eine Mehrheit für ihn gewesen war. Er fand sich wohl auch von Scharf nicht genügend unterstützt.

Ich habe Jacobs Resignation bedauert. Er hatte sich für die Wahl Scharfs eingesetzt. Nun konnte der Eindruck entstehen: Der Mohr hat seine Schuldigkeit getan ... Es war zu befürchten, daß sich der Streit in unserer Kirche vertiefen würde.

Nun mußte der Präses, nach der Grundordnug der stellvertretende Vorsitzende der Kirchenleitung, wieder das Zepter übernehmen. Figur war Superintendent des größten Ostberliner Kirchenkreises, mit dem Staat hatte er seine Schwierigkeiten. Die Situation hatte sich nach der Wahl Scharfs zugespitzt. Obwohl es Stimmen gab, die auf einen Bischofsverwalter ganz verzichten wollten und eine kollektive

Leitung der Kirche für möglich hielten, setzte sich doch der Wunsch durch, aufs neue die Frage eines Bischofsverwesers zu bedenken. Auf staatlicher Seite hielt man an Jacob fest. Im November fragte mich Konsistorialpräsident Hagemeier, ob ich kandidieren wolle. Ich sagte ein deutliches Nein. Ich hielt Jacob für den weitaus Geeigneteren. Er sei prinzipienfester, ich sei für solch harten Posten zu weich, zu harmoniebedürftig. Auch Figur kam auf mich zu. Aber Jacob sah sich außerstande, sich noch einmal der Wahl zu stellen. Auch der Potsdamer Generalsuperintendent Lahr trat dezidiert für mich ein. Man wollte in der Frühjahrssynode 1967 eine förmliche Wahl, obwohl nach der Notverordnung die Kirchenleitung allein zuständig war.

Als ich mich weiterhin weigerte, ging man auf Dr. Lahr zu. Wir waren als Nachfolger Walter Brauns im selben Jahr Generalsuperintendenten geworden, er in Potsdam, ich in Eberswalde, und wir waren befreundet. Seine Kandidatur erschreckte mich. Ich kannte Horst Lahr als einen außerordentlich gewissenhaften Menschen. Er hat, sagte ich im Scherz, „zwei rechte Hände"; er kann nichts „mit links" machen. Das muß man aber in einem solchen Amt können. Ich fürchtete, er würde sich als Verwalter des Bischofsamtes gesundheitlich zugrunde richten. So habe ich mich als Gegenkandidat aufstellen lassen, um wenigstens das gute Gewissen zu haben, das mir Mögliche für ihn getan zu haben. Zu meinem Erstaunen wurde ich am 5. Januar 1967 mit acht Stimmen bei drei Gegenstimmen und zwei Enthaltungen gewählt.

Auch im Staatssekretariat zeigte man sich überrascht. Die Kirchenleitung hatte, um die Synode von einer Personaldebatte zu entlasten, ihren Beschluß ganz legal eine Woche vorher gefaßt. Ich war froh, auf diese Weise nicht in die Mühlen der Propaganda geraten zu sein. Die Synode schien auch erleichtert zu sein. Sie dankte mir dafür, daß ich den Dienst eines Verwalters des Bischofsamtes übernommen hatte. Sie erwartete von der Kirchenleitung, daß sie alles tun werde, um mir die volle Ausübung meines Amtes zu ermöglichen. Ich sagte der Synode:

„Noch ist viel Gift in unserer Berlin-Brandenburger Kirche, die ja durch ihre Existenz in der Teilung wie keine andere in die politischen Auseinandersetzungen hineingezo-
gen worden ist."

Das Gift werde neutralisiert, wenn wir erkennen, daß wir
einander für den inneren und äußeren Aufbau unserer Kirche lebensnotwendig brauchen. Dies sei die Voraussetzung,
wenn die Kirche in einem sozialistischen Staat und in einer
sehr weltlich gewordenen Welt das Zeugnis von der Liebe
Gottes zu dieser Welt in der damit gegebenen Freiheit und
Gebundenheit des Dienstes tun wolle. Unsere Hauptaufgabe
sei eine stetige Aufbauarbeit, damit wir uns nicht ständig in
Tagesfragen verfangen. Damit wäre auch die beste Grundlage für ein sachliches Verhältnis zum Staat gegeben. Ich
verlas einen Gruß von Bischof Scharf. Ich erklärte, die
Rechtslage sei eindeutig: Der Verwalter des Bischofsamtes
habe seinen Dienst in enger Zusammenarbeit mit der Kirchenleitung zu gestalten. Er empfange keinerlei Weisungen
aus dem Westen.

Unmittelbar vorher hatte ich Bischof Scharf die Umstände
geschildert, die zu meiner Wahl geführt hatten. Daß die
Aufbauarbeit das Thema Nummer Eins sein müsse, begrün-
dete ich mit der kirchlichen Situation: Die Lage in den
Städten sei verzweifelt schlecht. Für die Massen sei die
Kirche eine uninteressante Randerscheinung geworden.

„Ich habe vor, meine Kraft nicht auf kirchenpolitische
Taktik, sondern auf den Aufbau der Gemeinde zu konzentrieren. Ich hoffe nur, daß mir dazu Spielraum gelassen wird
– von politischer Seite wie von den Brüdern. Ich werde
nichts dazu tun, eine Spaltung unserer Berlin-Brandenburgischen Kirche herbeizuführen oder zu fördern …"

Die Einheit hüteten wir am besten dadurch, daß wir aufeinander zugehen und miteinander denken. Das sei wesentlicher als jede gesetzliche Bindung.

Wie nicht anders zu erwarten, hat es ein sehr unterschied-
liches Echo gegeben. Propst Grüber, der ja auf dem Felde,
auf das ich mich nun begeben hatte, einige Erfahrungen gesammelt hat, schrieb mir: „Ich weiß, was es bedeutet, daß

Sie in die Bresche gesprungen sind." Scharf erinnerte an die Verbundenheit durch dreißig Jahre gemeinsamen Weges.

„Ich bete für Sie und unsere Berlin-Brandenburger Kirche, daß Gott unsere Bemühungen um Frieden und Einheit unter den Menschen und um das Heil der Seelen nicht ungesegnet lasse." Die Kirchenredakteure Sepp Scholz und später Reinhard Henkys haben durch ihre Kommentare viel dafür getan, daß auch in den Medien der Bundesrepublik das Verständnis für unsere Situation und unsere Entscheidungen verbreitet wurde.

Die Kirchenleitung beschloß eine Dienstanweisung für den Verwalter des Bischofsamtes, in der festgelegt wurde, mein Dienst sei Hauptfunktion, aber nicht Hauptamt. Ich bliebe Generalsuperintendent, könne mir aber einen bevollmächtigten Vertreter suchen. Wenn der Bischof nicht mehr behindert sein würde, würde ich den Dienst des Generalsuperintendenten wieder aufnehmen. Der Dienstsitz solle Berlin sein, der Wohnsitz Eberswalde bleiben. Weiter wurde bestimmt: Der Verwalter des Bischofsamtes delegiert den Vorsitz im Konsistorium an den Konsistorialpräsidenten. Bei der Vertretung in der Öffentlichkeit ist enge Fühlungnahme mit der Kirchenleitung geboten. Der brüderliche Kontakt mit dem Bischof schließt keine rechtliche Bindung ein. Selbständigkeit und Eigenverantwortlichkeit des Verwalters werde nicht tangiert.

Diese Dienstanweisung ist in Absprache mit mir entworfen worden. Ich konnte sie akzeptieren. Bedenken hatte ich nur, weil Wohn- und Dienstsitz getrennt sein sollten. Das war auf die Dauer eine Überforderung. In den ersten Monaten lebte meine Familie unter der Obhut meiner Mutter noch in Brandenburg. Ich mußte zwischen Berlin, Eberswalde und Brandenburg hin- und herfahren. Während der Zeit legte mein Auto im Jahr fünfundsechzigtausend Kilometer zurück. Es war nicht länger möglich, ohne Fahrer auszukommen. Ich war mehrmals für Sekundenbruchteile auf der Autobahn eingeschlafen. Harry Gansekow wurde also eingestellt; er hat mich bis zu meiner Emeritierung treu und ohne selbstverschuldeten Unfall gefahren.

Bald nach meiner Ernennung habe ich Staatssekretär Seigewasser aufgesucht. Wenn ich für die vielerlei Aufgaben, die meiner harrten, frei sein wollte, mußte ich versuchen, Klarheit zu schaffen. Seigewasser sagte mir offen, daß der Staat Jacob lieber an meiner Stelle gesehen hätte. Jacob sei ein harter Kämpfer und widerstandsfähiger gegen die Leute in den eignen Reihen. Deutlich war sein Mißtrauen zu spüren: Ich sei seit der Zeit des Kirchenkampfes mit Scharf verbunden. Diese Sorge zog sich bis zur Pensionierung Scharfs als roter Faden durch die gesamte Kirchenpolitik. Hier konkretisierte sich der Generalauftrag der Partei: Abgrenzung von der „imperialistischen" Bundesrepublik. Es war gut, daß mir die Kirchenleitung die geistlich-brüderliche, nicht aber eine organisatorisch-institutionelle Bindung zum Westteil unserer Kirche auferlegt hatte. Dankbar war ich auch, daß ich nie irgendeinem Druck des Bischofs oder der Kirchenleitung West ausgesetzt war.

In den ersten Monaten hatte ich das Gefühl, mich auf einem Schleudersitz zu befinden. Wie oft habe ich meiner Frau an einem Wochenende und nach der wöchentlichen Sitzung der Kirchenleitung gesagt: „Wieder eine Woche geschafft!" Es war mir fast wie ein Weihnachtsgeschenk, als mir Fritz Figur Ende des Jahres sagte: „Das erste Jahr hast du nun hinter dich gebracht, und es ist alles sehr viel besser geworden", das Klima in der Kirchenleitung habe sich vollständig verändert. Das wird auch damit zusammenhängen, daß wir uns mehr und mehr angewöhnten, einander offen zu sagen, was wir dachten.

Als meinen Vertreter habe ich den Neuruppiner Superintendenten Hanse gewonnen. Seine kluge, uneitle Art, sein sorgfältiger Umgang mit Menschen, seine Predigten haben mich sehr für ihn eingenommen. Er zog in unser Eberswalder Haus ein. Wir nahmen im Obergeschoß Wohnung. Nach seiner Emeritierung folgte ihm Superintendent Schuppan in das Amt.

Am 31. Januar 1967 starb Bischof Dibelius. Es war selbstverständlich, daß auch die Ostregion seiner Berlin-Brandenburger Kirche eine würdige Gedenkfeier ausrichtete. In der

Nähe der Marienkirche wurde rechtzeitig ein Blindgänger aus dem letzten Krieg gefunden. So mußten wir in die Sophienkirche ausweichen. Ich hielt mich in meiner Traueransprache an das Jesus- und das Jüngerbuch von Otto Dibelius. Darin lernen wir eine andere Seite des Kirchenmannes kennen. Er verstand es, die Bibel in einer ganz einfachen Sprache und mit einer schlichten Frömmigkeit auszulegen. Ich konnte freilich nicht völlig verschweigen, daß ich nicht in allem mit ihm übereinstimmte. Nach dem Gottesdienst bekam ich deswegen einen Rüffel von Bischof Mitzenheim: Bei solchen Gelegenheiten habe jede Kritik zu schweigen. Mitzenheim war übrigens der einzige Bischof, der zu dieser Feier erschienen war. Wie es bei Beerdigungen üblich ist, läuteten die Glocken; weil der Bischof in der ganzen Kirche zu Hause ist, läuteten sie überall. Ich hatte den Antrag gestellt, an der Beerdigung des Bischofs in Berlin-Lichterfelde teilnehmen zu können. Jemand aus dem Weißenseer Arbeitskreis wollte mir das ausreden. Die Mühe war unnötig, ich bekam sowieso keine Erlaubnis.

Mit der Ernennung zum Verwalter des Bischofsamtes wurde ich in die Gemeinschaft der Bischöfe aufgenommen. Der Greifswalder Bischof Krummacher war der Vorsitzende der „Ostkonferenz", später „Konferenz der Kirchenleitungen" genannt. Sie diente dem Austausch zwischen den acht evangelischen Landeskirchen in der DDR. Dort konnten lediglich Verabredungen getroffen werden. Die Exekutive lag allein bei dem Rat der Evangelischen Kirchen in Deutschland. Damals waren, außer Krummacher (Greifswalder Kirchengebiet), Beste (Mecklenburg), Fränkel (Görlitzer Kirchengebiet), Jänicke (Kirchenprovinz Sachsen/Magdeburg), Mitzenheim (Evangelisch-Lutherische Kirche Thüringens), Kirchenpräsident Müller (Anhaltinische Kirche) und Noth (Evangelisch-Lutherische Kirche Sachsen) in den leitenden Ämtern. Der Kontakt untereinander war nicht sehr intensiv, obwohl das dringend nötig gewesen wäre. Ich nahm mir daher die Freiheit, die Bischöfe mit ihren Frauen zu uns nach Eberswalde einzuladen. Nach dem Mittagessen im Heim der Inneren Mission „Haus Chorin" fuhren wir mit einem für uns gecharterten Motorboot auf dem Werbellinsee, was Landesbischof Mitzenheim den Ruf entlockte: „Beinahe so schön wie in Thüringen." Als wir dicht am Ufer von Altenhof entlangfuhren, zog er ein riesiges Taschentuch aus der Rocktasche und winkte mit der Grandezza eines Landesfürsten, gewohnt, daß seine Landeskinder ihn dankbar grüßten. Aber er mußte die Enttäuschung hinnehmen, daß sein Gruß kaum erwidert wurde. Es war eben nur „beinahe so wie in Thüringen".

Im Jahre 1968 wurde eine neue, die sozialistische Verfassung, eingeführt. Vorher sollte der Entwurf in der Bevölkerung diskutiert werden. Noch vor der Veröffentlichung des Entwurfs am 31. Januar 1968 waren Gerüchte zu uns gelangt, die Befürchtungen weckten. Ich suchte am 13. Januar den Staatssekretär für Kirchenfragen auf und erläuterte ihm meine Erwartungen und Befürchtungen. Ich hoffte, daß er sie an die entscheidenden Stellen weiterleiten würde. Wie aus dem Protokoll des Staatssekretariats hervorgeht, hätte ich festgestellt, daß mit den geltenden Verfassungsbestimmungen (von 1949) das Verhältnis der Kirchen zur sozialistischen Umwelt positiv entwickelt werden konnte. Dieser Prozeß dürfe nicht unterbrochen werden. Grundsätzliche Aussagen klärender Art müßten unzweideutig auch in der neuen Verfassung fixiert bleiben. Als solche Prinzipien hätte ich genannt: Die Trennung von Staat und Kirche, Glaubens- und Gewissensfreiheit einschließlich der ungestörten Religionsausübung auch in Diakonie und kirchlicher Unterweisung, die Bestätigung der Kirchen als rechtsfähige, juristische Personen, die selbständige Regelung ihrer inneren Angelegenheiten und die Selbstfinanzierung durch Leistungen ihrer Mitglieder.

Die Kirchenartikel in der bis dahin geltenden Verfassung von 1949 waren entsprechend der Verfassung von Weimar formuliert worden. In dem neuen Entwurf gab es nur einen einzigen, sehr kümmerlichen Artikel zum Thema Kirche. Das schreckte uns auf. Daher kamen die Bischöfe, mit Ausnahme von Mitzenheim, am 15. Februar 1968 in Lehnin zusammen und beschlossen einen Brief an den Vorsitzenden des Staatsrates, Walter Ulbricht. Die wichtigsten Abschnitte lauteten:

„Als Staatsbürger der Deutschen Demokratischen Republik und als Christen gehen wir davon aus, daß nach dem durch deutsche Schuld begonnenen Krieg nun auf dem Boden der deutschen Nation zwei deutsche Staaten bestehen. Wir erstreben die geordnete Zusammenarbeit und die Annäherung der beiden deutschen Staaten, damit wir Deutschen den Frieden fördern und die menschlichen Beziehungen, insbesondere zwischen Familienangehörigen, wieder voll zu ihrem Recht kommen.

Als Staatsbürger eines sozialistischen Staates sehen wir uns vor die Aufgabe gestellt, den Sozialismus als eine Gestalt gerechteren Zusammenlebens zu verwirklichen.

Nach dem grundlegenden Artikel 1 des Entwurfs der neuen Verfassung ist die Deutsche Demokratische Republik ein sozialistischer Staat und als solcher die politische Organisation der Werktätigen in Stadt und Land, die gemeinsam unter Führung der Arbeiterklasse und ihrer marxistisch-leninistischen Partei den Sozialismus verwirklichen. Wir bitten, daß die neue Verfassung so erstellt wird, daß die Christen und diejenigen Mitbürger, die die Weltanschauung der führenden Partei nicht teilen, an der Verantwortung für unser Staatswesen mit unverletztem Gewissen teilhaben können."

Der Brief mahnt den Staat, die Rechtssicherheit und die Gleichheit aller Bürger an. „Volle Glaubens- und Gewissensfreiheit" muß ausdrücklich zugesichert werden. Allgemeine Aussagen wie „gemäß dem Geist und den Zielen dieser Verfassung" sollten durch klare, rechtliche Bestimmungen ersetzt werden.

Die heutige Diskussion über diesen Brief zeigt, daß er umfassender zitiert werden muß, als das meist geschieht. Und er sollte genau gelesen werden! „Gerechteres Zusammenleben" ist als Aufgabe nicht der Kirche, sondern des Staatsbürgers formuliert. Als Christ soll er auf mehr Gerechtigkeit dringen. „Gerechtigkeit im Zusammenleben" ist das Kriterium, an dem sich der Anspruch messen lassen muß, der Sozialismus sei identisch mit Frieden und Gerechtigkeit. Bischof Fränkel formuliert in einer Stellungnahme zum Verfassungsentwurf:

„Indem die Bischöfe den Sozialismus als eine Gestalt gerechteren Zusammenlebens angesprochen haben, haben sie keine kritiklose, die Eigenverantwortung preisgebende Akklamation vollzogen, sondern den Sozialismus der Zielsetzung eines gerechteren Zusammenlebens der Menschen unterstellt, auf die hin der Sozialismus sich befragen lassen muß."

Christen wollen bei der Gestaltung des Zusammenlebens mitwirken. Das Evangelium hat gesellschaftliche Relevanz. Insofern bedeutet der Passus keine Anpassungs-, sondern eine Offensivformel (R. Henkys). „Gerechtes Zusammenleben" ist „Aufgabe", nicht etwa ein im „Sozialismus" des SED-Staates bereits verwirklichter Zustand. Der „Sozialismus" ist nicht „die", sondern „eine" Gestalt gerechteren Zusammenlebens. Andere Gestalten sind durchaus denkbar. Vor allem wegen der Komparative war die Sozialistische Einheitspartei Deutschlands über unsern Brief wohl nicht gerade erfreut. Die Verfassungskommission ist auf den Brief aus Lehnin nicht eingegangen. Der Artikel 38 wurde umformuliert. Die Befehlsform, in der er ursprünglich abgefaßt war („Die Kirchen haben ihre Angelegenheiten und ihre Tätigkeit in Übereinstimmung mit der Verfassung und den gesetzlichen Bestimmungen der DDR zu ordnen und durchzuführen.") wurde in einen Aussagesatz verändert. Mit Artikel 20 ist übrigens auf Antrag Mitzenheims in einem besonderen Schreiben die Gewissens- und Glaubensfreiheit in der Verfassung verankert worden.

In der Verfassungsdiskussion hat es 11 243 Zuschriften gegeben, davon allein 6806 von den Kirchen und ihren Mitgliedern. 7070 betreffen den Kirchenartikel. Die Zuschriften zeigen, daß ein erheblicher Teil der Bevölkerung von der neuen Verfassung eine verstärkte Demokratisierung erwartet hat. Bemerkenswert ist auch, daß die Demokratisierungswünsche meist im Umfeld der Kirche geäußert wurden. Die Verfassung wurde am 26. März 1968 beschlossen und im Mai der Bevölkerung zum Volksentscheid vorgelegt. Es war das letzte Mal, daß eine Entscheidung zwischen Ja und Nein getroffen werden konnte. Wenn die Zahlen nicht gefälscht sind, haben 94,45 Prozent mit Ja gestimmt.

Unmittelbar nach der Annahme der Verfassung wurde die Universitätskirche Leipzig trotz vielfacher Proteste aus der ganzen Bevölkerung gesprengt.

Vom 13. bis 29. August 1968 machten meine Frau und ich Urlaub im Hotel Partizan bei Tale in der Slowakei. Ich wußte, daß sich Kurt Scharf um diese Zeit ebenfalls in der ČSSR aufhielt. Wir trafen uns am Abend des 13. August in Prag und waren dann noch ein paar Stunden in der Nähe zusammen. Es gab nach eineinhalb Jahren meines Verwalterdienstes allerlei zu besprechen. Scharf war besonders an Personalfragen interessiert. Von dem kommenden Einmarsch der Warschauer Paktstaaten hatten wir natürlich keine Ahnung, wenn wir auch mit Sorge an den Aufmarsch von Truppen an der tschechischen Grenze dachten. Daß wir uns in Prag mit irgendwelchen Organisationen beraten hätten, wie staatliche Stellen behaupteten, ist reine Erfindung. Am Morgen des 21. August hörten wir zu unserer Bestürzung, was geschehen war. Wir blieben noch ein paar Tage; wir wollten abwarten, ob es noch kriegerische Auseinandersetzungen geben würde. Dann machten wir uns auf den Weg, mit einem Gärballon voll Benzin im Wagen. Es hieß, die Tankstellen bedienten uns nicht mehr. So ging es unbehelligt bis Prostejow in Mähren. Plötzlich kam aus dem Motor ein verdächtiges Geräusch. Fachleute sagten uns: keinen Meter weiter! Die Panne war etwa einen Kilometer hinter der Stadt passiert. Die Situation war prekär. An den Wänden stand zu lesen „DDR raus!", wir konnten kein Wort tschechisch, auf Hilfe konnten wir kaum rechnen. Zu unserm großen Glück fand ich einen deutschprechenden, evangelischen Geistlichen, den Dekan der Böhmischen Brüder, Emil Stehlik. Es war Sonnabend, keine Werkstatt geöffnet. Wir mußten also übernachten. Der Dekan hat lange mit dem Hotel verhandelt, bis man uns aufnahm. Dann wurden wir aber freundlich bewirtet. Am späten Abend wurden wir plötzlich durch das Rattern von Panzern und von Schüssen, genau unter unserm Fenster, aufgeschreckt. Wir hörten am nächsten Tage, daß eine sowjetische Panzerkolonne mit Steinen beworfen worden sei und darauf das Feuer eröffnet habe. Ein Zivilist sei erschossen worden. Als wir am nächsten Tag den Gottesdienst besuchten, bedeutete uns der Dekan: Bitte, kein Wort sprechen! Am Montag früh mußte er noch einmal alle seine Überredungskünste spielen lassen, ehe uns eine Werkstatt half. Wir hatten wieder Glück: Wir fuhren einen Skoda, und wir waren in einer Skodawerkstatt gelandet. Die Kfz-Schlosser machten uns klar, daß wir mit dem ausgelaufenen Pleuellager unmöglich fahren könnten. Ob wir einen neuen Motor haben wollten? Wir sagten natürlich ja, und am Mittag war unser Wagen startbereit. Man hatte uns gewarnt, Wagen aus der DDR seien demoliert worden. So haben wir versucht, auf Nebenstraßen weiterzukommen. Das hatte aber den Haken, daß die Wegweiser alle verdreht worden waren. Wir mußten an jeder Kreuzung anhalten, um uns mit Karte und Kompaß zu orientieren. Das wurde aber kompliziert: Wie wir feststellten, hatten wir die Leerlaufdüse verloren. In Ceská Trebová – der Name sei unvergessen! – machten wir eine Werkstatt ausfindig. Doch die war nur für „Wartburg" zuständig. Die Leute wiesen uns an einen anderen Kfz-Schlosser. Als wir ihn fanden, kam uns ein Geselle schon mit der passenden Düse entgegen, setzte sie uns für ein paar Pfennige ein, und wir erreichten unbehelligt die Grenze. Dort wollte ein DDR-Grenzer von uns wissen, wie böse man mit uns umgegangen sei. Wir mußten ihn enttäuschen, wir hatten fast nur Freundliches erlebt. Ein einziges Mal sahen wir auf einem vorbeifahrenden Laster eine erhobene Faust.

In der Kirchenleitung in Berlin hatte man schon darüber nachgedacht, wie wir auf die tschechischen Ereignisse reagieren sollten. Wir entschlossen uns, an die Gemeinden einen Brief zu schreiben und ihn von unsern Kanzeln verlesen zu lassen.

„An die im Ökumenischen Rat zusammengeschlossenen Kirchen in der ČSSR / Prag/ČSSR
Berlin, den 5. November 1968

Liebe Brüder!

In diesen für Euer Volk und Land so schweren Tagen sind wir Christen aus den Gemeinden unserer Berlin-Brandenburgischen Kirche mit unseren Gedanken und mit unserer Fürbitte bei Euch. Wir haben die Stunden gemeinsamen Bekennens und Anbetens auf ökumenischen Tagungen und gelegentlich vieler persönlicher Begegnungen nicht vergessen. Wir leiden mit Euch darunter, daß noch immer militärische Mittel eingesetzt werden, um politische Fragen zu lösen. Wir danken es auch Eurer Besonnenheit und Festigkeit, daß es zu keinem größeren Blutvergießen gekommen ist, und hoffen, daß es auch hinfort nicht dazu kommt.

Wir wissen und verstehen, daß es Euch besonders verletzt hat, daß unter den einrückenden Truppen Deutsche und auch Christen gewesen sind. Wir hoffen, daß im Laufe der kommenden Verhandlungen feste Termine für den Abzug der Truppen vereinbart werden. Wir beten, daß die beteiligten Regierungen rechte Entscheidungen treffen, die dem Frieden und der Freiheit Eures Volkes und damit auch dem Frieden der Welt dienen. Wir beten für die Vollmacht Eurer Verkündigung, daß Ihr in dieser Zeit das Wort des Trostes und der Mahnung findet, dessen Eure Gemeinden bedürfen.

Wir rufen in diesen für unsere brüderliche Gemeinschaft so belastenden Tagen zum Herrn: ‚Hilf du uns, Gott, unser Helfer, um deines Namens Ehre willen. Errette uns und vergib uns unsere Sünde um deines Namens willen.‘ (Psalm 79,9 – Losung der Brüdergemeinde [sic!] vom 21. August 1968) Euch im Glauben verbunden

Evangelische Kirchenleitung

Berlin-Brandenburg

D. Schönherr“

Wir hatten den Brief in einem Raum verabschiedet, den wir für abhörsicher halten mußten. Präses Burkhardt hatte den Brief mit nach Hause genommen, um ihn weiterzubefördern. Am nächsten Tage suchte ihn ein Mitglied der Christlichen Friedenskonferenz auf und warnte ihn, den Brief zu befördern – natürlich ohne Erfolg.

In einem Anschreiben an die Gemeinden unserer Kirche

empfahl die Kirchenleitung, den Brief am nächsten Sonntag im Gottesdienst bekanntzugeben. Das ist weitgehend geschehen. Es liegen uns Listen vor, die besagen, daß nicht einer der Superintendenten der Aufforderung der staatlichen Stellen zur Nichtverlesung nachgekommen ist. Mir hätte der Staatssekretär für Kirchenfragen zwei Vorhaltungen gemacht: weil ich mich mit Scharf getroffen hätte und weil wir diesen Brief verfaßt hätten. Der Bezirk Dresden habe mit Bischof Noth wegen seiner „absurden Haltung" gegenüber den Ereignissen in der ČSSR geredet. Auch mit Bischof Fränkel seien solche Gespräche notwendig gewesen. Ich habe geantwortet, daß das militärische Eingreifen für mich und für viele in der Kirche „eine schwere Enttäuschung" sei. Zu den Vorhaltungen wegen des Treffens mit Scharf steht im Aktenvermerk das Staatssekretariats: „Bischof Schönherr möchte ehrlich sagen, daß er sich nicht reinreden läßt in kirchliche Angelegenheiten." Die Zumutung, mich für den Brief zu entschuldigen, habe ich in einem nächsten Gespräch abgelehnt, auch als mir der Staatssekretär einige neue Gesichtspunkte vermittelt hatte.

Mir lag sehr daran, nach den Auseinandersetzungen der letzten Zeit zu den eigentlichen Aufgaben einer Kirchenleitung zu kommen: „die ständige Erneuerung der Kirche zu fördern", das hieß konkret: Den Gemeinden und ihren Pfarrern aus Sackgassen herauszuhelfen und Wege zu zeigen, Hilfreiches und Phantasievolles aus der eigenen Kirche und aus der Ökumene aufzunehmen, Experimente zu wagen. Daher hat die Kirchenleitung die Möglichkeit freigegeben, den Superintendenten eines Kirchenkreises durch eine „Bruderschaftliche Leitung" zu ersetzen. Der Kirchenkreis Rathenow hatte erste Erfahrungen gesammelt. Die Funktionen des Superintendenten wurden auf mehrere Personen, Pfarrer und Laien, aufgeteilt.

Besondere Sorge galt dem kirchlichen Unterricht. Um den Katecheten und Katechetinnen in ihrem aufreibenden Dienst besondere Hilfe zukommen zu lassen, war für sie eine eigene Sparte der Verwaltung eingerichtet beziehungsweise aufrechterhalten worden: die kirchliche Erziehungskammer.

Manches Mißverständnis, manche Enttäuschung hätte sich nach meiner Meinung vermeiden lassen, wenn die Kirchenleitung und das Konsistorium die Gemeinden mehr in die Entscheidungsvorgänge einbezogen hätte – bis hin zu gemeinsamen Beratungen. Das würde anfangs mehr Zeit kosten, aber die Zeit sparen, die für Nachfragen und Beschwerden verbraucht würde. Zwischen der Leitungsebene und der Basis besteht fast „naturgesetzlich" eine Kluft. Vielleicht haben wir in der Leitung nicht genug getan, diese Kluft so schmal wie möglich zu halten.

In meinem ersten Rechenschaftsbericht vor unserer Synode (1. bis 5. November 1968) habe ich versucht, ein ungeschminktes Bild über die Beschaffenheit unserer Kirche zu geben:

„Die Christen werden immer mehr zur Minderheit, mit den Chancen und Schwierigkeiten, die damit verbunden sind. Wie verschieden heute das Bild in einer rein ländlichen, übrigens sorgfältig durchgearbeiteten Parochie sein kann, zeigen folgende Erhebungen:

Gemeinde A: 247 Einwohner, davon 155 Evangelische, außerdem 60 Konfessionslose, 32 von anderer Konfession. Von den 155 Evangelischen beteiligen sich in irgendeiner Form am kirchlichen Leben 53 (= 33 Prozent der Evangelischen und 21,5 Prozent der Einwohner)… Die Predigtgemeinde beträgt 7,5 Prozent.

Gemeinde B: 634 Einwohner, davon 525 Evangelische, außerdem 77 Konfessionslose, 32 Katholiken. Von den 525 Evangelischen beteiligen sich in irgendeiner Form am kirchlichen Leben 192 (= 36,5 Prozent der Evangelischen und 30,3 Prozent von der Gesamtzahl der Einwohner). 106 zeigen sich ansprechbar, 171 indifferent. Die Predigtgemeinde umfaßt 3,4 Prozent.

Gemeinde C: 445 Einwohner, davon 366 Evangelische, außerdem 63 Konfessionslose und 16 Katholiken. Von den 366 Evangelischen beteiligen sich am kirchlichen Leben in irgendeiner Form 185 (= 50 Prozent der Evangelischen, 41,5 Prozent der Einwohner), 86 zeigen sich ansprechbar, 15 indifferent.

Solche Zahlen sind kein Anlaß zu Angst und Klage, wohl

aber können wir darin ein Stück der Führung Gottes erkennen, der uns wachrütteln und neue Aufgaben zeigen will.

Die vorstehend genannten Zahlen wären sehr günstig, wenn man das Wort ‚am kirchlichen Leben beteiligt‘ im Sinn von ‚verantwortlicher Zeugenschaft‘ interpretieren könnte. Die Zahl derer, die dazu bereit sind, ist jedoch weit geringer. Das ist verständlich. Was viele Christen hemmt, aus der Haltung eines Konsumenten pastoraler Tätigkeit zu eigenem Zeugnis zu kommen, ist oft die schlichte Unkenntnis der notwendigen Grundlagen des christlichen Glaubens. Es offenbart sich, daß der christliche Unterricht schon seit langem nicht mehr sehr effektiv gewesen ist und daß die Meinung allgemein verbreitet war, mit der Konfirmation habe man das nötige Maß christlichen Wissens und Denkens erreicht … Die Kirchenleitung hat darum beschlossen, den Gemeinden einen Dreijahresarbeitsplan anzubieten, um mit der Zurüstung der Gemeinden wenigstens einen Anfang zu machen. Er ist in erster Linie für die Arbeit in Gemeindeseminaren und Mitarbeiterkreisen gedacht. Die Kirchenleitung hat Wert darauf gelegt, daß nicht nur Stoff angeboten wird, sondern daß auch methodische Hinweise gegeben werden, ihn in zeitgemäßer Form zu bearbeiten … Eine Hauptverantwortung liegt in der Jugendarbeit. Zu unserer Freude geschieht vielerlei. In Burg, in Potsdam-Hermannswerder und Prenzlau haben wie jedes Jahr die großen traditionellen Jugendtage mit Tausenden von Teilnehmern stattgefunden. Die Bibelrüsten in der Ferienzeit, die ja bei der Unruhe unserer Zeit eine besonders wichtige Gelegenheit zu konzentrierter Arbeit sind, haben ungehindert in großer Zahl stattfinden können. Da die Bibelrüsten oft die einzige Möglichkeit einer stetigen Arbeit sind und die Erfahrung zeigt, daß es eine gewisse Anlaufzeit braucht, bis es dazu kommt, haben alle Kirchen in der DDR sich der staatlichen Forderung versagen müssen, die Dauer der Bibelrüsten auf die Zeit von nur einer Woche zu beschränken.“

Hinter diesen Sätzen verbirgt sich ein zähes Ringen mit den staatlichen Stellen in den vorangegangenen Jahren. Sie wollten die Dauer und die Qualität der Bibelrüsten für Jugendliche bestimmen. Man verlangte, daß die Bibelrüsten rein religiösen Charakter haben sollten.

Für junge Menschen sollten sie so wenig attraktiv wie möglich sein. Es kam bis etwa 1970 zu Auflösungen und Abtransporten. In früheren Jahren hatte man sogar untersagen wollen, daß sich die christliche Jugend über den Rahmen der Einzelgemeinde hinaus traf. Die Passage des Berichtes zeigt, daß Fortschritte erzielt worden sind. An späterer Stelle kommt der Bericht auf die Situation auf dem Lande zu sprechen:

„Auf dem Lande ist eine technische Revolution größten Ausmaßes im Gange … Das führt dazu, daß sich die Art und Weise der Produktion von Grund auf verändern und der Gegensatz zwischen Stadt und Land aufgehoben wird. Das hat erhebliche Folgen: Die Kooperation entwickelt sich nicht nur auf dem Gebiet der Produktion, sondern sie ist eine gesellschaftliche Erscheinung (gemeint sind die Kooperationsgemeinschaften riesigen Ausmaßes, in denen bisherige landwirtschaftliche Produktionsgenossenschaften zusammengeschlossen und in zwei selbständige Produktionszweige, Feld- und Viehwirtschaft, aufgeteilt wurden) … Die Zitate zeigen, daß wir mit einer auf längere Sicht umfassenden Umgestaltung der landwirtschaftlichen Gebiete zu rechnen haben. Das hat auch zur Folge, daß an die Stelle vieler kleiner Dörfer städtische Siedlungen, nach bisher bekannten Vorstellungen mit fünftausend bis achttausend Einwohnern, treten. Das dürfte eine Erleichterung der Arbeit mit sich bringen … Das wird aber auch eine geistige Veränderung im Gefolge haben, die nur mit der zu Beginn des technischen Zeitalters verglichen werden kann und erhebliche Anforderungen an die Seelsorge stellt." (Diese Pläne sind wegen der Unruhe in der Bevölkerung wieder fallengelassen worden.)

Dem Bericht ist eine Anlage mit Überlegungen beigegeben, das Pfarrerdienstgesetz dahingehend zu verändern, daß Pfarrer in den ersten Dienstjahren in Pfarrstellen entsandt werden können. Bisher galt das nur für ein Hilfsdienstjahr, danach konnten sie sich beliebig bewerben.

Unsere Berlin-Brandenburger Kirche war besonders von der Spaltung Deutschlands betroffen. Die Kirchenleitung war in Gefahr, sich in diesen Fragen zu verfangen. Wie konnte es anders sein! Mir lag daran, daß sich unser Blick auch für die umfassenderen, politischen Fragen öffnete. So bat ich darum, die Westberliner Kirchenleitung möge uns zwei Politiker schicken, die uns weiterhelfen könnten. Wir hatten die Freude, einen Nachmittag lang mit jüngeren Vertretern zweier Parteien sprechen zu können, mit Richard von Weizsäcker und Erhard Eppler.

Eine solche Verabredung war nur möglich, weil unsere östliche Regionalkirchenleitung ihre Beziehung zur Westberliner Kirchenleitung so eng wie möglich aufrechterhielt. An jeder unserer (wöchentlichen!) Sitzungen nahm ein Kurier mit westlichem Ausweis teil, seit 1962 mit nur kurzer Unterbrechung Paul-Gerhart Kunze. Wegen der Grenzkontrollen mußte er alle Nachrichten und Bitten mündlich übermitteln. Im Westkonsistorium sorgte Senta-Maria Klatt mit großer Treue dafür, daß die Verbindung zwischen den beiden Regionen ungestört funktionierte.

20. Der Bund entsteht

Bis 1957 war die Evangelische Kirche in Deutschland nicht ernthaft in Frage gestellt worden. Wie das von der Anzahl der Kirchen und der Gemeindemitglieder, aber auch von ihrer ökonomischen Potenz her nicht anders sein konnte, lag das Schwergewicht eindeutig bei den Kirchen in der Bundesrepublik. Dabei waren Rat und Synode bemüht, die besonderen Schwierigkeiten der Mitglieder aus der DDR zu berücksichtigen. Die DDR-Kirchen waren im Rat der Evangelischen Kirche in Deutschland mit vier von zwölf Mitgliedern vertreten. In der Synode galten ähnliche Proportionen.

Es konnte nicht ausbleiben, daß die gesellschaftlichen und politischen Unterschiede zwischen den beiden deutschen Staaten auch die Kirchen in ihren Sog hineinzogen. Die Gemeinsamkeit ließ sich zunehmend schwieriger gestalten. In der Bundesrepublik galt das Beamtenrecht, das sich auf das Pfarrerrecht auswirkte. Das Kirchensteuerwesen wurde in Ost und West verschieden gehandhabt. Religionsunterricht im Westen und Christenlehre im Osten hatten unterschiedliche Konturen. Anders als die Kirchen in der Bundesrepublik Deutschland, waren die Kirchen in der Deutschen Demokratischen Republik – in den Augen der Sozialistischen Einheitspartei Deutschlands – Randerscheinungen; sie tendierten quantitativ deutlich zur Minderheitskirche. Die Trennung von Kirche und Staat, die schon in der Verfassung der Weimarer Republik verankert war, hatte in der DDR ein doppeltes Gesicht: Trennung war für die Sozialistische Einheitspartei Deutschlands gleichbedeutend mit Aussperrung aus der Gesellschaft. Aber die Kirchen hatten es auf dieser Grundlage leichter, ihre Freiheit zu bewahren. Auf legale Weise konnten der Staat und die Partei nicht in ihr Eigenleben eingreifen.

242

Diese Verschiedenheit forderte die Kirchen in den beiden Staaten schon seit langem zu spezifischen, auf ihre Situationen bezogenen theologischen Überlegungen heraus. Die „Handreichung der Evangelischen Kirche der Union" von 1959, „Das Evangelium und das christliche Leben in der DDR", die „Zehn Artikel über Freiheit und Dienst der Kirche" 1963 und die „Sieben Sätze über die Freiheit der Kirche zum Dienen" 1965, sie versuchten alle, die spezielle Lage der Christen und Kirchen in der DDR zu klären. Von besonderer Bedeutung war die „Handreichung zur Seelsorge an Wehrpflichtigen", die 1965 auf die Einrichtung der waffenlosen Einheiten in der Armee, der Bausoldaten, hin konzipiert und von den Kirchenleitungen in der DDR gebilligt wurde. Sie stellte den Dienst mit der Waffe, den waffenlosen Dienst in der Armee und die Verweigerung des Wehrdienstes nebeneinander; der Verweigerung als einem „deutlicheren Zeichen" des Friedensdienstes gab sie den Vorzug. Solches Urteil rief in den westlichen Kirchen heftiges Kopfschütteln hervor, besonders seitdem die Synode des Bundes der Evangelischen Kirche (Görlitz 1987) diese Sicht ausdrücklich in ihr Friedensbekenntnis aufgenommen hatte.

Aber auch die westlichen Kirchen haben in einer Reihe von Denkschriften ihre eigene Situation bedacht. Von besonderer Bedeutung war die Denkschrift „Zur Lage der Vertriebenen und das Verhältnis des deutschen Volkes zu seinen östlichen Nachbarn" (1966), die bewußt allein von den Kirchen der Bundesrepublik und für diese erarbeitet worden war. Von der Sozialistischen Einheitspartei Deutschlands wurde sie als übles Machwerk abgetan, weil sie die Tatsache, daß nicht die Bundesrepublik, sondern die Deutsche Demokratische Republik an Polen grenzte, außer acht gelassen und den Görlitzer Vertrag der DDR mit Polen ignoriert habe.

Zu einer Wende in der Beziehung Staat – Kirche in der Deutschen Demokratischen Republik führte der Militärseelsorgevertrag von 1957, den die Evangelische Kirche in Deutschland mit der Regierung der Bundesrepublik Deutschland abschloß. Davon war schon die Rede. Dieses Ereignis und seine Folgen zeigten deutlich, wie unterschiedlich die

Stellung der Kirchen in den beiden Staaten war. Dennoch hielt die Kirche an der Einheit fest.

Die Kirchen in der DDR bildeten unter dem Dach der Evangelischen Kirche in Deutschland eine Ostkonferenz, später Konferenz der Kirchenleitungen genannt. Dadurch konnten sie ihre speziellen Fragen und Sorgen besser austauschen. Aber Beschlüsse konnten allein die Organe der EKD fassen (vgl. Kap. 19). Das veranlaßte manche Ratsmitglieder aus der DDR zu dem Seufzer, sie müßten Beschlüsse fassen, die sie eigentlich nicht mit verantworten konnten – und müßten in der DDR dafür noch einstehen. Mißlich war aber auch dies: Die acht Ratsmitglieder aus dem BRD-Bereich mußten an Beschlüssen mitwirken, die für DDR-Bewohner brisant waren – aber sie selber brauchten dafür den Kopf nicht hinzuhalten. Hinzu kam folgendes Dilemma: Es gab Gründe genug für die Kirche, sich nach der einen oder andern Seite hin kritisch zu äußern. Die jeweilige Seite unterstellte ihr dann, sie sei „außengesteuert", das heißt, sie sei – je nachdem – kommunistisch oder imperialistisch unterwandert. Die Möglichkeiten, sich nach beiden Seiten sachgemäß äußern zu können, waren begrenzt. So unterblieb manches kritische Wort, das hätte gesagt werden müssen.

In dem Bericht der Kirchenleitung der Berlin-Brandenburger Kirche vom 11. März 1962 (!) finden sich erstaunliche Sätze. Sie lesen sich, als ob sie auf die Situation der Evangelischen Kirche in Deutschland hin formuliert worden wären:

„Die Amputation vom 13. August (1961) trennt unsere Kirche in zwei Teile, die immer mehr selbständig handeln werden. Dabei geht es nicht nur um organisatorische Fragen. Organisatorisch ist vieles zu machen. Aber jeder der beiden Teile wird in den Sog einer politisch-wirtschaftlichen Umwelt gerissen, ja er muß sich, will er seinem Zeugendienst gerecht werden, seiner Umwelt stellen ... Was nicht mehr zusammenleben kann in einem Bereich, kann auch nicht mehr zusammen beraten, handeln und entscheiden. So wird ein selbständiges Handeln beider Teile unserer Kirche mit je eigener Synode und Kirchenleitung für die nächste Zukunft wahrscheinlich unvermeidbar … Es ist etwas anderes, wenn uns diese Gemeinsamkeit gewaltsam vorenthalten wird, als wenn wir uns von ihr lossagen. Das eine wird erlitten, das andere wäre Verrat … In der Einheit des Auftrags unter dem einen Herrn werden wir uns zwar gegenseitig freigeben müssen zu selbständiger Wahrnehmung der Verantwortung der praktischen Aufgaben … Wir werden uns weigern, der schematischen Schwarz-Weiß-Malerei zu verfallen, als wären wir Parteigänger der politischen Parteien. Wir werden uns hüten müssen … selber Opfer der Entfremdung und Verfeindung zwischen Osten und Westen zu werden und so die Einheit im Herrn Christus zu verraten und die Buße zu versäumen. Wir werden als Kirche in verschiednen Bereichen uns gegenseitig zur Ordnung rufen und gegenseitig warnen vor möglichen Grenzüberschreitungen. Wir werden es ertragen, daß bei verschiedener Lagebeurteilung auch verschiedene Entscheidungen angeraten oder gefällt werden, und werden uns bemühen, Vertrauen zueinander festzuhalten und Geduld miteinander zu bewahren."

Die Berlin-Brandenburger Kirche hatte durch ihre Notverordnung von 1959 vorgesorgt. Die acht Landeskirchen mußten das mit der Gründung des Bundes der Evangelischen Kirchen acht Jahre später nachholen. Sie taten es in genau diesem Geiste.

Seit 1958 der Bevollmächtigte bei der DDR-Regierung, Propst Heinrich Grüber, nicht mehr empfangen wurde, erkannte der Staat keine Organe der Evangelischen Kirche in Deutschland mehr als Verhandlungspartner an. Er suchte sich seine Gesprächspartner selber aus. Die Vorliebe Ulbrichts für die Thüringer Kirche und ihren Landesbischof führte zu schlimmen Verstimmungen zwischen den Kirchen. Mitzenheim hat seine Gespräche in Stellvertretung für die andern führen wollen, die keine solche Möglichkeit hatten. Nur hatte ihn niemand beauftragt oder gebeten. Die Partei wußte zu differenzieren und zu polarisieren. Sie spielte die Kirchen gegeneinander aus. Es konnte nicht ausbleiben, daß sie sich gegenseitig mißtrauisch beobachteten.

Wie schwierig die Situation geworden war, zeigte sich bald. Der Rat der Evangelischen Kirche in Deutschland hatte 1958 eine Delegation, der Landesbischof Mitzenheim angehörte, beauftragt, Möglichkeiten zu einer Wiederaufnahme offizieller Beziehungen zur Regierung zu erkunden – zu mehr nicht. Nach Gesprächen mit Ministerpräsident Grotewohl wurde ein Kommuniqué veröffentlicht, in dem der Satz zu lesen war: die Christen „respektieren den Aufbau des Sozialismus". Das gab heftige Debatten, nicht nur wegen dieser Formulierung – das Wort „Sozialismus" war bisher in amtlichen kirchlichen Verlautbarungen nicht vorgekommen –, sondern vor allem darüber, daß die Delegation ohne Vollmacht gehandelt hätte.

In der Folge griff der Staat zu immer härteren Maßnahmen gegen die Organe der Evangelischen Kirche in Deutschland. Nach dem Bau der Mauer verhinderte er gemeinsame Tagungen der EKD-Synode, später auch des Rates. Der Rat mußte, um überhaupt vollzählig tagen zu können, ins Ausland gehen. Das blieb dem Ministerium für Staatssicherheit natürlich nicht verborgen und erzeugte noch strengere Restriktionen. Man half sich mit weitgehender Bevollmächtigung der vier Ratsmitglieder aus der DDR und mit parallelen Tagungen des Ost- und Westteils der Synode, bei denen man möglichst gleichlautende Beschlüsse zu erreichen versuchte. Das bedurfte großer Anstrengungen, auch auf dem Gebiet der Kommunikation. Als besonders einschneidend empfanden wir es, daß der Staat den Bischöfen Noth und Krummacher die Teilnahme an der Vollversammlung des Ökumenischen Rates der Kirchen in Uppsala 1968 nur gewähren wollte, wenn beide der Evangelischen Kirche in Deutschland absagten. Beide waren Ratsmitglieder der Evangelischen Kirche in Deutschland; Noth gehörte darüber hinaus dem Zentralausschuß des Ökumenischen Rates der Kirchen an.

Die EKD-Synode im April 1967 stellt Höhepunkt und Krisis dieser Spannungen dar. Die DDR-Synodalen tagten in Fürstenwalde östlich von Berlin, die westlichen Synodalen in Berlin-Spandau. Der Staat versuchte nach Kräften, die Kommunikation zwischen beiden Teilsynoden zu verhindern. Jedes Kraftfahrzeug mit westlichem Aussehen wurde auf der Autobahn kontrolliert. Die Spannung war zum Siedepunkt gesteigert. Kurz vor der Synode hielt der CDU-Präsident Gerald Götting eine Rede, in der er sich zu der Äußerung verstieg:

„Die freien und unabhängigen Kirchen in der DDR können mit der durch den Militärseelsorgevertrag der NATO verhafteten und verpflichteten evangelischen Kirche in Westdeutschland nicht in einem Atemzug genannt werden. Zwischen diesen Extremen gibt es keine institutionelle Einheit."

Die evangelischen Staatsbürger setzten vielmehr ihre Kraft dafür ein, die politisch-moralische Einheit des Volkes in der DDR zu stärken. Diese Worte entfachten einen Sturm der Entrüstung und inspirierte den Sprecher des Rates, Bischof Krummacher, zu einem fulminanten Gegenangriff. Der Wortlaut deser Rede ging durch die Welt.

Zur Abfassung einer Erklärung der Synode wurde ich beauftragt. Mein Entwurf wurde lediglich durch den vorletzten Satz des folgenden Textes ergänzt:

„Wir werden uns gegenseitig so weit freizugeben haben, daß wir unserem Auftrag in dem Teil Deutschlands, in dem wir leben, gerecht werden ... Wir sollen einander auf dem Wege trösten, mahnen und tragen. Wir sollen aufeinander zugehen und miteinander sprechen.Wenn wir uns aus den Augen verloren haben, sollen wir uns suchen. Wenn wir uns gefunden haben, sollen wir beisammenbleiben. Gemeinsame Einrichtungen der Leitung dienen diesem Ziel. Darum halten wir an der Gemeinschaft der Evangelischen Kirche in Deutschland fest."

Hier sind die Töne leiser als in der Erklärung Krummachers. Partnerschaft ist angesagt, nicht institutionelle Einheit um jeden Preis.

Im Verlauf der Verfassungsdebatte war es zu einem Treffen Ulbrichts mit Landesbischof Mitzenheim gekommen. In seinem Diskussionsbeitrag hatte Mitzenheim gesagt: „Die Staatsgrenzen der DDR bilden auch die Grenze für die kirchlichen Organisationsmöglichkeiten." Ulbricht hatte das sofort aufgenommen mit dem kleinen Unterschied, daß der Satz bei ihm hieß: „Ich stimme mit Herrn Landesbischof Mitzenheim überein, daß die ‚Staatsgrenze der DDR die Grenze für die kirchliche Organisation' darstellt." Für den konkreten Fall damals und dort traf das zu. Ob Mitzenheims Formulierung glücklich war, sei dahingestellt. Ulbricht aber machte daraus sofort eine allgemeine „Wahrheit", die sich in der Diskussion später oft noch allgemeiner darstellte: „Staatsgrenzen sind auch Kirchengrenzen." Das stimmt weder historisch noch theologisch.

Götting und andere Staatsfunktionäre hatten mehr oder weniger offen eine Loyalitätserklärung der Kirchen zum sozialistischen Staat gefordert. Im Klartext hieß das: Unterordnung unter die SED-Führung. Das war für die Kirchen aus inneren Gründen unmöglich. Die Gemeinden hätten eine solche Erklärung auch nicht angenommen. Das Äußerste, was wir meinten sagen zu können, hatte der Brief aus Lehnin bekundet.

Die neue Verfassung sicherte die individuelle Gewissens- und Glaubensfreiheit (Artikel 20) zu und widmete den Kirchen die beiden knappen Sätze:

(1) Jeder Bürger der DDR hat das Recht, sich zu einem religiösen Glauben zu bekennen und religiöse Handlungen auszuüben.

(2) Die Kirche und andere Religionsgemeinschaften ordnen ihre Angelegenheiten und üben ihre Tätigkeit aus in Übereinstimmung mit der Verfassung und den gesetzlichen Bestimmungen der DDR. Näheres kann durch Vereinbarungen geregelt werden.

Diese Verfassungsbestimmung versetzte die Kirchen in Alarmstimmung. Die Verfassung garantierte zwar, daß die Kirchen ihre Angelegenheiten wie bisher in Freiheit wahrnehmen können. Doch was waren „ihre Angelegenheiten"? Darüber gab es bald Streit, als der Staat durch die Veranstaltungsverordnung vom 26. November 1970 (VVO) selber bestimmen wollte, was genuin kirchlich sei. Positiv konnte der letzte Satz verstanden werden, in dem von „Vereinbarungen" die Rede war. Neue Hoffnungen stiegen auf, daß es endlich zu staatskirchenrechtlich geordneten Verhältnissen käme. Aber die Verfassung sprach nur von „Vereinbarungen", nicht von Verträgen. Die Würde, Vertragspartnerinnen zu sein, gestand sie den Kirchen nicht zu. Erst 1975 kam es zu einer Vereinbarung im Sinne des Artikels 39,2: Gegenstand war die Ausbildung des mittleren medizinischen Personals. Daß die Kirchen ihre Tätigkeit „in Übereinstimmung mit der Verfassung …" auszuüben hätten, gehörte zu den allgemeinen Grundsätzen des Staats-Kirchen-Rechts. In einem diktatorisch regierten Staat birgt der Satz aber massive Gefahren. Wer kontrolliert, ob die staatliche Gesetzgebung allgemeinen Rechtsgrundsätzen entspricht? Artikel 39,2 der Verfassung wurde amtlich sofort im Sinne von „Staatsgrenzen sind auch Kirchengrenzen" interpretiert. Damit war einem gemischten Leitungsteam wie Rat und Synode der Evangelischen Kirche in Deutschland der Rechtsboden entzogen.

Nun war die Kirche unter den Druck der staatlichen Gesetzlichkeit geraten. Wenn es allein um den seelsorgerischen Dienst in den ideologisch und gesellschaftlich auseinanderdriftenden Teilen Deutschlands gegangen wäre, hätte eine größere Verselbständigung – etwa durch eine Regionalisierung – genügt. Es wurde eilig beschlossen, unter dem Dach der Grundordnung die Evangelische Kirche in Deutschland in eine West- und eine Ostregion aufzugliedern, das Modell einer „Zwillingskirche". Aber dazu war es zu spät. Gerade dies „Dach" war nun schadhaft. Der Satz von Fürstenwalde, „gemeinsame Einrichtungen in der Leitung dienen diesem Ziel", war nicht mehr zu verwirklichen.

Einig waren sich die Kirchenleitungen darüber, daß es keine einseitige Abspaltung von der Evangelischen Kirche in Deutschland, keine „Rebellion" geben dürfe. So mußte es jetzt darum gehen, daß und in welcher Form wir uns „gegenseitig freizugeben" hätten. Die Monate seit dem Mai 1968 waren mit Diskussionen über den Weg unserer evangelischen Kirche ausgefüllt. Allgemein herrschte Klarheit darüber, daß es zu einer viel größeren Selbständigkeit der Kirchen in der DDR kommen müsse; unterschiedlich waren die Zielvorstellungen: Für die einen sollten die DDR-Kirchen in einer losen „Notgemeinschaft" miteinander sein, die lediglich dem äußeren Druck Rechnung tragen würde. Die andern wollten einen Bund, in dem die acht Landeskirchen der DDR, die unter gleichen Bedingungen ihr Zeugnis und ihren Dienst zu verrichten hatten, zu einer engeren Kirchengemeinschaft finden sollten. Die volle Abendmahlsgemeinschaft sollte hergestellt und damit das Defizit bei der Gründung der Evangelischen Kirche in Deutschland in Eisenach 1949 ausgefüllt werden. Die Landeskirchen sollten soviel wie irgend möglich zusammenarbeiten, um die großen Aufgaben, die ihnen gestellt waren, zu bewältigen. Es sollte nicht nur um die Lösung organisatorischer Fragen, sondern auch um einen geistlichen Neuanfang gehen. Der Gegensatz zwischen beiden Zielvorstellungen bestimmt im Rückblick noch heute das Urteil über die Gründung des Bundes der Evangelischen Kirchen in der DDR. Ich stand, wie auch der Berlin-Brandenburger Propst Ringhandt, für die zweite Variante ein.

Die acht evangelischen Landeskirchen in der DDR bestellten einen Verhandlungsausschuß. Er sollte zur Verfügung stehen, wenn der Staat die Bereitschaft zu Verhandlungen zeigen würde. Daß dieser sich mit dem Rat der Evangelischen Kirche in Deutschland noch einmal an einen Tisch setzen würde, war nicht zu erwarten. Dem Verhandlungsausschuß gehörten Oberkirchenrat Braecklein aus Thüringen, Bischof D. Jänicke aus der Kirchenprovinz Sachsen, der Präsident des Landeskirchenamtes der Evangelisch-Lutherischen Landeskirche Sachsens Dr. Johannes und ich an. Zu Verhandlungen im Rahmen des Artikels 39,2 der Verfassung ist es nicht gekommen.

Die Genannten bildeten zugleich den Kern eines Strukturausschusses, der über die Neuordnung des Verhältnisses der Kirchen in der DDR zueinander nachdenken sollte. Dazu kamen andere Vertreter von Landeskirchen, unter ihnen Bischof D. Fränkel von der Görlitzer Kirche und Propst Siegfried Ringhandt aus Berlin. Daß diese beiden mitarbeiteten, war wichtig. Beide standen dem Staat sehr kritisch gegenüber. Ringhandt war längere Zeit verhaftet gewesen; dabei war er übel behandelt worden. Fränkels Äußerungen hatten schon manchen Sturm entfacht. Die Mitwirkung beider trug dazu bei, daß man den Strukturausschuß in der Öffentlichkeit nicht gut des Opportunismus verdächtigen konnte. Der Strukturausschuß sollte eine Ordnung entwerfen, die die Rechtskontinuität mit der Evangelischen Kirche in Deutschland wahren, der engeren Gemeinschaft der Kirche in der Deutschen Demokratischen Republik Rechnung tragen und für sie eine gemeinsame synodale Verantwortung und Rechtsvertretung vorsehen würde. Beide Ausschüsse wurden alsbald öffentlich bekanntgemacht. Mit den Organen der Evangelischen Kirche in Deutschland hielten sie Fühlung.

Die IV. Vollversammlung des Ökumenischen Rates der Kirchen vom 4. bis 20. Juli 1968 in Uppsala bot Gelegenheit, westdeutschen und ausländischen Freunden die kirchliche Entwicklung in der DDR zu erläutern. Das war bei einem Mann wie dem westfälischen Präses Wilm nicht einfach. Er hatte viel dafür getan, die Einheit der evangelischen Kirche trotz der staatlichen Trennung aufrechtzuerhalten. So hatte er Bibelwochen eingerichtet, in denen Christen aus beiden Teilen Deutschlands, zuerst in Westberlin, später in der Stephanusstiftung in Berlin-Weißensee, miteinander an der Bibel und an theologischen und aktuellen Fragen arbeiteten.

Der Staat griff in die Debatte, die ihm natürlich nicht verborgen geblieben war, sowohl durch Staatssekretär Seigewasser wie auch durch die Funktionäre auf der Bezirksebene und nicht zuletzt durch die Machenschaften des Ministeriums für Staatssicherheit, massiv ein. Am weitesten ging die Forderung, der Evangelischen Kirche in Deutschland eine totale Absage zu erteilen. Das Mitglied des Politbüros Hermann Matern verlangte die „Absage an alle wesensfremden politisch-geistigen Einflüsse". Die Beziehungen zu den Kirchen im andern deutschen Staat dürften nur rein ökumenischen Charakters sein, nicht anders als zur dänischen Kirche. Ein Nebeneinander von Organen der Evangelischen Kirche in Deutschland und denen eines künftigen

Bundes dürfe es in der DDR nicht geben. Aufschlußreich war die Bemerkung des Staatssekretärs, die Bildung eines festen Bundes liege nicht im Interesse des Staates. Dazu paßt die immer wiederholte Mahnung, die Kirchen sollten am Föderalismus festhalten und sich nicht zu einer zentralistischen Verfassung, in der die Souveränität der Landeskirchen gemindert wäre, hinreißen lassen. Wer sich im deutschen Kirchenwesen nur ein wenig auskennt, weiß, daß auf evangelischem Gebiet ein kirchlicher Zentralismus weder wünschenswert noch machbar ist. Ludwig Müller war bereits an dieser Frage gescheitert. Der Thüringer Oberkirchenrat Lotz hat denn auch bei jeder Gelegenheit die Selbständigkeit der Landeskirchen betont, obwohl es um der Sache willen besser gewesen wäre, wenn die acht Landeskirchen in bestimmten Fragen enger zusammengerückt wären. Nachdem der Bund zustande gekommen war, stellte Lotz befriedigt fest, der Bund habe nicht mehr, sondern weniger Kompetenzen als die Evangelische Kirche in Deutschland. Die Landeskirchen mußten die Gemeinschaft wollen. Und sie haben sie gewollt.

Während die Strukturkommission arbeitete, erklärte die Synode der Vereinigten Evangelisch-Lutherischen Kirche in Deutschland (VELKD) zum 1. Dezember 1968, daß sich die drei östlichen lutherischen Landeskirchen, Mecklenburg, Thüringen und Sachsen, aus dieser Gemeinschaft losgelöst und eine eigene VELKDDR gebildet hätten. Dieser Schritt war mit den westlichen lutherischen Kirchen beraten worden. Für die andern Landeskirchen kam er völlig unerwartet, sie empfanden den Alleingang in der angespannten Situation damals als nicht gerade hilfreich für den gemeinsamen Weg der acht östlichen Landeskirchen.

Die Alternative, vor der die Strukturkommission stand, hieß also: Festhalten an der organisatorischen Einheit mit der Evangelischen Kirche in Deutschland in irgendeiner veränderten Form oder volle Selbständigkeit des Bundes, wobei aber die geistliche Gemeinschaft mit der Evangelischen Kirche in Deutschland gewahrt bleiben sollte. „Geistlich" darf nicht als „rein geistig" oder „platonisch" mißverstanden werden. Darüber hat Bischof Fränkel vor seiner Görlitzer Synode Klarheit geschaffen: Geistliche Gemeinschaft will, im Sinne des Neuen Testamentes, immer auch leiblich werden.

Die Strukturkommission hat sich für die zweite Möglichkeit entschieden. Der neu zu bildende Kirchenkörper sollte ein „Bund der Evangelischen Kirchen in der DDR" sein. Die Debatten darüber, ob die Evangelische Kirche in Deutschland wirklich „Kirche" sei, wie sie es mit ihrem Namen beanspruchte, oder doch „nur" ein „Bund lutherischer, reformierter und unierter Kirchen", wie es Artikel 1 ihrer Grundordnung ausweist, haben uns erschreckt. Wir wollten lieber etwas weniger sagen, uns damit aber in die Pflicht nehmen lassen, das Unsere dafür zu tun, um die ganze Kirchengemeinschaft, einschließlich Abendmahlsgemeinschaft, zu gewinnen.

Bei unserer Entscheidung für die organisatorische Selbständigkeit haben wir auch dies erwogen: Wenn wir an der organisatorischen Einheit festhalten würden, hätte das nicht abreißende Rückzugsgefechte im Gefolge. Bei der Allmacht des Staates müßten die Kirchen eine Position nach der andern aufgeben. Die DDR-Kirchen wollten nicht nur Objekt der staatlichen Kirchenpolitik sein, sondern Subjekt ihrer eigenen Sache werden. Aber das konnten sie nur bei organisatorischer Trennung von der Evangelischen Kirche in Deutschland. Außerdem würden sie sich über Gebühr mit Fragen der Ost-West-Beziehungen zu befassen haben, als wäre das – und nicht der Dienst an den Menschen – ihr Hauptauftrag. Doch der Dienst an und in den Gemeinden war wichtiger.

Landesbischof Beste (Schwerin), der Krummacher im Vorsitz in der Konferenz der Kirchenleitungen abgelöst hatte, regte an, man solle statt eines Bundes der acht Landeskirchen ein Bündnis der beiden konfessionellen Zusammenschlüsse, VELKDDR und Evangelische Kirche der Union, vorsehen. Dafür gab es wenig Zustimmung. Wir wollten die schon schwierige Arbeit an einer neuen Gemeinschaft nicht noch dadurch belasten, daß wir die konfessionelle Frage ins Spiel brächten. Aus diesem Grunde war kein offizieller Vertreter der beiden konfessionellen Zusammenschlüsse in die Strukturkommission berufen worden. Daß man sich diesen Fragen nicht entziehen wollte, beweist die Tatsache, daß kurze Zeit nach Zustandekommen des Bundes, Ende Dezember 1969, bereits eine Lehrgesprächskommission gebildet wurde, die das Ziel hatte, die Kirchengemeinschaft, einschließlich Abendmahlsgemeinschaft zwischen Lutheranern, Reformierten und Unierten, vorzubereiten.

Im Herbst 1968 konnte der erste Entwurf einer Ordnung des Bundes der Evangelischen Kirchen in der DDR vorgelegt werden. Es begann eine Diskussion auf der Ebene der Kirchenleitungen. Im Oktober hatten die EKD-Synodalen bei einer Informationstagung in Halle die Möglichkeit, den Entwurf zu prüfen. Harte Diskussionen fanden statt zwischen den Befürwortern und denen, die meinten, einen gegenüber der Evangelischen Kirche in Deutschland selbständigen Bund aus Glaubensgründen ablehnen zu sollen. Immer wieder wurde die Frage gestellt, ob es wirklich ausreichende Gründe für die Verselbständigung gebe oder ob man einfach dem Druck des Staates weiche. Die Synodalen empfahlen zunächst, an der Ordnung des Bundes weiterzuarbeiten, ohne die Gemeinschaft mit der Evangelischen Kirche in Deutschland aufzukündigen.

Es wurde nun höchste Zeit, auch die Öffentlichkeit über die Vorschläge der Strukturkommission zu informieren. Wir taten es so spät, um dem Staat möglichst wenig Gelegenheit zu geben, sich einzumischen. Als Sprecher der Strukturkommission wurde ich damit beauftragt. Aus einem Interview mit dem Evangelischen Nachrichtendienst vom 15. Januar 1969 ist sinngemäß zu entnehmen:

Es gab aus den Landeskirchen eine Fülle von Änderungsvorschlägen; gegen die Bildung eines Bundes hat sich keiner ausgesprochen. Der Bund soll keine Einheitskirche werden. Aber die Hoffnung besteht schon, daß die Kirchengebiete einmal neu geordnet werden. Ihre Grenzen, so, wie wir sie heute vorfinden, sind seinerzeit aus dynastischen

Gründen gezogen worden. An eine Union der evangelischen Konfessionen, wie sie vor 150 Jahren in Preußen zustande kam, ist nicht zu denken. Aber alle streben wir danach, zu einer Gemeinschaft des Zeugnisses und Dienstes zusammenzuwachsen. Zusammenwachsen werden wir am ehesten durch Zusammenarbeit. Die wichtigsten Aufgaben auf der Bundesebene sollen deshalb in Kommissionen angefaßt werden. Sie sollen Rahmen und Plattform für die Arbeit sein. Ihnen sollen Sachverständige aus allen Landeskirchen, Theologen und Nichttheologen, angehören. Ihre Aufgabe sei, das Evangelium durch Wort und Tat in die gemeindliche und gesellschaftliche Situation der DDR zu übersetzen. Von ihrer Wirksamkeit hänge Entscheidendes ab. Die Sekretäre der Kommissionen bilden das Sekretariat, das Verwaltungsorgan. Die Sekretäre werden von ihren Landeskirchen zum Dienst im Bund beurlaubt, um dann, bereichert durch gesamtkirchliche Erfahrungen, wieder in die Landeskirchen zurückkehren zu können. Eigene Beamte soll der Bund nicht haben. So soll vermieden werden, daß die Verwaltung ein zu starkes Eigengewicht erhält. Bei dieser Konstruktion hat die Struktur des Ökumenischen Rates in Genf offensichtlich Pate gestanden.

Anders als in der Evangelischen Kirche in Deutschland sind das synodale und das föderale Element der Leitung in einem einzigen Organ zusammengefaßt. Die Strukturkommission empfiehlt, dafür den Namen „Konferenz der Kirchenleitungen" (KKL) beizubehalten, auch wenn die neue KKL die „Regierung" darstellt und nicht nur der Information dient wie die alte KKL. Aus ihr wird der fünfköpfige Vorstand gebildet, der wie die KKL und die Synode in vierjährigem Turnus neu benannt werden muß.

Das Interview geht am Schluß auf die brennende Frage ein: Wird der Bund lediglich auf staatlichen Druck hin gebildet, der durch die neue Verfassung der DDR entstanden ist? Die Antwort lautet:

„Wir müssen zwischen Ursache und Anlaß unterscheiden. Ursache ist der Wille der Kirche, ihre Gemeinschaft, die sich schon lange … bewährt hat, besser als bisher auszudrücken. Vor uns stehen ja Aufgaben fundamentaler Art, die nur in großer Gemeinschaft gelöst werden können. Der Anlaß, der es unaufschiebbar macht, dieser Gemeinschaft auch organisatorisch Ausdruck zu geben, ist das neue Verfassungsrecht der DDR."

Es kann nicht um Aufkündigung der Kirchengemeinschaft zwischen Evangelischer Kirche in Deutschland und Bund gehen. Sie ist schon durch Sprache und Geschichte vorgegeben. Das gemeinsame Band aller Kirchen ist der erhöhte Herr selbst. In der Ebene darunter gibt es eine spezifische Gemeinschaft geschichtlicher Verbundenheit, die nicht ohne Not aufgegeben wird. Sie muß sich nicht unbedingt in gemeinsamen Organen der Leitung und Verwaltung ausdrücken. Wörtlich:

„Kirchliche Organe sollen dem Zeugnis der Kirche dienen. Wenn sie das nicht mehr können, müssen sie verändert werden. Das Zeugnis hat den Vorrang vor der Organisation. Und wir werden alle Hände voll zu tun haben, das Zeugnis zu finden, mit dem wir den Menschen in unserer sozialistischen Umwelt das Evangelium auszurichten haben … Mit dem Zustandekommen der Organe unseres Bundes … werden die bisherigen EKD-Organe ihre Verantwortung für unsere Kirche nicht mehr wahrhaben können."

Das Interview hat eine heftige Diskussion auf breiter Ebene ausgelöst, auch in der Bundesrepublik. Das ist nach dem vorher Gesagten nur zu verständlich.

Der damalige Ratsvorsitzende der Evangelischen Kirche in Deutschland, Bischof Dietzfelbinger, sprach wohl für viele:

„Wir wissen, daß Organisationsformen nicht das wichtigste Band kirchlicher Gemeinschaft sind. Wir müssen trotzdem tief bedauern, daß die organisatorische Gemeinsamkeit in der Evangelischen Kirche in Deutschland, in der sich eine lange, gemeinsame Geschichte ausprägt, offenbar nicht aufrechtzuerhalten ist." (20. Januar 1969)

In einem Interview für den RIAS vom 2. Februar 1969 hat Erwin Wilckens, Sprecher der Kirchenkanzlei der Evangelischen Kirche in Deutschland, volles Verständnis bekundet. Die Regionalsynode West hatte den Ostsynodalen die Freiheit zugesprochen, in eigner Verantwortung ihre Entscheidung zu fällen:

„Wir wissen, daß die Kirchen in der DDR nach Mitteln und Wegen suchen, ihren Dienst in den Gegebenheiten ihrer Situation auftragsgemäß und wirkungsvoll auszurichten … Wir bevormunden einander nicht, sondern geben uns frei, das zu tun, was unser Auftrag fordert."

Was Bischof Werner Krusche seiner Synode gesagt hat, drückte mit aller Deutlichkeit aus, wo unsere Grenzen lagen:

„Die (von außerkirchlichen Stellen und ihren Sprechern in der Kirche) unverhohlen geforderte und in dem Text der Ordnung des Bundes vermißte ideologische Begründung für die rechtliche und organisatorische Verselbständigung der Gliedkirchen der EKD in der DDR kann und wird von uns nicht gegeben werden. Wenn sie gegeben würde, wäre die Gründung des Bundes … die Preisgabe der Bruderschaft und damit Verleugnung Jesu Christi … Der Staat muß freilich wissen: Die Evangelischen Kirchen in der DDR sind mit der Schaffung selbständiger, unabhängiger Organe der Leitung in der Respektierung der mit der Verfassung gegebenen staatskirchenrechtlichen Feststellungen bis an die äußerste Grenze des ihnen Möglichen gegangen. Jede darüber hinausgehende Forderung würde als die Zumutung, die Bruderschaft zu verleugnen, aufgefaßt werden müssen und würde eine Kirchenkampfsituation heraufbeschwören."

In meiner Begründung vor der Regionalsynode Berlin-Brandenburg heißt es:

„(Es) mußte eine schwerwiegende Entscheidung gefällt werden. Entweder halten wir daran fest, daß die bestehende Gemeinschaft der evangelischen Christenheit in Deutschland ihren sichtbaren Ausdruck weiterhin in den Organen der Evangelischen Kirche in Deutschland findet. Wir müßten die Entscheidung so fällen, wenn zwingend gemacht werden könnte, daß der von unserm Herrn gebotene Glaubensgehorsam es so verlangte. Dann wäre es nicht entscheidend, daß die Organe der Evangelischen Kirche in Deutschland kaum noch gemeinsam arbeiten können und daß sie in der Gefahr sind, staatsrechtlich für illegal erklärt zu werden.

Oder die Entscheidung wird anders gefällt: Man sieht die Notwendigkeit, aus Gründen des Glaubens an der Evangelischen Kirche in Deutschland festzuhalten, nicht gegeben. Sie war ein möglicher Ausdruck für die Verantwortung der Kirche, für die Ausrichtung ihres Dienstes zu sorgen. Wird in eben dieser Verantwortung festgestellt, daß die bisherige Organisationsform ihre Aufgabe nicht mehr oder nur noch sehr unvollkommen erfüllen kann, muß eine andre Form gefunden werden. Das ist weder willkürlich, noch heißt es, die Ordnung der Kirche dem ,Wechseln der jeweils herrschenden weltanschaulichen oder politischen Überzeugung zu überlassen' (Barmen III). Denn es geht nicht um Anpassung oder gar um billigen Opportunismus, sondern um die sehr verantwortliche Entscheidung, mit welcher Art von Institution und mit welchen Organen dem Christus-Auftrag der Kirchen nach unserer Überzeugung am besten zu dienen sei."

Wir sind heute in der Lage, Hintergrundpapiere aus dem Parteiarchiv der Sozialistischen Einheitspartei Deutschlands auswerten zu können. Paul Verner, seinerzeit für Kirchenpolitik und Sicherheitsfragen im Politbüro der SED zuständig, hat in einer Rede am 7. April 1969 vor Funktionären der Partei unverblümt gesagt, wie das seine Art war:

„Dem Wesen nach geht es bei der Gründung des Bundes darum, die Möglichkeiten des Taktierens mit den Kirchen Westdeutschlands zu erhalten, als Bund den staatlichen Organen in größerer Geschlossenheit entgegentreten zu können, die fortschrittlichen Kräfte in den Kirchen der DDR durch den Bund zu bremsen und zu fesseln, und schließlich darum, zu gegebener Zeit als Bund zu vorteilhaften Vereinbarungen mit dem Staat entsprechend Artikel 39,2 der Verfassung (wo solche Vereinbarungen ermöglicht werden) zu kommen."

Die „Reaktionäre" in den Kirchen würden zu spüren bekommen, „daß wir den Braten gerochen haben". Wen meint er? Zuerst nennt Verner die „positiven" Kräfte, die nach SED-Meinung für eine klare und vollständige Trennung von der Bundesrepublik Deutschland eintreten. Dann geht es weiter:

„Die zweite Gruppe, deren Einfluß in den Landeskirchen

am stärksten ist, wird durch Bischof Schönherr, Jacob und andere repräsentiert. Unbeschadet der Tatsache, daß die Anhänger dieser Richtung nicht in allen Fragen untereinander übereinstimmen, wurde von ihnen schnell begriffen, daß unter den neuen Bedingungen die Beibehaltung der Fürstenwalder Linie, die in der militanten Verteidigung der Evangelischen Kirche in Deutschland bestand ..., den kirchlichen Interessen nur schaden wird und eine Vertiefung der Widersprüche in den Kirchen nicht zu vermeiden ist. Sie treten für die Schaffung des Bundes ein, wobei sie vor allem eine taktische Umorientierung, eine pro-forma-Trennung von der Evangelischen Kirche in Deutschland beabsichtigen, was ihnen der beste Weg scheint, um in unverdächtiger Weise die Zusammenarbeit mit der Evangelischen Kirche in Deutschland fortsetzen zu können ... Wir werden, unabhängig davon, ob der Bund existiert oder nicht, und entsprechend den bisherigen positiven Erfahrungen der Zusammenarbeit zwischen staatlichen Organen und Vertretern der Kirchen ... die Praxis fortsetzen, daß die Räte der Bezirke auch weiterhin die Aufgaben der Regelung von Fragen mit den landeskirchlichen Organen wahrnehmen. Wir geben zu verstehen, daß das Prinzip der landeskirchlichen Organisationsform weiterhin als die legitime Form der kirchlichen Organisation betrachtet wird. Die Schaffung eines solchen Bundes, der nicht dafür sorgt, daß die Staatsbürger der DDR, die Funktionen in Rat und Synode der Evangelischen Kirche in Deutschland innehaben, diese nicht niederlegen, ist unglaubwürdig und kann nicht das Verständnis unserer staatlichen Organe finden."

Das alles heißt im Klartext: Die Kirche so schwach wie möglich halten. Weiterhin bleibt als Maxime der staatlichen Kirchenpolitik: Divide et impera, teile und herrsche. Diese Rede erklärt, warum es eineinhalb Jahre gedauert hat, bis der Bund der Evangelischen Kirchen vom Staat anerkannt worden ist. Deutlich spricht aus diesen Worten die Sorge um die Auswirkungen der Vertragspolitik der Bundesrepublik Deutschland, Stichwort: „Sozialdemokratismus". Bezüglich der Kirchen herrscht die Vorstellung: Die Kirchen sterben über kurz oder lang ab, sie sollen aber bis dahin für den Sozialismus offen Partei ergreifen, ohne ihn mitgestalten zu dürfen.

Von staatlicher Seite war von Anfang gefordert worden, daß nicht nur die Evangelische Kirche in Deutschland, sondern auch die Evangelische Kirche der Union und die Berlin-Brandenburger Kirche getrennt werden sollten. Die letztere sollte sogar das Mittel sein, die Evangelische Kirche in Deutschland „auszuhebeln". Der Staatssekretär kam jahrelang immer wieder darauf zurück. Ich habe jedesmal ungünstige Umstände und Ähnliches vorgeschoben, um Zeit zu gewinnen. Sowohl die Evangelische Kirche der Union wie die Evangelische Kirche Berlin-Brandenburg haben formal die Einheit ihrer Kirche durchhalten können. Das gelang, wie ich meine, nur, weil es den Bund gab. Damit war eine Art Generalentscheidung auf gesamtkirchlicher Ebene getroffen worden, hinter deren Wall die andern Kirchen von dem Sturm nicht mehr unmittelbar getroffen wurden. Ich bin überzeugt, daß ohne die Gründung des Bundes die beiden genannten Kirchen dem Dilemma, das von der Verfassung herrührte, zum Opfer gefallen wären. Die Berlin-Brandenburger Kirche hat sich auf ihrer Synode 1970 dazu bekannt, eine Kirche in zwei Regionen zu sein. Die Evangelische Kirche der Union hat sich erst 1972 zu konsequenter Regionalisierung entschlossen. Danach hatte sie zwei Bereiche mit zwei Bereichssynoden, -räten und -kanzleien. Die Bereichsräte kamen monatlich zu einer gemeinsamen Informationssitzung zusammen.

Den endgültigen Entwurf der Ordnung hat die Strukturkommission der Konferenz der Kirchenleitungen am 5. März 1969 übergeben. Die entscheidenden Aussagen stehen im 1. und im 4. Artikel:

„(1,1) Ziel des Bundes der Evangelischen Kirchen in der Deutschen Demokratischen Republik ist, die diesen Kirchen vorgegebene Gemeinschaft und ihre in der Konferenz der Kirchenleitungen in der Deutschen Demokratischen Republik geübte Zusammenarbeit zu vertiefen.

(1,2) Der Bund als ein Zusammenschluß von bekenntnisbestimmten und rechtlich selbständigen Gliedkirchen strebt an, in der Einheit und Gemeinsamkeit des christlichen Zeugnisses und Dienstes gemäß dem Auftrag des Herrn Jesus Christus zusammenzuwachsen.

(4,4) Der Bund bekennt sich zu der besonderen Gemeinschaft der ganzen evangelischen Christenheit in Deutschland. In der Mitverantwortung für diese Gemeinschaft nimmt der Bund Aufgaben, die alle evangelischen Kirchen in der Deutschen Demokratischen Republik und in der Bundesrepublik Deutschland gemeinsam betreffen, in partnerschaftlicher Freiheit durch seine Organe wahr."

Der Artikel 4,4 entfesselte die schärfsten Angriffe der Partei und derer, die ihr die Stimme liehen. Der Staatssekretär für Kirchenfragen hat uns immer und immer wieder bedrängt, wir sollten den Artikel streichen oder verändern. Der Bund evangelischer Pfarrer redete von einer „verblendeten Selbstzerstörung der Kirche". Oberkirchenrat Lotz kam mit Vorschlägen zur Veränderung oder wenigstens zur Auslegung. Beides hat der Bund der Evangelischen Kirchen in der DDR nicht getan. Reinhard Henkys stellte klar: Partei und Staat haben durch ihre Polemik bestätigt, daß die Kirchen in der DDR gerade nicht, wie ihnen vorgeworfen wurde, Fürstenwalde aufgegeben oder verraten haben. Sie wollten, daß der Antagonismus der beiden deutschen Staaten auf die Kirche übertragen wird. Weil die Kirche sich dagegen wehrte, sollte der Kirchenbund so schwach wie möglich gehalten werden.

Die Ordnung mußte nun von allen landeskirchlichen Synoden mit qualifizierter Mehrheit angenommen werden. Dies gelang in der kirchengeschichtlich wahrscheinlich einmalig kurzen Frist von einem Vierteljahr. Einstimmig entschied sich die Thüringer Synode. Die meisten andern Synoden zählten nur wenige Gegenstimmen. In Görlitz stand das Verhältnis sechzig zu zehn. Am ungünstigsten war es in Berlin-Brandenburg: Einhundertundfünf zu dreiundvierzig bei sechs Enthaltungen. Ich vermute, daß die unmittelbare Erfahrung der Spaltung und des Anblicks der Mauer zu diesem Ergebnis geführt haben.

Am 10. Juni 1969 unterzeichneten die leitenden Geistlichen der acht Landeskirchen, durch ihre Synoden bevollmächtigt, die Ordnung des Bundes und setzten sie in Kraft. Die konstituierende Synode fand vom 10. bis zum 14. September 1969 in Potsdam-Hermannswerder statt. Sie wählte als ihren Präses Oberkirchenrat Braecklein aus Eisenach. Die bisherigen Mitglieder des Rates und der Synode der Evangelischen Kirche in Deutschland erklärten, daß ihre Funktion mit der Konstituierung des Bundes der Evangelischen Kirchen in der DDR beendet sei. Das war die logische Folge. Niemand hatte ein Interesse an Kompetenzstreitigkeiten. Es bedurfte des Drängens von seiten des Staates oder der Partei (Verner) nicht.

Die Konferenz der Kirchenleitungen wählte in ihrer ersten Sitzung den Vorstand: mich zum Vorsitzenden, Landesbischof Noth, bisheriges Mitglied des Rates der Evangelischen Kirche in Deutschland, zum Stellvertreter, dazu Oberkonsistorialrat Juergensohn aus Görlitz, Pfarrer Kramer aus Magdeburg. Der Präses gehörte dem Vorstand kraft seines Amtes an.

Einen passenden Leiter des Sekretariates zu finden war nicht einfach. Er mußte imstande sein, die verschiedenen Arbeitsgebiete aufeinander abzustimmen und ihre Ergebnisse zu bündeln. Er sollte aber auch bekannt sein und dem Bund helfen, Profil zu gewinnen. Nach einigen Fehlbitten haben wir uns entschlossen, den bisherigen Sekretär der Konferenz der Kirchenleitungen, Oberkonsistorialrat Stolpe, zu berufen. Der Bund verdankt seiner Klugheit, seiner Phantasie und seiner Fähigkeit, auf die Menschen zuzugehen, viel für das erste Jahrzehnt der Bewährung.

21. Die ersten Schritte
   des Bundes der Evangelischen Kirchen

Die Ordnung des Bundes der Evangelischen Kirchen nannte als „Ziel", die Gemeinschaft und die Zusammenarbeit der acht Landeskirchen zu vertiefen (Art. 1,1 der Bundesordnung), aber nicht, deren gemeinsame Interessen zu vertreten und notfalls zu verteidigen. Die Strukturkommission hatte ihre Arbeit unter dem Gesichtspunkt begonnen, die Zeugnis- und Dienstgemeinschaft der Kirchen zu intensivieren.

Nun mußte geklärt werden, in welchem Sinn und in welchem Geist dies geschehen sollte. Die Kirchen konnten an die Erfahrungen anknüpfen, die sie in der Zeit des Kirchenkampfes gewonnen hatten. Die Barmer Theologische Erklärung hatte sich bewährt, der Bezug auf sie war unverzichtbar. Wir hatten für die Ordnung des Bundes die Formel gefunden: „Mit seinen Gliedkirchen bejaht der Bund die von der ersten Bekenntnissynode in Barmen getroffenen Entscheidungen" (Art. 1, 3a). Es war gut, daß in den ersten Jahren in der Deutschen Demokratischen Republik und im Bund der Evangelischen Kirchen in der DDR Männer und Frauen unter uns waren, die schon einmal erfahren hatten, daß die Wahrheit frei macht.

In dem Bericht, den ich als Vorsitzender der Konferenz der Kirchenleitungen der 2. Tagung der Synode – 1970 wieder in Potsdam-Hermannswerder – zu geben hatte, habe ich mich ausdrücklich auf ein anderes Dokument bezogen, das der Bruderrat der Bekennenden Kirche noch 1947, kurz vor seiner Auflösung, erstellt hatte. Es versuchte, tiefer zu graben als das Stuttgarter Schuldbekenntnis; das hatte von unsrer Schuld nur in der NS-Zeit gesprochen.

Das „Darmstädter Wort des Bruderrates zum politischen Weg unseres Volkes" greift viel weiter zurück. Es fragt nicht nur nach dem Versagen der Kirche, sondern zeigt die Irrwege auf, die unser deutsches Volk gegangen ist: daß wir den Traum von einer besonderen deutschen Sendung geträumt und damit dem schrankenlosen Gebrauch der politischen Macht den Weg bereitet haben. „Wir haben das Recht zur Revolution verneint, aber die Entwicklung zur absoluten Diktatur geduldet und gutgeheißen ... wir haben eine Front der Guten gegen die Bösen, des Lichtes gegen die Finsternis aufgerichtet und damit die andern von Gottes Gnade ausgeschlossen und sich selbst überlassen." Die 5. These richtet sich in besonderer Weise an die Christen:

„Wir sind in die Irre gegangen, als wir übersahen, daß der ökonomische Materialismus der marxistischen Lehre die Kirche an den Auftrag und die Verheißung der Gemeinde für das Leben und Zusammenleben der Menschen im Diesseits hätte gemahnen müssen. Wir haben es unterlassen, die Sache der Armen und Entrechteten gemäß dem Evangelium von Gottes kommendem Reich zur Sache der Christenheit zu machen."

Das Wort hat schon darum Widerspruch erfahren, weil es den Marxismus überhaupt positiv erwähnt. Aber es mutet dem Christen gar nicht zu, den ökonomischen Materialismus anzunehmen, vom dialektischen Materialismus ganz zu schweigen. Vielmehr hätte der Marxismus eine Herausforderung sein müssen, die die Christen an ihre Aufgabe, dem Herrn in den Bedürftigen und Entrechteten auf dieser Erde zu dienen, gemahnt hätte. Weil nur wenige sich haben mahnen lassen, hat die Kirche den vierten Stand verloren. Die 5. These des Darmstädter Wortes zeugt nicht von „Sozialismusverliebtheit", die man uns Protestanten heute gerne nachsagt. Sie spricht von dem elementaren Versäumnis gegenüber dem Herrn der Kirche, der uns in den Dienst an den Bedürftigen gesandt hat.

Am Schluß meines Vortrages erinnerte ich an die Hilfe, die wir auf unserm Weg in uns unbekannte und unheimliche Gefilde durch Dietrich Bonhoeffer erfahren haben:

„Als Deutsche, die das Kriegsende überlebt haben, sind wir doppelt verpflichtet, erhebliche Opfer für Frieden und soziale Gerechtigkeit zu bringen. Die letzte Begründung dieser Verantwortung liegt für den Christen darin, daß er an den Herrn gebunden ist, der ihn wiederum an das Heil und das Wohl seiner Mitmenschen weist. Um es mit Bonhoeffers Formel zu sagen: Der Christ und die Kirche Jesu Christi sind nur dann ganz bei ihrem Herrn, dessen Leben ein Dasein für andere ist, indem sie selbst ‚für andere da sind‘. Hier liegen die Wurzeln unserer Verantwortung für den Menschen. Möge der junge Bund unserer Kirchen sich dessen bewußt sein, daß er nicht um seinetwillen noch um der Erhaltung der Kirchen willen da ist, sondern daß er zum Dienst für das Heil der Menschen und das Wohl der Welt, in der wir leben, berufen ist."

Die Synode hat den Bericht einmütig (zwei Enthaltungen) gebilligt:

„Wir sind dankbar für die Art, in der der Bericht das Bemühen um theologische Grundlegung mit nüchterner Sach- und Situationsbezogenheit verbunden hat."

Sie nahm das Darmstädter Wort mit den Stichworten „Umkehr zu Gott, Hinwendung zum Nächsten" auf und fügte „Verzicht auf Privilegien" hinzu. Als Kriterium für die Arbeit der nächsten Jahre sollte gelten:

„Der Bund wird sich als Zeugnis- und Dienstgemeinschaft in der sozialistischen Gesellschaft der DDR bewähren müssen."

Zu einer theologisch-ideologischen Absage an die Kirche im Westen, wie sie Partei und Staat immer wieder verlangt hatten, sah sich die Synode nicht veranlaßt. Sie beschloß vielmehr:

„Wir weisen alle Versuche zurück, die bestehende geistliche Gemeinschaft zu entleeren oder sie so zu interpretieren, daß dadurch die organisatorisch-rechtliche und institutionelle Selbständigkeit des Bundes in Frage gestellt wird. Es ist allein Sache des Bundes, verbindliche Aussagen über Selbstverständnis und Auftrag des Bundes der Evangelischen Kirchen in der DDR zu machen."

Ich habe Dietrich Bonhoeffer als guten Freund und geistlichen Begleiter auf meinem Wege und in meiner Verantwortung als Christ in der Deutschen Demokratischen Republik erlebt. Er hat mir geholfen, die Chancen einer Minderheitskirche zu erkennen, zu der wir mit der Zeit geworden waren. Ich habe Bonhoeffer nicht zum Kronzeugen oder Hoftheologen einer Kirche im Sozialismus machen wollen. Wohl aber habe ich in ihm einen Tröster, Helfer, Warner und Berater gefunden. So konnte ich die trösten, die unter der kleiner gewordenen Zahl gelitten haben. Ich habe oft über „Impulse aus der Theologie Bonhoeffers für den Weg der Christen in der sozialistischen Gesellschaft der DDR" reden müssen. Ich will mich hier nicht wiederholen. Vielleicht ist es aber nützlich, Gedanken und Worte Bonhoeffers zu nennen, die mir besonders geholfen haben:

1. Die Grundlage, von der aus Bonhoeffer denkt, möchte ich so formulieren: Jesus Christus ist die menschgewordene Treue Gottes zu seiner Schöpfung.
2. Wer die Wahrheit tut, kommt zu dem Licht (Johannesevgl. 3,18, ein Lieblingsspruch Bonhoeffers).
3. Eine Erkenntnis kann nicht getrennt werden von der Existenz, in der sie gewonnen ist.
4. Billige Gnade ist der Todfeind unserer Kirche. Unser Kampf geht heute um die teure Gnade.
5. Es gibt doch nun einmal Dinge, für die es sich lohnt, kompromißlos einzutreten. Und mir scheint, der Friede und die soziale Gerechtigkeit, oder eigentlich Christus, sei so etwas.
6. Friede auf Erden, das ist kein Problem, sondern ein mit dem Erscheinen Christi selbst gegebenes Gebot.
7. Nur wer für die Juden schreit, darf auch gregorianisch singen.
8. Wer ist Christus heute für uns? (Die Frage, die die theologische Neubesinnung Dietrich Bonhoeffers im Gefängnis einleitet.)
9. Gott ist mitten in unserm Leben jenseitig.
10. Nicht die platte und banale Diesseitigkeit … sondern die tiefe Diesseitigkeit, die voller Zucht ist und in der die Erkenntnis des Todes und der Auferstehung immer gegenwärtig ist, meine ich.
11. Christen stehen bei Gott in seinem Leiden.

12. Innerste Konzentration für den Dienst nach außen ist das Ziel. (Dietrich Bonhoeffer spricht von dem geplanten Bruderhaus. Ich nehme dieses Wort für den christlichen Gottesdienst überhaupt in Anspruch.)
13. Die Kirche ist nur Kirche, wenn sie für andere da ist.
14. Unser Christsein wird heute nur in zweierlei bestehen: im Beten und im Tun des Gerechten unter den Menschen.

Die ideologische Situation der Deutschen Demokratischen Republik, ausgedrückt durch die neue Verfassung, hat uns geradezu gezwungen, theologische Grundlagen und kirchliche Praxis eng miteinander zu verbinden. Nur durch gelebtes Leben, das sich unmittelbar auf das Zentrum des Glaubens bezog, konnten wir unsere Behauptungen und Ansprüche glaubwürdig vertreten. Das galt für die Leitungen der Kirche, das galt noch viel mehr und viel wirksamer für das Leben der Gemeinden und der einzelnen Christen.

Wir haben „Kirche für andere" zu praktizieren versucht. Wir Bischöfe nahmen uns vor, keine Verhandlungen mit dem Staat zu führen, ohne dabei auch für diejenigen einzutreten, die keine Lobby haben. Die Bekennende Kirche hatte uns gelehrt: Wir sollen uns an unsern Auftrag halten; dann brauchen wir nicht um das Überleben der Kirche zu bangen. „Kirche, die sich um ihr Überleben sorgt, ist überlebt", hat Werner Krusche formuliert. „Beten und Tun des Gerechten unter den Menschen", hatte Bonhoeffer seinem Patenkind geschrieben, werde der Kirche wieder die Vollmacht verschaffen, „Träger des erlösenden und versöhnenden Wortes für die Menschen und für die Welt zu sein." Dabei ist im Wort „Beten" das gottesdienstliche Leben mit Wortverkündigung und Sakrament zweifellos eingeschlossen; aber das „Beten" als die stillste, bescheidenste Art, mit Gott zu sprechen, sollte unsern kirchlichen Stil prägen. Mit „Tun des Gerechten" meint Bonhoeffer wohl das einfache, redliche Tun, das dem Mitmenschen „gerecht" wird. Es umfaßt den Kampf um die Allgemeinen Menschenrechte ebenso wie das Achthaben auf das Recht meines Kindes, meines Ehepartners oder Berufskollegen.

Gerade eine Kirche, die mit Privilegien nicht mehr reichlich ausgestattet war, die sich zunehmend auf die beschränkt sah, die „mit Ernst Christen sein wollten" (Martin Luther), hätte die Chance des Neuwerdens gehabt. Sie ist nur in geringem Maße genutzt worden. Wir wollten lieber das reichlich zerschlissene Gewand der Großkirche von einst tragen, als uns einem wirklichen Neuanfang zu stellen. Auch die nicht abreißende Auseinandersetzung mit Staat und Partei hat uns immer aufs neue in die Verteidigungsstellung gedrängt. Das ist nun vorbei. Die Vereinigung hat uns zu einer gut ausgestatteten Kirche in einer pluralistischen Gesellschaft gemacht.

„Die Umschmelzung ist noch nicht zu Ende, und jeder Versuch, ihr vorzeitig zu neuer organisatorischer Machtentfaltung zu verhelfen, wird nur eine Verzögerung ihrer Umkehr und Läuterung sein. Es ist nicht unsere Sache, den Tag vorauszusagen – aber der Tag wird kommen –, an dem wieder Menschen berufen werden, das Wort Gottes so auszusprechen, daß sich die Welt darunter verändert und erneuert." (Bonhoeffer)

„Der Tag wird kommen" – Gott hat seine Kirche noch nicht aufgegeben. Das ist Bonhoeffers und auch unsere Hoffnung. Daß die „organisatorische Machtentfaltung", die wir noch immer erleben, nicht von Dauer ist, liegt auf der Hand.

22. Ein großes Arbeitspensum

Synoden

Zusammenwachsen durch Zusammenarbeit – das war die Devise, nach der wir unser zukünftiges Miteinander im Bund der Evangelischen Kirchen gestalten wollten. Wenn wir heute die Geschichte des Kirchenbundes diskutieren, ist uns vor allem das Verhältnis Staat – Kirche wichtig. Aber damit werden wir den Tatsachen nicht gerecht. Der Schwerpunkt lag auf der Arbeit für die Gemeinden und für die Gesellschaft, nicht auf dem Gebiet der Kirchenpolitik.

Es gab vieles nachzuholen. In der noch gemeinsamen Evangelischen Kirche in Deutschland konnten unsere Probleme, soweit sie nicht ausgesprochen kirchenpolitischer Art waren, selbstverständlich nicht den ihnen gebührenden Raum einnehmen. Jetzt war die Zeit gekommen, die aufgestauten Sachfragen zu bearbeiten: Gemeindeaufbau unter den besonderen Bedingungen der DDR, die pädagogischen Aufgaben an Kindern und Jugendlichen, die Ausbildung von Mitarbeitern im Verkündigungsdienst und in der Katechetik, die Friedensfrage aus unserer Sicht, die spezifischen Aspekte der ökumenischen Beziehungen.

Dabei ging es dem Bund der Evangelischen Kirchen in der DDR vor allem um inhaltliche, nicht so sehr um organisatorische Fragen. Schon auf der 2. Tagung der Bundessynode 1970 wurde beschlossen, ein Glaubensbuch für Erwachsene zu schaffen. Es ist im Juni 1975 unter dem Titel „Aufbrüche" erschienen. Es rechnet mit Lesern, die bereit sind, sich die dort vorgestellten Inhalte selbständig zu erarbeiten. Es ist also ein ziemlich anspruchsvolles Buch.

Wir konnten neu anfangen und Arbeitsweise und Arbeitsorgane so gestalten, wie wir es für zweckmäßig hielten. An Reformen konnten wir denken, die unter traditionellen Bedingungen sehr viel schwerer zu bewältigen gewesen wären. Das Wort von der „Zeugnis- und Dienstgemeinschaft" betonte das dynamische Element. Wir haben versucht, die Vorhaben der Landeskirchen, der kirchlichen Zusammenschlüsse zu koordinieren. Die Vereinigte Evangelisch-Lutherische Kirche in der Deutschen Demokratischen Republik hat im Laufe der Zeit sogar die meisten Aktivitäten in den Bund der Evangelischen Kirchen in der DDR integriert. Um den Bund unmittelbarer mit den Gemeinden zu verbinden – schon in den Landeskirchen ist es nicht leicht, zwischen Basis und Leitung Fühlung zu halten –, sollten in den Kommissionen und Ausschüssen möglichst viele ehrenamtliche Mitarbeiter und Mitarbeiterinnen tätig werden. 1973 wurden 30 Gremien mit mehr als 200 Mitgliedern gezählt! Es wurde gearbeitet wie nie zuvor. Im Sekretariat des Bundes der Evangelischen Kirchen in der DDR, im Hinterhaus des Christlichen Hospizes, Auguststr. 80, lief alles zusammen.

Mit der Zeit wurden mehr Ergebnisse erbracht, als die Landeskirchen und Gemeinden aufzunehmen in der Lage waren. Kritische Stimmen wurden laut:

„Die Besorgnis vieler … läßt sich in der Frage zusammenfassen: Übernehmen wir uns nicht? Haben wir die Kraft, diesen Berg von Arbeit, der sich vor uns auftürmt, zu bewältigen? … Die Besorgnis wird nicht kleiner angesichts der viel zu geringen finanziellen Mittel und der wenigen Arbeitskräfte, die dem Bund zur Verfügung stehen … Die Last zum Teil jahrhundertealter Arbeitsformen, aber auch mangelnde Geduld, Informationsprobleme und Mißverständnisse erschweren das Verständnis für die vom Bund im Interesse aller Gliedkirchen betriebenen Gemeinschaftsaufgaben."

Die Synode der VELK 1972 beklagte, daß die Gemeinden das Überangebot, das ihnen der Bund für ihre Arbeit darreiche, nicht angemessen bewältigen könnten. Die eigentlichen Anstöße müßten aus der Gemeinde kommen. Aber hier liegt eine der Hauptschwierigkeiten: Die Kommissionen des Bundes rechneten mit der tatsächlichen Situation als Minderheitskirche und versuchten, sie theologisch anzugehen; in den Gemeinden lebte weithin trotz des ihnen vor Augen liegenden Schwundes die Vorstellung von einer immer noch vorhandenen traditionellen Großkirche. Sie haben neue Arbeitsformen, wie beispielsweise Gemeindeseminare, nur zum Teil angenommen. Es scheint so, als hätte es in den DDR-Kirchen eine bundesnahe „Fraktion" gegeben, die die Zeichen der Zeit aufmerksam verfolgte und die Konsequenzen für die kirchliche Arbeit mit hoher Intelligenz bedachte. In den meisten Gemeinden fühlte man sich mit den alten Vorstellungen und den hergebrachten Arbeitsformen sicherer. In einer Zeit, in der die Kirche schweren Angriffen von außen standhalten mußte, wollte man im Innern kein Risiko eingehen. So machte sich zeitweise eine gewisse „Bundesverdrossenheit" breit. Sie wurde auch dadurch genährt, daß in einigen Landeskirchen der Eindruck entstand, der Bund ziehe zu viele Aktivitäten an sich. „Der Bund muß bunt bleiben", formulierte der sächsische Landesbischof Hempel. Um die Verbindung zwischen Bund und Basis zu intensivieren, habe ich „Bundes-Besuchswochen" vorgeschlagen. Einmal im Jahr sollten Mitglieder der Konferenz der Kirchenleitungen Gemeinden in den einzelnen Landeskirchen besuchen. Ich erinnere mich an einige phantasievoll gestaltete Bundesbesuchswochen, beispielsweise in Sachsen. Wir alle bekamen im Katharinenhof in Großhennersdorf nicht nur genaue Einblicke in die dortige Rehabilitationsarbeit an geistig Behinderten, sondern auch einen Rollstuhl zugeteilt, um einen der jungen Menschen dort spazierenzufahren.

Die Synoden des Bundes paßten nur bedingt in das System einer parlamentarischen Demokratie. Erst in zweiter Linie wies ihnen die Ordnung des Bundes der Evangelischen Kirchen in der DDR die Legislative zu. Artikel 9,1 lautet:

„Die Synode nimmt teil an der Verantwortung dafür, daß der Bund die ihm übertragenen Aufgaben erfüllt. Sie erörtert Fragen, die sich aus dem gemeinsamen kirchlichen Auftrag ergeben, und kann Richtlinien für die Arbeit des Bundes aufstellen."

Die Bundessynoden haben diese Aufträge sehr ernst genommen. Wer sich ein zutreffendes Bild von der Arbeit des Bundes und der Gesinnung, die in ihm herrschte, machen will, sollte sich der Mühe unterziehen, die Synodalberichte zu lesen. Das Wichtigste finden wir sorgfältig dokumentiert und von Erwin Wilckens, später von Olav Lingner verständnisvoll kommentiert in den Kirchlichen Jahrbüchern. Sie sind allgemein zugänglich.

Auf der Synode von Eisenach (2. bis 6. Juli 1971) hielt Landesbischof Rathke aus Mecklenburg den Vortrag „Kirche für andere – Zeugnis und Dienst der Gemeinde". Er nahm das Motiv der vorhergehenden Synode (vgl. Kap. 21) auf: Weil die Kirche aus der rechtfertigenden Gnade Gottes lebt und nicht aus sich und für sich, kann sie ganz im Dienste Jesu Christi stehen und, wie er, für andere dasein. Die Kirche ist nicht gegen und auch nicht ohne die andern da, aber auch nicht wie die andern. Sie kann es sich leisten, offen und beweglich zu sein. Sie darf sich nicht damit begnügen, Kultkirche zu sein. Weil sie sich nicht um ihr Überleben sorgen muß, kann sie sich hingeben. Sie kann und muß Partei ergreifen, aber nur für die Menschen, nicht für ein System.

Die Synode des nächsten Jahres in Dresden (30. Juni bis 4. Juli 1972) war durch das Referat von Heino Falcke geprägt: „Christus befreit – darum Kirche für andere". Daß Christen befreite Menschen sind, läßt sich an ihren Reaktionen auf die Politik der Partei nur schwer erkennen. Für sie gibt es weithin nur die Alternative „Anpassung oder Verweigerung". Dazu Falcke:

„Fehlt es uns nicht an Unbefangenheit im Umgang mit Marxisten und im Eingehen auf unsere sozialistische Gesellschaft? Sind wir ihr gegenüber nicht in Vorurteilen befangen, die zum Teil sicher auch aus unbewältigten Enttäuschungserfahrungen herrühren, und begegnen wir nicht Vorurteilen uns gegenüber, die wir selbst verschuldet haben? Müßten in der Kirche die Fragen des gesellschaftlichen Engagements nicht viel unbefangener diskutiert werden können ohne die Verdächtigungen, die sich gerade dabei so schnell einstellen?"

Falcke spricht eine Erkenntnis an, die er in den achtziger Jahren in seinem intensiven Gespräch mit den Gruppen vertreten wird:

272

„Sind wir nicht befangen in einer falschen Sorge um unsere Identität als Christen und Kirche besonders da, wo es um Mitarbeit an den Sachaufgaben der heutigen Welt geht? Im Zusammenspiel der gesellschaftlichen Kräfte können Christen als Minderheit weder Spielführer sein noch die Spielregeln bestimmen; wir sind Mitspieler unter anderen. Christlicher Dienst wird verwechselbar, und seine Intentionen kommen oft nur gebrochen zum Zuge. So entsteht die oft gestellte Frage nach dem spezifisch Christlichen unseres Dienstes … Diese Sorge um die eigene Identität ist eine neue Spielart der Selbstrechtfertigung aus den Werken … Unter seiner Verheißung werden wir die Kirche aber gerade nicht loslassen mit der Hoffnung auf eine verbesserliche Kirche …

Weder von Sozialisten noch von Antikommunisten können wir es uns nehmen lassen, unsere Gesellschaft im Lichte der Christusverheißung zu verstehen. So werden wir frei von der Fixierung auf ein Selbstverständnis des Sozialismus, das nur noch ein pauschales Ja und ein ebenso pauschales Nein zuläßt. Christus befreit aus der lähmenden Alternative zwischen prinzipieller Antistellung und unkritischem Sichvereinnahmenlassen zu konkret unterscheidender Mitarbeit …

Die Aufgabe, gegen Unfreiheit und Ungerechtigkeit zu kämpfen, bleibt auch in dieser Gesellschaft, denn die Geschichte steht unter dem Kreuz. Aber diese Aufgabe ist sinnvoll, denn die Geschichte steht unter der Verheißung des befreienden Christus. Diese Verheißung trägt gerade auch da, wo die sozialistische Gesellschaft enttäuscht und das sozialistische Ziel entstellt und unkenntlich wird. Eben weil wir dem Sozialismus das Reich der Freiheit nicht abfordern müssen, treiben uns solche Erfahrungen nicht in die billige Totalkritik, die Ideal und Wirklichkeit des Sozialismus vergleicht und sich zynisch distanziert. Unter der Verheißung Christi werden wir unsere Gesellschaft nicht loslassen mit der engagierten Hoffnung eines verbesserlichen Sozialismus."

Das waren Töne, die in das Szenarium der späten achtziger Jahre paßten. Manche Synodale waren schockiert. Die

Partei erhob schärfsten Protest: Die Leitung des Bundes solle den Vortrag in aller Form zurückziehen. Dies offenbar nicht nur wegen der Passage vom „verbesserlichen Sozialismus", die die Sozialistische Einheitspartei Deutschlands allzusehr an den Prager Frühling erinnerte. Daß ein Außenstehender an der Partei Kritik übte, war unerhört. Sie allein habe zu definieren, was Sozialismus sei. Daß sich der Christ nach Falcke mit Freimut als Partner in gesellschaftspolitische Fragen einmischen sollte, paßte keineswegs zu dem Konzept, das man sich damals von der Rolle der Kirche gemacht hatte. Noch in jenen Tagen hatte Staatssekretär Seigewasser gemeint, der Schönherr habe immer noch nicht gelernt, daß Kirche in der DDR Kultkirche und nichts anderes zu sein habe. Bei einer solchen Reaktion der Partei dürfte klar sein, daß „kritisch unterscheidende Mitarbeit" nichts mit unkritischer Anpassung zu tun hat.

Der Vortrag Falckes wurde nicht zurückgezogen. Vielmehr ging der Präses der Synode, Oberkirchenrat Ingo Braecklein, in seinem Schlußwort noch einmal darauf ein. Eine Diskussion fand allerdings nur in den vier Synodalausschüssen, nicht im Plenum statt.

Albert Norden, der Propagandachef, antwortete im Herbst 1972 mit der Formel „sozialistischer Staatsbürger christlichen Glaubens". Auf dem Erfurter Parteitag der CDU erklärte er, die Christen hätten einen festen Platz in der Gesellschaft der DDR, die ihre Entscheidungen vom real existierenden Sozialismus her träfen. Er warnte die Kirche, einen selbstdefinierten Platz einnehmen zu wollen. Er forderte nicht mehr und nicht weniger als totale Identifikation.

Die Synode von 1973 (Elbingerode) hatte beschlossen, auf das Programm der folgenden Tagung das Thema „Die Kirche als Lerngemeinschaft" zu setzen. Ich wurde um den einführenden Vortrag gebeten, gehalten habe ich ihn am 28. September 1974 in Potsdam-Hermannswerder:

In unsrer Zeit werden nicht nur eine lehrende Kirche, sondern auch lernende Christen gebraucht. Wenn die Kirchen des Bundes eine Zeugnis- und Dienstgemeinschaft sein wollen, müssen sie vor allem Lerngemeinschaft sein. Ich habe das an vielen biblischen Beispielen erhärtet. „Glaube, als Nachfolge verstanden, ist notwendig lernender Glaube und auf immer neues Lernen angewiesen." Es ist ein Unglück, daß das Gebiet des Katechetischen und Pädagogischen in den Kirchen auf die Kinderlehre beschränkt wird. Informationen weiterzugeben und aufzunehmen ist eine unabdingbare Notwendigkeit für den lebendigen Glauben. Christsein kann sich nicht in Gemeinschaftsgefühlen erschöpfen, der Glaube lebt und hat Bestand in der Gemeinschaft von Lernenden. Diese findet er zuerst in seiner Gruppe. In der Gruppe tritt der Dienstcharakter der Gemeinde am deutlichsten hervor. Hier finden Christen ihre „Trainingschancen". Die Kirche im Großen ist „semper reformanda" und darum auch „semper docenda" (die immer zu reformierende, die immer zu belehrende).

„Auch sie steht im Prozeß des Erlernens, Umlernens, Verlernens, Neulernens. Es sei denn, daß sie sich nicht mehr als wanderndes Gottesvolk versteht (Hebräerbrief, Kap. 3 und 4), das der Herr durch sein Wort aus alten und bekannten Räumen in neue Horizonte führt, sondern als Heilsanstalt, als Verwalterin von ewigen Wahrheiten oder Schätzen, die sie zu verteilen beauftragt ist, oder, profaner, als Dienstleistungsbetrieb, den der Kunde immer an derselben Stelle und mit der gleichen Leistung vorzufinden wünscht ... Christen sind in Gefahr, der Totalität des ideologischen Anspruchs ein totales Nein gegenüber allem, was von dorther kommt, entgegenzusetzen. Stimmen werden laut wie diese: Mögen wir sonst flexibel sein – in dieser Situation dürfen weder Fragen noch Zweifel aufkommen, unser Glaube muß uns fest wie eine Betonmauer umgeben. Gerade mit dieser Haltung wäre die für uns Christen einzige wirkliche Autorität, die Wirklichkeit Gottes, geleugnet. Auch durch das Medium einer andersartigen Ideologie hindurch, wie sie sich selbst auch verstehen möchte, kann dem Christen, kann den Kirchen einiges von dem aufgehen, was Gott uns lehren will."

Gedacht ist an die „Herausforderung" im Sinn der 5. These von Darmstadt (vgl. Kap. 21).

„Wahrscheinlich werden wir in unserer Situation gar nicht ohne ‚trial and error‘, also ohne Experimente mit dem Risiko des Scheiterns, auskommen. Gut, wenn es Gruppen gibt, die dieses Risiko auf sich nehmen! Wenn es klingelt, braucht das nicht immer die Alarm- oder gar die Totenglocke zu sein. Oft ist es nur die Schulglocke... ‚Ein feste Burg ist unser Gott‘ – nicht die Kirche. Sie ist und bleibt wanderndes Gottesvolk, das die zusammenführende Kraft des Herrn gerade im Risiko einer Wanderschaft mit ihm durch immer neue Räume und Zeiten erfährt.“

In derselben Synode hielt Horst Kasner den parallelen Vortrag über „Kirche als Gemeinschaft von Lernenden“.

Von den nächsten Synodalthemen ist das von Görlitz 1977, „Der Laie in Kirche und Gemeinde“, hervorzuheben. Im folgenden Jahr in Herrnhut hielt die an einer staatlichen psychiatrischen Klinik angestellte Ärztin Dr. Blumenthal ein Referat über Jugendfragen, besonders über die sozialen Probleme der jugendlichen Randgruppen. Es gehörte großer Mut dazu, dieses Tabuthema in aller Öffentlichkeit abzuhandeln. Die Synode von 1980 in Leipzig beschäftigte das Thema „Verbindliches Lehren der Kirche“.

Bildung und Erziehung

In der Frage der Bildung und Erziehung gab es von Anfang an bis zum Zusammenbruch der DDR den schärfsten Gegensatz zwischen Partei und Kirche. Schule, Jugendweihe und deren Vorbereitung und die Freie Deutsche Jugend suchten den jungen Menschen durch Übermittlung von Wissen, aber auch mit Mitteln aus dem gefühls- und willensmäßigen Bereich, mit Feiern und Gelöbnissen, zur sozialistischen Persönlichkeit im Sinne des Marxismus-Leninismus zu erziehen. Konnte die Kirche mit ihren geringen Möglichkeiten dagegen ankommen? Wenn es gut ging, hatten die Kinder zwei Christenlehrestunden in der Woche; sie waren, wie die Konfirmandenstunden über zwei Jahre, Fremdkörper im Leben der jungen Menschen, es sei denn, das Elternhaus hätte ihnen ein lebendiges Verhältnis zum christlichen Glauben aufgebaut. Aber wie viele solcher Elternhäuser gab es? Die Jungen Gemeinden mit ihren Rüstzeiten vermittelten immerhin ein Gruppenerlebnis, das dem Bedürfnis des Jugendlichen entsprach. Aber Bindung in der Jungen Gemeinde war oft nur ein Durchgangsstadium. Die Familiengründung und die ersten Berufsjahre nahmen die Mehrzahl voll in Anspruch. Erst in späteren Lebensjahren ließen sich einige wieder im Gottesdienst oder in kirchlichen Veranstaltungen blicken. Ich habe immer große Hochachtung vor unseren Katechetinnen und Katecheten gehabt. Die meisten haben sich um jedes einzelne Kind bemüht. Sie waren mehr als die andern kirchlichen Mitarbeiter Schikanen ausgesetzt. Und auch die Jugendarbeiter habe ich bewundert. Viele von ihnen waren Tag und Nacht für die Jugendlichen zu sprechen, die ihre Probleme loswerden oder auch nur ein wenig Zuwendung haben wollten.

Der Bund versuchte durch Arbeitshilfen aller Art das Seine zum Arbeitsfeld Bildung und Erziehung beizutragen. Ich denke an die Vorlage „Das konfirmierende Handeln angesichts der Jugendweihe" von 1973. Sie machte klar, daß es nicht reicht, die Jugendlichen nur durch punktuelle Ereignisse, wie die Konfirmation, anzusprechen. Weil sie ständig Konfliktsituationen zu bestehen haben, weil, besonders im Pubertätsalter, ihre individuelle Entscheidungsfähigkeit noch wenig entwickelt ist und sie Gruppenzwängen unterliegen, müssen sie ständig begleitet werden. Die Jugendweihe war für die Kirche weiterhin unannehmbar, auch wenn ihr ideologischer Charakter mit der Zeit zurücktrat und die Bevölkerung sie meist als feierlichen, aber unverbindlichen Abschied von der Kindheit verstand. In der Vorlage heißt es:

„Das Geleit der Jugendlichen gerade im Jahr nach der Jugendweihe (9. Schuljahr) ist zwar eine schwierige, aber nötige Aufgabe, der sich die Kirche nicht entziehen darf. Darum muß die kirchliche Unterweisung das 9. Schuljahr mit einbeziehen. Dieser Zeitraum ist nötig, um sowohl der Leichtfertigkeit gegenüber notwendigen Entscheidungen wie dem Versagen angesichts der Nötigung begegnen zu können. Es muß auch vermieden werden, daß die Gemeinschaft durch Aburteilen einerseits und durch Selbstrechtfertigung andrerseits gefährdet wird."

Auf der Synode von 1974 mit dem Thema „Lerngemeinschaft" wurde eine Rahmenordnung für die Arbeit mit Kindern vorgestellt. Alle diese Ausarbeitungen, die mit Fleiß und Hingabe gefertigt worden waren, stellten hohe Anforderungen. Katecheten, Pastoren und Jugendarbeiter mußten sich auf neue Inhalte und neue Arbeitsweisen einlassen, und das in einer Zeit, in der sie mit einer Fülle von primitiven Schwierigkeiten zu kämpfen hatten. Manches der guten Hilfsangebote ist darum ungenutzt geblieben.

Die Jugendarbeiter hatten es bei ihrer Arbeit mit nicht wenigen Unkonfirmierten und Ungetauften zu tun. Konnte man mit ihnen nach den überkommenen Regeln verfahren: Das Abendmahl nur für Konfirmierte? Sollte man Nichtkonfirmierte, die sich gerade in die Junge Gemeinde hatten hineinnehmen lassen, vom Höhepunkt der Gemeinschaft, dem Herrenmahl, ausschließen? Wie steht es mit der kirchlichen Trauung, wenn ein Ehepartner nicht der Kirche angehört? Wir halfen uns mit einer Ordnung für einen Gottesdienst zur Eheschließung, in dem die Traufragen fortgelassen sind. In den Konfirmandengruppen fanden und finden sich mehr und mehr auch solche Jugendliche, die getauft werden wollen. Wie wird dann die Konfirmationsfeier gestaltet?

Der Bund der Evangelischen Kirchen in der DDR mußte erkennen, daß die bisherige kirchliche Praxis, die pädagogischen Bemühungen um den Christenmenschen mit der Konfirmation enden zu lassen, in einer Kirche in der Diaspora nicht mehr ausreichte. In einer Gesellschaft, in der von Gott und Glaube nicht mehr die Rede war, entstand ein erhebliches Vakuum an Wissen über christliche Glaubensinhalte. Der einzelne Christ war darum kaum in der Lage, seinen Glauben auch verbal zu vertreten. Das hat zu einer Reihe von Weiterbildungs- und Qualifizierungsversuchen geführt. Ich erwähne den Kirchlichen Fernunterricht, der, von der

Kirchenprovinz Sachsen ausgehend, in mehrjährigen intensiven Kursen bis zum freien Predigtdienst vorbereitete. Oder
ich denke an die Erwachsenenbildung „stud.christ." in Lu-
therisch-Sachsen, die mit einem erheblichen Aufwand an
Mitarbeitern und Zeit die Grundlage für eine umfassende
Beteiligung von Laien am Gemeindeaufbau, speziell auch
an der Kirchentagsarbeit, schaffen konnte. Von den bescheideneren „Gesprächen über den Glauben", die ich nach meiner Emeritierung begonnen habe, wird noch die Rede sein.
Hierher gehört auch der von Bund und Landeskirchen ins
Leben gerufene Dienst des Gemeindepädagogen: Neben das
Amt der Verkündigung soll im gleichen Rang das des kirch-
lichen Lehrers (1. Korinther 12, 28) treten. Er wird, wie der
Pastor, nach einem Fachschulstudium, das in der Berlin-
Brandenburger Kirche in Potsdam absolviert werden kann,
ordiniert. Der Gemeindepädagoge soll an seinem Wohnort
das gesamte pfarramtliche Tun versehen, in einer größeren
Region für pädagogische Aufgaben zur Verfügung stehen.
Ich bin gespannt, ob dieser neue Beruf die Ost-West-Ver-
einigung überleben wird.

Neue Fragen drängten sich auf. Der Bund der Evangelischen Kirchen in der DDR mußte sich mit vielen Gebieten
befassen, auf denen ein Um- und Neudenken notwendig
war: die sich ständig verändernde Situation in Stadt und
Land, das Auftauchen besonderer Gruppen, der Charisma-
tiker und einiger Wiedertäufer. 1978 hielt Berndt Seite, der
spätere Ministerpräsident, auf der Mecklenburgischen Synode einen Vortrag über ökologische Fragen. Damit wurde
die Umweltdebatte, die bisher in der DDR tabu war, eröffnet. Ein von uns erbetenes Sachgespräch kam zustande. Der
stellvertretende DDR-Minister für Umweltfragen staunte
über die sachverständigen, bohrenden Fragen seiner kirchlichen Gesprächspartner. Aber er beschwichtigte: „Die DDR
hat ausgezeichnete Gesetze …" Die Diskussion der Umweltfragen wurde seitdem mit großer Intensität geführt. Neben
der politischen und der Friedensfrage wurde die ökologische immer mehr zu einem Hauptthema im Bund der Evangelischen Kirchen. Das Forschungsheim Wittenberg unter

Leitung von P. Gensichen und die Theologische Studienabteilung haben zu dieser Lebensfrage Wichtiges beigesteuert. Das Vorgehen gegen die Umweltbibliothek in der Zionsgemeinde in Berlin 1987 zeigte, wie nervös der Staat auf „Einmischung" in diesen Überlebensfragen reagierte.

Schon seit 1946 konnte der Hörfunk am Sonntagmorgen um 7.30 Uhr einen Gottesdienst aus dem Studio senden, lange Zeit unter der Verantwortung von Professor Heinz Wagner aus Leipzig. Direktübertragungen von Gottesdiensten fanden erst in den achtziger Jahren statt. Die Predigten mußten vorher zur Genehmigung bei dem Staatlichen Rundfunkkomitee eingereicht werden. Mir ist einmal eine Predigt zurückgewiesen worden: Als wir gegen den Beschluß der UNO, daß Zionismus Rassismus sei, protestiert hatten, durfte zur Strafe kein Text aus dem Alten Testament passieren. Nach dem 6. März 1978 bekam der Bund der Evangelischen Kirchen in der DDR die Möglichkeit, in eigner Regie sechsmal jährlich im Fernsehen einen Gottesdienst und jeden Monat im Rundfunk eine kurze Nachrichtensendung zu bringen. Die Kosten für die Technik trug der Staat. Doch darüber später. Lutz Borgmann und die anderen BEK-Fachleute haben sich allmählich in das neue und schwierige Gebiet des Fernsehens eingearbeitet. Der Staat hat sich mit seiner Zensur, auf die er natürlich nie ganz verzichtete, zurückgehalten. Spannungen gab es, wenn sich unser Fernsehprogramm über das „Rein-Religiöse" hinaus zu weit auf das Gebiet der Information wagte.

Menschenrechte

Die Sitzung der KKL am 9. Januar 1971 werde ich nicht vergessen. Wir hatten uns zu dem Programm des Ökumenischen Rates der Kirchen zur Bekämpfung des Rassismus zu äußern. Das Programm als solches wurde nicht in Frage gestellt. Nach den Erfahrungen der NS-Zeit gab es weniger Zweifel denn je: Es ist gegen Gottes Wille, sich über eine andre Menschenrasse zu erheben und ihr die Menschenrechte zu versagen. Der kontroverse Punkt war der Sonderfonds. Ein eigens zu sammelnder Geldbetrag sollte den Freiheitsbewegungen in den noch bestehenden Kolonien – besonders im südlichen Afrika – zugute kommen. Die Evangelische Kirche in Deutschland hatte sich geweigert, sich am Sonderfonds zu beteiligen. Als sich bei uns eine Meinung abzuzeichnen begann, baten wir unsere besonders kritischen Mitglieder, Bischof Fränkel und Propst Ringhandt, ein Schreiben an den Ökumenischen Rat der Kirchen zu entwerfen. Hier einige Kernsätze:

„In der gegenwärtigen Weltlage sehen wir im Rassismus eines der schwerwiegendsten Probleme für die Weltbevölkerung. Seine Überwindung ist heute ein Modellfall für die umfassende Verwirklichung der Allgemeinen Menschenrechte.

Wir sind der Überzeugung, daß es zu den Aufgaben der Kirche gehört, für die Opfer rassistischer Unterdrückung konkret Partei zu ergreifen und ihnen durch situationsgerechte Maßnahmen zu helfen."

Der Bund der Evangelischen Kirchen in der DDR hat daraufhin nicht nur umfassend und wiederholt über die Probleme des Rassismus informiert, sondern auch Gelder für das Programm im Ganzen und für den Sonderfonds gesammelt. Sie sollten nicht zu militärischen Zwecken verwendet werden. Eine Kontrolle hielten wir für eine unwürdige Bevormundung.

Die Partei wird diesen Beschluß nicht ungern gesehen haben. Aber die Erwähnung der Allgemeinen Menschenrechte rührte an ein Tabu. Der Westen hatte der DDR immer wieder schwerwiegende Verletzungen der Menschenrechte vorgeworfen. Die DDR ging auf die konkreten Vorwürfe nicht ein, sondern sah nur den Angriff. Uns lag daran, daß das Thema Menschenrechte auch in der DDR behandelt werden konnte, vor allem aber daran, daß die Verstöße gegen die Menschenrechte ans Licht auch der DDR-Öffentlichkeit kamen. Nur so war auf eine bessere Praxis zu hoffen.

Im Kontext der östlichen Nachbarkirchen war es schwierig, eine umfassende Menschenrechtsdiskussion in Gang zu setzen. Die DDR-Kirchen waren die einzigen, die dies Thema immer wieder zur Sprache brachten. Uns wurde in den vielen Debatten immer klarer, daß erst eine Synthese zwischen dem westlichen Verständnis, Menschenrechte als Rechte des Individuums, und den östlichen Menschenrechten als soziale Rechte die ganze Wahrheit ist. In diesem Sinne wirkte Oberkirchenrätin Christa Lewek, die zur Präsidentin der europäischen Menschenrechtskommission ernannt wurde. Eine wichtige Etappe im Bemühen um die Menschenrechtsdiskussion war die Schlußakte der Konferenz für Sicherheit und Zusammenarbeit von Helsinki 1975. Nicht erst der „Korb III", der gern gegen die Ostblockstaaten ins Feld geführt wurde, hat dieses Thema relevant gemacht. Schon im „Prinzip VII" ist eine enge Verbindung von Frieden und Menschenrechten verankert. Die DDR hat die KSZE-Schlußakte unterschrieben. So konnte sie sich einer Menschenrechtsdiskussion in ihrem Lande nicht entziehen. Der Bund der Evangelischen Kirchen in der DDR hat noch im Herbst 1975 eine Konsultation über Helsinki in Buckow/Mark Brandenburg durchgeführt. Die Helsinki-Schlußakte wurde der wichtigste Ausgangspunkt für das Gespräch zwischen den evangelischen Kirchen und der Regierung der DDR. Damit konnten wir sie beim Wort nehmen.

Die Friedensfrage

In der Frage des Weltfriedens war die Gesprächssituation zwischen Staat und evangelischer Kirche besonders aufgeschlossen. Dabei waren wir uns im klaren darüber, daß Friede für die DDR im Rahmen des Ostblocks vor allem zur Stabilisierung der eignen Macht dienen sollte. Bereits 1969 hatte der Politische Ausschuß des Warschauer Paktes eine Konferenz für eine europäische Friedens- und Sicherheitsordnung angeregt. Man wird wohl nicht fehlgehen in der Annahme, daß jede politische Macht mit dem hehren Wort Frieden ihre eigenen Interessen zu verbinden weiß. Das kann uns Christen nicht davon abhalten, im Gespräch über

den Frieden unsere, an Christus orientierte Stellung kundzu-
tun. Wir denken an das Wort Bonhoeffers, daß der Friede
ein mit dem Kommen Christi unmittelbar gegebenes Gebot
ist. Wir trauen Gott zu, daß er auch auf den krummen Linien
menschlicher Interessen gerade schreiben kann. Im Zeitalter
atomarer Hochrüstung war und ist Friede immer noch die
elementare Lebensgrundlage schlechthin. Unsere Aufgabe
war es einmal, Heuchelei zu entlarven, die Frieden sagt und
Vorbereitung auf den nächsten Krieg meint, und zum anderen mitzuhelfen, soweit möglich, daß aus Kaltem Krieg der
warme Frieden eines fruchtbaren Miteinanders wird.

In diesem Sinne haben wir uns mit einem Gottesdienst in
der Marienkirche zu Berlin an den X. Weltfestspielen 1973
beteiligt. Ich habe damals über den Regenbogen als Zeichen
für Gottes Treue zur Erde gepredigt (1. Mose 9, 12 ff).
Unsre Jugendmitarbeiter hatten eine einfache, aber sehr
wirkungsvolle Vorrichtung angefertigt: Zu einem bestimmten Zeitpunkt rannen die bunten Farben des Spektrums über
lange Papierbahnen und zauberten uns so den Regenbogen
in die Kirche. Aufschlußreich war, was wir auf den Zetteln
lesen konnten, die in der Kirche für die Besucher auslagen.
Da gab es scharfe Ablehnungen und freundlich zustimmende Notizen. Mancher Jugendliche bekannte, er habe das
erste Mal eine Kirche betreten und sei erstaunt, daß sie keineswegs so abstoßend sei, wie er vermutet hatte.

Nach heftigen Diskussionen in der KKL begab sich eine
Dreiergruppe des Bundes der Evangelischen Kirchen in der
DDR zum Weltkongreß der Friedenskräfte nach Moskau
(Oktober 1973). Beteiligt haben sich auch der Lutherische
Weltbund, die Konferenz Europäischer Kirchen und der
Ökumenische Rat der Kirchen. Daß unsre Vertreter sich mit
Zustimmung der KKL in die DDR-Delegation hineinnehmen ließen, war ein Novum; es blieb einmalig. Unsre Vertreter haben positive Erfahrungen mitgebracht. Ihnen wurden keinerlei Auflagen zugemutet. Mit dieser Teilnahme und
den begleitenden Umständen hat sich der Bund der Evangelischen Kirchen in der DDR während meiner Amtszeit
mit dem Staat am weitesten eingelassen.

Daß der Bund der Evangelischen Kirchen in der DDR sich damit nicht einfach in die DDR-Friedenspolitik einordnete, hat er in der Folgezeit bewiesen. Gegen den Wahnsinn des Wettrüstens setzte er den Vorschlag einer einseitig kalkulierten Abrüstung: Statt auf die Abrüstung des Gegenübers zu warten, sollte jede Partei sich zu Vorleistungen bereit finden, um die andere Seite zu Gegenleistungen herauszufordern. Auf die Einführung des Wehrunterrichtes mit dem Schuljahr 1978 antwortete der Bund der Evangelischen Kirchen in der DDR mit Protesten und Kanzelabkündigungen. Das Wort an die Gemeinden, das die KKL beschlossen hatte, wurde am 25. Juni 1978 von den Kanzeln verlesen; ich habe das in der Sophienkirche in Berlin getan. Die Bedenken, die ich dem Staatssekretär gegenüber äußerte, fruchteten nichts. Ich habe mich darauf beschränken müssen, für die Jugendlichen und ihre Eltern ein Wort einzulegen, die dem (obligatorischen) Wehrunterricht fernbleiben würden. Es wurde mir zugesagt, man wolle auf Zwangsmaßnahmen verzichten, auf dem Zeugnis aber vermerken: „Unentschuldigt gefehlt". Ich wies diese Version zurück: Gerade solch ein Vermerk sei diskriminierend. Daraufhin wurde mir zugesagt, man wolle auch darauf verzichten. Später hörte ich, daß ein Funktionär triumphierend geäußert habe: „Die Zahl der Nichtteilnehmer ist so klein. Wir können großzügig sein."

Als wichtigste Antwort auf den Wehrunterricht legte der Bund der Evangelischen Kirchen in Deutschland das Programm einer Friedenserziehung vor. Eine „Orientierungshilfe" bleibt nicht bei der Absage stehen, sondern bietet den Gemeinden und den Erziehungsberechtigten konkrete Hilfen an. Noch heute oder, besser, heute wieder sind Sätze wie diese aktuell:

„Eltern sollten ihre Kinder in einer vertrauensvollen Atmosphäre erziehen und auf Gewaltanwendung verzichten. Sie sollten ihren Kindern Abneigung gegen physische Gewaltanwendung vermitteln.

Phantasie und Erfindungsreichtum der Kinder sollte auf die friedliche Gestaltung des Zusammenlebens gerichtet werden und nicht auf mögliche kriegerische Auseinandersetzungen. Jeder Romantisierung des militärischen Lebens und der Verharmlosung der unvorstellbaren Folgen für den Friedens ist zu wehren … In christlichen Gemeinden sollte man erfahren können, um wieviel attraktiver friedliche Konfliktlösungen sind als gewaltsame und lieblose …"

Eine ergänzende Studie von 1980, „Rahmenkonzept Erziehung zum Frieden", bringt eine ausführliche Materialsammlung und verschiedene Gestaltungsvorschläge für Friedensarbeit, von den Familien und Gemeinden bis hin zur Ebene der großen Politik. Ich greife einige Gedanken heraus:

„Erziehung zum Frieden ist eine Erziehung, die befähigt, ermutigt und anleitet…

– zur Sensibilität für die Leiden anderer, die auch in spürbaren Zeichen und Opfern zum Ausdruck kommt, sowie zur Bereitschaft eigenen Leidens für andere, zum Beispiel durch Verzicht;
– zur Selbständigkeit im Denken, Fühlen und Urteilen;
– zum kritischen Hinterfragen vorgegebener, mit Anspruch auf Alleingültigkeit auftretender Überzeugungen, Werturteile und Ansichten;
– zu kritischer Auseinandersetzung mit ausschließlich militärischen Sicherheitsvorstellungen und -konzepten, die persönliche Entscheidung in der Frage des Waffendienstes eingeschlossen;
– zur Bereitschaft, die eigene Ruhe um des Friedens willen stören zu lassen – bis hin zum Annehmen persönlicher Nachteile."

Im Juli 1978 hat eine Delegation die wichtigsten Verlautbarungen des Bundes der Evangelischen Kirchen in der DDR zur Friedensfrage an Ministerpräsident Stoph übergeben. Ich habe damals unter anderem ausgeführt:

„Die Kirchen als solche haben sich nicht zu einem grundsätzlichen Pazifismus bekannt. Niemand bestreitet einer Regierung unter den heutigen Bedingungen das Recht zu einer glaubwürdigen Verteidigung der Sicherheit ihres

Landes. Es besteht Übereinstimmung darüber, daß der Dienst mit der Waffe eine große Reife voraussetzt: Der Soldat lernt mit seiner Waffe umzugehen, gerade um sie nicht gebrauchen zu müssen. Aus diesem Grunde verstehen wir das Bedenken vieler Bürger gegen die geplante Einführung eines neuen obligatorischen Faches, Wehrerziehung, an den Schulen ... Wir sind der Überzeugung, daß die Erziehung zum Frieden sichtbar den Vorrang behalten muß."

An der Unterschriftensammlung für die „Willenserklärung" Leonid Breshnews zur Abrüstungsfrage haben sich die DDR-Kirchen trotz intensiver Bemühungen des Staatssekretärs für Kirchenfragen nicht beteiligt. Eine Stimme aus dem Bezirk Potsdam: Warum muß die Kirche immer etwas Eigenes sagen?

Als 1979/80 der NATO-Doppelbeschluß als Antwort auf die Aufstellung der SS-20-Raketen drohte, beschlossen die Evangelischen Kirchen in der DDR auf Anregung der Jugend eine Friedensdekade, die von einem Friedenssonntag mit einem Bittgottesdienst bis zum Bußtag dauern sollte. 1980 war das Thema: „Frieden schaffen ohne Waffen." (Die FDJ formulierte um: „Frieden schaffen ohne NATO-Waffen.") Es war geplant, im Anschluß an die Mittwochsirene (zur Überprüfung der Funktionstüchtigkeit) die Glocken läuten zu lassen. Doch das hat der Staat verboten: Das sähe wie Streik aus – wir haben mit dem Geheul der Sirenen andere Assoziationen verbunden. Friedensgottesdienst und Friedensdekade sind auch von vielen westdeutschen Gemeinden übernommen worden.

Zur 2. Friedensdekade 1981 hatten die vorbereitenden Landesjugendpfarrer auf der Materialmappe einen Aufnäher, „Schwerter zu Pflugscharen", befestigt. Sie hatten sich nichts Aufrührerisches dabei gedacht: Das Motiv ist biblisch (Jesaja 2,4), die Abbildung stellt das Denkmal „Schwerter zu Pflugscharen" dar, das seinen Platz vor der Tretjakoff-Galerie in Moskau hat. Ein Abguß steht vor dem UNO-Gebäude in New York – ein Geschenk der Sowjetunion. Das konnte doch nicht verkehrt sein! Anfangs geschah auch nichts Spektakuläres. Die Schulen verboten lediglich, den Aufnäher im Unterricht zu tragen. Im Frühjahr 1981 sollte im Politbüro das Treffen Helmut Schmidt – Erich Honecker am Werbellinsee ausgewertet werden. Just zu der Sitzung erschien in einer großen Westberliner Zeitung ein Artikel mit der Überschrift: „Berliner Pfarrer fordert: Abzug der Sowjets": Genau zu diesem Zeitpunkt meldete sie den „Berliner Appell" des Pfarrers Eppelmann, den er zusammen mit Robert Havemann verfaßt hatte. (In diesem Appell war vom Abzug aller Truppen der Alliierten aus Deutschland die Rede.) Das war zuviel. „Berliner Appell", „Schwerter zu Pflugscharen", dazu die Unterschriften-sammlung für einen Sozialen Friedensdienst – für das Politbüro war das eine einzige Verschwörung. So kam es zu den beschämenden und törichten Szenen, daß Polizisten den jungen Leuten die Aufnäher von den Jacken rissen. Sie erreichten damit nur, daß um so mehr hergestellt und befestigt wurden. Staatssekretär Gysi stöhnte über soviel Unverstand. Im Sommer kam der „Aufstand" samt der Polizeiaktion zur Ruhe. Für das nächste Jahr wurde ein Kompromiß geschlossen: „Schwerter zu Pflugscharen" blieb das Zeichen der christlichen Friedensbewegung und konnte auf Plakaten gedruckt werden; auf die Aufnäher wurde verzichtet.

Kirchengemeinschaft

Im Artikel 1 der Bundesordnung hatten wir uns zugesagt, „in der Einheit und Gemeinsamkeit des christlichen Zeugnisses und Dienstes gemäß dem Auftrag des Herrn Jesus Christus zusammenzuwachsen". Die bescheidene Bezeichnung „Bund" forderte uns dazu auf, das Ziel anzustreben, eine Kirche im Vollsinn des Wortes zu werden, statt nur den Anspruch zu verteidigen, bereits Kirche zu sein. Wir mußten die lutherischen, die reformierten und die unierten Traditionen so zu verstehen lernen, daß wir uns nicht nur in der eigenen Landeskirche und in den Zusammenschlüssen EKU und VELK, sondern über deren Grenzen hinaus im

vollen theologischen Sinne als eine Kirche begreifen konnten.

In den Gemeinden hatte das Bemühen um Kirchengemeinschaft nur wenig Resonanz. Wer von Dresden nach
Berlin zog, wurde damit automatisch uniert; wer von
Magdeburg nach Schwerin übersiedelte, galt nun als luthe-
risch. Man könnte also fragen: Was soll's? Wozu dieser
Aufwand an Zeit und Kraft, sich um Kirchengemeinschaft,
die praktisch längst nicht mehr in Frage stand, zu bemühen?
Es gab wahrlich andere Sorgen. Aber den Älteren unter uns
war wohl bewußt, welche große, bewahrende Bedeutung die
reformatorischen Bekenntnisse im NS-Kirchenkampf gehabt haben. In der Kirche hat die Frage der Wahrheit – und
die der Liebe – einen hohen Rang. Die lutherischen Kirchen
hatten sich nach dem Krieg als Vereinigte Evangelisch-lutherische Kirche um ihr Bekenntnis zusammengefunden.
Für die Reformierten war die Eigenart des Heidelberger
Katechismus und ihres Gottesdienstes Lebensnerv ihrer
Gemeinschaft. Wir wollten keine neue Union, wie unter
Friedrich Wilhelm III., diesmal vielleicht eine Union des
Desinteresses. Bemüht haben wir uns von der ersten Synode
des Bundes der Evangelischen Kirchen in der DDR an um
eine theologisch vertretbare Kirchengemeinschaft. Schon
1969 wurde eine Lehrgesprächskommission gebildet, in der
die Grundlagen für ein engeres Zusammengehen der acht
Landeskirchen theologisch bedacht werden sollte. Notwendig war es auch darum, weil wir, worauf ich bereits hingewiesen habe, bei der Bildung des Bundes die konfessionelle Frage bewußt ausgelassen hatten, um nicht alle Probleme auf einmal anfassen zu müssen. Die Klärung mußte
nun nachgeholt werden.

Parallel zu der genannten Kommission machte sich die
Theologische Kommission an die Arbeit, um die Tiefen unserer Gemeinsamkeit wie unseres Dissenses auszuloten. In
einer Reihe von Werkstattberichten lieferte sie wichtige
Einsichten in den Zusammenhang unseres reformatorischen
Hauptartikels, von der Rechtfertigung allein aus Glauben,
mit den wichtigsten Fragen der Gegenwart. Nach dem Ver-

ständnis der Reformation muß die Einheit der Kirche auf der gemeinsamen Lehrgrundlage beruhen.

Unserer Arbeit kam zugute, daß die lutherischen und reformierten Kirchen auf europäischer Ebene sich etwa zur gleichen Zeit um eine „Konkordie", das heißt um Verständigung und Eintracht bemühten. Sie ist nach der Schweizer Heimstätte in der Nähe von Basel, dem Leuenberg, benannt. Auch hier sollte es keine neue Union geben. Die Kirchen sollten bei ihren Bekenntnissen bleiben. Aber die in den reformatorischen Bekenntnissen ausgesprochenen Ablehnungen und sogar Verdammungen der andern Konfession trafen nicht mehr zu; sie sollten die Kirchen nicht länger trennen. Unsere im Bund der Evangelischen Kirchen zusammengeschlossenen Kirchen haben sich an diesem Prozeß eifrig beteiligt und diese Arbeit zugleich als Hilfe zum eignen Zusammenwachsen genutzt. Es war ein feierlicher Augenblick, als wir acht Bischöfe im Hospiz zur Furche in Bad Saarow das entscheidende Dokument gemeinsam unterzeichneten. Es war das erste Mal, daß Vertreter der verschiedenen reformatorischen Bekenntnisse in unserm Raum einen solchen Schritt taten.

Wir haben für die acht Kirchen des Bundes der Evangelischen Kirchen ein Ordinationsformular geschaffen, das einige unserer spezifischen Anliegen aufgenommen hat. Ein gemeinsames Ordinationsformular bedeutet viel, nämlich, daß wir in der Lehre vom geistlichen Amt, einer der grundlegenden theologischen Lehren, übereinstimmen.

Die Synode von Züssow 1976 konnte endlich sagen, daß auch der Bund, nicht nur seine Gliedkirchen, im vollen Sinne Kirche ist. Es stand nur noch aus, auch für die kirchliche Organisation die entsprechenden Folgerungen zu ziehen. Der Bund der Evangelischen Kirchen in der DDR sollte gestrafft werden. Die Leitungen und Verwaltungen der überlandeskirchlichen Zusammenschlüsse sollten vereinigt werden, um Zeit und Geld zu sparen. An der föderalen Struktur des Bundes der Evangelischen Kirchen sollte aber festgehalten werden. Eine Delegiertenversammlung im Januar 1979 in Eisenach ging mit sehr viel Schwung ans

Werk. Bald zeigte sich aber, daß es Probleme gab, die nicht im Handstreich erledigt werden konnten. Die Reformierten sagten ein klares Nein, weil sie fürchteten, in der größeren Gemeinschaft von den Lutheranern dominiert zu werden. Sie waren eine sehr kleine Minderheit. Vor allem sorgte man sich um die Evangelische Kirche der Union, die immerhin auf eine einhundertundfünfzig Jahre alte Tradition schauen konnte. Gerade diese Gemeinschaft hatte sich durch brüderlichen Zusammenhalt auf theologischem und nicht zuletzt auch auf finanziellem Gebiet bewährt. Sie war stärker als die anderen Kirchen durch den Kirchenkampf und die Barmer Theologische Erklärung bestimmt. Es wurden immer wieder neue Papiere geschaffen und Verhandlungen geführt. Als dann die Synoden der einzelnen Landeskirchen mit verfassungsändernder Mehrheit abstimmten, scheiterte das Ganze an Berlin-Brandenburg. Lediglich die „Gemeinsame Erklärung zu den theologischen Grundlagen der Kirche und ihrem Auftrag in Zeugnis und Dienst" gelang. Sie wird, so hoffe ich, auch unter den neuen Verhältnissen hilfreich sein.

Die Kirchentage

Ein großer Gewinn für die Landeskirchen in der DDR waren die Kirchentage. Den Leipziger Kirchentag von 1954 haben die Älteren als ein großes Erlebnis der Gemeinschaft im Gedächtnis. Für viele manifestierte sich hier die eine deutsche Nation, in der man nicht voneinander lassen wollte. Die Losung von Berlin 1951, „Wir sind doch Brüder", blieb noch lange der Cantus firmus der Kirchentage. 1961 aber kam die Mauer. War das das Ende? Das Restpräsidium in der DDR meinte: Ja. Das hätte aber bedeutet, den Kirchentag als nationales Fest und nicht im Sinn der Präambel seiner Ordnung zu verstehen:

„Der Evangelische Kirchentag will evangelische Christen sammeln, sie im Glauben stärken, sie für die Verantwortung in ihrer Kirche rüsten, sie zum Zeugnis und zum Dienst in

ihrer Gesellschaft ermutigen und mit ihnen in der Gemeinschaft weltweiter Christenheit bleiben."

„In ihrer Gesellschaft", heißt es und nicht „im deutschen
Volk". Und es war genau im Sinne der Präambel, daß ein
neues Präsidium mit Landessuperintendent Otto Schröder
als Vorsitzendem in der DDR einen Neuanfang wagte. 1965
fanden die ersten großen Kirchentagstreffen in Wittenberg
und Frankfurt/Oder statt. Das Mißtrauen der Partei gegen alles, was in der Kirche neu und zukunftsweisend war, blieb.
Doch konnten Kirchentagsveranstaltungen, waren sie erst
einmal genehmigt, im allgemeinen mit staatlicher Unterstützung rechnen. So ganz einfach war das freilich nicht:
Eine Bestimmung ist bekanntgeworden, daß dem Kirchentag nur Zusagen gemacht werden durften, die zuvor von den
Bezirksleitungen und vom Zentralkomitee der Partei bestätigt worden waren. Ohne diese wäre es auf DDR-Boden
völlig ausgeschlossen gewesen, derartige Großunternehmen
zuwege zu bringen. Vom kleinsten Fetzen bedruckten Pa-
piers bis hin zur Verpflegung, von den außerkirchlichen
Räumlichkeiten bis hin zu den Verkehrsmitteln – alles hing
von staatlicher Genehmigung ab, und es gab genug Möglichkeiten, dem Kirchentag Steine in den Weg zu legen.
Dennoch wurden von Anfang an Gäste aus der Ökumene
und aus der Bundesrepublik eingeladen. 1977 gelang auch
der umgekehrte Weg: Zum erstenmal konnten offizielle Vertreter aus der DDR an dem Deutschen Evangelischen Kirchentag in Westberlin teilnehmen.

Die Kirchentagsveranstaltungen wurden regional geplant.
Sie sollten gezielt die Grenzen der Landeskirchen überwinden. Anders als beim Westdeutschen Kirchentag, waren die
Landesausschüsse verantwortlich für die Planung und
Durchführung. Das Präsidium sorgte dafür, daß koordiniert
wurde, was immer sinnvoll und möglich erschien. So einigten sich Präsidium und Konferenz der Landesausschüsse
meist auf eine gemeinsame Losung. 1970 hieß sie: „Wie
Gott mir, so ich dir", 1974: „Und ihr sollt auch leben", 1976:
„Gottes Wege führen weiter", im Lutherjahr 1983: „Vertrauen wagen", 1987 zum 1. Kirchentag, der in Berlin-Ost

stattfinden konnte: „Und ich will bei euch wohnen". Die Losungen haben viele Gemeinden das Jahr über begleitet. Von einem DDR-weiten Kirchentag meinten wir, absehen zu sollen. Dazu würde es zu wenig räumliche Möglichkeiten geben. Vor allem würde ein so großer Kirchentag zu sehr von staatlichen Genehmigungen, Auflagen und Hilfen abhängig sein. Aber auch die regionalen Kirchentage brachten beachtliche Besucherzahlen. In Dresden sprach man von 20 000. Die sieben Kirchentage im Lutherjahr ergaben insgesamt die stattliche Zahl von 200 000.

1969 wurde der Kirchentag durch eine neue Variante bereichert. In Sachsen kam durch die Initiative des Oberlausitzer Ofenbaumeisters und langjährigen Präses der Lutherisch-Sächsischen Synode Johannes Cieslack der erste Kirchentags-Kongreß zustande. Dazu traf sich für ein Wochenende eine begrenzte Zahl von Christen, um sich für das christliche Zeugnis in einer missionarischen Situation zurüsten zu lassen. Ganz gezielt wurden Gesprächsleiter für die Arbeit mit Kleingruppen ausgebildet. Später waren Kongreßarbeit und Kirchentag häufig miteinander verbunden.

Ein wesentlicher Aspekt der Kirchentagsarbeit in der DDR war, daß die Christen, die zu Hause oft eine kleine Minderheit waren, sich hier offen austauschen, stärken und dadurch freier werden konnten. Hier wurden ihre Sorgen aufgenommen und freimütig besprochen. Hier wurde gefragt: Wie können wir als Christen in einer atheistisch geprägten Gesellschaft verantwortlich leben und zugleich ein Stück Verantwortung für die Welt um uns her wahrnehmen? In immer neuen Variationen wurden diese Fragen besprochen. Sie zogen vor allem die junge und die mittlere Generation an. Die großen Weltfragen wurden nicht ausgelassen. Gottesdienste, Bibelarbeiten, gemeinsames Singen gehörten dazu. Die Kirchentage haben viel dazu beigetragen, daß die Christen in der DDR nicht nur mit traurigen Mienen und verbogenem Rückgrat herumliefen.

Ich selber bin der Kirchentagsarbeit seit 1956 verbunden. Damals hatte ich in Frankfurt/Main ein Referat über das Thema „Evangelische beichten" zu halten. Ich war erstaunt über das Echo in der Presse, das mein Vortrag fand. Bewirkt hat er wohl nicht viel. In München 1959 sprang ich mit einem Vortrag „Soll die Kirche mehr Autorität haben?" ein. Gefreut hat mich, daß zum Kirchentag in Westberlin 1989 zu den dreihundertundfünfzig offiziell zugelassenen Besuchern aus der Deutschen Demokratischen Republik weitere vierhundert Teilnehmer, wenn auch nur für einen Tag, reisen konnten. Honecker hatte mit dieser speziellen Genehmigung auf einen Brief von mir reagiert.

23. Die besondere Gemeinschaft

Mit dem Bekenntnis zur besonderen Gemeinschaft der evangelischen Christenheit in Deutschland hatte der Bund der Evangelischen Kirchen in der DDR der Zweinationentheorie der Sozialistischen Einheitspartei Deutschlands eine klare Absage erteilt. Es hat lange gedauert, bis die DDR-Führung den Artikel 4,4 der Bundesordnung tolerierte. Eine besondere Deutschlandpolitik wollte und konnte der Bund der Evangelischen Kirchen nicht betreiben. Dazu, ob die Deutschlandfrage „offen" sei oder nicht, hat sich keine Synode geäußert. Solange die Sowjetunion bei Kräften war, würde sie ihren Besitzstand wahren. Das war unsere Überzeugung und wohl auch die aller verantwortlichen Politiker. So kam es darauf an, den durch die selbstverschuldete Teilung Deutschlands geschaffenen Zustand so ungefährlich wie möglich für den Weltfrieden und so erträglich wie möglich für die Deutschen zu gestalten. Hier sahen die Kirchen ihre nationale Aufgabe.

Wir waren dankbar, daß auch die EKD-Synode einen unserem Artikel 4,4 entsprechenden Artikel in ihre Ordnung (1, Abs. 2,2 und 3) aufgenommen hat. Daß sie die Bildung des Bundes zwar nicht mit Begeisterung, wohl aber mit Respekt und Verständnis betrachtete, war uns ein gutes Vorzeichen für das kommende Miteinander.

Manche hatten erwartet, der Artikel 4,4 werde unter den obwaltenden Umständen eine rhetorische Floskel bleiben. Beide Seiten haben sich bemüht, das Bekenntnis zur besonderen Gemeinschaft mit reichem Leben zu füllen. Gerade weil keine organisatorische Verbindung mehr bestand, mußten wir die Verantwortung für die besondere Gemeinschaft um so ernster nehmen.

So haben beide Seiten geduldig, aber zäh und systematisch ihre offiziellen Verbindungen immer stärker ausgebaut. Dabei kamen uns die politischen Verhältnisse zu Hilfe. Die Verträge von 1972 mit der gegenseitigen diplomatischen Anerkennung der beiden deutschen Staaten erleichterten vieles. Die ideologische Abgrenzung hingegen wurde verschärft. Von dem Beschluß des Politbüros vom 7. November 1972 wird noch die Rede sein.

Es sieht so aus, als habe dieser Beschluß damals nicht zu einer neuerlichen Verschärfung des Verhältnisses Kirche – Staat geführt.

Nachdem der Bund der Evangelischen Kirchen sich einigermaßen konsolidiert hatte, besuchte schon 1974 der BEK-Synodalpräses Siegfried Wahrmann die Synode der Evangelischen Kirchen in Deutschland, der EKD-Präses Cornelius Adalbert von Heyl die unsere. 1976 war der Ratsvorsitzende der EKD, Landesbischof Helmut Claß, Gast der schwierigen Synode von Züssow, die von der Selbstverbrennung des Pfarrers Oskar Brüsewitz geprägt war. Seine Einreise gelang nicht reibungslos: Manfred Stolpe mußte seine Beziehungen ins Spiel bringen. Claß war uns ein hilfreicher Berater. Ich machte 1977 den Gegenbesuch auf der EKD-Synode in Saarbrücken. In meinem Grußwort sagte ich:

„Es muß eine Art kritischen Ökumenismus geben, in besonderer Weise vielleicht zwischen (den deutschen) Kirchen. Bei aller Brüderlichkeit und Zusammengehörigkeit ist vielleicht der besondere Dienst, den wir uns tun können, der, daß wir gegenseitig kritisch mitzudenken versuchen und uns helfen, die Verantwortung für das Ganze der Welt bei dem mit im Auge zu haben, was wir in unserem Lande tun … Ich glaube, es gehört zu einer Gemeinschaft von Kirchen, daß man einander ermuntert und auch einander in Frage stellt. Es ist nötig, sich unter dem Evangelium zu fragen, wie man denn seinen Dienst versteht … Das ist der Kern eines kritischen Ökumenismus.“

In diesen Worten ist etwas von der Sorge zu spüren, die mich bewegte. Ich hätte es nicht für gut befunden, wenn wir uns gegenseitig aus Taktgefühl schonten oder gar aus der Entfernung als im andern Boot befindlich betrachteten.

Unsere Geduld wurde belohnt, als der neue Staatssekretär

für Kirchenfragen, Klaus Gysi, am 17. März 1980 den Ratsvorsitzenden, Landesbischof Lohse von Hannover, und mich offiziell empfing und damit die „besondere Gemeinschaft" formell anerkannte. Zum Abend lud der Leiter der Ständigen Vertretung der Bundesrepublik uns beide zusammen mit Herrn Gysi und einem Vertreter des Außenministeriums der DDR in seine Residenz ein.

Ich möchte an dieser Stelle einfügen, daß sich Günter Gaus sehr um eine gute Verbindung zu den Kirchen in der DDR bemüht hat. Er hat mich mehrmals aufgesucht und Informationen mit mir ausgetauscht. Wir waren dankbar, daß die Bundesregierung gerade diesem Mann den Aufbau normaler Beziehungen zwischen den beiden deutschen Staaten anvertraut hat. Auf seiner Arbeit konnten seine Nachfolger, Klaus Bölling und Hans Otto Bräutigam, aufbauen.

Durch den Leiter der Ständigen Vertretung erhielt ich zweimal die Einladung zu einem Gespräch mit Bundeskanzler Helmut Schmidt. Am 2. Juli 1980 ging es um die Frage, ob der Bundeskanzler sich in der DDR mit dem Staatsratsvorsitzenden Erich Honecker treffen sollte.

Manfred Stolpe, der mich begleitete, und ich rieten ihm dringend zu: In solchen persönlichen Gesprächen könne viel mehr für die Bürger der DDR gewonnen werden als auf den üblichen diplomatischen Wegen. Honecker würde sich durch dieses Treffen zu seiner deutsch-deutschen Gesamtverantwortung bekennen müssen. In einem weiteren Gespräch vom 16. Juli 1981 wurde diese Frage noch einmal aufgeworfen. Inzwischen hatten sich die Ereignisse in Polen zugespitzt. Schmidt wollte an dem Besuch festhalten und fragte uns, was er dabei für die Kirchen in der DDR tun könne. Wir rieten ihm, den Güstrower Dom zu besuchen und dort dem Mecklenburger Landesbischof zu begegnen. Das leuchtete Helmut Schmidt ein – er ist ein besonderer Liebhaber des Güstrower Ehrenmals, des „Schwebenden" von Barlach. Bei diesem Besuch bat uns der Bundeskanzler um einen ungewöhnlichen, politischen Dienst. Wir sollten der Regierung der DDR eine Warnung der BRD-Regierung übermitteln: Sollte die DDR, wie seinerzeit in die ČSSR, in

Polen einmarschieren, werde alles Bemühen um ein verbessertes Verhältnis zwischen beiden Staaten hinfällig. Diese Bitte überraschte uns natürlich. Aber es mußte gute Gründe dafür geben, die diplomatische Ebene zu vermeiden: auf dieser Ebene wäre eine Einmischung durch die Sowjetunion unvermeidlich gewesen. Da ich selber unmittelbar nach dem Besuch in Bonn dienstlich im Ausland zu tun hatte, bat ich Herrn Stolpe, die DDR-Regierung entsprechend zu verständigen.

Durch die Vermittlung des Beauftragten der Evangelischen Kirche in Deutschland bei der Bonner Regierung, Bischof Binder, hatte ich Gelegenheit, eine Reihe von Spitzenpolitikern in Bonn zu besuchen. Ich traf mit dem damaligen Oppositionsführer Helmut Kohl, mit Generalsekretär Geisler und mit Außenminister Genscher zusammen. Unvergeßlich ist mir ein Abend mit Herbert Wehner, der nach dem Besuch bei seiner todkranken Frau das Gespräch suchte. Ich bin dankbar, diesem weitsichtigen und klardenkenden Politiker und praktizierenden Christen begegnet zu sein. Als ich 1980 meinen Abschiedsbesuch bei unserer rheinischen Partnerkirche machte, ließ mich Bundespräsident Carstens wissen, daß er mich erwarte. Ich war beeindruckt davon, wie genau der Präsident mit den kirchlichen Verhältnissen in der DDR vertraut war. Mit dem rheinisch-westfälischen Landesherrn Johannes Rau konnte ich an dessen frühere Beziehungen zur Berlin-Brandenburger Kirche anknüpfen. Er hat eine Zeitlang sogar als kirchlicher Kurier zwischen West und Ost Dienst getan. Geplante Besuche bei Bonner Spitzenpolitikern habe ich der DDR-Regierung angezeigt. Ich hielt in diesem Fall ein geheimes Vorgehen, das sicher nicht geheim geblieben wäre, für schädlich.

Ein wichtiges Instrument unserer „besonderen Gemeinschaft" war die deutsch-deutsche Beratergruppe, die etwa vierteljährlich in der Auguststraße tagte. In ihr begegneten sich neben dem „Stammpersonal" immer wieder andere Persönlichkeiten und Vertreter kirchlicher Aktivitäten. Dort wurden auch kontroverse Standpunkte offen ausgetragen. Kontinuierlich gearbeitet wurde in der Konsultativgruppe, die auf Vorschlag der Konferenz der Kirchenleitungen zustande kam. In ihr traf sich sein fester Kreis aus dem Rat der Evangelischen Kirche in Deutschland und der KKL. Den Vorsitz hatten anfangs der württembergische Landesbischof von Keler und ich. Hier wurden Grundfragen kirchlicher und politischer Art besprochen. Bei der Vorbereitung eines Vortrags über „friedliche Koexistenz" für diesen Kreis machte ich mir die Ambivalenz dieses Leninschen Begriffs klar. Wenn es keine „ideologische Ko-Existenz" geben sollte, hieß das, dem Christen das Lebensrecht abzusprechen. Denn der christliche Glaube erfaßt nicht nur das Bewußtsein, sondern das ganze Leben. Ich zitiere aus dem Bericht, den die Gruppe im Juni vorgelegt hat:

„6. Auch bei Konfrontationen ihrer Staaten stehen Kirchen in der größeren Gemeinschaft aller Christen. Diese Gemeinschaft stellen sie um Gottes und der Menschen willen in den Dienst aller Bemühungen, die einer friedlichen Entwicklung von Nutzen sind.

Aufgaben für die Kirchen:

Die Gesprächskontakte zwischen kirchlichen und politischen Verantwortungsträgern im jeweils eigenen Bereich können durch das Einbringen kirchlicher Erfahrungen und Anregungen dazu genutzt werden, die Beziehungen zwischen Nachbarstaaten mit verschiedenen politischen und wirtschaftlichen Systemen zu fördern, Verständnis füreinander zu wecken und damit auch zur Bewältigung krisenhafter Entwicklungen beizutragen. Dazu gehört, daß die Kirchen ihre gegenseitigen Verbindungen uneigennützig für die Aufrechterhaltung und Fortentwicklung der Beziehungen zwischen ihren Staaten zur Verfügung stellen, wenn dieses geboten erscheint."

Diese gemeinsamen Erkenntnisse können helfen, besser zu verstehen, warum die Kirchen des Bundes der Evangelischen Kirchen um Gesprächskontakte auch mit dem DDR-Staat über das Maß des unbedingt Notwendigen hinaus bemüht waren. Weiter werden folgende Aufgaben für die Kirchen benannt:

Unsere Kirchen müssen das Primat kirchlicher Bemühungen zur Sicherung des Friedens vor militärischem Sicherheitsdenken geltend machen und deswegen

- den Aufbau einer europäischen Friedensordnung auf den durch die Beschlüsse von Helsinki angezeigten Wegen fördern,
- das Bewußtsein für die gemeinsame Verantwortung aller Industrienationen bei der Entwicklung einer gerechteren Weltwirtschaftsordnung stärken,
- die Erziehung zum Frieden in allen Bereichen des öffentlichen und gesellschaftlichen Lebens mit eigenen Programmen, wachsamer Kritik und der Unterstützung geeigneter Initiativen wirksam machen.

Unsere Kirchen müssen in ihren Entscheidungen und Stellungnahmen zum Ausdruck bringen, daß zu einer künftigen Friedensordnung unabdingbar gehört,

- daß jede Seite die Existenz der anderen Seite und die Koexistenz mit ihr glaubhaft bejaht,
- daß jede Seite das Sicherheitsbedürfnis der anderen mit bedenkt,
- daß jede Seite auf die Maximierung der eigenen Macht verzichtet und der Optimierung beiderseitiger Sicherheit dient,
- daß jede Seite diejenigen Faktoren reduziert, die Mißtrauen erwecken und Bedrohungsängste vermehren, und den Aufbau von Vertrauen fördert,
- daß jede Seite eine Form der Rüstung anstrebt, die ihre defensiven Absichten möglichst glaubhaft erkennen läßt.

Ich bin überzeugt, daß diese Erkenntnisse, die noch unter den Umständen der nuklearen Ost-West-Bedrohung gewonnen worden sind, mehr und mehr Bedeutung auch unter den neuen politischen Bedingungen bekommen werden. Daß einseitige „Polizeiaktionen" keinen dauerhaften Frieden schaffen, ist augenfällig.

Von der Beratergruppe ging auch die Anregung für gemeinsame Äußerungen der Kirchen in den beiden deutschen Staaten zu Fragen des Friedens und der Weltverantwortung aus. Nach einer Zwangspause von elf Jahren gelang es, zum

40. Jahrestag des Ausbruchs des Zweiten Weltkrieges ein Gemeinsames Wort der Evangelischen Kirchen in Deutschland und des Bundes der Evangelischen Kirchen in der DDR zu veröffentlichen. Ich zitiere einige Sätze, die gerade heute wieder höchst aktuell sind:

„Lange bevor ein Krieg ausbricht, hat er in den Gedanken und Herzen der Menschen schon begonnen. Mißtrauen und Angst und das Gefühl der Bedrohung löschen alle anderen Hoffnungen aus. Darum haben wir jetzt für eine konsequente Erziehung zum Frieden zu sorgen. Diese Erziehung wird sich darauf richten müssen, dem Gefühl der Ohnmacht entgegenzuwirken und zur friedlichen Lösung von Konflikten zu befähigen, im persönlichen Bereich ebenso wie im Umgang der Staaten miteinander … Dazu gehört unser aller Bereitschaft, eigene Interessen in das Interesse des Friedens für alle Völker einzuordnen und den eigenen Reichtum mehr und mehr für den gerechten Ausgleich zwischen den Völkern einzusetzen."

Das Friedenswort von 1979 ist in der Öffentlichkeit sehr beachtet worden. Es wurde in den Gottesdiensten verlesen. Zeitungen haben es im Wortlaut abgedruckt. Die DDR hat es geduldet. Nach meiner Emeritierung gab es noch mehrere solcher gemeinsamen Worte.

Von 1980 an fanden auf beiden Seiten Bittgottesdienste für den Frieden der Welt mit gemeinsamer Liturgie statt. Gehalten wurden sie am drittletzten Sonntag nach Trinitatis, also in der Zeit des Kirchenjahres, in der Gericht und Hoffnung der Endzeit verkündigt wird. Von der Verbindung des Friedensgottesdienstes mit der Friedensdekade war schon die Rede.

Mit den heiklen Fragen des Geldtransfers und des Gefangenenfreikaufs hatten die Leitungen der Kirche direkt nichts zu tun. Für die sorgfältige und gerechte Verteilung der aus dem Westen kommenden Devisen waren Treuhänder bestellt, denen wir unbedingt vertrauen konnten. Die Deutsche Demokratische Republik hatte die absolute Vertraulichkeit aller Finanzgespräche zur Bedingung gemacht, wahrscheinlich nicht nur, um eine breite, kontroverse Diskussion in der westlichen Presse zu vermeiden, sondern auch, um vor Anfragen aus der eignen Partei und der sozialistischen Umwelt abgeschottet zu sein. So hatte der Hauptunterhändler Schalck-Golodkowski fast unbegrenzten Spielraum. Die komplizierten Verhandlungen zwischen ihm und dem westlichen Bevollmächtigten Ludwig Geißel über den „normalen" Transfer, das Sonderbauprogramm mit Dom-Wiederaufbau, den Einkauf der auf Lebenszeit angestellten kirchlichen Mitarbeiter in die staatliche Rentenversicherung, die beträchtlichen Beihilfen für die Diakonie und anderes mehr, beschreibt Geißel in seinen Erinnerungen „Unterhändler der Menschlichkeit". Geißel hat mich nur einmal über die großen Linien seiner Finanzverhandlungen informiert. Die aktuellen Verhandlungen auf unserer Seite führte vor allem Manfred Stolpe. Ich bin Herrn Schalck-Golodkowski meines Wissens nur einmal begegnet: als wir am 10. Juli 1972 den Vertrag über den Wiederaufbau des Berliner Doms unterzeichneten.

Wir müssen den Kirchen der Evangelischen Kirche in Deutschland dankbar sein für ihre enorme finanzielle Unterstützung. Was die Gebäude und die Verwaltung betrifft, hatten wir durchaus noch die Größenordnung der früheren Volkskirche. In Berlin-Brandenburg (außer der Niederlausitz) gibt es in jedem kleinen Dorf eine Kirche. Was sollte aus diesen oft wertvollen Zeugen unserer Kultur werden? Wer will und wer kann solche Gebäude pachten? Wir waren froh, daß wir einige Kirchen in großen Städten abgeben konnten. So wurde in Frankfurt/Oder aus einer ziemlich heruntergekommenen und nicht mehr gebrauchten Kirche eine schöne Konzerthalle der Stadt. Die Prenzlauer Marienkirche, eine der herrlichsten backsteingotischen Bauten Norddeutschlands, haben wir auf neunundneunzig Jahre verpachtet. Sie war durch Brandstiftung in den letzten Kriegstagen bis auf die Außenmauern und Turmstümpfe zerstört worden. Sie restaurieren zu lassen, konnten wir uns nicht leisten. Heute, nach über zwanzig Jahren, ist erst das Äußere fertiggestellt. Aber was sollte mit einer Dorfkirche werden, wenn sich in dem Dorf nur noch ein bis zwei Familien um die Kirche kümmerten? Sie verfallen zu lassen – das wäre eine böse Negativwerbung geworden. Mittel- und Kleinstädte wie Eberswalde, Angermünde, Bad Freienwalde, Bernau, Kyritz, Wittstock, Perleberg und Pritzwalk, um nur einige zu nennen, haben gewaltige Gotteshäuser mit oft sehr wertvollem Inventar. Die kleingewordenen Gemeinden konnten das Geld für die Instandhaltung, geschweige denn für eine notwendige Restaurierung, unmöglich selbst aufbringen. Auch bei der Verwaltung konnte kaum gespart werden. Die Arbeit der Konsistorien und Landeskirchenämter wäre nicht billiger und nicht besser von den Kirchenkreisen und Gemeinden zu leisten gewesen. Außerdem machte die zentralistische Organisation des Staates entsprechende zentral kirchliche Verwaltungsstellen nötig. Dank der finanziellen Hilfe des Westens konnte man einigermaßen zurechtkommen. Zu dieser großzügigen Hilfe unserer Schwesterkirchen kamen beträchtliche Sachspenden, von Baumaterial bis hin zum „Trabant", der es den Pfarrern auf dem Lande ermöglichte, ihren Dienst vielfältig auszugestalten und sich der zahlreichen Vakanzen anzunehmen.

Freilich ging es bei uns ähnlich zu wie in den Entwicklungsländern: Hilfe von außen verleitet dazu, die eignen Bemühungen zu vernachlässigen. Vor der Mauer war es so: Wenn das Geld nicht reichte, ging man zu „Bruder Scharf" und kam mit einer Aktentasche voll zurück. Daß wir nach der Zusammenführung unserer Kirchen das westliche Modell der Kirchensteuer übernehmen mußten, war nach dem Gesagten nur folgerichtig. Wir hätten anders dastehen können, wenn es uns gelungen wäre, ein alternatives Modell zu entwickeln und konsequent anzuwenden. Wir hätten damit auch den westlichen Kirchen einen Dienst getan. Über die Kirchensteuer wird heute in den westlichen Kirchen bereits heftig diskutiert. Als die Jungdemokraten vor zwanzig Jahren ein Gleiches taten, wurden sie schnell zurückgepfiffen.

Die „Besondere Gemeinschaft" wurde mehr und mehr auch durch die Partnerschaften zwischen Gemeinden und Kirchenkreisen wahrgenommen. Nach alten Absprachen hatten jede östliche Landeskirche eine oder mehrere Partnerkirchen im Westen. Wir Berlin-Brandenburger waren dankbar für die gute Partnerschaft mit der Rheinischen und der Badener Kirche. Auf diesem Boden gab es eine Vielzahl von Gemeindepartnerschaften, die mit der Zeit immer intensiver und umfangreicher wurden. Nach den deutsch-deutschen Verträgen war der Besuch bei uns natürlich leichter als der umgekehrte. Dennoch gelang es hier und da, daß ganze Gemeindegruppen nach dem Westen reisen durften. Wir erinnern uns an die Abgesandten aus den westlichen Kirchen in den fünfziger Jahren, die mit prall gefüllten Plastetüten und einer gehörigen Portion Mut die Sperren hinter sich gebracht hatten, um zu ihren „Patengemeinden" zu kommen. Später ersetzten wir „Paten" durch „Partner" und wollten damit die Vorstellung abbauen, daß Geben und Nehmen sich nur auf einer Einbahnstraße vollzogen. Unsere „Partner" haben uns immer wieder versichert, daß sie gestärkt und bereichert von dannen gingen. Wo man ernsthaft miteinander arbeitete, entstanden Bindungen und Freundschaften, die die Wende überdauerten. Wo „gönnerhafte Onkelhaftigkeit" auf der einen Seite und „unverschämte Bettelei" (Mecklenburger Kirchenzeitung) auf der andern das Verhältnis bestimmten, ist das anders.

Diese deutsch-deutschen Partnerschaften wurden ergänzt und bereichert durch solche mit niederländischen Gemeinden. Sie wurden mit viel Liebe und Verständnis von Hermann Korteweg aus Oud-Beyerland ohne kirchenamtliche Vermittlung in Gang gebracht. Ich habe dem nunmehr Achtzigjährigen kürzlich dafür danken können, daß mittlerweile 360 brüderlich/schwesterliche Beziehungen zwischen niederländischen und Gemeinden aus der früheren DDR bestehen.

Zum Thema „besondere Gemeinschaft" gehört auch das schmerzliche Kapitel der Übersiedlung von Pfarrern und kirchlichen Mitarbeitern in die Bundesrepublik Deutschland. Jeder Pfarrer, der seine Pfarrstelle im Osten verließ, war ein schwerer Verlust. Nur Anfang der fünfziger Jahre hatte es die Möglichkeit einer Übersiedlung von West nach

Ost gegeben. Damals waren viele junge Pastoren unserm Werben gefolgt. Die meisten haben hier ein wichtiges Aufgabenfeld und auch Heimat gefunden, sofern sie nicht schon früher im Osten Deutschlands gelebt hatten. Manche strebten nach Jahrzehnten guter Arbeit hier wieder zurück. Das konnten und durften die Kirchenleitungen ihnen nach meiner Überzeugung nicht versagen. Es gab auch einige Pfarrer, die es nach jahrelangen inneren und äußeren Kämpfen nicht mehr vermochten, ihren Dienst in der DDR als Verkündigung der Frohen Botschaft auszurichten. Bei vielen Ausreisewilligen lagen aber persönliche Gründe vor: Sie hatten Schwierigkeiten mit der Gemeinde, Eheprobleme, oder sie wollten für sich und ihre Kinder ein besseres Leben. Oft wurden politische Gründe vorgeschoben. Manche provozierten bewußt, um eine schnelle Ausreise zu erlangen. Im Westen präsentierten sie sich dann als „ausgebürgert". Wir haben viele Stimmen aus den Gemeinden gehört: die Pfarrer, die nach dem Westen gegangen seien, hätten sie verraten. Wenn ein Pfarrer in die BRD übersiedelte mit der Begründung, er könne als Christ in der DDR nicht mehr leben, fragte sich die zurückbleibende Gemeinde, ob sie alle schlechte Christen seien, die ihren Herrn verleugneten. Der Staat ließ Pfarrer im allgemeinen gern ziehen.

Bei der katastrophalen Personallage konnten und durften die Kirchenleitungen den Wünschen der Ausreisewilligen nicht einfach nachgeben. Das Allgemeine Menschenrecht der freien Auswanderung findet seine Grenze in der Verantwortung des Dienstes. Dazu Richard Schröder: „Als Pfarrer habe ich nicht nur einen Arbeitsvertrag mit Kündigungsfrist unterschrieben, sondern ein Ordinationsgelübde abgelegt, das mich zum Dienst in meiner Gemeinde verpflichtete. Ich mußte mich also freistellen lassen, wenn ich dieser Pflicht nicht mehr genügen kann."

Zwischen den Kirchenleitungen in der DDR und denen in der BRD galt seit langem die Verabredung, daß jeder Pfarrer, der ohne ausdrückliche Genehmigung seiner Kirche seine Pfarrstelle in der DDR verläßt, die Rechte aus der Ordination und damit seine Anstellungsfähigkeit für die

Dauer von zwei Jahren verliert. Hunger brauchte deshalb niemand zu leiden: Die meisten fanden eine vorübergehende Anstellung als Religionslehrer. Not litten die zurückbleibenden Amtsbrüder und -schwestern, die nun auch noch diese Vakanz mit versorgen mußten – oft für lange Zeit. Diese Praxis der Kirchen wird heute gern als schreiendes Unrecht hingestellt, zumal von denen, die den Aufenthalt in der DDR als ein Schmachten unter unsäglichem Druck darstellen. Wir können es nicht verhindern. Ich möchte nur wissen, was die Kirchenleitungen, die in erster Linie zur Fürsorge für die Gemeinden verpflichtet waren, hätten anders machen sollen.

24. Ökumenische Beziehungen

Die Begegnung mit der weltweiten Christenheit zu suchen
ist für eine Kirche, die ihren Dienst verantwortlich tun will,
eine Grundfrage ihres geistlichen Lebens. Ökumene ist
darum nicht ein Sektor, sondern eine Dimension kirchlicher
Arbeit. Das galt insbesondere für die Kirchen in Ost-
deutschland. Die Begegnung mit Christen aus aller Welt erinnerte sie daran, daß ihre Probleme, Sorgen und Lasten
nicht die einzigen und lange nicht die schwersten der Christenheit waren. Als Kirchen, die sich auf eine Minderheitssituation hin bewegten, hatten sie es nötig, sich von anderen, die sich in dieser Situation erprobt haben, trösten und
ermutigen zu lassen. Die deutsche Teilung verführt dazu,
sich über Gebühr mit diesem Problem und den daraus folgenden zu befassen. Wenn der Bund Evangelischer Kirchen
das Wort von der Zeugnis- und Dienstgemeinschaft ernst
nahm, hatte er diese Gemeinschaft auch mit anderen Kirchen zu suchen. Es müßte ihm daran gelegen sein, sich nicht
nur unmittelbare Informationen aus aller Welt zu verschaffen, sondern auch die Ökumenen sachgemäß zu informieren.
In manchem der neuen Staaten Afrikas oder Asiens schaute
man auf uns mit der Frage, ob es in einem marxistisch geprägten Staat eine ihrem Bekenntnis treue Kirche geben
könne. Wache Aufmerksamkeit von außen hat auch unsre
eigne Position gegenüber dem Staat verbessert und manches
Übel abwenden helfen.

Damit waren aber auch Probleme verbunden. Einmal war
es natürlich die Finanzfrage. Auch hier haben uns die EKD-
Kirchen tatkräftig geholfen, wenn unsere Bemühungen, Rei-
sekosten mit DDR-Mark zu bezahlen, nicht zum Ziele führten. Sodann hatten unsere Kontakte mit der Weltchristenheit
auch den Effekt, daß die DDR-Kirchen in uns beschämen-
der Weise überschätzt wurden. Je negativer man das DDR-

Regime beurteilte, desto heroischer erschien das Häuflein der Christen, das sich der „roten Flut" standhaft widersetzte. Die Synode in Dessau 1979 mußte dazu auffordern, die Erwartungen an uns auf das rechte Maß zurückzuführen. Auch die Fülle der ökumenischen Verbindungen und Aktivitäten bereitete Sorgen. Sie alle zu erfassen, müßte ein eigenes Buch geschrieben werden. Ich beschränke mich darauf, eigne Gedanken und Erlebnisse darzustellen.

Kontakt mit der Ökumene zu halten erfordert nicht nur, gastfreundlich für die andern offen zu sein, sondern auch selber zu reisen. Unsre Mitarbeit in ökumenischen Gremien wurde reichlich in Anspruch genommen. Unsere Ausreiseanträge häuften sich so, daß vom Staatssekretariat für Kirchenfragen, das sie zu vermitteln hatte, immer wieder einmal mit Einschränkungen gedroht wurde. Willi Barth, Leiter der Arbeitsgruppe Kirchenfragen beim Zentralkomitee der Sozialistischen Einheitspartei Deutschlands, regt in einem Bericht an seinen Vorgesetzten im Politbüro, Paul Verner, an, man möchte die Erweiterung der ökumenischen Kontakte und Reisen, besonders die Partnerschaftsbeziehungen auf Gemeindeebene verhindern. Die Durchführung ökumenischer Veranstaltungen auf dem Territorium der DDR sollten auf ein Mindestmaß reduziert werden. Ökumenische Gäste sollten nur nach erfolgter staatlicher Zustimmung eingeladen werden dürfen. Im ganzen sei die Ökumene als Instrument imperialer Aufweichungspolitik zu betrachten. (10. Oktober 1976) Der Staat folgte jedoch Willi Barth nicht, er legte Wert auf ein gutes Image.

Die Reisetätigkeit des Bundes der Evangelischen Kirchen in der DDR und der DDR-Kirchen hatte dennoch eine bedrückende Seite. Sie war innerkirchlicher Art. Der Großteil der DDR-Bevölkerung konnte weder in die Bundesrepublik Deutschland noch ins westliche Ausland reisen. Selbst bei schweren Erkrankungen oder gar bei Todesfällen naher Verwandter gab es immer wieder Verweigerungen. Zu viele Stellen hatten mitzureden: Partei, Betrieb, Ministerium für Staatssicherheit und seine Organe. Und besonders die jungen Menschen sehnten sich danach, auch einmal in die nichtsozialistische Welt hineinschauen zu können. So stellten wir uns die Frage, ob die Kirchen sich nicht mit der Bevölkerung darin solidarisch erweisen und so lange auf Reisen ins westliche Ausland verzichten sollten, bis die Mehrzahl der Bürger reisen dürfte. Einige wenige haben es so gehalten. Die Kirchenleitungen haben sich dafür entschieden, die gegebenen Reisemöglichkeiten wahrzunehmen, da sie es sonst dem Staat und der Partei überlassen hätten, ihrerseits Leute auszuwählen. Damit würde ein verfälschtes, mindestens einseitiges Bild der DDR-Kirchen vermittelt werden. Die DDR-Kirchen haben ihre Handlungsfreiheit nicht aufgegeben: Wer an welchen ökumenischen Veranstaltungen teilnehmen sollte, bestimmten sie selber. Ihre Delegationen stellten sie selber zusammen. Einige Male hat eine Delegation, wenn einem ihrer Mitglieder die Ausreise verweigert wurde, ganz verzichtet. In den Betrieben, in Staat und Partei gab es ausgesuchte „Reisekader", in den Kirchen nicht. Hier wurde nach fachlicher Eignung, nicht nach politischer Einstellung gefragt. Sie bemühten sich, immer neue Leute in Sachfragen einzuarbeiten und darum möglichst auch Erstreisende auf das ökumenische Feld zu schicken. Im Jahresdurchschnitt waren das in den Delegationen etwa dreißig Prozent. Besonders wichtig war uns der Anteil der Laien. Nur hatten sie, im Gegensatz zu angestellten Mitarbeitern der Kirche, die Schwierigkeit, daß sie die Erlaubnis ihrer Betriebe einholen mußten. Und die wurde, oft auf außerbetriebliche Weisung, häufig versagt.

Schon die erste BEK-Synode 1969 bestellte eine ökumenische Kommission. Es war eine der beiden ersten. Bald erreichte den Bund eine Einladung des Generalsekretärs des Ökumenischen Rates der Kirchen, Eugene C. Blake. Im Januar 1970 reisten Landesbischof Noth (Dresden), Oberkirchenrat Braecklein (Eisenach) und ich nach Genf. Es galt, die Mitgliedschaft der BEK-Kirchen im Ökumenischen Rat der Kirchen neu zu ordnen. Blake besuchte den Bund der Evangelischen Kirchen zwei Jahre danach. Weil wir wegen fehlender Devisen unsern finanziellen Verpflichtungen dem Ökumenischen Rat der Kirchen gegenüber kaum nachkommen konnten, luden wir ökumenische Gremien zu uns ein, wo wir mit Mark der DDR bezahlen konnten. 1974 tagte das Exekutivkomitee, sozusagen der geschäftsführende Ausschuß des Ökumenischen Rates der Kirchen, in Bad Saarow, Höhepunkt war die Jahrestagung des Zentralausschusses, des einhundert Mitglieder starken, wichtigsten Leitungsorgans des Ökumenischen Rates der Kirchen außer der Vollversammlung, vom 17. bis 26. August 1981 in der renovierten Jugendstil-Christuskirche in Dresden-Strehlen. In meiner Begrüßungsrede sagte ich:

„Die Ökumene macht uns reich … Es gibt viel Kritik an der ökumenischen Bewegung. Sie ist legitim, sofern die Kritiker bereit sind, sich selbst und ihre eigne Kirche den gleichen scharfen Maßstäben zu unterwerfen … Die ökumenische Bewegung, die am Anfang ganz von den europäischen und nordamerikanischen Kirchen geprägt war, hat sich weltweit ausgedehnt. Sie muß nun auch Probleme ins Auge fassen, ja, die Lasten anderer Kirchen und ihrer Glieder mittragen, die sie früher nicht gekannt hat. Darunter sind solche, an deren Los auch wir Europäer mitschuldig geworden sind. Die deutschen Kirchen haben 1945 in Stuttgart den Vertretern der Ökumene gegenüber ein Schuldbekenntnis abgelegt:

‚Wir klagen uns an, daß wir nicht mutiger bekannt, nicht treuer gebetet, nicht fröhlicher geglaubt und nicht brennender geliebt haben.‘

Wir bitten Sie, liebe Brüder und Schwestern, uns zu helfen, daß wir solches Bekenntnis nicht noch einmal vor aller Welt abzulegen haben.“

Die Gemeinden aus Dresden und Umgebung haben den Mitgliedern des Zentralausschusses einen herzlichen Empfang bereitet. Die ökumenischen Gäste werden die Fahrt auf der Elbe nach Bad Schandau nicht vergessen: das begeisterte Zuwinken vom Ufer aus, das fröhliche Miteinander im Pfarrgarten.

Für unmittelbare Gemeindenähe sorgte eine ökumenische Gruppe, die die Kirchen des Bundes der Evangelischen Kirchen in der DDR 1979 besuchte. Sie bestand aus Christen, die aus zehn verschiedenen Ländern auf vier Erdteilen kamen, und hielt sich drei Wochen lang in fünf Gliedkirchen des Bundes auf. Die Hälfte der Mitglieder der Gruppe kam aus sehr viel bescheideneren kirchlichen Verhältnissen und hatte ihre Minderheitssituation längst verarbeitet. Der Brief, in dem sie ihre Erfahrungen schildern, ist ein vorbildlicher Visitationsbericht. Hier einige Zitate:

„Eine … Frage, die uns bewegt, ist, ob die Jugend innerhalb der Kirche wirklich die Freiheit hat, ihren Glauben und ihre Kreativität und auch ihr Engagement so zu leben, wie sie es wünscht und wie es der Situation gemäß ist? Befragen sich Ältere und Jüngere wirklich auf ihren Glauben und ihre Hoffnung sowie auf ihren Lebensstil hin? Wird jeder von dem andern als gleichwertiger Partner anerkannt, ohne daß vor allem die Älteren ihre Lebenserfahrung und ihr Verständnis der Kirche als alleinigen Maßstab setzen? Andrerseits möchten wir die Jugendlichen fragen: Wie versteht ihr euch in der Gesamtgemeinde? Was tut ihr zusammen mit den älteren Gemeindegliedern? … Leben in der Gemeinschaft der Christen ist eine ‚farbige Sache‘, und Christsein heißt nicht, ein eintöniges Leben zu führen. Deshalb schlagen wir vor: Mehr Farben, mehr Bewegung, mehr Leben in der gottesdienstlichen Liturgie, damit die Kinder, die sowieso Schwierigkeiten haben, der Predigt zu folgen, in den Gottesdienst integriert werden können …

Mehr Informationen, Diskussionen und Entscheidungsmöglichkeiten könnten Christen helfen, die Fragen der persönlichen Verantwortlichkeit besser zu erfassen, und könnten zu einem größeren finanziellen Engagement beitragen … Wir haben festgestellt, daß es bei euch eine große Diskrepanz zwischen dem persönlichen Einkommen der Gemeindemitglieder und der Höhe der Spenden für die Gemeinden gibt. Wir bitten die Kirchenleitungen, ihre Abhängigkeit von finanziellen Hilfen durch andere Kirchen zu überprüfen und nach Möglichkeit abzubauen.“

Der Brief ist viel diskuktiert worden und hat, besonders wegen der Sätze über finanzielle Verantwortung, nachdenklich gemacht. Mir haben die Bemerkungen über die Beteiligung der Kinder am Gottesdienst Freude bereitet. Schon immer ist mir zuwider, daß die Kinder entweder einen eignen Gottesdienst haben oder vor der Predigt zu einem besonderen Kinderteil hinausgeleitet werden. Wenn die Kinder nicht von klein auf am Gemeindegottesdienst teilnehmen, werden sie sich dort auch nicht heimisch fühlen.

Die Gliedkirchen des Bundes der Evangelischen Kirchen in der DDR gehörten zur „Konferenz Europäischer Kirchen" (KEK). Noch im Oktober des Jahres 1975, kein Vierteljahr nach der Unterzeichnung der Schlußakte der Europäischen Sicherheit und Zusammenarbeit (KSZE), veranstaltete die Konferenz Europäischer Kirchen in Buckow/Märkische Schweiz ein Symposium, das der Nacharbeit dieses für die Zukunft Europas so bedeutsamen Ereignisses dienen sollte: Welche Aufgaben erwachsen den Kirchen aus der KSZE? Mir war aus dieser Tagung besonders wichtig, daß die Kirchen forderten: Als Folge der in Helsinki zutage getretenen Entspannung müsse nun, wenn nicht alles nur blanke Rhetorik bleiben solle, eine umfangreiche Abrüstung kommen. Bei allen Überlegungen über Europa dürfe die Dritte Welt nicht vergessen werden. Die gesamte Schlußakte sei eine Einheit. Die Spannung zwischen dem „Prinzip VI", Nichteinmischung in die inneren Angelegenheit eines Staates, und „Prinzip VII", die Achtung der Menschenrechte, dürfe nicht dazu führen, den Einsatz für die Menschenrechte bei sich abzuwehren, aber auch nicht dazu, die Menschenrechte als Vorwand für eine politische Einmischung zu mißbrauchen. Daß das „Prinzip VII" des „Korb I" Frieden und Menschenrechte miteinander verknüpft – in einem Dokument, das auch von der DDR-Regierung unterzeichnet wurde –, erschien mir als gute Möglichkeit, nunmehr das Problem Menschenrechte wirksam in die Debatte werfen zu können. Doch davon war schon die Rede.

Die Gliedkirchen des Bundes der Evangelischen Kirchen in der DDR haben sich mit Beschluß vom Januar 1970 zur Mitarbeit am Programm des Ökumenischen Rates zur Bekämpfung des Rassismus beteiligt; auch davon habe ich schon berichtet. Zu unserer Überraschung wurden bis 1979

1,8 Millionen Mark für den Sonderfonds gesammelt. Wir Kichen in der DDR hatten es leichter als die in der BRD. Da unser Geld nicht konvertierbar war, konnten wir es nur für Sachspenden verwenden. Waffenkäufe konnten damit nicht getätigt werden. Ich hatte bei dem Antirassismusprogramm ein zunehmend gutes Gewissen: Wenn wir hier für Menschenrechte eintreten, dann müssen wir es auch in der Dritten Welt tun. Wenn draußen für Freiheit gekämpft wird, dann muß das auch bei uns geschehen – bei uns ohne Gewalt, draußen schien Gewalt als Ultima ratio unumgänglich. Wir sehen heute allerdings, besonders deutlich in Angola und Moçambique, daß Gewalt immer neue Gewalt erzeugt. Ein Gandhi ist eben nicht immer und überall zur Stelle. Daß der Ökumenische Rat Elisabeth Adler aus der DDR für ein Jahr nach Genf holte, um über Apartheid zu arbeiten, hat uns geehrt.

Die Kommission des Ökumenischen Rates für Internationale Angelegenheiten (CCIA) studierte intensiv die politischen Spannungen und Auseinandersetzungen in der Welt. Es hat mich gefreut, daß ich als Nachfolger von Bischof Krummacher (Greifswald) in dieses Gremium berufen wurde. Es verschaffte mir eine detaillierte Kenntnis vieler Weltprobleme, die mir sonst unerreichbar gewesen wäre. Mein Handikap blieben die mangelhaften Sprachkenntnisse – in diesem Gremium wurde ausschließlich Englisch gesprochen. Meinetwegen mußte bei den Sitzungen für Übersetzung gesorgt werden.

Mit den Freikirchen, mit denen wir in der Arbeitsgemeinschaft Christlicher Kirchen verbunden waren, hatten wir eine gute Gemeinschaft, besonders eng mit der Evangelisch-Methodistischen Kirche und ihrem Bischof Armin Härtel.

Die Römisch-Katholische Kirche gehörte der Arbeitsgemeinschaft im Gaststatus an. Von Zeit zu Zeit hatten wir gemeinsame Bischofskonferenzen. Besonders gern erinnere ich mich an den gemeinsamen Gottesdienst im Januar 1975 in der St.-Hedwigs-Kathedrale in Berlin. Kardinal Bengsch und ich predigten. Der Kardinal hatte den Gottesdienst im Sinne des II. Vatikanischen Konzils angeregt. Man spürte in der Gemeinde aus beiden Konfessionen, die die Kirche füllte, die freudige Erwartung, die sie an dies Ereignis knüpfte; der Unterschied der Konfessionen spielte ja in den täglichen Auseinandersetzungen in Betrieben und Schulen eine nur geringe Rolle. Es war wohl das erste Mal in der Geschichte der St.-Hedwigs-Kathedrale, daß ein katholischer und ein evangelischer Bischof dort gemeinsam predigten. Dieser Gottesdienst wurde im folgenden Jahr fortgesetzt – diesmal in der evangelischen Marienkirche. Danach haben die beiden Bischöfe dies nicht mehr wiederholt. Weitere Gottesdienste fanden in den folgenden Jahren während der Gebetsoktav im Januar statt. Das Interesse ließ offensichtlich nach.

Der Kardinal gefiel mir gut wegen seines theologischen Eros und weil er seine Berliner Abkunft nicht verleugnete. Ich habe es als schmerzlich empfunden, daß es zwischen uns nicht zu regelmäßigen Begegnungen von Mensch zu Mensch gekommen ist. Die Katholische Kirche ließ uns wissen, daß die Evangelische Kirche, als die größte in der DDR, bei den anstehenden Verhandlungen mit der Staatsführung über die politischen und gesellschaftlichen Probleme den Vortritt habe. Dahinter standen, das war uns klar, Unterschiede grundsätzlicherer Natur im Verhältnis zum SED-Staat. Mir lag sehr an einem klärenden Gespräch, in dem wir unsere Positionen auch theologisch darlegen könnten. Ein solches Gespräch fand dann, nicht lange vor dem Tode des Kardinals, in meinem Hause statt. Ich versuchte, unsere verschiedenen Einstellungen auf den Punkt zu bringen: Der Katholischen Kirche gehe es um den Erhalt ihrer Kirche, uns um Zeugnis und Dienst in dieser Gesellschaft. Ich hatte gehofft, daß nach diesem Gespräch ein regelmäßiger Austausch zwischen uns möglich sein wird. Doch am 13. Dezember 1979 starb der Kardinal.

Der Schwerpunkt unserer ökumenischen Arbeit waren begreiflicherweise die Kirchen in den sozialistischen Staaten. Wir konnten den Zugang zu ihnen leichter finden als die Evangelische Kirche in Deutschland. Beiden deutschen Kirchen lag besonders daran, etwas zur Versöhnung mit den

Völkern beizutragen, die von Deutschen einst als „Untermenschen" eingestuft und behandelt worden waren.

Für eine Orgel, die wir der Polnischen Kirche Augsburgischen Bekenntnisses schenken wollten, hatten wir bereits
1965 auf dem Regionalen Kirchentag in Frankfurt/Oder gesammelt. Sie wurde von der altbekannten Frankfurter Or-
gelwerkstatt Sauer gebaut. 1970 konnte ich sie in einer kleinen Kirche in der Nähe von Warschau einweihen. Ein
Ereignis hat mich tief befriedigt: 1974 besuchte ich in
Warschau den Direktor für Angelegenheiten der nichtrömi-
schen Kirchen. Im Laufe unseres Gespräches erwähnte er
den Plan, man wolle im Gedenken an die im Kriege umge-
kommenen Kinder ein Kinderkrankenhaus bauen. Ich fragte,
ob wir Kirchen aus der DDR uns daran beteiligen könnten.
Er stimmte zu. Zurückgekehrt, besprach ich mich mit dem
Direktor unseres Diakonischen Werkes, Dr. Gerhard Bo-
sinski: Ob wir wohl eine Viertelmillion zusammenbekommen? Er meinte, die Innere Mission würde den Betrag schon
auf eine halbe Million aufrunden. Das Sekretariat des Bundes der Evangelischen Kirchen in der DDR hat dann eine
gute Informationskampagne gestartet. Die erste große Sammlung erbrachte nicht eine Viertel-, sondern anderthalb
Millionen. Immer wieder wurde in den nächsten Jahren für
das Kinderkrankenhaus in Warschau gesammelt. Es war
ganz offensichtlich, daß die Gemeinden nicht nur von der
Versöhnung mit Polen sprachen, sondern etwas dafür tun
wollten. So haben wir das Kinderkrankenhaus mit Möbeln
und Textilien ausstatten können. Das schönste Geschenk
aber war die Arbeit des Fürstenwalder Künstlers Friedrich
Stachat: Er verwandelte einen der großen Höfe in einen
phantasievollen Kinderspielplatz, der gleichzeitig der Reha-
bilitation dienen sollte. Zwischen der Direktorin und der
Oberkirchenrätin Christa Lewek, die sich um unsern Beitrag
für dies schöne Werk sehr verdient gemacht hat, entstand
eine gute Freundschaft. Bei der Feier der Einweihung dieses
wirklich einmal sinnvollen „Denkmals" traf ich mit dem
hessischen Kirchenpräsidenten Hild zusammen, der sich
von der EKD-Seite aus um dies Werk gekümmert hatte.

314

Mit dem Polnischen Ökumenischen Rat, dem außer der Römisch-Katholischen alle andern Kirchen in Polen angehören, wurden regelmäßige Konsultationen vereinbart. Sie fanden häufig statt und haben das gegenseitige Verstehen sehr gefördert. Eine besondere Genugtuung hat mir bereitet, daß der reformierte Bischof Tranda bei meiner Einführung als Bischof assistierte.

Die erste offizielle Delegation des Bundes der Evangelischen Kirchen in der DDR galt der Russischen Orthodoxen Kirche. Unsre Reise (26. Mai bis 8. Juni 1972) führte uns nach Moskau, Sagorsk, Kiew, Leningrad und Riga.

Patriarch Pimen empfing uns feierlich-freundlich, wie es seine Art war. Das Pfingstfest feierten wir dort, wo das Herz der Russischen Orthodoxen Kirche schlägt, in Sagorsk. Nach der Feier der Liturgie gab es ein festliches Essen, zu dem die Mönche eilig herbeiströmten: Das vorpfingstliche Fasten war zu Ende. In Kiew bewunderten wir die ehrwürdige Sophia-Kathedrale und machten auch Bekanntschaft mit dem Werk des ukrainischen Freiheitsdichters Schewtschenko (1819 bis 1861). Ich notierte mir ein schönes Wort von ihm: „... und in der Erneuerung der Erde soll es keinen Feind und Teufel geben, sondern es soll nur noch sein Mutter und Sohn, und es sollen Menschen auf der Erde wohnen." In Riga empfingen uns der orthodoxe Erzbischof Leonid und der Lutheraner Matulis. Es bewegte uns, daß er uns als Mitgastgeber voll zur Verfügung stand, obwohl seine Frau am Tage vor unserer Ankunft gestorben war. Das Verhältnis der lettischen zur russischen Bevölkerung machte ihm Sorge: Der Anteil der Russen wuchs beständig. Die Geburtenrate war beträchtlich höher als die der Letten. In der Nähe von Riga besuchten wir das Konzentrationslager Salaspils: Auch dort hatte die Hitlertyrannei ihre Spuren hinterlassen, eine Million Menschen kamen um, mehr als die Hälfte Zivilisten, darunter siebentausend Kinder. Ein gewaltiger Betonklotz, unter dem man hinduch mußte, wenn man die Gedenkstätte betreten wollte, erweckte das Gefühl maßloser Unterdrückung. Auf ihm stand zu lesen: „Hinter diesem Tor stöhnt die Erde."

Auf dem Piskarjowski-Friedhof für die sechs Millionen zivilen Opfer der Belagerung Leningrads, wo wir einen Kranz niederlegten, tröstete uns die dortige Kustodin der Ausstellung: „Wir begrüßen es besonders, wenn Deutsche uns hier besuchen; so erkennen sie die Last, die diese Vergangenheit bedeutet. Das deutsche Volk hat nach dem russischen im Kriege am meisten gelitten." Farbige Tupfer im Programm dieser Reise waren der fröhliche Besuch in einer Fischräucherei bei Riga und ein Essen mit dem Ortsgewaltigen der lettischen Hauptstadt, Herrn Liepa, der die anwesenden Kirchenvertreter wie ein Zar kommandierte. Ich dachte bei mir: So können sie es zu Hause mit uns nicht machen! In der Leningrader Akademie hörte ich aus dem Munde von Professor Speranski ein gutes Wort, an das ich seitdem oft gedacht habe: „Ein Glück, daß die Grenzen der Konfessionen nicht in den Himmel reichen." Während der ganzen Reise begleitete uns Erzbischof Antoni von Minsk, ein ausgezeichneter Theologe und Kunstkenner. Wir erfuhren von ihm viel über seine Kirche. Ihr innerster Kern sei der Heilige Geist, der in der Gemeinde lebt.

Meine erste Reise in die Sowjetunion lag schon zehn Jahre zurück. 1962 folgte eine Delegation aus der Berlin-Brandenburger Kirche der Einladung des Moskauer Patriarchen. Als unsere Gruppe unter Leitung der Generalsuperintendenten Jacob und Braun in Moskau eintraf, begrüßte uns ein Priester mit aller Herzlichkeit, aber auch mit dem Bedauern, daß wir am Tag des strengsten Fastens, am orthodoxen Karfreitag, eingetroffen seien. Wir waren aber guten Mutes, im Flugzeug hatten wir ja eine Mahlzeit eingenommen. Im Hotel Ukraine, dem damaligen Nobelhotel, fanden wir dennoch, zur einstweiligen Stärkung, einen großen Tisch voller Obst und Fischspeisen vor. Um gegen künftige Hungersnöte gewappnet zu sein, langten wir tüchtig zu. Als wir uns auf Vorrat satt gegessen hatten, hieß es: Nun bitten wir zu Tisch! Es war eine eindrucksvolle Belehrung über russische Gastfreundschaft. Die Osternacht erlebten wir in der Epiphaniaskathedrale: Patriarch Alexij zelebrierte die Liturgie. Nach dreieinhalb Stunden, gegen drei Uhr morgens, empfing uns der Patriarch im Altarraum und schenkte jedem ein kunstvoll bemaltes Osterei.

Wir absolvierten ein großes Programm, aus dem ich nur einige Kleinigkeiten erwähnen möchte. Freude machte mir, daß vor die riesige Lomonossow-Universität Rosenrabatten der Sorte „Gloria dei" (Ehre Gottes) – gepflanzt waren. In Jaroslawl besuchten wir den dort damals noch amtierenden Erzbischof Nikodim, den späteren Leiter des kirchlichen Außenamtes. Bei einer Fahrt auf der Wolga, die an der Stelle schon sehr breit ist, fragte Günter Jacob den Erzbischof, was man in seiner Kirche in der Auseinandersetzung mit dem Atheismus tue. Nikodim wich aus, Jacob insistierte. Endlich Nikodim: „Wir haben die Liturgie, wir treiben keine Polemik." Nach dem Besuch in der alten Hansestadt Tallinn (Reval), wo wir Gäste des Erzbischofs Alexij und des lutherischen Bischofs Kiiwit waren, suchten wir an der estnisch-russischen Grenze das Nonnenkloster Puchtiza auf und bekamen einen Eindruck von der völlig anderen Tradition klösterlichen Lebens als der des heiligen Benedikt: Das Kloster erinnerte eher an einen Beginenhof als an die strenge Klausur eines Ordens. Die Äbtissin bewirtete uns in ihrem Haus mit Tee und einer kunstvoll verzierten Torte.

Wir ließen es uns nicht ausreden, die Kasaner Kathedrale, die zum Atheismus-Museum umfunktioniert worden war, zu besichtigen. Der Priester, der uns zugeordnet war, begleitete uns in voller Amtskleidung. Die Greuel der Religion aus vielen Jahrhunderten, die dort anschaulich vorgeführt werden, sind schlimm. Nur hatten die Sowjets, wenn man an Stalin denkt, nicht gerade Anlaß, sich darüber zu erheben: Solche Greuel entstehen überall dort, wo man eine Ideologie mit Gewalt in Kopf und Herz hineindrücken möchte.

Von einem Besuch in der Sowjetunion Ende Februar 1978 möchte ich noch berichten. Erzbischof Philaret, der längere Zeit Exarch in Berlin war, verschaffte meiner Frau und mir ein besonderes Erlebnis. Wir hatten nach einer Feier der Göttlichen Liturgie mit Patriarch Pimen in einem Nebenraum der Epipaniaskathedrale fröhlich gespeist – der Pa-

triarch war, anders als bei feierlichen Empfängen, recht auf-
geräumt –, da wurde uns übermittelt, wir sollten uns für den
Abend mit leichtem Gepäck bereithalten. Zu unsrer Überraschung brachte uns ein Flugzeug nach Irkutsk mitten in
Sibirien.

Dort erlebten wir die Liturgie, gehalten von dem umfang-
reichen Bischof der umfangreichsten Diözese der Welt. Wenige, meist ältere Gemeindeglieder nahmen teil. Anders war
es am Nachmittag, als wir die Baptistische Gemeinde besuchten. Dort trafen wir eine große Schar von vorwiegend
jungen Menschen an, die herzerfrischend sangen. Der orthodoxe Bischof war als unser Begleiter zum ersten Mal bei
den Baptisten zu Gast. Er hielt ihnen eine erfreuliche Ansprache. Am nächsten Tage fuhren wir bei strahlender Sonne
die 80 Kilometer bis zum Baikalsee, an die Stelle, wo die
reißende Angara den See verläßt. In der kleinen Gemeinde
Listwjanka trafen wir nicht nur eine intakte Kirche, in der
wie in einem Treibhaus Blattpflanzen grünten, sondern einen
Priester, der sich über unsern Besuch in Begleitung seines
Bischofs über die Maßen freute. Er hatte das Vaterunser in
deutscher Sprache auf ein Blatt geschrieben und an der
Wand befestigt – uns zu Ehren. Beim Essen hielt es ihn
nicht auf dem Platz, immer wieder versicherte er uns, wie
sehr er sich freue. Daß wir ein reichliches Mahl zu uns nahmen, ist Ehrensache. Als Tafelwasser wurde Original-Bai-
kalwasser getrunken. Es war aus einem frisch in das Eis des
Sees gehackten Loch geschöpft. Es hatte Trinkwasserqua-
lität.

Auf meine Bitte konnte ich in Moskau mit dem Vorsitzenden des Rates für Religionsangelegenheiten, Herrn W.
A. Kurojedow, sprechen. Ich setzte mich dafür ein, daß die
deutschen Gemeinden in Kasachstan von uns in der DDR
aus besucht werden können, und erhielt eine Zusage. Dafür
bekam ich einige scharfe Gegenfragen: Warum die DDR-
Kirchen sich nicht offiziell an der Prager Christlichen Friedenskonferenz und an der Weltkonferenz für religiöse Friedenskräfte beteiligten. Ich stellte fest, Herr Kurojedow war
gut informiert. Das war kein Wunder: Die Minister und

318

Staatssekretäre der Ostblockstaaten für religiöse Angelegenheiten hatten regelmäßige Zusammenkünfte, bei denen sie ihren Kurs festlegten.

Daß wir aus der DDR von der Russischen Orthodoxen Kirche freundlich aufgenommen werden würden, war zu erwarten. Daß uns auch die Britischen Kirchen eine ausgesprochen herzliche Gastfreundschaft entgegenbringen würden, hat uns erstaunt. Zustimmung zu unserem politischen System konnte es wohl nicht bedeuten. Offenbar wollten die englischen und schottischen Kirchen uns den Rücken stärken.

Die Kontakte zum Britischen Kirchenrat und zu deren Mitgliedskirchen waren vielfältig. Ich erinnere mich besonders gern an zwei Besuche, die ich in Großbritannien machen konnte. Der erste fand Mitte November 1972 statt. Da der Erzbischof von Canterbury den zweithöchsten Rang im Staat bekleidet, konnte er mich vor der offiziellen Anerkennung der DDR durch das Vereinigte Königreich noch nicht einladen. Die Einladungen an meine Frau und mich ergingen von den Universitäten Cambridge, Durham und Glasgow. Unser Freund, Reverend Paul Oestreicher, der sich für die Beziehungen DDR – Großbritannien mit größtem Eifer eingesetzt hat, hatte sie vermittelt.

Ich sprach in den drei Universitäten zu dem Thema: „Impulse aus der Theologie Dietrich Bonhoeffers für den Weg der Christen in der sozialistischen Gesellschaft der DDR". Das Interesse war unerwartet groß, es wurden viele Fragen gestellt, unter anderen nach der atheistischen Propaganda. Für meine Antwort, daß schon der naturwissenschaftliche Unterricht, der in der DDR ja stark betont wurde, als Mittel des Kampfes gegen einen Glauben an Gott verstanden werde, erntete ich fröhliches Gelächter. In Cambridge führte uns der deutsche Pfarrer von Rabenau durch mittelalterliche Colleges und Kirchen. In der Kapelle des Kings College hatten wir das Glück, den berühmten Knabenchor zu hören.

Glasgow hat auf uns einen deprimierenden Eindruck gemacht. Die Fassaden vieler Häuser waren in einem desola-

319

ten Zustand. Es gab einen großen Prozentsatz von Arbeits-
losen. So sehr verschieden war der wirtschaftliche Standard
dort von dem unsern nicht. Die schottische Landschaft war
dagegen ein Genuß. Ein Ausflug zum Loch Lemmon führte
uns in eine Berglandschaft, in der Rhododendron wie Un-
kraut wuchs. In jener Gegend war seinerzeit Rudolf Heß gelandet und in einem abgelegenen Schloß festgehalten worden. In Edinburg habe ich gepredigt. Daß ich dort Franz
Hildebrandt nach sechsunddreißig Jahren wiederbegegnen
konnte, war eine besonders große Freude.

Dann aber London! Am Rememberance Day, dem Tage,
an dem die Briten der Opfer des Ersten und Zweiten Weltkrieges gedenken, stand ich auf der Kanzel der Westminster
Abbey. Ein paar Sätze aus der Predigt:

„… Für viele von uns sind die Zerstörungen Coventrys
und Dresdens, sind die Schlachten von Dünkirchen und in
der Normandie noch lebendige Vergangenheit. Solche Erinnerungen sind für unsere beiden Völker nicht von gleicher
Qualität. Es erfüllt uns Deutsche mit Scham, daß wir diesen
schrecklichen Krieg, mögen seine Ursachen weit zurücklie-
gen, ausgelöst haben. Der größte Teil meines Volkes hat ihn
nicht mit Begeisterung begonnen. Aber wir haben alle nicht
die äußere und innere Kraft gehabt zu verhindern, daß jene
brutale Lehre zur Macht kommen konnte, die ,Krieg' bedeutete … Die Völker Europas (werden) darauf zu achten
haben, daß sie ihren Frieden nicht auf Kosten der übrigen
Welt, besonders der Entwicklungsländer, machen. Ein Europa, das nur sich selbst pflegt, trägt nichts zum Frieden der
Welt bei, sondern gefährdet ihn auf eine neue Art … Wir
Christen, als einzelne und als Gemeinschaft, stehen im
Dienst der Hoffnung … Wir sind der Welt diese Hoffnung
schuldig. Wir sind sie den Verantwortlichen schuldig, die
für Frieden und Recht einzutreten haben. Wir sind sie den
vielen Menschen schuldig, die an der Zukunft der Welt ver-
zweifeln oder die sich nur noch um ihr eigenes Wohl-
ergehen mühen."

Am Nachmittag war dann der feierliche Akt vor dem
Zenotaph in der Whitehall, wo die Regierung und das Kö-

nigshaus ihren Kranz niederlegen. Ich mußte meinen Talar anziehen (Paul Oestreicher: „Man muß kenntlich sein") und begab mich durch die Räume des Innenministeriums, ohne daß mich jemand auch nur gefragt, geschweige denn kontrolliert hätte, auf einen Balkon, von dem ich die ganze Szene gut überschauen konnte: Auf der einen Seite des Zenotaphs die Mitglieder des Königshauses, auf der zweiten die Regierung, auf der dritten der Chor von Westminster, auf der vierten eine Abordnung des Heeres. Nach einem Böllerschuß trat in ganz London für eine Minute absolute Stille ein. Nur ein Kind in der Nähe schrie und ließ sich nicht beruhigen. Wir denken an die Opfer des vergangenen Krieges, und ein Kind, das sein Leben vor sich hat, schreit. Ich kann das nicht vergessen.

Ein Besuch im Parlament, der Keimzelle aller neuzeitlichen Demokratie, berührt eigenartig: Auf der einen Seite der Speaker mit seiner traditionellen Perücke, die er wie ein Käppchen trägt, auf der andern Abgeordnete, die ihre Beine auf den Tisch legen. So habe ich England erlebt: Man nimmt sich die Freiheit, traditionell bis zur Lächerlichkeit zu sein und sich völlig ungezwungen zu bewegen. Als wir den Speaker in einer Pause in seinem Dienstraum kurz sprechen konnten, hatte er seine Perücke auf ein Drahtgestell gehängt.

Berichten muß ich noch von dem Besuch bei Erzbischof Michael Ramsey im Lambeth-Palast. Die Engländer, die ich kenne, haben ihn alle als großen Inspirator verehrt. Wir erlebten ihn als sehr aufgeschlossen und als guten Zuhörer. Er versprach einen Gegenbesuch, sobald die Voraussetzungen geschaffen seien. Er kam im Mai 1974. Die DDR-Regierung hat ihn natürlich mit allen Ehren, einschließlich Konvoi mit Blaulicht, willkommen geheißen. Vor seiner Predigt in der Berliner Marienkirche sprach ich ein paar Begrüßungsworte und stellte dabei unsere geteilte Stadt vor. Daraufhin bekam ich während des Empfangs bei Stoph eine deutliche Zurechtweisung. Mir wurde klargemacht, daß hier zwei Städte nebeneinander existierten, die ganz verschieden hießen, Berlin, Hauptstadt der DDR, und Westberlin, und die gar nichts miteinander zu tun hätten.

Selbstverständlich suchte ich in London Forest Hill auf, die Gemeinde, in der Bonhoeffer von 1933 bis 1935 wirkte. Bonhoeffers Predigtkirche ist dem Krieg zum Opfer gefallen. Pfarrer Hüncke amtierte in einem schönen Neubau.

Zweimal war ich eingeladen, an der Einführung eines neuen Erzbischofs von Canterbury teilzunehmen: 1975 Coggan, 1980 Runcie. Ich habe noch einmal in dem feierlichen Programm geblättert: Alles spielt sich mit großer Präzision nach ehrwürdiger Tradition ab. Die Gemeinde und die Akteure haben ihre Plätze eingenommen. Die Berufungsurkunde des neuen Erzbischofs wird verlesen. Dann erst wird der Erzbischof eingelassen: nachdem er dreimal an der Tür geklopft hat – Usurpatoren werden in der Kirche Englands nicht geduldet! Im Chor der Kathedrale wird er als Erzbischof von Canterbury inthronisiert, danach auf dem Thronsessel des heiligen Augustin von Canterbury zum Primas der Anglikanischen Kirche installiert. Erstaunt hat mich die ökumenische Offenheit, mit der alles vor sich ging: Philipp Potter, Generalsekretär des Ökumenischen Rates der Kirchen, hielt eine Lesung, der katholische Kardinal von Westminster eine zweite, mit einem Gebet kam der Moderator der (reformierten) Kirche von Schottland zu Wort, mit einer andern Funktion der orthodoxe Bischof von Thyaira. Als Vorsitzender der Konferenz der Kirchenleitungen in der DDR war ich einer der wenigen, denen der neue Erzbischof beim Friedensgruß die Hand reichte. Bei dem anschließenden Festmahl am Abend hatte ich an dem top-table Platz zu nehmen. Es irritierte mich, und ich fand es unangemessen, daß der hessische Kirchenpräsident Hild, der den Ratsvorsitzenden der EKD vertrat, solcher Ehren nicht teilhaftig wurde. Als ich meine Bedenken dem Protokollchef Michael Moore vortrug, meinte der kühl: „Sie sind in Ihrer Kirche der erste, er ist der zweite Mann in der seinen."

Von den Kirchen in den Ostblockstaaten waren uns nicht nur geographisch, sondern auch menschlich und theologisch die ungarischen und die tschechoslowakischen am nächsten. Mit beiden hatten wir viele Kontakte. Nach Debrecen wurde ich häufig eingeladen, zumal ich dort Ehrendoktor war. Einmal war ich gebeten worden, in einer ländlichen Pfarrstelle in der Nähe der rumänischen Grenze zu predigen. So bekam ich einen lebendigen Eindruck von der noch recht intakten kirchlichen Sitte. Ich nahm aber auch die tiefe Kluft zwischen den Bischöfen und den Gemeinden wahr. Bei den böhmischen Brüdern hatte ich immer das Gefühl, daß wir problemlos zusammengehörten. Eine besondere Erfahrung war ein Besuch bei der Lutherischen Kirche des Olsa-Gebietes, bei Bischof Kiedron. Sie gehörte eigentlich mit der Kirche der polnischen Lutheraner des Teschener Landes zusammen. Nur eine willkürliche Grenze trennte sie.

In Rumänien konnten meine Frau und ich Ferien im Gebirge in der Nähe von Sibiu/Hermannstadt verleben. In Begleitung von Bischof Vissarion haben wir dann eine Reise die Karpaten entlang bis nach Bukarest gemacht. Dort haben wir noch den Patriarchen Justinian kennengelernt, der im letzten Krieg Verbündeter der Partisanen gewesen war. Im Patriarchat hing ein großes Ölgemälde, das die von der Regierung erzwungene Unterwerfung der vorher mit Rom Unierten unter den orthodoxen Patriarchen darstellte. Mit dem Siebenbürger Bischof Klein und seiner Frau verband uns ein herzliches Verhältnis. Das Ehepaar Schullerus verschaffte uns Einblick in die Kultur der Siebenbürger Sachsen. Mit ihm sind wir traurig, daß diese Kultur nun zu Ende zu gehen scheint. Bedrückend für uns war, daß sowohl in der ČSSR wie in Rumänien jede Begegnung mit uns sogleich der Polizei gemeldet werden mußte.

Zweimal war ich im Rahmen einer Delegation des Bundes der Evangelischen Kirchen in der DDR in den USA, 1976 und 1979. Auf der ersten der beiden Reisen war unser Hauptinteresse, Gemeinden und ihre Art zu leben kennenzulernen. Ich denke an Quincy am Mississippi, im äußersten Westen des Staates Illinois. Da war von 1834 Mitgliedern der presbyterianischen Gemeinde die Rede, von denen 1 500 regelmäßig den Gottesdienst besuchten, 450 hatten irgendeine Aktivität in der Gemeinde übernommen. Die Missionsgaben hatten sich in acht Jahren zweimal verdoppelt. Zur damaligen Zeit, 1976, betrug ihre Höhe 12 500 Dollar. Ich lernte, daß „Denomination" nicht „Konfession" bedeutete. Im Begriff der „Denomination" ist die ethnische Zugehörigkeit, die Geschichte, die soziale Klasse und erst als letzter Faktor das religiöse Bekenntnis enthalten. Auf dieser ersten Reise begleitete uns die Theologin Barbara Green. Sie wurde im nächsten Jahr als „fraternal worker" des Nationalen Christenrats (BBC) in Westberlin stationiert und tat bis 1981 ihren Dienst in der DDR. Aufgrund ihres perfekten, akzentfreien Deutsch und ihrer besonderen Kommunikationsgabe hat sie sich im Bund der Evangelischen Kirchen in der DDR sehr schnell zurechtfinden und viel Sympathie erwerben können. Sie ist Patentante eines meiner Enkel.

Von der zweiten Reise möchte ich nur die Begegnung mit Jesse Jackson, dem späteren Präsidentschaftskandidaten, erwähnen. Wir hatten Gelegenheit, an einer Samstag-Abend-Veranstaltung der Organisation „Push" der Schwarzen Chicagos teilzunehmen. „Push" paukte den Schwarzen ein: Euch wird nichts geschenkt. Ihr müßt euch anstrengen, etwas Besonderes zu leisten. Vor allem ging es darum, das Selbstbewußtsein der schwarzen Bevölkerung zu wecken. Das geschah mit Sprüchen wie diesen, die die Gemeinde wiederholen mußte, bis sie in Fleisch und Blut übergegangen waren: „Black ist beautyful. I am somebody. I may be poor. But I am somebody. I may be unemployed. But I am somebody. Respect me! Protect me! Never neglect me! I am somebody. Down with dope! Up with hope! Nobody will save us. For us. But us! Right on." Am Ende dieses Besuches hatten wir in Stony Point, einem wunderschönen Heim in der Nähe von New York, am Hudson gelegen, einen mehrtägigen Disput über Friedens- und Abrüstungsfragen. Wir hatten wichtige Partner aus den USA, unter ihnen einen persönlichen Berater des ehemaligen Präsidenten Nixon.

Bei dem Besuch einer Delegation des Bundes der Evangelischen Kirchen in der DDR in Frankreich (Oktober 1975) war mir besonders eindrücklich, wie wir theoretisch und praktisch in die soziale Situation des Landes eingeführt wurden. Leute der „Mission Populaire" gingen mit uns in

eines der Armutsviertel von Paris. Die „Mission Populaire"
wollte das Evangelium in „Hilfe zur Selbsthilfe" übersetzen, wollte die Armen davon befreien, sich mit ihrem Los
abzufinden. Die Nähe zur Kommunistischen Partei Frankreichs, die damals noch ihre große Zeit hatte, war zu spüren.
Die Frage der religiösen Bindung spiele bei der Partei keine
Rolle, wurde uns gesagt. In Straßburg lernten wir eine ganz
andere Welt kennen: Eine perfekte Staatskirche, deren Präsident vom Staat ohne Mitwirkung der Kirche bestimmt
wurde. Und dieser Präsident war zugleich Präses der Synode, Vorsitzender der Kirchenleitung und des Konsistoriums
– ein Werk Napoleons. Die finanziellen Verhältnisse der
französischen Kirchen sind schwierig. Oft muß zum Jahresabschluß ein Vertreter der Kirche im Radio um eine besondere Spende bitten. Nur die Elsässer haben eine Kirchensteuer – als die strikte Trennung von Staat und Kirche in
Frankreich vollzogen wurde (1905), gehörte das Elsaß zu
Deutschland. Wir trafen in Paris den früheren Militärpfarrer
von Berlin und Seelsorger von Rudolf Heß in Spandau,
George Casalis, der sich um die Versöhnung der Deutschen
und der Franzosen so große Verdienste erworben hatte. In
Straßburg begrüßte uns sein Nachfolger J. J. Heitz. Er half,
regelmäßige Gespräche einer französischen mit einer DDR-Gruppe auf den Weg zu bringen. Zwischen Paris und Straßburg lag ein Besuch in Taizé. Die Brüder hatten die große
Idee des „Konzils der Jugend" verwirklicht. In dessen Linie
lag es, sich auch an die DDR-Jugend zu wenden. So kam
seit einigen Jahren regelmäßig einer der Brüder nach Hirschluch, gab brüderlichen Rat zu den speziellen DDR-Problemen und betete und meditierte mit den Jugendlichen.
Eindruck machte mir, wie die Brüder in Taizé sich bemühten, den Graben zwischen den Konfessionen zu überbrücken.
Sie hatten eine Möglichkeit gefunden, das Abendmahl so zu
feiern, daß Evangelische und Katholiken, ohne ihre kirchlichen Pflichten zu verletzen, daran teilnehmen konnten.

Die weiteste Dienstreise unternahm ich im März 1979 zusammen mit Dozent Dr. Wiebering (Leipzig) und Pastorin
Henning von der Berliner Mission. Es ging nach Japan. Die

Reise war ein Gegenbesuch; eine Delegation des japanischen Kirchenbundes, des Kyodan, war im Vorjahr Gast des Bundes der Evangelischen Kirchen in der DDR gewesen. Ich habe das Land in seiner ganzen Länge, von Hokkaido bis Kiuschu, bereist. Im Norden lag noch tiefer Schnee. Die Olympiaschanze von Sapporo war benutzbar. Im Mittelteil standen die Kirschbäume in voller Blüte. Im Süden herrschte sommerliche Hitze. Wir genossen die ganz andre Welt, die sich uns auftat. Damals waren wir schockiert über Erscheinungen, die wir heute bei uns ganz ähnlich erleben: Die Rush-hour, in der sich die Autos nur zentimeterweise vorschoben, die Grundstückspreise in Tokio, die denen in Manhattan kaum nachstanden. Wer ein Haus kaufen wollte, mußte das im Alter von 30 Jahren tun, sonst konnte er es kaum noch abbezahlen. Man erzählte uns von dem ungeheuren Leistungsdruck bei den Prüfungen. Er führte dazu, daß die Studenten in den Wochen danach in eine schreckliche Leere stürzten. Die „Maikrankheit", die oft mit Suizid endete.

In Sapporo gab es eine Telefonseelsorge, die von den drei Religionen, Shintoisten, Buddhisten und Christen, gemeinsam abgehalten wurde. Hauptanrufer waren junge Frauen, die, nicht oder nicht mehr verheiratet, mit dem Leben nichts anzufangen wußten. Gewiß setzt sich die Frauenemanzipation durch, aber offenbar sehr langsam. Ich bat die japanische Frau unseres hilfreichen Führers durch Kyoto, Prof. Spennemann, um eine Schuhbürste. Ehe ich mich versah, kniete sie vor mir und reinigte, trotz meines Protestes, die staubigen Schuhe.

Herr Spennemann erklärte uns die japanische Religiosität: Einen Gott im biblischen Sinn kenne man in Japan nicht. Im Shintoismus gehe es nur um Glück. An den Sträuchern in der Nähe der Shintoschreine hängen massenweise Papierstreifen mit Wünschen, die der Wind bewegt. Am Schrein wirft man Geld in den riesigen Opferstock, zündet eine Räucherkerze an und klatscht in die Hände: So, liebe Götter, nun helft mir! Für Not und Tod hat man den Buddhismus. Der Japaner sieht nicht ein, warum er sich für eine der beiden Religionen entscheiden soll. So zählten sich damals von den einhundertundzwanzig Millionen Japanern achtzig Millionen zum Shintoismus und ebensoviele zum Buddhismus. Daß der Weg zum christlichen Glauben bei solchen Voraussetzungen eine hohe Schwelle passieren muß, leuchtet ein. Man rechnete damals mit etwa einer Million Christen. Aber zehn Millionen Bibeln waren verkauft worden. Ich fragte eine junge Frau, ob sie Christin sei. Sie antwortete: „Nein, noch nicht. Ich kann noch nicht alle christlichen Gebote halten" – Leistungsdenken, wie in den Betrieben!

Als ich unter Christen „Nachfolge Christi" im Sinne Bonhoeffers als tätigen, situationsbezogenen Glauben interpretierte und die mittelalterliche Version der imitatio Christi (Nachahmung Christi, die berühmte Schrift des Thomas a Kempis) ablehnte, erntete ich heftigen Widerspruch. Nachfolge gerade im Sinne von Nachahmung war gefragt. Hat man dann aber den Weg zum christlichen Glauben gefunden, bewirkt er Befreiung. Der japanische Christ weiß sich befreit zu sozialem Engagement. Frauenbefreiung ist Thema der Kirche.

Sie nimmt sich der Koreaner an, die zu Zeiten des japanischen Faschismus massenweise aus ihrer damals besetzten Heimat als Gastarbeiter nach Japan verschleppt worden sind. Sie mußten einen japanischen Namen annehmen und wurden volle Staatsbürger. Die Forderung der Sieger des letzten Krieges, Unrecht wiedergutzumachen, legte Japan so aus: Den Koreanern wurden die alten Namen zurückgegeben, die Staatsbürgerschaft wurde ihnen genommen. Jetzt existierten Koreaner zuhauf als Staatenlose und wurden von den Japanern entsprechend behandelt. Der japanische Kirchenbund setzte ein Zeichen, er hatte als stellvertretenden Vorsitzenden einen Koreaner gewählt.

Ein anderes Problem bilden die Buraku. Das sind Leute aus dem fleisch- oder lederverarbeitenden Handwerk, die von den übrigen Bürgern als Untermenschen, als Parias behandelt werden. Zu den sozialen Problemen kamen damals religiöse: Das Namenstäfelchen eines Soldaten, der im Dienst verunglückt war, wurde in einem Shintotempel angebracht, „eingeschreint", wie man sagt. Die Witwe, eine Christin, widersprach, weil es sich nach ihrer Überzeugung um eine heidnische Zeremonie handelte. Es nützte nichts. Nun klagte sie. Und gerade zu der Zeit, als wir dort waren, erging das Urteil: Die Frau bekam ihr Recht. Unsere Freunde waren erleichtert. Aber sie befürchteten, daß der Trend wieder in Richtung Tennokult ging, wie vor der Kapitulation.

Der Kyodan ist gespalten. Die beiden größten Bezirke gehen bis heute ihre eignen Wege. Die eine Gruppe wünscht sich eine prophetische Kirche, die sich einer lebenszerstörenden Politik widersetzt, die andre sagt: Erst müssen wir mehr missionieren und uns festigen. Das wird akut an dem Schuldbekenntnis, das die japanischen Kirchen erst dreißig Jahre nach Kriegsende verabschiedet haben. Nach meiner Überzeugung war das so lange nach den Verbrechen des Krieges viel schwerer, als wenn sie ihr Bekenntnis noch in der ersten, aufgewühlten Zeit abgelegt hätten.

Freude hat mir ein Vortrag in der lutherischen Frauen-Universität in Tokio gemacht. Vor mir saßen etliche hundert Studentinnen, alle mit den gleichen Pilzköpfen und den gleichen Kleidern. Ich konnte mir nicht recht vorstellen, daß bei dieser uniformierten Schar wirkliche Aufmerksamkeit oder gar Interesse vorhanden sein könnte. Als dann aber die Diskussion freigegeben worden war, prasselten die Fragen nur so, und es waren gute Fragen. Gleich die erste hieß: „Wie geht man heute in der DDR mit den Juden um?" Wir drei Reisenden stellten fest, daß wir als Christen aus der DDR den Japanern offensichtlich sympathisch waren. Das erstaunte uns. Zu den Bundesbürgern bestanden doch schon viel engere Beziehungen. Viele japanische Pastoren hatten in Heidelberg studiert. Ich vermute, daß wir als die Kleineren und Ärmeren den japanischen Brüdern und Schwestern näherstanden. Jedenfalls spürten wir den dringenden Wunsch, mit ihnen in guter Verbindung zu bleiben.

Nicht alle Beziehungen zu andern Christen und Kirchen konnten auf diesen Seiten besprochen werden. Aber eine „ökumenische Beziehung" muß ich noch erwähnen. Eines Tages rief mich der Staatssekretär für Kirchenfragen an, ob wir uns nicht eines Gastes annehmen könnten, mit dem man wohl nichts anzufangen wußte. Der Großmufti von Damaskus war in die DDR gekommen, um dieses Land zu studieren. Der ausländische Gast war der Überzeugung, die DDR sei gegenüber der BRD der moralisch bessere Teil Deutschlands. Man müsse eine Front der Moral und des Glaubens gegen die Sitten- und Gottlosigkeit der heutigen Welt bilden. Der Großmufti war ein netter Mann und alles andere als ein fanatischer Fundamentalist. Er meinte sogar, Muslime seien auch gute Christen, weil sie Jesus und Maria hoch verehrten.

Er hatte seine Frau mitgebracht. Beim Essen versuchte ich, ein Gespräch mit ihr zu beginnen – vergeblich. Ich habe den Großmufti bald darauf in Damaskus besuchen können. Er lud uns in die große Islamschule ein. Zu unserer Überraschung empfing uns dort ein Chor von Studentinnen, alle in langen, grauen Gewändern und mit seidenen Schleiern über dem Haar. Eine Lehrerin begrüßte uns mit einer wohlgesetzten Ansprache. Der Großmufti wollte unsere europäischen Vorurteile wohl ein für allemal beseitigen.

Später führten wir mit einigen der Lehrer ein theologisches Gespräch über die Person Christi. Es sollte der Anfang eines theologischen Dialogs sein. Uns wurde erklärt, der Islam halte noch viel mehr von Jesus als wir Christen. Als Beweis erzählten unsere Partner Jesusgeschichten aus dem Koran, wo Jesus als ein noch viel größerer Wundertäter dargestellt ist, als unsere Evangelien berichten. Ich hörte mir die Geschichten an und staunte. Ein wenig kenne ich mich in meiner Bibel aus, aber diese Geschichten waren mir nicht bekannt: Haarsträubende Wunder, die der Koran apokryphen Evangelien entnommen hat. Eine theologische Diskussion, die diesen Namen verdient, dürfte mit dem Islam nur sehr schwer möglich sein. Da der Koran, so, wie er ist, wörtlich vom Himmel gekommen ist, muß jedes Gespräch in der Sackgasse enden. Daß wir über ethische Fragen in ein intensives Gespräch kommen, ist dringend erforderlich.

25. Eine Kirche – zwei Bischöfe

Die DDR hatte die Bildung des Bundes der Evangelischen Kirchen in der DDR von vornherein eng mit der Forderung verknüpft, die Berlin-Brandenburger Kirche müsse sich von dem Westberliner Teil lösen. Man gehe an der Verfassungswirklichkeit vorbei, die Glaubwürdigkeit der Bundesgründung stehe auf dem Spiel. Das begann bereits 1968, also in der Anfangsphase der Bundesgründung. Die Vorwürfe spitzten sich im Vorfeld der Berlin-Brandenburger Synode im Januar 1970 zu. In einer „Information" des Staatssekretärs für Kirchenfragen über ein Gespräch mit mir am 16. Januar 1970 heißt es wörtlich:

„Über diesen Fragenkomplex gab es eine lebhafte, beiderseitige Diskussion, in der wir" (der Staatssekretär und sein Mitarbeiter Weise) „immer wieder nachdrücklich darum ersucht haben, politische und staatsrechtliche Realitäten nicht nur theoretisch anzuerkennen, sondern auch in der Praxis der eigenen Arbeit zu berücksichtigen."

Ich hielt eine strikte organisatorische Trennung der Berlin-Brandenburger Kirche nicht für notwendig. Die Regionalordnung von 1959 hatte beiden Teilen die Freiheit gegeben, ihren Dienst auf ihrem jeweiligen Arbeitsfeld voll zu versehen. Mit diesem Argument kam ich nicht weit. Immer wieder wurde mir die „Verfassungswirklichkeit" vorgehalten. Deshalb redete ich mich damit heraus, eine Trennung, wie sie dem Staat vorschwebte, sei zur Zeit überhaupt nicht zu bewerkstelligen und würde Jahre in Anspruch nehmen.

Der Staatssekretär verband seine Worte jedesmal mit heftigen Angriffen auf Bischof Scharf. Er sei der „Repräsentant der sogenannten Gesamtdeutschen Politik in der westdeutschen Kirchenleitung".

In meinem Rechenschaftsbericht vor der Berlin-Brandenburger Synode im März 1970 bin ich auf die Frage der Einheit der Berlin-Brandenburger Kirche eingegangen:

„Es ist die Auffassung beider Teile unsrer Kirche, daß sie ihre Verantwortung durch eigenständige Organe unabhängig voneinander ausüben, unbeschadet der geistlichen Gemeinschaft, die unsere Kirche eint und die ihre Teile aneinander weist ...

Für den Fall, daß eine Vakanz des Bischofsamtes eintritt, muß an eine Neuformulierung des Bischofswahlgesetzes gedacht werden ... Alle diese Fragen könnten mit Ruhe und Sachlichkeit abgehandelt werden, wenn nicht eine unerfreuliche Zeitungspolemik gegen unsere Westberliner Brüder und besonders gegen unsern Bruder Bischof D. Scharf die Atmosphäre vergiftete, gegen denselben Bischof D. Scharf, gegen den auf der einen Seite der Grenze eine ganz anders orientierte Presse haßerfüllte Artikel richtet. Wir sind zu staatsbürgerlicher Loyalität ernsthaft bereit. Wir sind aber nicht bereit, auf Stimmen zu hören, die uns zumuten, die brüderliche Gemeinschaft, die der Ausdruck der tiefen Verbundenheit im Heiligen Geist ist, in Frage zu stellen. Hier ist eine Grenze erreicht, die wir nicht zu überschreiten gedenken."

Beide Regionalsynoden nahmen ein Gesetz an, das den Regionen freistellte, die Grundordnung auf ihre Verhältnisse hin zu verändern. Das betraf zum Beispiel die Zusammensetzung der Synode; ihre Zusammensetzung mußte in den beiden der Größe nach so verschiedenen Gremien verschieden geregelt werden. In Westberlin war ein Generalsuperintendent neben dem Bischof nicht länger vonnöten. Aber der Vorspruch der Grundordnung „Von Schrift und Bekenntnis" und die „Grundsätze über Amt und Gemeinde" sollten als Zeichen der Einheit von keiner der Regionalsynoden angetastet werden können. Beide Regionalsynoden konnten also laut Gesetz die Grundordnung auf ihre jeweiligen Verhältnisse hin ändern.

Eine Arbeitsgruppe sollte die Grundordnung überprüfen. Sie hatte aber auch „den Auftrag, vordringlich die Frage der Gestalt und Wahrnehmung des bischöflichen Dienstes neu zu überdenken und eine Änderung der einschlägigen Bestimmungen der Grundordnung und des Bischofswahlgesetzes beschlußreif vorzubereiten. Die Ergebnisse sind spätestens zur letzten Synodaltagung der laufenden Legislaturperiode vorzulegen."

Es mußte bedacht werden, daß Bischof Scharf im Jahre 1972 das Ruhestandsalter erreichen würde. Zum Status des Ostbereichs der Evangelischen Kirche in Berlin-Brandenburg wurde folgende Erklärung beschlossen:

„Die Organe beider Bereiche der Evangelischen Kirche in Berlin-Brandenburg sind in ihren jeweiligen Regionen bestellt worden und üben ihre Verantwortung für ihren Raum selbständig und unabhängig aus … Die Organe unserer Region sind Weisungen von Organen der andern Region nicht unterworfen."

Von einer gegen die Verfassung verstoßende Abhängigkeit konnte also nicht die Rede sein. Diese Feststellung war die klare Antwort auf die immer wieder neuen Unterstellungen des Staates; wir waren aber keineswegs bereit, uns „in brüsker Weise von der Westregion loszusagen", wie es in der Westpresse zu lesen war.

Die Synode beschloß zwei Dankadressen:

„Synode bittet den Präses, die Brüder und Schwestern im andern Teil der Kirche im Namen der Synode zu grüßen und unserem Bruder Bischof D. Scharf für sein Verständnis für die uns auf dieser Synodaltagung bewegenden Fragen zu danken."

„Synode dankt ihrem Verwalter des Bischofsamtes, Herrn Bischof D. Schönherr, für seinen Dienst und für die erneute Übernahme der bischöflichen Funktionen in der Mitte der Legislaturperiode. Sie weiß, unter welchen Belastungen er seine verantwortungsvolle Aufgabe wahrzunehmen hat, und versichert ihn ihrer brüderlichen Verbundenheit in Mithilfe und Fürbitte."

Die Amtsbezeichnung meiner Person war korrekt. Die Kirchenleitung hatte mir vorher die Anrede „Bischof" verliehen. Sie hatte dem Rechnung getragen, daß das umständliche „Verwalter des Bischofsamtes" in den Gemeinden wenig Anklang gefunden hatte. Sie wollte zudem meine Stellung im Inland und in der Ökumene stärken. Der Staat hatte mich, meinen Einwendungen zum Trotz, seit meiner Berufung in den Dienst eines „Verwalters des Bischofsamtes" konsequent mit „Bischof" angeredet.

Die Synode beschloß am 26. März 1972, auf der letzten Tagung der Legislaturperiode, die Errichtung eines eigenen Bischofsamtes für die Ostregion. Dies Amt war das einzige, das noch nicht regionalisiert war. Die Frage erübrigte sich nun, welche Region nach der Emeritierung von Bischof Scharf den Bischof stellen sollte. An sich war der Beschluß durch die gegenseitige Freigabe von 1970 gedeckt. Tangiert wurde jedoch der Dienstbereich des amtierenden Bischofs Scharf. Dieser Tatbestand vor allem hat wohl ein knappes Drittel der Synode bewogen, gegen das Gesetz zu stimmen. Für Scharf, dem die Einheit der Evangelischen Kirchen in Berlin-Brandenburg so sehr am Herzen lag, war es keine geringe Zumutung, der Reduzierung seines Amtsbereiches auf Westberlin zuzustimmen. Die Westsynode hat in einer Entschließung erklärt, sie „respektiere" unseren Beschluß.

Wir haben Bischof Scharf nicht vor vollendete Tatsachen gestellt. Im Sommer vorher hatte ich mich mit ihm in Zürich getroffen. Wir charterten ein Elektromotorboot und fuhren weit hinaus auf den Züricher See. Dort haben wir uns miteinander verständigt. In unserm Hotel hatte zu gleicher Zeit der Bruder von Generalsuperintendent Lahr, derzeit Botschafter der BRD in Rom, Quartier genommen. Er versicherte uns, daß mit der Einheit Deutschlands in absehbarer Zeit nicht zu rechnen sei. Das erleichterte die Entscheidung für zwei Bischofsämter in der einen Kirche.

Vielleicht ist hier der Ort, an eine Passage aus Scharfs Buch „Widerstehen und Versöhnen" zu erinnern. Bei der Schilderung, wie es zu dem Titel „Bischof" für Otto Dibelius kam, heißt es:

„Weil wir großes Interesse an der Rückkehr Martin Niemöllers in die Berlin-Brandenburger Kirche hatten, schlugen wir – in Fortführung der Aufgliederung, die wir in der Bekennenden Kirche vorgenommen hatten – vor, für Berlin und Brandenburg ein eigenes Bischofsamt zu schaffen ... Doch Dibelius stellte die Vertrauensfrage: Wenn wir Niemöller zurückholten, würde er gehen."

Nur in der katholischen Kirche wären zwei Bischöfe in einer Diözese unmöglich. In der evangelischen Kirche ist es anders – in der Nordelbischen Lutherischen Kirche gibt es sogar drei Bischöfe. Es wäre gar nicht so töricht gewesen, in der Evangelischen Kirche in Berlin-Brandenburg auch nach der Wende für Berlin und Brandenburg je einen Bischof zu belassen. Die beiden Bereiche sind so grundverschieden, daß eine solche Teilung für den Dienst durchaus gerechtfertigt wäre.

In der Novembersynode 1972 wurde ich gewählt. Als „Gegenkandidaten", um der Form Genüge zu tun, ließen sich Superintendent Stubbe und Pfarrer Grünbaum, der spätere Generalsuperintendent, aufstellen. Erst im dritten Wahlgang erhielt ich mit einhundertundsechs von einhundertunddreiundfünfzig abgegebenen Stimmen die erforderliche Zweidrittelmehrheit. Die restlichen siebenundvierzig Stimmen waren Enthaltungen. Ich habe die Wahl erst nach einer Beratung mit der Kirchenleitung angenommen. Einer der Opponenten versicherte mir, die Enthaltungen richteten sich nicht gegen meine Person, sondern gegen die Wahl eines zweiten Bischofs überhaupt. Diese Erklärung machte es mir möglich, ja zu sagen. Ich habe mich vor der Synode dann so geäußert:

„Als Sie mich nach meiner Entscheidung fragten, ob ich die Wahl annehme, habe ich mir eine Bedenkzeit ausgebeten. Und nachdem ich mit der Kirchenleitung fast sechs Jahre zusammengearbeitet habe, war der Kreis dieser Brüder der richtige, um mich in dieser Sache zu beraten. Das ist auch in guter Weise geschehen. Die Frage war, ob bei einem solchen Wahlergebnis, bei dem es konstant zweiundvierzig bis dreiundvierzig Stimmenthaltungen gab, die Basis vorhanden ist, aufgrund derer man arbeiten kann. Es ist ja ein Unterschied, ob ich irgenwo als Homo novus in eine fremde Provinz komme oder ob ich fast sechs Jahre lang den Dienst getan habe. Ich darf vielleicht sagen: Bis zum sechsten

Wahlgang hätte ich es nicht kommen lassen. Aber ich habe mich nun doch entschlossen, diese Wahl anzunehmen. Und zwar darum, weil, wie wir miteinander analysiert haben, der Kreis derer, die sich enthalten haben, sich sehr verschieden zusammensetzen dürfte. Daß es in einer Synode von über einhundertundsechzig Synodalen solche gibt, denen meine Nase oder auch einiges andere an mir nicht paßt, das halte ich für selbstverständlich; ich müßte mich eigentlich genieren, wenn es anders wäre ... Es wird eine zweite Gruppe, wahrscheinlich die größte, gewesen sein, die grundsätzlich gegen ein zweites Bischofsamt eintreten wollte. Eine dritte Gruppe wird dabei gewesen sein, die gemeint hat: Grundsätzlich ja, aber nicht jetzt ... Dies Wahlergebnis gibt sehr deutlich wieder, was wir in den letzten Jahren miteinander durchgestanden haben ... Es war wirklich ein schweres Ringen, ... bei dem es nicht um persönliche Intrigen, um von außen kommende Einflüsse oder anderes, sondern um die ernsten Sachfragen ging. Ich möchte bei dieser Gelegenheit den Brüdern, die sich der Stimme enthalten haben, meinen Respekt dafür ausdrücken, daß sie das in einer erstaunlichen Konsequenz getan haben und auch mit jener Vornehmheit, die Christen wohl ansteht ... Wir sind uns darüber klar, daß wir bisher nur die Wahl vollzogen haben. Der Platz des Bischofs kann erst besetzt werden, wenn er frei ist ... Es gibt dann keinen Oberbischof und keinen Unterbischof, sondern es gibt zwei Bischöfe, die jeweils für ihre Region den letztverantwortlichen, leitenden Dienst tun. Dafür müssen aber die Voraussetzungen geschaffen werden, und das kann nur die Synode der Region West tun ... Wir geben uns um des Dienstes willen ein Stück frei. Und zwar nicht mehr und nicht weniger, als dieser Dienst es nötig macht. Um so deutlicher ist die Aufgabe, einander zu suchen. Und nun möchte ich noch eine ganz menschlich-persönliche Seite aufschlagen: Wir haben bei allen den schweren Schritten in den letzten Jahren großen Wert darauf gelegt, mit den Brüdern auf der andern Seite so eng wie möglich verbunden zu sein. Es ist uns dadurch leicht gemacht worden, daß auf der andern Seite ein Mann Bischof ist, der von glühender

Liebe zur Berlin-Brandenburger Kirche, und zwar zur Einheit dieser Kirche, erfüllt ist, der sich nun aber mit großer Demut und Selbstbescheidung ganz in den Dienst dieser Sache gestellt hat, deren Notwendigkeit er mit uns erkannt hat … Der 1966 auch in diesem Raume gewählte Bischof Scharf hat, das kann ich hier vor allen bezeugen, niemals den Versuch gemacht, in diese Region hineinzuregieren, sondern hat uns mit großer Zurückhaltung beobachtet; aber er hat immer respektiert, daß die Verantwortung, die hier getragen werden mußte, eben von uns zu tragen war. Und ich kann an diesem Tage nicht anders, als ihm für dieses und für alles, was er unserer Berlin-Brandenburger Kirche gewesen ist und noch ist, zu danken … Die Hauptsache ist, in unserer Kirche dafür zu sorgen, daß wir wieder mehr Freude am Evangelium bekommen. Wir können alle möglichen schönen Dinge machen, wir können Gemeindeaufbau treiben, Gemeindeseminare veranstalten, schön feiern. Alles ist hohl und leer, wenn nicht der letzte Kern – lassen Sie es mich ganz schlicht sagen – diese Liebe zu Jesus ist."

Mir lag in dieser Stegreifrede daran, deutlich zu machen, daß die Andersdenkenden nicht meine Feinde sind, sondern daß wir uns im Letzten beieinander wissen. Beim Studium der Akten des Staatssekretariates und meiner eignen Aufzeichnungen stoße ich immer wieder auf die Mahnung, ich solle auf meine „Feinde" aufpassen, die die „Machtverhältnisse" in der Kirchenleitung verändern und mich von meiner Position verdrängen wollen. Ich bin dankbar dafür, daß wir in der Gemeinschaft der Kirche nicht in Macht- und Kampfkategorien denken müssen.

Die Regionalsynode West beschränkte mit Zweidrittelmehrheit den Amtsbereich von Bischof Scharf mit Wirkung vom 1. Januar 1973 auf den von ihm tatsächlich geleiteten Teil unserer Kirche, auf Westberlin. Der Bischof machte sich diesen Beschluß zu eigen. So konnte ich am 11. Februar 1973 durch den Görlitzer Bischof Fränkel, den damaligen Ratsvorsitzenden der Evangelischen Kirche der Union, in der Marienkirche zu Berlin eingeführt werden. Zu den Assistenten gehörte der Schwedische Bischof Helsten, ein guter Freund unserer Kirche, der Westberliner Propst Dittmann und der reformierte Bischof Tranda aus Warschau. Wie bei solchen Anlässen üblich, war der Staatssekretär für Kirchenfragen Seigewasser eingeladen und erschienen. Ich predigte über das Evangelium dieses Sonntags, die Geschichte von der Verklärung Matthäus 17. An den Gottesdienst schloß sich eine frohe Feier im gerade renovierten Jugendstilsaal der St.-Elisabeth-Gemeinde im Berliner Norden an.

Nach meiner Wahl ermahnte mich der Präses der Synode, ein „synodaler" Bischof zu sein. Darin sollte sich wohl der Wille ausdrücken, in einer Diktatur demokratische Grundsätze und parlamentarische Regeln hochzuhalten. Das haben wir getan. Nicht nur, weil sie vertrauenswürdig waren, sondern auch, weil sie eine gewisse Übung mit demokratischen Spielregeln hatten, wurden unsere Pfarrer nach der „Wende" allenthalben mit der Leitung der „Runden Tische" betraut. Bei der Mahnung des Präses spielt aber auch eine Erinnerung mit. Die Berlin-Brandenburgische Kirche wurde mit erheblicher Langzeitwirkung durch ihren ersten Bischof, Otto Dibelius, geprägt. Diese überaus starke Persönlichkeit hätte bei jeder Verfassung, ob monarchisch, demokratisch oder sonstwie, das Sagen gehabt. Wie sehr er auch noch in meiner Zeit, zehn Jahre nach seinem Tode, wirkte, konnte man an der Überpünktlichkeit ablesen, mit der unsere Sitzungen begannen – buchstäblich auf die Sekunde. Das kam so: Als Dibelius den Vorsitz der Kirchenleitung übernahm, hielten einige Mitglieder es nicht so genau mit der Pünktlichkeit. Daraufhin zog der Bischof die wichtigsten Punkte der Tagesordnung vor. Als die Herren erschienen, war das Wichtigste schon entschieden. Wie lange eine Sitzung nach dem Willen des Vorsitzenden dauern sollte, konnte man daran ablesen, wie viele Zigarren er neben sich auf seinen Platz legte. Wenn er seine goldene Sprungdeckeluhr auf dem Tisch plazierte, wußte man: Wortmeldungen werden nicht mehr gewünscht. Die Sorge, die sich unsereiner machte, eine Diskussion zum richtigen Zeitpunkt zu beenden und dazu überzugehen, Beschlüsse zu fassen, hatte Otto Dibelius nicht.

26. Berlin-Brandenburger Probleme

Ende Januar 1972 bekamen wir endlich die Genehmigung, nach Berlin umzuziehen. Mir war früher in aller Offenheit erklärt worden: daß man mir den Zuzug verweigere, sei die Strafe für mein Verhalten beim Einmarsch der Truppen des Warschauer Paktes in die ČSSR. Ich hätte gegen ausdrückliche staatliche Weisung gehandelt. Nach einigem Suchen stand uns das Haus Parkstr. 21 in Berlin-Weißensee zur Verfügung. Der Vorgänger, Dr. Hafa, Leiter der Erziehungskammer, hatte eine kleinere, bequemere Wohnung gefunden. Unsere künftige „Residenz" war bescheiden, aber sie war brauchbar. Der damalige Berliner Generalsuperintendent Krummacher hatte Anfang der fünfziger Jahre eine Wehrmachtsbaracke erworben und für seine große Familie herrichten lassen. Grundriß, Pappdach und Fenster waren noch original. Die Wände waren massiv gemauert. Das Haus lag weit zurück im Grünen, mit einem kleinen Garten dahinter und einem großen Rasen davor. Die Mitarbeiter der Seelensdorfer Domstiftsforst haben sich bei der Herrichtung des Gartens glänzend bewährt. Das Grundstück grenzte unmittelbar an das Gelände des Stöcker-, später Stephanusstiftes. Eine Gartenpforte erlaubte es, zu den Tagungen, die dort stattfanden, ohne Umwege zu gelangen.

Unsere Kinder gingen nach und nach aus dem Haus. Wir waren froh, daß sie alle in der Nähe blieben und wir einander erreichen konnten, ohne die Grenze passieren zu müssen.

Unmittelbar an der Parkstraße, auf demselben Grundstück wie unsere Baracke, steht das „Haus der Kirche", das Krummachers einst als Ausbildungsstätte für Kindergärtnerinnen eingerichtet hatten. Zu unsrer Zeit war dort die Erziehungskammer untergebracht, die Dienststelle der Katecheten und Katechetinnen. Die Kirchenleitung hielt ihre

Sitzungen in dem Saal im ersten Stock. Daneben hatte ich mein Dienstzimmer.

Das Nachbarhaus, Mauer an Mauer mit meinem Dienstzimmer, war die Stadtbezirksleitung der SED – eine unheimliche Nachbarschaft. Wir mußten damit rechnen, daß sowohl die Vorgänge im „Haus der Kirche" als auch in unserm Wohnhaus, das kaum 100 Meter entfernt lag, abgehört wurden. Ein Stasi-Informant hatte, wie wir heute wissen, einen Lageplan angefertigt. Staatssekretär für Kirchenfragen Seigewasser wollte mich manchmal damit außer Fassung bringen, daß er mir Inhalte der Kirchenleitungssitzung vom Vortag auftischte. Ich habe ihm den Gefallen nicht getan. In der Kirchenleitung ließen wir uns, trotz solcher Erfahrungen, nicht den Freimut nehmen auszusprechen, was wir für richtig hielten. Man kann sich nicht ständig leiblich oder seelisch umdrehen, ob jemand mithört. Wenn es sich wirklich um ganz vertrauliche Inhalte handelte, machten wir einen Spaziergang ins Freie oder setzten uns ins Auto. Als Kardinal Bengsch zu einem Grundsatzgespräch in mein Haus kam, ließen wir im Nebenraum das Radio laufen.

Das geräumige Haus und der Garten boten für Gäste und Feste Raum. In jedem Sommer hatten wir die Kirchenleitung auf unserem Gelände. Seelensdorf lieferte den Wildschweinbraten. Wir hatten viel Spaß am Spiel miteinander. Spiel ist außerordentlich hilfreich für die Gesundheit einer Gemeinschaft. Sehr beliebt waren die Treffen unserer Bischöfe aus den BEK-Kirchen samt Frauen mit Bischof Kunst aus Bonn, dem früheren Beauftragten der Evangelischen Kirche in Deutschland bei der Bundesregierung. Er hatte jedesmal ein ausführliches Referat über die Politik der Bundesregierung vorbereitet; wir berichteten über die Lage hier. Noch heute treffen sich die von damals Übriggebliebenen mit dem inzwischen über Fünfundachtzigjährigen.

Von den zahlreichen Besuchern, die wir bei uns willkommen heißen konnten, erwähne ich nur einige wenige: Gudina Tumsa aus Äthiopien, Leiter der (evangelischen) Mekane-Jesus-Kirche, der bald darauf von dem Schreckensregime dort umgebracht wurde, Bischof Klein aus Siebenbürgen, der polnisch-reformierte Bischof Niewierczersal, Bundespräsident Heinemann, Helmut Gollwitzer und Frau. Martin Kruse hat mich noch vor seiner Wahl zum Bischof besucht. Wir haben zu viert Jahr für Jahr „Wanderungen durch die Mark" gemacht; er sollte die Berlin-Brandenburger Kirche, die doch auch seine Kirche war, kennenlernen.

In diesen Jahren, in denen sich einschneidende Veränderungen in unseren Gemeinden vollzogen, hat die Kirchenleitung versucht, Hilfen zu geben und Perspektiven aufzuzeigen. Ich denke an die Synode von 1970, der ich Mut zu machen suchte. Ich wollte Markierungen für diasporagerechte Arbeit setzen. Im kirchlichen Sprachgebrauch verstehen wir unter „Diaspora" die verstreute Ansiedlung einer konfessionellen Minderheit im Gebiet einer konfessionellen Mehrheit. Die Situation in der DDR kann man als „ideologische Diaspora" bezeichnen, das heißt, eine christliche Minderheit lebt in einer von der marxistisch-leninistischen Ideologie bestimmten Umwelt. Ich war von den Laien-Synodalen gebeten worden, ein Wort zur geistlichen Situation zu sagen, in der sich unsere Berlin-Brandenburger Kirche befand. Der Wunsch war verständlich. Der christliche Glaube war keine Selbstverständlichkeit mehr, jeder Christ war in neuer, ungewohnter Weise nach seinem Glauben gefragt.

Das setzte aber voraus, daß er der Grundlagen seines Glaubens gewiß wäre und sie gedanklich erfaßt hätte:

„Es geht um Christus. Wir lassen uns davor warnen, das Evangelium mit menschlichen Gedanken und Zielen, mit der Antwort auf menschliche Fragen und der Stillung menschlicher Bedürfnisse in eins zu setzen. Das Evangelium befreit uns von einer Not, die der Mensch von sich aus überhaupt nicht ahnt, sondern die ihm erst am Kreuz Jesu Christi aufgeht …

Es geht um Christus. Wir lassen uns auch davor warnen, das Evangelium mit dem Bibelbuch und mit menschlichen Lehrtraditionen … in eins zu setzen … Der Satz, die Bibel sei Gottes Wort, ist … nach der Aussage der Bekenntnisse unserer Kirche nicht so zu verstehen, als ob Gott gleichsam in einer zweiten Menschwerdung in jedes Wort der Bibel eingegangen sei. Wir haben vielmehr, ebenso wie unsere Väter, die immer neue Aufgabe, aus dem Bibelwort, in der Hoffnung auf die Gegenwart des lebendigen Herrn und darum unter Gebet und mit Hilfe der Brüder – auch der Brüder Kirchenväter, Reformatoren und Professoren – das, was wir heute tun sollen und was uns das Evangelium heute schenken will, herauszuhören und neu zu sagen ... Wir haben die Sache Jesu Christi nie in der Hand. Sie zu erkennen und sich ihr unterzuordnen, bleibt immer neue Aufgabe ... Wir haben das Evangelium nicht gerettet, wenn wir die Worte, mit denen das erste, das vierte und das sechzehnte Jahrhundert ihr Zeugnis gefunden haben, einfach wiederholen. ‚Tradition bewahren heißt nicht, Asche aufzuheben, sondern eine Flamme am Brennen zu halten‘ (Jaurès). Um die Flamme wirklich am Brennen zu halten, brauchen wir einander, die ‚Progressiven‘ und die ‚Konservativen‘... Beide haben ihr Recht. Die einen dringen darauf, daß Christus wirklich heute, in dieser Welt, vor diesen Menschen bezeugt wird. Die anderen achten darauf, daß wir den wirklichen Christus, ‚wie er uns in der Heiligen Schrift bezeugt wird‘, und nicht einen selbstgemachten Popanz meinen ... Bannflüche, die wir gegeneinander schleudern, helfen nicht, sondern schneiden das Gespräch ab.“

Die letzte Bemerkung bezieht sich auf einen Berliner Pfarrer, der ein gewiß nicht nach allen Seiten hin abgesichertes, „modernes“ Glaubensbekenntnis und seine Sprecher von der Kanzel mit dem Bannfluch belegte.

Ich habe es immer für gut gehalten, in meinen Predigten und auch in den Synodalworten, mit denen ich manchmal den offiziellen Bericht der Kirchenleitung ergänzt habe, ganz offen zu sein, von den Erfahrungen zu sprechen, die ich selber gemacht habe, von der Art, wie ich Glauben erlebe. Darum habe ich mir auch die Freiheit genommen, offen über Versagen und Ermunterungen in unserer Kirche zu reden. Meist habe ich dafür ein dankbares Echo bekommen. Aber es gibt auch andere Erfahrungen: Ein Vortrag über unsern Weg in der sozialistischen Gesellschaft, den ich vor einer neugewählten Synode 1978 hielt, wurde lediglich „entgegengenommen".

Der Kirchenleitung, und besonders mir als Bischof, mußte der Pfarrerstand am Herzen liegen. Es ging nicht nur um neue Formen des Dienstes, die der neuen Situation angepaßt wären. Manche Entwicklungen machten Sorgen. In dem erwähnten Vortrag sagte ich:

„Wer ein wenig hinter die Fassaden zu schauen versteht, hat bald heraus, daß der manchmal so betonte Anspruch des Pfarrers aus einer tiefen Verunsicherung kommt. Die Tradition hat ihm eine Rolle zugespielt, der er nicht mehr zu entsprechen vermag."

Ich vermute, daß sich die Stellung des Pfarrers in den östlichen Bundesländern, zumal in den Großstädten, nach der „Wende" nicht grundlegend ändern wird. Die christlichen Traditionen, deren stärkste Glieder die Elternhäuser waren, sind weithin abgerissen.

Als besonders schwerwiegend haben wir die Tatsache empfunden, daß sich die Zahl der Scheidungen in Pfarrhäusern der allgemeinen Tendenz in der DDR bedenklich annäherten: 1977 allein zählten wir in der Evangelischen Kirche in Berlin-Brandenburg neun. Vorher hielt sich die Zahl in Grenzen: von 1969 bis 1976 waren es einundzwanzig.

Das Verhältnis von Leitung und Basis ist in allen Betrieben ein Problem. In einer christlichen Kirche bedarf es zusätzlicher Aufmerksamkeit, weil dort nicht Pläne, Anordnungen und Kontrollen, sondern Verantwortung und Vertrauen gefragt sind. Wir haben uns nicht genügend klargemacht: Die Sprache der Verlautbarungen der Kirchenleitung war zu nuanciert. Sie waren von zu vielen Rücksichten geprägt. Anspielungen waren darin enthalten, die nur Eingeweihte verstanden. Es war unverkennbar, daß sie zumeist von Theologen verfaßt worden waren. Die Gemeinden haben manchmal das Ja in den Äußerungen der Kirchenleitungen deutlicher gehört als das Nein. Und gerade dies hätten sie wegen ihrer persönlichen Erfahrungen „vor Ort" gern lauter und klarer vernommen. Aber man konnte auch anderes hören: Die Worte der Kirchenleitungen etwa zur Jugendweihe, zum Wehrdienst und zum Wehrunterricht mögen ja alle richtig sein. Weiß jedoch die Kirchenleitung, was es für uns in der Schule und in den Betrieben bedeuten würde, wenn wir uns danach richten? Müssen wir uns nicht alle irgendwie anpassen? Ist Anpassung denn Sünde? Die Folgen haben doch in erster Linie wir zu tragen und nicht die Kirchenleitungen.

In einer Gesellschaft wie die in der DDR, wo die Menschen sehr verschiedene Erfahrungen gemacht haben, wo es sehr unterschiedliche Überzeugungen und nur begrenzte Möglichkeiten gab, sich ausreichend gegenseitig zu informieren und auszusprechen, wurde diese Frage lebenswichtig. Leitung und Basis miteinander zu verbinden war vor allem Sache der Superintendenten und der Pfarrer. Darum spielten Informationstagungen mit den Superintendenten eine große Rolle. Günter Jacob hatte einen mehrtägigen Konvent aus Kirchenleitung und Superintendenten in Buckow/ Märkische Schweiz ins Leben gerufen. Sie gehörten mit ihren Gottesdiensten, Andachten, Vorträgen und Aussprachen zu den wichtigsten Veranstaltungen unserer Kirche. Manchmal luden wir Gäste aus dem Kulturbereich ein. Ich erinnere mich an einen Abend mit dem Lyriker Peter Huchel, der von der Partei sehr bedrängt wurde und darum wenig später die DDR verließ. Ich denke an Franz Fühmann, der sich in unserm Kreis offenbar sehr wohl gefühlt hat.

Die Superintendenten gingen mit uns Leuten von der Kirchenleitung recht kritisch um. Zu den Feiern aus Anlaß der Jahrestage der DDR-Gründung wurden die Leitungen aller Kirchen in der DDR offiziell eingeladen, und sie kamen der Einladung nach. Ich nahm wegen meines Amtes im Bund der Evangelischen Kirchen in der DDR ziemlich regelmäßig an der Feier im Gebäude des Staatsrates, später im Palast der Republik, teil. Der 30. Jahrestag 1979 wurde besonders festlich begangen. Die Oberhäupter der Bruderländer waren gekommen und wurden auf der Tribüne plaziert. Mir wurde Platz auf ebendieser Tribüne zugewiesen. Unangenehm überrascht, überlegte ich kurz, ob ich umkehren sollte. Das tat ich dann aber nicht, weil ein solcher

Schritt als schwerer Affront aufgefaßt werden würde. So kam ich unmittelbar hinter Breshnew und Shiwkow zu sitzen. Ob ich diese Plazierung als Ehre oder als Vereinnahmung zu verstehen hatte, weiß ich nicht. Ich fürchte: als beides. Jedenfalls war dafür gesorgt, daß die Fernsehkameras mich mehrmals erfaßten. Dafür bekam ich bei unserem jährlichen Konvent in Buckow von einigen Superintendenten Schlimmes zu hören, jemand verglich mich sogar mit dem NS-Reichsbischof Müller. Ich mußte wieder einmal feststellen, daß Bilder emotional unvergleichlich stärker wirken als Worte. Darum war das Bild auch eine so starke Waffe in der Hand der Machthaber. Bilder, auf denen wir zusammen mit Staatsvertretern freundlich plaudernd oder auch mit einem Glas in der Hand erschienen, haben manche empört. Der Staat legte es offenbar darauf an, auf diese Weise „sozialistische Menschengemeinschaft" darzustellen oder aber zu differenzieren oder zu kompromittieren. Ich kann die Verbitterung bei solchen Menschen verstehen, die gequält worden sind. Welch harte Auseinandersetzungen unsere Gespräche oft waren, haben die Bilder verdeckt.

Das Verhältnis Staat – Kirche war in Berlin-Brandenburg besonders gespannt. Die Grenze zwischen den beiden gegensätzlichen Weltsystemen ging mitten durch unser Kirchengebiet hindurch. Wir hatten es mit dem Magistrat von Berlin und mit den Bezirken Potsdam, Frankfurt und Cottbus zu tun. Der für Kirchenfragen zuständige Berliner Stadtrat war besonders unangenehm, auch mit Cottbus gab es häufiger Schwierigkeiten. Mit Potsdam ging es am besten. Die Beziehungen zu Frankfurt besserten sich während meiner Dienstzeit.

Auch auf unserm Kirchengebiet zeigte sich, daß die Bezirke zwar Richtlinien bekamen, daß es aber doch sehr von den einzelnen Personen abhing, wie sie umgesetzt wurden. Daß ein Bezirk sogar dem höchsten Repräsentanten der DDR, dem Vorsitzenden des Staatsrates, Widerstand leisten konnte, erlebten wir 1978: Honecker hatte der Kirche das gesamte Areal des Erfurter Augustinerklosters zugesprochen. Bis dahin ging eine unsinnige Grenze quer durch das

Gelände. Es dauerte ein ganzes Jahr, bis sich der Rat der Stadt und des Bezirkes Erfurt dazu bequemten, dem Willen ihres Oberhauptes zu entsprechen.

In Berlin-Brandenburg fanden geraume Zeit Treffen der Kirchenleitung mit den Ratsvorsitzenden oder deren Stellvertretern der vier Bezirke statt, an denen auch der Staatssekretär für Kirchenfragen teilnahm. Gastgeber waren abwechselnd die Bezirke. Sie gaben sich Mühe; man konnte den Eindruck haben, daß sie untereinander einen Wettbewerb der Gastlichkeit austrugen. Das hinderte sie aber nicht, die anschließenden Gespräche in aller Deutlichkeit und Härte zu führen. Ich erinnere mich, daß der Frankfurter Vertreter auf einige Ausführungen von mir zum Umgang mit der Jugend derart aus der Rolle fiel, daß er sich nachher entschuldigen mußte.

Im SED-Archiv, das nun zugänglich ist, finden sich einige interessante Bemerkungen. Über meinen Synodalvortrag (April 1977) über die „Kirche im Dorf" fällt das Urteil ziemlich negativ aus: Kein positives Engagement der Kirche; Religiosität im Dorf geht zurück; realer Sozialismus angetastet. Das „Kräfteverhältnis" in der Pfarrerschaft wird im selben Jahr so bewertet: achtzehn Prozent Zustimmung zu allen wesentlichen Grundfragen, sechsundvierzig Prozent Abweichung in einzelnen Grundfragen, achtundzwanzig Prozent Abweichung bei den meisten Grundfragen, vier Prozent aggressives Auftreten, vier Prozent keine Gesprächsbereitschaft – bei so viel Mühe, die man auf uns verwendet hat, kein besonders positives Ergebnis.

Diese Differenzen bedeuteten aber nicht, daß zwischen den Pfarrern beständig politische Auseinandersetzungen stattgefunden hätten. Das hat es in manchen Konventen gegeben, war aber nicht die Regel. Die Kirchenleitung dachte in politischen Fragen nicht einheitlich und hat sich auch nicht festgelegt. Sie hat auch die Pfarrerschaft nicht auf eine Linie bringen wollen. Politische Entscheidungen sind Gewissensfragen. Auf keinen Fall gab es so etwas wie Unterdrückung einer dezidierten politischen Überzeugung. Daß von seiten der Kirchenleitung die Rechten unterdrückt wor-

den seien, ist nicht wahr. Nicht weniger als acht Superintendenten kamen aus der rechts-konservativen Szene.

Es war uns eine Genugtuung, daß der Minister für Ge-
sundheitswesen, Mecklinger, die Fürstenwalder Samariter-
anstalten besuchte und des Lobes voll war. Dazu hatte er
auch allen Grund; die Mitarbeiter dort arbeiteten mit viel
Hingabe und Phantasie. Mecklinger war meines Wissens
der einzige Minister, der zu meiner Amtszeit eine kirchliche
Einrichtung besuchte.

Gegen Schluß meiner Dienstzeit zeichnete sich der kommende Konflikt bereits deutlich ab. Unsere vier Jugend-
sonntage in Burg/Spreewald, Templin, Potsdam-Hermannswerder und der Stadtjugendsonntag in Berlin wurden zunehmend gut besucht. 1979 heißt es von Berlin: „überfüllt";
an den andern Jugendtagen nahmen etwa 5 000 junge Menschen teil, meist Glieder der Jungen Gemeinde.

Daneben entstand in Berlin eine informelle Arbeit. In einer Gemeinde sammelten sich Punks. Wir wurden gewarnt:
Wir hätten es mit Asozialen zu tun, wir würden eines Tages
nicht mehr mit ihnen fertig werden. In meinen Notizen vom
Oktober 1978 fand ich den Vermerk:

„Kirchenleitungsgespräch mit Pfarrer Eppelmann." Ihm
galt in den folgenden Jahren das Hauptinteresse der Behörden. Mit seinen Bluesmessen traf er offenbar ziemlich
gut, wonach sich die jungen Menschen sehnten: Daß ihre
Probleme in einem Rahmen, der ihnen zusagte, in einer
Sprache, die sie verstanden, benannt wurden, daß sie ihren
Frust herauslassen konnten, ohne dafür sofort belangt zu
werden. Zu den Jugendlichen, die sich in der Samariter-, der
Auferstehungs- und vor allem in der Erlöserkirche in Lich-
tenberg trafen, gehörten viele Kirchenfremde: Man mußte
ihnen abgewöhnen, in der Kirche zu rauchen, Bierflaschen
hatten draußen zu bleiben, die Kirche war auch keine
Liebeslaube. Es waren nicht so sehr die Asozialen, sondern
die „Nichtangepaßten", die sich dort versammelten. Mit der
Kirche als Institution wußten sie nicht viel anzufangen.
Eppelmann und seinen Helfern gelang es, die Jugendlichen
– ich erinnere mich an die Zahl 4 000 – so zu leiten, daß sie

nach draußen wenig Angriffsflächen boten. Für den Staat waren solche Erscheinungen dennoch höchst alarmierend. Partei, Magistrat und Ministerium für Staatssicherheit drohten mit Verbot. Zu meiner Zeit wurde die Drohung nicht wahrgemacht. Nach jeder Bluesmesse oder einer Friedenswerkstatt mußten wir uns allerdings die „Einschätzung" der Staatsorgane anhören. Soviel Aufsässigkeit war ihnen bisher kaum begegnet. Weniger Angst um die eigne Stellung im Staat als die Sorge um die Jugendlichen und die kirchlichen Mitarbeiter veranlaßte die Kirchenleitung, Einfluß auf die Gestaltung der Programme zu nehmen; der Stadtjugendpfarrer sollte maßgeblich daran mitwirken. Die Kirchenleitung hatte die Befürchtung, es könnten Verhältnisse wie 1952/53 eintreten. Wir hatten nicht vergessen, wozu die Partei und die Jugendorganisation fähig waren. Aber die Partei von 1980 war nicht mehr wie die in den fünfziger Jahren. Für Verhaltensweisen, die man 1980 durchgehen ließ, hätte man den Täter 1955 für Jahre nach Bautzen geschickt.

Die neue Aufsässigkeit zeigte sich auch darin, daß unliebsame Schriftsteller wie Stefan Heym, Jurek Becker, Bettina Wegener und sogar Wolf Biermann in kirchlichen Räumen lesen und singen konnten. Es wurde uns zwar bedeutet, daß jemand, der aus dem Schriftstellerverband ausgestoßen worden war, nirgends, auch nicht im kirchlichen Raum, auftreten dürfe. Aber das machte keinen großen Eindruck. Ich erinnere mich an einen Zusammenstoß mit Staatssekretär Seigewasser am Ende eines Empfangs für eine Delegation der Russischen Orthodoxen Kirche. Wütend stellte er mich zur Rede, wieso wir Biermann in der Nicolai-Kirche in Prenzlau auftreten ließen. Ich hatte keine Ahnung gehabt. Daß der Bischof nichts davon wußte, wenn in seiner Kirche ein so spektakulärer Auftritt stattfand, konnte ich ihm nicht glaubhaft machen. Aber es war so. Der Prenzlauer Jugendpfarrer hatte unter Zustimmung des dortigen Superintendenten eine Jugendveranstaltung durchgeführt, bei der Biermann – wie sollte es anders sein! – das ganze Programm bestimmte. Ein paar Tage später wurde Biermann ausgebürgert. Prenzlau war sein letzter Auftritt. Ich habe mich über den Brief geärgert, den er in diesem Zusammenhang an seine Mutter schrieb und der auf seinen Wunsch im „Spiegel" veröffentlicht wurde: Nicht nur darüber, daß er sich in häßlicher Weise über christliche Glaubensinhalte ausließ, sondern daß er die Veranstaltungsverordnung mißbräuchlich für sich in Anspruch nahm, um die wir jahrelang gekämpft hatten, bevor wir ein einigermaßen befriedigendes Ergebnis erzielen konnten. Aber dieser Ärger war keine ausreichende Begründung dafür, daß meine Kirche zu seiner Ausweisung und zu den nachfolgenden Maßregelungen gegen die Schriftsteller, die protestiert hatten, kein Wort gefunden hat – auch wenn nicht alle Betroffenen auf kirchliche Solidarität Wert legten.

Am Ende dieses Kapitels muß ich auf einen Vorgang zu sprechen kommen, der bis heute umstritten ist. Am 22. September 1977 konnte man in der Presse von Berlin-West die Schlagzeile lesen: „Ein Pfarrer verriet mich an den SSD." Wolfgang Defort, ein 35jähriger Ingenieur, war nach vierjähriger Haft freigekauft worden. Nun informierte er die Öffentlichkeit über einen Fluchtversuch aus der Strafvollzugsanstalt Cottbus am 13. Januar 1975. Es war ihm gelungen, aus der Haft zu entfliehen. Gegen Abend suchte er das Pfarrhaus in Forst-Eulo auf und bat den Pfarrer um Hilfe zur weiteren Flucht über Polen in die Bundesrepublik. Inzwischen hatte eine Großfahndung eingesetzt, die Grenze nach Polen war gesperrt. Die Fahndung konzentrierte sich auf Eulo, und, dafür gab es Anzeichen, auf das Pfarrhaus. Eine Reihe von Einwohnern wußte inzwischen, wer sich in ihrem Ort aufhielt und wo. Der Pfarrer zog zwei weitere Amtsbrüder zu Rate. Sie versuchten alle drei, den Flüchtling von der Aussichtslosigkeit seines Fluchtversuches zu überzeugen. Wenn er in die BRD wolle, gehe das nur über Gefängnis und Freikauf. Defort ging darauf nicht ein. Nach langen Debatten verständigte einer der Pfarrer, ohne Wissen des Flüchtlings, die Polizei. Defort wurde verhaftet. Er wurde zu weiteren zehn Monaten Freiheitsentzug verurteilt. Die Pfarrer wollten am nächsten Tage ihre Behörde in Berlin verständigen, trafen dort aber niemand an. Daher berichteten sie dem Superintendentur-Verwalter in Forst und dem Generalsuperintendenten in Cottbus den Vorgang. Diese meinten, Vertraulichkeit wahren zu müssen, und behielten ihr Wissen für sich. So erfuhr die Kirchenleitung erst zweieinhalb Jahre später aus der Presse davon.

Was in Eulo geschehen war, hat die Kirchenleitung und mich aufs tiefste bewegt. Die Worte „Verrat" und „Bruch des Beichtgeheimnisses" waren sofort zur Stelle. Als Kirche in der DDR war uns das Vertrauen, das uns weit über den Kreis der Kirchenmitglieder hinaus entgegengebracht wurde, ein kostbares Gut. Bruch des Beichtgeheimnisses ist in der gesamten christlichen Tradition ein besonders schweres Amtsvergehen, das zur Entlassung aus dem Dienst führen muß. Wir haben nach Kräften versucht, unsere Freiheit zu wahren – was hier geschehen war, stellte sich für viele als Bütteldienst zugunsten des Staates dar. Die Kirchenleitung mußte sich aber angesichts einseitiger, vorschneller und unqualifizierter Äußerungen in der Presse vor ihre Pfarrer stellen. Das wurde ihr als feige Komplizenschaft ausgelegt. Nicht irgendein Vorfall stand zur Debatte, sondern die Glaubwürdigkeit der Kirche in der DDR überhaupt. Nur wenige Stimmen wie diese (in einer Zeitung aus Süddeutschland) waren zu hören:

„Die ‚Arbeitsgemeinschaft 13. August' in Westberlin verlangt vom Vorsitzenden des DDR-Kirchenbundes, Bischof Albrecht Schönherr, … die Entlassung aller drei in den Fall verwickelten Pfarrer. Die Menschen in der DDR hätten ein Recht darauf, vor ‚Verrätern' geschützt zu werden, vor allem dann, wenn sie bei ihnen Vertrauen gesucht hätten. Das ist, mit Verlaub, ein ziemlich anmaßender Ton … Die Selbstverständlichkeit, mit der Leute, die jetzt im trockenen sitzen, von anderen verlangen, sie sollten Kopf und Kragen riskieren, ist erstaunlich; sie steht auch dem nicht zu, der selbst einstmals Kopf und Kragen riskiert haben mag, um aus der DDR zu entkommen. Auch im Lande des Staatssicherheitsdienstes wird offenbar von einem Pfarrer erwartet, daß er einem Flüchtling ungeachtet aller Begleitumstände helfen müsse. Tut er es nicht, ist er ein Feigling und Verräter."

Eine juristisch faßbare Schuld war den drei Pfarrern nicht anzulasten. Defort hatte um Fluchthilfe gebeten, nicht um ein seelsorgerisches Gespräch. Damit entfällt der Vorwurf, die Pfarrer hätten das Beichtgeheimnis gebrochen. Auch die Verletzung der Amtsverschwiegenheit konnte nicht mehr angeführt werden, da ein weiterer Personenkreis bereits Bescheid gewußt hatte.

Defort hat am 3. Oktober 1977 bei der Zentralen Erfassungsstelle Anzeige erstattet. Er nahm am 30. Januar 1978 den Strafantrag zurück, nachdem der Staatsanwalt in Salzgitter ihn aufgrund der vorliegenden Tatsachen davon überzeugt hatte, daß „zureichende, tatsächliche Anhaltspunkte für die Annahme einer politischen Verdächtigung" fehlen. (Schreiben der Zentralen Erfassungsstelle vom 12. April 1978.)

Aus der Pfarrerschaft kam die Bitte, man möge für derartige Fälle genaue Anweisungen erlassen. Aber das ist nicht möglich. Juristisch faßbare Feststellungen oder behördliche Anweisungen reichen nicht aus. Ich habe mir damals notiert: „Die Pfarrer standen vor der Wahl zwischen den Rechtsgütern des Lebens und der Freiheit. Sie wählten das Leben für Wolfgang Defort, das ihnen durch die Waffen der Polizei, aber auch durch die Hochwasser führende eiskalte Neiße äußerst gefährdet schien. Sie standen vor der Wahl zwischen den ethischen Gütern, die Integrität des Pfarrhauses beziehungsweise die Vertrauenswürdigkeit des Pfarrerstandes und ihren eigenen guten Ruf vor der Öffentlichkeit zu bewahren oder an dem Flüchtenden Nächstenhilfe im Sinn von Lebenshilfe zu üben."

Ich hatte, als ich das schrieb, noch nicht erfahren, daß die Alternative „Freiheit" für Defort gar nicht mehr bestand.

Sie hatten sich auch zu entscheiden zwischen ihrem Ansehen in der Welt und dem Wohl der Mitwisser in ihrer Gemeinde. Wegen Nichtanzeige eines Verbrechens hätte ihnen nach DDR-Strafrecht eine mehrjährige Freiheitsstrafe gedroht.

350

Ich glaube nicht, daß es juristisch faßbare Gesetze oder konkrete ethische Grundsätze für einen solchen Fall geben kann. Es gibt Situationen, da steht der einzelne für sich allein – allein vor Gott. Die drei Pfarrer beriefen und berufen sich auf das 5. Gebot. Die Stellungnahme der Kirchenleitung Berlin-Brandenburg endet mit folgendem Abschnitt:

„Die Entscheidung der Pfarrer wird nicht von allen gebilligt werden. Dessen sind sie sich auch bewußt. Auch in der Kirchenleitung ist die Meinung darüber nicht einhellig. Was geschehen ist, bleibt für viele bestürzend. Zugleich wird aber bei der Kenntnis der näheren Umstände sichtbar, daß die Pfarrer aus einer letzten Verantwortung heraus gehandelt haben. Ihr Tun muß Gottes Urteil überlassen bleiben. Unter seinem Urteil stehen auch unser Handeln, Reden und Schweigen."

27. Partei, Staat, Religion und Kirche
in der DDR

Das folgende Kapitel wird wahrscheinlich das meiste Interesse finden und zugleich das umstrittenste sein. Zuerst einige Vorüberlegungen.

Wir sind heute in der Lage, Archivmaterial verarbeiten zu können, wie es sonst nicht einmal bei der bedingungslosen Kapitulation eines Staates zur Verfügung steht. (Ein großer Teil der NS-Akten ruht unzugänglich in USA-Archiven.) Wir können in die Akten der Partei und des Staatsapparates, einschließlich des Ministeriums für Staatssicherheit, Einsicht nehmen.

Der Quellenwert dieser Akten wird von Historikern im allgemeinen hoch veranschlagt. Sie sind – wenn wir die Sichtweise und die Intention ihrer Aussagen beachten – brauchbare Quellenzeugnisse für kirchliche Vorgänge und Entwicklungen. Sie sind um so genauer, je mehr sich der Berichterstatter mit kirchlichen Fragen beschäftigt hat. Ich habe das beim Vergleich meiner eigenen Aufzeichnungen mit den Berichten, die der Staatssekretär für Kirchenfragen geliefert hat, im großen ganzen bestätigt gefunden.

Deutung und Wertung der Aufzeichnungen zeigen allerdings die politische und ideologische Vorgabe deutlich an. Die staatlichen Mitarbeiter stellen ihre Gesprächsführung so dar, daß sie als die getreuen Erfüller der Anweisungen des ZK erscheinen. Besonders für die Akten des Ministeriums für Staatssicherheit gilt: Auch auf diesem Gebiet haben wir es mit „Planwirtschaft" zu tun. Zum Beispiel werden für Synoden minutiöse Strategien ausgearbeitet. Wenn über das dann wirklich Geschehene berichtet wird, wird so viel wie möglich und noch ein bißchen mehr als eigner Erfolg gebucht. Mißerfolge werden verkleinert oder fallen unter den Tisch. Die meisten Akten sind konzeptioneller Natur. Sich allein auf sie zu stützen würde zu falschen Schlüssen führen. Für alle, die die Akten in Staat und Partei angelegt haben, ist die Kirche nur Objekt der Politik. Kirchliches Handeln wird ausschließlich nach ideologischen oder politischen Maßstäben beurteilt. Es war Selbsttäuschung, wenn wir meinten, Anregungen zu einer besseren Politik, zu größerer Liberalisierung würden zu maßgebenden Politikern gelangen und dort ihre Wirkung tun. Meist scheinen sie nur dazu gedient zu haben, die Einschätzung unserer Person zu vervollständigen. Vor endgültigen Urteilen, besonders vor Schuldzuweisungen und Heroisierungen ist zu warnen, mindestens so lange, wie nicht alle Akten zur Verfügung stehen. Im übrigen: Akten allein geben das wahre Bild eines Menschen noch nicht wieder.

Mir ist in der letzten Zeit immer klarer geworden, wieviel von dem Gesichtspunkt abhängt, unter dem die Ereignisse geschildert werden. Ich habe früher, wenn ich von der Kirche in der DDR berichtete, gern „wir" gesagt. Damit habe ich unbewußt in Anspruch genommen, für „die Kirche" in der DDR zu sprechen. Ich meinte, „unsere" Erfahrungen, Entwürfe und Ziele ständen für die Gesamtkirche. Ich weiß jetzt: Das ist falsch. Wir haben in den Arbeitsgremien des Bundes der Evangelischen Kirchen in der DDR, in den Kirchenleitungen und Synoden der Landeskirchen, in der Ökumene viele Gedanken entwickelt, die von den Gemeinden nicht aufgenommen oder mitvollzogen wurden. Wir „Fachleute" hatten die hochmütige Vorstellung, unsere Einsichten, Wertmaßstäbe und Zielvorstellungen hätten für die andern Gemeindeglieder die gleiche Bedeutung wie für uns.

Unsere ausgefeilten Veröffentlichungen mit allen möglichen Rücksichten sind in den Gemeinden vermutlich oft nicht verstanden worden. Die Sprache war zu differenziert. Sie waren weniger feine Nuancen gewöhnt. Wir waren ja auch sprachlich bemüht, Konfrontationen zu vermeiden, um die kirchliche Arbeit nicht zu gefährden und uns nicht auf das Abstellgleis schieben zu lassen.

Wir haben die Verpflichtung gespürt, über die kirchliche Gegenwart hinaus eine von uns geahnte oder erwartete Zukunft in den Blick zu bekommen. Die Gemeinden mit ihren Pfarrern hatten aber damit zu tun, in der Gegenwart mit ihren kleinen und großen Ärgernissen, mit ihren Siegen und Niederlagen fertig zu werden. Sie haben auf ihre Weise ihrem Herrn und ihrer Kirche die Treue gehalten; sie sind die ihnen notwendig scheinenden Kompromisse eingegangen; sie haben dann und wann auch ein klares Ja oder Nein gesagt. Die Verlautbarungen der Kirchenleitung haben sie übernommen, soweit sie ihr Leben betrafen und mit ihren eigenen Erfahrungen und Urteilen übereinstimmten. So haben die Berlin-Brandenburger Gemeinden das Wort zum Einmarsch in die ČSSR vom September 1968 mitgetragen. Die Abkündigung der Kirchenprovinz Sachsen zu Bildungsfragen haben nach den Recherchen des Bezirks Magdeburg fünfundneunzig Prozent der Pfarrer verlesen. Die Gemeinden sind ihren Weg mit Angst, aber mehr noch mit Gottvertrauen gegangen. Woche für Woche hat sich eine Schar von Christenmenschen in den Gottesdiensten, in Jugend- und anderen Kreisen versammelt. Sie haben auf das Bibelwort gehört, gebetet und gesungen. Das alles ist das eigentlich Wichtige, was wir von den Kirchen in der DDR zu sagen haben. Ein pauschales Schuldbekenntnis der Kirche in der DDR würde dem Großteil der Gemeinde und ihrer Pfarrer unrecht tun. Wer suggeriert, in den Kirchen der DDR hätte es nur Helden oder nur Verräter gegeben, hat sich bereits auf die Schwarz-Weiß-Malerei eingelassen, die für den Sozialismus typisch war.

Die Gedanken der Kirchenleitung waren auch nicht die gleichen wie die der Gruppen, die sich unter der Devise Frieden, Menschenrechte, Umwelt zusammenfanden. Gleichgesinnte und gleichen Zielen Verschworene sehen manches anders als eine Kirchenleitung. Diese muß für alle dasein; sie hat die Verantwortung für eine große Zahl von Mitarbeitern und für Tausende von Christen. Sie soll Wege zeigen, aber auch schützen, bewahren und Hindernisse beseitigen. Die Kirchenleitungen haben sich nach Kräften Mühe gegeben, auch den Gruppen gerecht zu werden.

Einen völlig anderen Blickpunkt als die Kirchenleitungen

haben die, die im „real existierenden Sozialismus" seelisch unterdrückt, beruflich geschädigt, geschlagen, gefoltert oder unrechtmäßig gefangengehalten wurden. Sie beurteilen die DDR-Vergangenheit von ihren Erlebnissen her – wer kann ihnen das verargen! Es wird noch lange dauern, bis wir alle so viel verstanden und bis wir so viel Abstand gewonnen haben, daß wir uns in die Sicht des andern hineinversetzen können. Die Kirchenleitungen haben ihnen oft geholfen, manchmal freilich auch nicht oder nicht ausreichend, manchmal ungebeten oder sogar gegen den eignen Willen der Betroffenen. Was würde man heute von einer Kirche sagen, die eine Hilfeleistung bewußt unterlassen hätte! Auch die damals Emigrierten werden andere Maßstäbe anlegen als diejenigen, die in der DDR geblieben sind.

Die SED hat die Differenzierung und Polarisierung in der Kirche gewollt und bewußt betrieben. Sie hat das Ihre dazu getan, die Kluft zwischen Kirchenleitung, Gemeinden und Gruppen zu vertiefen. Ich erwähnte schon die Bilder, die wohl auch zu diesem Zweck in den Zeitungen zu sehen waren. Sie hat die „positiven" Gruppen gegen die „negativen" in den Kampf geschickt. Aber sie hat mit solcher Strategie auch ihre Enttäuschungen erlebt. Auch den Gruppen, die der SED zuneigten, war die Bindung des Glaubens meist wichtiger. Oft waren sie bei aller Kritik an den Kirchenleitungen unglücklich, derart benutzt zu werden. Die Parteiorgane stellten nur fest: Offensichtlich sind unsere Maßnahmen noch nicht ausreichend verdeutlicht worden.

Wir Mitglieder der Kirchenleitungen sind meist höflich behandelt worden. Auf Etikette wurde großer Wert gelegt.

Man bedrohte uns im allgemeinen nicht in der rüden Weise, wie man mit Bürgern an der Basis umging. Wir wurden zu einer Besprechung nicht „bestellt", sondern „gebeten", und konnten meist unter mehreren Terminen wählen. Wenn wir in der Hermann-Matern-Straße, dem Sitz des StSfKF, erwartet wurden, stand im härtesten Fall Mineralwasser auf dem Tisch, sonst konnte man mit Kaffee, in besonders friedlicher Atmosphäre auch einmal mit Kognak rechnen. Ich habe immer empfunden, daß Reden wie „Herr

Bischof, zu Ihnen haben wir doch Vertrauen – wie konnten Sie …" viel schwerer zu ertragen waren als brutal geäußerte Vorwürfe. Gegen eine üble Behandlung lauthals zu protestieren ist leichter, als einen Orden abzulehnen. Dann kann man auch das Gespräch abbrechen. So habe ich es einmal bei Paul Verner, Mitglied des Politbüros, getan. Er gehörte nicht zu denen, die „Kreide geschluckt" haben.

Insofern hatten wir tatsächlich „Privilegien". Die Regierenden waren um den Ruf der Deutschen Demokratischen Republik, insbesondere im westlichen Ausland, besorgt. Und ihnen war bekannt, daß Gemeindeglieder, wenn sie in den Zeitungen von „vertrauensvollen Gesprächen" lasen und die entsprechenden Bilder sahen, Anstoß nahmen. Man ließ uns, wie es gerade paßte, wissen, daß „die christlichen Bürger hinter uns stehen", wenn wir etwas Staatsfreundlichem zustimmen sollten. Wenn wir Kritisches gesagt hatten, waren wir „Feldherren ohne Truppe".

Eine letzte Vorbemerkung: Auch darüber bin ich mir klargeworden, daß gerade bei der Aufarbeitung der jüngsten Vergangenheit der Unterschied der Generationen eine entscheidende Rolle spielt. Es ist etwas anderes, ob ich in den achtziger Jahren auf den Plan trete und den 6. März 1978, das Gespräch Honeckers mit dem Vorstand des Bundes der Evangelischen Kirchen in der DDR, zum Ausgangspunkt nehme, oder ob ich in Betracht ziehe, daß der 6. März eine lange Vorgeschichte hat, die bis in die Kriegszeit reicht. Die Aussagen der Berner Parteikonferenz von 1939 mit den dort anvisierten Bündnisvorstellungen ist zum Beispiel mit zu bedenken. Wir haben die Verfolgung der Jungen und der Studentengemeinden von 1952/53 nicht bloß aus der Literatur, sondern mit der Verlogenheit, der Brutalilität und den außerordentlichen Haßgefühlen der Partei und ihres Jugendverbandes miterlebt. Wir wissen, wie man in den fünfziger und sechziger Jahren mit Leuten umgegangen ist, die gegen das Regime aufgemuckt haben. Darum sollte man uns abnehmen, daß wir um die jungen Menschen gebangt haben, die sich seit 1980 (nach den Geschehnissen in Polen) und vor allem nach Gorbatschows „Glasnost und Perestroika" systemkritisch geäußert haben. 1988/89 stand die Volkspolizei mit Hunden und Schlagstöcken rings um die Kirchen. Und sie hat zugeschlagen. Mit großer Mühe konnte im Oktober 1989 in Dresden ein Blutbad abgewendet werden. Man darf es den „Vätern" nicht unbedingt als Feigheit oder als Sorge um das „herzliche Einvernehmen" zwischen Kirche und Staat auslegen, wenn sie für die jungen Menschen auf der Straße einen „himmlischen Frieden" auf DDR-Weise befürchteten.

Bei meinen Erinnerungen an das Verhältnis von Staat und Kirche in der DDR werde ich mich im wesentlichen auf die Zeit beschränken, in der ich selbst einen kirchenleitenden Dienst ausgeübt habe, also auf die Zeit von 1967 bis 1981. Allerdings werde ich, dem getreu, was ich soeben ausgeführt habe, hier und da auf eine längere Vorgeschichte zurückgreifen müssen.

Vielleicht ist es angesichts der heutigen Debatte nicht überflüssig, daran zu erinnern, daß sich auch die Leute der Kirchenleitung auf dem Weg, den sie eingeschlagen haben, von ihrem christlichen Gewissen haben leiten lassen. Auch sie haben um guten Rat und um Vergebung der Sünden gebetet und sich brüderlich-schwesterlich beraten. Sie haben geglaubt, daß Gott das letzte Wort in der Geschichte hat und auch in der DDR nicht untätig ist. Wer lediglich mit politischen und ideologischen Kategorien an die Geschichte der Kirche in der DDR herangeht, wird der vollen historischen Wahrheit nicht gerecht. Nicht einer „frommen" Geschichtsschreibung rede ich das Wort, wohl aber einer realistischen, die damit rechnet, daß es Menschen gibt, die ihren Glauben an Gott nicht als Vorwand benutzen.

Es folgen einige Gedanken darüber, wie ich die DDR erlebt habe. Sie erheben nicht den Anspruch auf die Kompetenz eines Historikers oder Politologen. Aber vielleicht machen sie manches besser verstehbar. Ich knüpfe an früher Gesagtes an.

Die Teilung Deutschlands war ein Werk der Siegermächte und der von ihnen abhängigen deutschen Regierungen. Als Christ, der an das Walten Gottes in der Geschichte glaubt, schien mir dieser Absturz die Antwort Gottes auf die deutsche Hybris zu sein, als das Herrenvolk andere Völker zu versklaven oder zu vernichten. Wenn uns Gott heute wieder in einem Staat zusammenleben läßt, ist für mich darin die geschichtliche Chance und die Aufforderung Gottes eingeschlossen, nun nicht die Überheblichkeit, sondern die Kraft und den Fleiß der Deutschen auch für das Wohl der ärmeren Völker einzusetzen. Ich bange darum, ob wir dieser Verpflichtung mit unserem Wohlstands- und Anspruchsdenken gerecht werden.

Der Staat der DDR und die Partei, die die tatsächlich regierende Macht war, haben nach meiner Überzeugung stets an ihrem „Geburtsfehler" gelitten, daß das deutsche Volk sie nicht frei gewählt hat. Die DDR hat dem andern deutschen Staat gegenüber immer Minderwertigkeitskomplexe gehabt, nicht nur wegen dessen Wohlstand, sondern weil er von der Bevölkerung akzeptiert war. Der Komplex drückte sich zum Beispiel in der Ulbrichtschen Gigantomanie, seiner Vorliebe für Türme (Berliner Fernsehturm, Universität Leipzig, Zeissturm Jena), in der forcierten Propagierung der „sozialistischen Menschengemeinschaft" und in dem unstillbaren Bedürfnis aus, gefeiert zu werden. Unerträglich war mir das Ritual bei staatlichen Feiern: Der feierliche Einzug der Regierung oder der Parteispitze, die gegenseitige Akklamation. Und dazu das traurig Komische, das in meinen Augen alle Feierlichkeit sogleich wieder zerstörte: Von der DDR-Hymne durfte man sich nur die Melodie anhören, der Text war tabu.

Dennoch erschien die DDR vielen als ein Versuch, den man unterstützen mußte. Als Alternative zur kapitalistischen Wirtschaft war sie in den ersten Jahren für manchen eine hoffnungsvolle Adresse.

Aber die kamen, waren wenige, ein paar Tropfen gegenüber dem Strom derer, die dem SED-Regime den Rücken kehrten. Jede neue Stufe des „Aufbaus des Sozialismus" ließ die Ausreisewelle ansteigen. Die DDR rettete sich mit der schärfsten Maßnahme und mauerte sich ein. Ein großer Teil der Energien personeller und materieller Art mußten der Grenzsicherung geopfert werden. „Republikflucht" wurde zu einem der meistverfolgten Verbrechen. Ich nahm in Brandenburg an einer Versammlung teil, in der Gerald Götting, damals Generalsekretär der Christlich-Demokratischen Union, den Mauerbau damit rechtfertigte, daß die DDR sich gegen einen unmittelbar bevorstehenden Angriff des Imperialismus schützen mußte. Dabei war offensichtlich, daß die Front des „antifaschistischen Schutzwalles" nach innen, nicht nach außen gerichtet war. Die DDR-Regierung machte sich bei dem Schrecklichen, zu dem sie sich gezwungen sah, wenn sie nicht auslaufen wollte (das hätte Moskau nicht erlaubt!), auch noch lächerlich. Die Mauer brachte unendliches Leid über das ganze Volk. Sie trug viel dazu bei, daß sich beide Seiten, wie heute offenkundig ist, auseinanderlebten. Die Mauer wurde weltweit zum wirkungsvollsten Gegenargument gegen den „real existierenden Sozialismus". Ökonomisch ermöglichte sie eine gewisse Autarkie, die die wirtschaftliche Lage vorübergehend verbesserte. Politisch sorgte sie dafür, daß sich auch der letzte DDR-Bürger klarmachen mußte, wo er war, und daß er sich vom Westen keine Hilfe erhoffen konnte, die seine Lage bald und wesentlich veränderte.

Der DDR-Regierung und ihrer Partei ist es nicht gelungen, eine Mitteleuropa angepaßte Variante des Sozialismus zu präsentieren. Sie hat den Stil des Bolschewismus, der dem Zarismus unmittelbar folgte, weithin kopiert. Der aus der SU „eingeflogene" Emigrant Ulbricht und seine Mannschaft hatten vorerst das Sagen, nicht die Kommunisten, die in den Gefängnissen und Konzentrationslagern des Nationalsozialismus überlebt hatten. In Deutschland aber gab es ein liberales und demokratisches Bürgertum und eine selbstbewußte Arbeiterschaft. Es folgte die massenhafte Abwanderung nach dem Westen und der Aufstand am 17. Juni 1953. Das Trauma, daß der „Arbeiter-und-Bauern-Staat" sich seiner Arbeiter mit Hilfe der Panzer der Besatzungsmacht erwehren mußte, hat die Partei nie verwunden. Es war wesentlich schuld daran, daß man keine tapferen Schritte zu einer Liberalisierung und wirklichen Demokratie gewagt hat.

Sozialismus kann es nicht geben ohne soziale Gesinnung,

ohne Sorge für das Gemeinwohl. Darum legte die Partei größten Wert auf eine sozialistische, nach dem IX. Parteitag kommunistische Erziehung. Wenn der Mensch Produkt seiner Arbeit ist, warum soll man nicht durch Nacharbeit einen neuen Menschen schaffen können? Doch der Mensch ist nur in sehr begrenzter Weise durch Einpauken von Denk- und Verhaltensweisen veränderbar. Die SED hielt es wie der Erzvater Jakob: Er legte den ihm anvertrauten Schafmüttern seines Schwiegervaters Laban zweifarbige Stäbe in die Futtertröge, damit sie dadurch, daß sie immer und immer wieder diese gesprenkelten Stäbe ansähen, zweifarbige Lämmer werfen sollten. Das gelang ihm glänzend (1. Mose 30). Aber Menschen sind eben keine Schafe. Wie es um die soziale Gesinnung stand, konnte man an der Art ablesen, wie mit Volkseigentum umgegangen wurde.

Der DDR-Staat war nicht das Machtinstrument einer Nation, sondern der Exponent eines Systems. Die „sozialistische Nation" war das künstliche Gebilde einer Ideologie und darum so verletzlich. Eine Nation als eine gewachsene Größe kann Ideologien gegenüber gelassen sein. Kritik an der marxistisch-leninistischen Ideologie galt als Verbrechen. Schon ein Dialog war bis in die achtziger Jahre untersagt. Zensur schien unerläßlich.

Das Jahr 1972 mit der allgemeinen völkerrechtlichen Anerkennung und der Aufnahme in die UNO war das erfolgreichste Jahr der DDR-Politik. Mit Helsinki und dem Prinzip der unverletzlichen Grenzen schien ihre Existenz gesichert. Der Besuch Honeckers in Bonn war der Punkt auf dem i. Da die Sowjetunion voll hinter ihrem Vorposten in Mitteleuropa stand, war es undenkbar, daß die DDR in absehbarer Zeit verschwinden würde. Keiner rechnete damit, auch die Bürgerrechtsbewegung nicht: Sie wollte eine bessere DDR.

Die Ideologie des Marxismus-Leninismus war die Substanz der „sozialistischen Nation". Ihre Hüter erklärten sie als unbedingt gültig und unangreifbar und erhoben sie damit in den Rang religionsähnlicher Verehrung. Die Partei nahm Allmacht und Allwissenheit für sich in Anspruch. Der Satz:

360

„Der Sozialismus ist allmächtig, weil er wahr ist", ist kein wissenschaftlicher, sondern ein religiöser Satz. Wer sich wissenschaftlich gibt, muß den Zweifel zulassen. Aber gerade der war verboten. Die Partei, so hieß es, gründe ihre Autorität auf politisch und sachlich richtige Entscheidungen, nicht auf formale Ansprüche. Aber ihre Entscheidungen kritisch zu diskutieren war nicht erlaubt. Wache Kreise in der SED haben sich nur heimlich über die Politik ihrer Partei austauschen können. Die Parteidisziplin hat immer wieder das letzte Wort gehabt. Sie war die effektivste Reformbremse. Die geltende Ideologie forderte eine klare Entscheidung: Bekennen oder Verleugnen, Ja oder Nein. Die Menschen wurden dementsprechend in „positive" und in „negative" Kräfte eingeteilt. Staatssekretär Seigewasser sagte mir einmal: „Die Partei ist ein Orden" (im Sinne eines christlichen Mönchsordens). Freilich: Jede Fusion von Macht und Ideologie erzeugt Heuchler und Opportunisten.

Neben den Ideologen gab es in der DDR-Führung auch die Realisten. Diese beiden Gruppen fielen sich oft deutlich spürbar gegenseitig in den Arm. So ergab sich, besonders in den siebziger Jahren, das Bild einer undurchschaubaren Schaukelpolitik. Aber ein Aufstand der Realisten, der die Ideologen entmachtet hätte, fand nicht statt. Vor allem rieben sich Ideologie und Deutschlandpolitik. Ein normales Verhältnis zur Bundesrepublik lag im Interesse des Warschauer Paktes. Auch der DDR brachte es bekanntlich erhebliche wirtschaftliche Vorteile. Am deutlichsten wurde das nach Abschluß des Grundlagenvertrages 1972.

Hat die Deutschlandpolitik der BRD, die zu den Verträgen von 1970/72 geführt hat, die DDR stabilisiert und ihr damit eine längere Lebensdauer verschafft? 1964 sprach Egon Bahr in Tutzing den Gedanken aus, der später zu einem wichtigen Programmpunkt der sozial-liberalen Koalition geworden ist: „Wandel durch Annäherung". Das leuchtete mir ein. Ich bin, soweit sich mir eine Gelegenheit bot, für eine völkerrechtliche Anerkennung der DDR eingetreten. Egon Bahr: „Wir haben ein Interesse an einer stabilen DDR." Ich halte das auch noch heute für richtig, und ich denke, die politische Entwicklung hat dem recht gegeben. Eine Destabilisierung der DDR wäre, wenn sie überhaupt wirksam geworden wäre, gefährlich für den Frieden in Mitteleuropa geworden. Die DDR hätte sich veranlaßt gesehen, ihre Mauern noch höher und noch undurchlässiger zu machen und dahinter mit den Bürgern beliebig zu verfahren. Es konnte zwischen den beiden deutschen Staaten ja doch nicht in erster Linie um politische Strategien, es mußte um Humanität und um Frieden in der Mitte Europas gehen. Eine andere Befürchtung, die nicht nur mich zeitweise bedrückt hat, war schwerwiegender: Wäre die Destabilisierung einer Region an der Grenze zum Westen gelungen, hätte das für die SU in der Breshnew-Zeit Anlaß sein können, sich diese Region wie einst das Baltikum einzuverleiben.

Die Verträge vom Anfang der siebziger Jahre und die Aufnahme in die UNO haben eine größere Öffnung der DDR und vor allem die Teilnahme am Helsinki-Prozeß ermöglicht. Der brachte die Verpflichtung zu weiteren Öffnungen mit sich, die man fortan anmahnen konnte. Von der Möglichkeit, aufgrund von Helsinki nun auch in der DDR offen über die Menschenrechte zu sprechen, war schon die Rede. Helsinki gab den Anstoß zu immer mehr Reiseerleichterungen in beide Richtungen. Und jede Reise war ein Faktor der Destabilisierung: Was einer „drüben" sah, und was ein Gast von dort zu erzählen wußte, war meist nicht angetan, die Zuversicht in die DDR zu stärken. Das heute so umstrittene SED-SPD-Papier über die gemeinsame Sicherheit von 1987 polarisierte die SED-Spitze. Bisher hatte man „Sozialdemokratismus" als die schlimmste Sünde angeprangert, jetzt wurde die gemeinsame Wurzel betont und eine gemeinsame Aufgabe festgelegt.

Daß die DDR-Ideologen die Bedrohung durch die neue Politik der Bundesrepublik erkannten, zeigt jener Beschluß des Politbüros des Zentralkomitees der Sozialistischen Einheitspartei Deutschlands vom 7. November 1972: „Die Aufgaben der Agitation und Propaganda bei der weiteren Verwirklichung der Beschlüsse des VIII. Parteitages". Er setzt drei Ziele:

362

– Die Bevölkerung soll die Normen des Marxismus-Leninismus wieder ungebrochen und stärker als bisher internationalisieren.
– Die Werktätigen sollen zu positivem Handeln im Sinne aktueller Parteibeschlüsse erzogen werden.
– Alle Bevölkerungsschichten sollen gegen westliche Einflüsse immunisiert werden.
– Stärker und in vielfältiger Weise ist der atheistische Charakter der marxistisch-leninistischen Weltanschauung zur Geltung zu bringen.

Die CDU übernahm diesen Beschluß, ließ aber den Satz über die Förderung des Atheismus aus. Sie wollte einen Sozialismus ohne Atheismus vertreten. Dieses „Manko", so habe ich es empfunden, versuchten höhere Funktionäre der CDU durch doppelten Eifer für den Sozialismus aufzuwiegen. Für sie war Albert Nordens Formel „sozialistischer Staatsbürger christlichen Glaubens" die maßgebliche Formulierung. Nur einmal, soviel ich weiß, hat die CDU in der Volkskammer nicht einstimmig für eine Vorlage der Regierung gestimmt: bei der Einführung der Fristenlösung. Auf örtlicher Ebene war die CDU für viele die Chance, sich politisch zu engagieren, ohne aus der Kirche austreten zu müssen. Wer in die CDU eintrat, um politisch etwas zu bewegen, mußte bald erkennen, wie begrenzt die Möglichkeiten dieser Partei waren. Der Generalseketär und spätere Präsident der CDU, Gerald Götting, hat uns oft seine Vermittlung in kirchenpolitischen Fragen angeboten. Wir haben keinen Gebrauch davon gemacht.

Wie konnte vor diesem Hintergrund die Kirchenpolitik der DDR aussehen? „Religion ist Privatsache" – dieser liberale Grundsatz hatte im Sinne der DDR-Ideologie einen andern Klang als dort, wo der private Bereich kostbar und zu schützen ist. In der DDR ging es um ein ideologisches System, das mit Macht eingeführt und aufrechterhalten wurde. Privates war in diesem System zweitrangig. Wenn Religion öffentlich würde, würde sie zur Ideologie und träte in Konkurrenz mit der herrschenden. Die Kirchen kämpften um die Anerkennung, daß der Glaube an Gott das ganze Leben, also auch das öffentliche, umfasse. Damit war für den Marxisten der „Kriegsfall" gegeben: Eine „Traumfabrik" wie die Religion kann und darf ja nicht Überbau einer materialistischen Weltanschauung sein. Also muß sie von der Basis einer idealistischen und darum feindlichen Weltanschauung herkommen. Das war unausrottbares Dogma. Weil die Kirche für die Verbreitung und Verewigung dieser gefährlichen Ideologie sorgt, war sie zu unterdrücken. So war sie lange Zeit fast völlig aus den Medien verbannt. Später, als man nicht mehr umhinkonnte, sie als Realität anzunehmen, versuchte die Partei, sie sich dienstbar zu machen. Doch schon die Diakonie und die Friedensarbeit der Kirchen in der DDR, vor allem aber die Theologie der Befreiung in Lateinamerika machte die Hüter der reinen Lehre stutzig. Noch 1969 konnte Hermann Matern, Mitglied des Politbüros, sagen, als er zur Zusammenarbeit von Christen und Marxisten ermuntern wollte:

„Ursächlich ist die fortschrittliche Haltung solcher religiöser Menschen nicht dadurch bedingt, daß sie Träger religiöser Überzeugungen, sondern weil sie gesellschaftliche Wesen sind. Ihr fortschrittliches Denken und Handeln resultiert primär aus ihrer wirklichen Lebenslage, aus ihren realen Lebensbedingungen."

Für die konservativen, marxistischen Ideologen war der christliche Glaube eine Marginalie, die Kirche eine fossile Randerscheinung, deren sich ein „siegreicher" sozialistischer Staat eigentlich schämen müßte. Darum gehörte es lange Zeit zu seiner Politik, wenn man die Kirche schon, um des Ansehens in der Welt willen und weil man ihr damit vielleicht zuviel Ehre angetan hätte, nicht mit administrativen Mitteln gänzlich umbringen wollte, sie in ihren Möglichkeiten einzudämmen und an neuerlicher Ausbreitung zu hindern. Diese Strategie schloß das Bestreben ein, kirchliche Veranstaltungen auf den kirchlichen Innenraum zu beschränken und sie inhaltlich auf „rein religiöse" Themen festzulegen. Dazu diente die berüchtigte Veranstaltungsverordnung vom 26. November 1970, die alles, was über die seit eh und je traditionellen kirchlichen Handlungen hinausging, für polizeilich anmeldepflichtig erklärte: also Bibelrüsten, Akademietagungen, Gemeindeseminare, „Gottesdienste einmal anders", Verkündigungsspiele, Kirchenmusik, Ausstellungen, sogar Sitzungen der Gemeindekirchenräte und Synoden. Plakate für kirchliche Veranstaltungen drukken zu lassen war schwierig. Die Kirche sollte von der Öffentlichkeit ausgeschlossen und von der Gesellschaft getrennt werden. Es ist mir nie gelungen, ein Industriewerk zu besichtigen. Kirche und Arbeiterschaft durften nichts miteinander zu tun haben. Das verstand die SED unter „Trennung von Kirche und Staat".

Es gab kein Staat-Kirche-Recht. Die Bezeichnung „Vereinbarungen" in der Verfassung von 1968 zeigte an: Verträge werden mit der Kirche nicht geschlossen. Recht ist nach marxistischer Auffassung eine Machtfrage. Die Kirche hat keine Macht zu beanspruchen. Darum kann sie auch nicht als gleichwertiger Vertragspartner auftreten. Wenn es kein Kirchenrecht gibt, muß von Fall zu Fall entschieden werden. An die Stelle einer rechtlichen Norm tritt der Präzedenzfall. Unsere „Kirchenpolitik" hatte weithin das Ziel, immer günstigere Präzedenzfälle zu schaffen. Recht bekamen wir nicht, weil wir recht hatten, sondern weil es politisch opportun war. Wir waren immer Bittsteller. Wir wollten etwas vom Staat – mußten als verantwortliche Kirchenleitung etwas von ihm wollen. Wir konnten nur an Selbstverpflichtungen, etwa an internationale Verträge, erinnern, die die DDR auf sich genommen hatte. Oder wir wiesen auf den Eindruck hin, den gewisse Maßnahmen im Ausland machen würden. Es mußte uns etwas daran liegen, unter der – niedrigen – Konfrontationsschwelle zu bleiben. Unseren Gemeinden war nicht damit geholfen, die DDR-Machthaber vor aller Welt bloßzustellen. Wir hatten gegen Barrikadenmentalität im Innern und gegen Eiserne-Vorhang-Mentalität von draußen zu kämpfen. Die Träger der Macht zu bewegen fiel auch darum so schwer, weil sie uns unsere christlichen Motive nicht glaubten, nicht glauben konnten und nicht glauben wollten. Sie lagen ständig auf der Lauer, uns dabei zu ertappen, daß wir unsere Anweisungen von außerhalb der DDR empfingen.

Falckes Wort vom „verbesserlichen Sozialismus" auf der Bundessynode in Dresden 1972 wurde offenbar als Angriff auf das sozialistische „Credo" verstanden: Nur die Partei selbst kann den Sozialismus definieren, nur sie kann ihn verändern. Im Herbst desselben Jahres setzte Albert Norden die bereits erwähnte Formel „sozialistischer Staatsbürger christlichen Glaubens" dagegen. Ich wurde immer wieder gefragt, warum wir diese Formel nicht annähmen. Ich antwortete: „Weil hier der sozialistische Staatsbürger die bestimmende Größe ist. Der christliche Glaube ist zweitklassig. Der Platz für den christlichen Bürger ist vorgezeichnet. Wenn schon Christ, dann unter dem Regime der Partei."

Wir hatten 1968 in Lehnin die Mitarbeit am Aufbau einer gerechteren Gesellschaft angeboten. Unsre Devise: „Kirche für andere" (Synode der Bekennenden Kirche 1970) schließt die gleiche Bereitschaft ein. Dies lag in der Konsequenz unseres Glaubens: Leib und Seele, Wort und Tat gehören zusammen. Einsichtige Sozialisten haben bedauert, daß die SED auf solche Angebote nicht eingegangen ist. Die SED hat nicht wirklich danach gefragt, warum und wozu Kirche da ist, welches Angebot sie bereithält, welche Rolle sie ethisch normsetzend spielen könnte. Gefragt war nur, ob sie dem Sozialismus, wie man ihn verstand, schadete oder nützte und wie sie in die allgemeine Politik einzubauen sei. Jedes eigenständige Engagement galt als schädlich. Der christliche Glaube wurde als Motivation geduldet, aber Inhalte und Ziele der gesellschaftlichen Mitarbeit der Christen sollten von der Partei kommen. Was die SED wollte, war eigentlich keine Kirchenpolitik, sondern Bündnispolitik, wie sie sie mit den Parteien betrieb.

Haben sich die DDR-Kirchen in die staatliche Politik einbinden lassen? Der Eindruck kann entstehen, wenn man sich allein auf das Aktenmaterial stützt. Die SED- und Staatsakten buchten als eigene Erfolge, wenn die Kirchen Entscheidungen trafen, die auf ihrer Linie lagen. Ich habe

die völkerrechtliche Anerkennung der DDR für richtig gehalten und vertreten. Wir haben uns für Versöhnung mit den
Völkern des Ostblocks eingesetzt. Wir haben die Befreiung
der Völker der Dritten Welt vom Kolonialismus und Rassismus unterstützt. Wir haben die organisatorische Trennung der acht östlichen Landeskirchen von der Evangelischen Kirche in Deutschland vorgenommen. Wir haben für
all das gute, christliche Gründe gehabt, wie ich zu be-
schreiben versuchte. Wir bedurften der staatlichen Nach-
hilfe nicht. Bei der Verwirklichung haben wir unser eignes
Verständnis eingebracht und unsre eigne Praxis durchzuhal-
ten versucht.

Vielleicht ist es für das Verständnis hilfreich, einmal auf-
zulisten, welche Hauptgedanken uns bei unsern Verhandlungen mit dem Staat und in unserm Verhalten zu ihm geleitet haben. Ich halte mich im wesentlichen an die Liste, die
ich bereits dem Büchlein „Gratwanderung" mitgegeben
habe. Wichtig war uns:

1. die Lehren aus dem Kirchenkampf der NS-Zeit zu be-
   herzigen: unser Handeln stets auf die Mitte, auf Christus,
   zu beziehen; die Freiheit der Kirche, die aus ihrem
   Auftrag herrührt, unbedingt zu bewahren; die Frage nach
   der Christuswahrheit als die Existenzfrage der Kirche
   zu verstehen; eine Kirche von Brüdern und Schwestern
   zu erstreben; Verantwortung auch für Politik und Gesellschaft zu übernehmen; den Staat bei seinen, ihm von
   Gott gegebenen Aufgaben, für Recht und Frieden zu
   sorgen, zu behaften und zu unterstützen;

2. den Schwachen aller Art nach Kräften beizustehen;
   Lobby zu sein für die, die keine Lobby haben; aus dem
   Kirchenkampf hat sich mir der Satz eingeprägt: „Tue
   deinen Mund auf für die Stummen" (Sprüche 31, 8);

3. die eigene Freiheit zu bewahren zugunsten der Freiheit
   aller;

4. die Relevanz des Evangeliums für den gesamten Le-
   bensbereich theoretisch und praktisch zu bekunden;

5. die Religionskritik des Marxismus („Opium des Volkes") vor allem durch die Praxis zu widerlegen;

6. die Handlungsfähigkeit der Gemeinde und der Gesamtkirche zu erhalten;
7. die Bedingungen für die Kommunikation mit der Evangelischen Kirche in Deutschland und der Ökumene zu
   bewahren;
8. eine Gesprächsebene mit den Machthabern zu finden
   und zu verbessern; zu vermeiden, daß der Gesprächspartner eine unfruchtbare Klassenkampfposition bezieht;
9. nie zu vergessen, daß Christus nicht gegen die Marxisten, sondern für alle Menschen gestorben ist.

Erst durch die neue Deutschlandpolitik kam Bewegung in
das Verhältnis Staat – Kirche in der DDR. Mit der Zeit akzeptierte man unser vom christlichen Glauben her bestimmtes Engagement, soweit der Staat es für nützlich hielt. Honecker lobte am 6. März 1978 unsere Diakonie und unser
Bemühen um Völkerversöhnung. Auf beiden Gebieten nahmen wir uns die Freiheit, dem Glauben gemäß zu handeln.
Davon hat die DDR nur profitiert. Die Diakonie hat Maßstäbe gesetzt. Unsere Schritte der Versöhnung hin zu den
Polen und den Tschechen haben wahrscheinlich mehr
Tiefenwirkung gehabt als die Friedens- und Freundschafts-
verträge auf dem Gebiet des Völkerrechts und als die verschiedenen „Freundschaftsgesellschaften". Nach diesem Gespräch konnte man die Kirchen eigentlich nicht mehr als lästige Randerscheinungen werten. Wir hatten ein wenig
gehofft, daß mit dieser Umorientierung in Richtung Kirche
sich auch eine Reform der Partei und des Staatswesens am
Horizont zeigen würde. Die Geschichtsphilosophie des Marxismus rechnet ja mit ständigen Bewegungen und Entwicklungen. Doch unsere Hoffnung hat sich nicht erfüllt. Es
war zwar eine „entwickelte sozialistische Gesellschaft" verkündigt worden. Aber damit war die Entwicklung auch zu
Ende. Die ideologischen Formeln entleerten sich. Sie erwiesen sich nicht mehr als plausibel. Es ging nur noch um
Machterhalt – einer der wichtigsten Gründe, warum 1989
auch die eignen Genossen den Sturz der Machthaber her-

beiführten. In den siebziger Jahren sagte mir ein hoher Funktionär: „Es geht uns nur noch darum, den Bestand zu erhalten."

Trotz dieser Entwicklungen war bis zuletzt das Mißtrauen zu spüren, die Kirche sei fremd-, also westgesteuert. Man konnte es sich nicht anders vorstellen, als daß die mächtige Bundesrepublik und die angesehenen Kirchen dort bei unsern zahlreichen Begegnungen ein Übergewicht entwickeln würden, dessen wir uns nicht erwehren könnten – und auch nicht wollten. Immer wieder lesen wir in den vertraulichen Berichten, die Pfarrer huldigten dem „Sozialdemokratismus", der Konvergenztheorie und der Meinung, der Klassenkampf sei überholt.

Auch wir Christen wurden das Mißtrauen nicht los, man sehe in uns doch immer nur den Klassenfeind. Ich habe gelegentlich angemahnt, die Partei solle von Marxens Wort, die Religion sei „Opium des Volkes", abrücken. Dazu war die Partei nicht bereit, obwohl ihr klar gewesen sein muß, daß man den Glauben mit erheblichem sozialem Engagement nicht gut als Opiat abqualifizieren konnte. So blieben wir mißtrauisch. Von „vertrauensvoller Zusammenarbeit" redete der Staat, nicht wir. Mir ist Vertrauen ein zu hohes Gut, daß ich es für unser Verhältnis zum SED-Staat nicht mißbrauchen wollte. Das Höchste, was wir erwarten konnten und in unsern Verhandlungen auch erfahren haben, war ein reelles Verhalten im Umgang miteinander.

Das war es, was wir an Staatssekretär Seigewasser schätzten, obwohl er sich eindeutig als Funktionär seiner Partei verstand. Er hatte einen zugleich gewinnenden und drängenden Verhandlungsstil, dem man sich schwer entziehen konnte. Für seine Person war er bescheiden. Mit seiner Frau bewohnte er eine normale Mietwohnung in Berlin-Pankow. Geprägt hat ihn sein Kampf in der NS-Zeit. Noch kurz vor seinem Tode mahnte er uns eindringlich, den gemeinsamen Kampf gegen den Faschismus nicht zu vergessen. Als KZ-Häftling in Buchenwald war er Zeuge des Martyriums des evangelischen Pfarrers Paul Schneider gewesen. Er sprach davon mit größter Hochachtung. Bei älteren SED-Genos-

sen, besonders denjenigen, die die deutschen KZ und Zucht-
häuser am eigenen Leibe erlitten hatten, merkten wir, daß
Widerstand und Leiden von Christen in der NS-Zeit Spuren
in ihrem Denken hinterlassen hatten. Die persönlichen Erfahrungen von führenden Genossen spielten überhaupt eine
nicht geringe Rolle in der von ihnen zu verantwortenden
Kirchenpolitik. Das galt besonders auch bei negativen Erfahrungen: wenn beispielsweise einer als Schüler beschimpft
oder gar geschlagen worden war, weil er als Sozi-Kind nicht
am Religionsunterricht teilgenommen hatte.

Die letzte Ansprache Seigewassers, unmittelbar vor seinem Tode, sagt einiges über seine Persönlichkeit aus. Er
hielt sie am 15. Oktober 1979 bei der Nachfeier zur Einführung des Bischofs Wollstadt in Görlitz, des Amtsnach-
folgers von Bischof Fränkel:

„Nun übernehmen Sie Ihr hohes Amt heute auch in jener
Ausformung, die es von Ihrem verehrten Vorgänger, Herrn
Bischof Dr. Fränkel, in markanter Weise erfahren hat. Mein
heutiger Dank an den Bischof Fränkel für den Beitrag, den
er auf einem, wenn auch nicht immer konfliktfreien, so
doch guten Wege zur Ausprägung unserer heutigen vertrauensvollen Beziehungen im Verhältnis von Staat und Kirche
geleistet hat, kommt aus meiner und sicherlich auch aus seiner tiefen Überzeugung, daß Konfrontation kein Gestal-
tungsprinzip unseres Verhältnisses sein kann und daß sich
unsere weltanschaulichen Bindungen zwar unterscheiden,
daß sie uns aber nicht scheiden im gemeinsamen Einsatz an
globalen und elementaren Menschheitsfragen unserer Tage.
Es hat durchaus etwas Symbolisches, daß mit dem heutigen
Tage der Vertreter einer Kirchengeneration, aus der um des
Glaubens und des Menschen willen der kirchliche Widerstand gegen die Hitler-Barbarei kam, die Verantwortung des
bischöflichen Amtes abgibt an eine von Zeugnis und Dienst,
von Diakonie und Menschenliebe weit über die Landes-
grenzen hinaus geprägte Bischofspersönlichkeit."

Ich weigere mich zu unterstellen, daß die Worte Seigewassers nur ein taktisches Manöver oder eine raffinierte
Finte gewesen seien. Sie zeigen, daß dieser Mann, mit dem

wir in den fast zwanzig Jahren seines Dienstes unzählige Gespräche geführt haben, mit dem wir gekämpft und vor dem wir auch manchmal kapituliert haben, ein wenig von dem verstanden hat, worum es uns ging. Seigewasser erinnerte an die scharfen Kontroversen mit Bischof Hans-Joachim Fränkel. Zu denken ist besonders an den Vortrag am 8. November 1973 in der Annenkirche in Dresden, „Was haben wir aus dem Kirchenkampf gelernt?", und an die zahlreichen Ansprachen an die Görlitzer Synode, in denen er die Menschenrechte eingeklagt und die führende Rolle der Arbeiterklasse angegriffen hatte. Seigewasser starb am 18. Oktober 1979 im Alter von vierundsiebzig Jahren während eines Aufenthaltes in Rom. Bei seiner Beerdigung waren alle Bischöfe anwesend, die sich freimachen konnten.

Seigewassers Nachfolger traf also eine wesentlich günstigere Ausgangslage an. Klaus Gysi erzählte mir, daß Honecker ihn kurz nach dem Tode Seigewassers zu sich bestellt habe. Gysi war Kulturminister und danach Botschafter in Rom gewesen und bekleidete in der Zeit ein wenig bedeutendes Amt als Vorsitzender der Liga für Völkerfreundschaft. Als ihm Honecker seinen Auftrag nannte, habe Gysi darauf hingewiesen, daß er von der Kirche nicht viel Ahnung habe. Das nützte ihm aber nichts, er hatte sich zurechtzufinden. Und das gelang schnell – anders als bei manchen Funktionären, die völlig inkompetent waren und blieben. Wir empfanden die Beauftragung dieses beweglichen, gebildeten und kenntnisreichen Mannes als Glücksfall. Er war von ganz anderer Art als sein Vorgänger: Sohn eines Berliner Arztes, in der Weimarer Zeit aus Protest gegen das Vorgehen der Polizei gegen Arbeiter mit sechzehn Jahren Kommunist geworden. Seigewasser hätte das folgende nie über die Lippen gebracht: „Ich habe hier einen Ukas der Regierung, den ich Ihnen vorlesen muß. Ich halte ihn für falsch." In diesem Sinne hat Gysi sich zu dem Vorgehen der Polizei bei der Aktion gegen „Schwerter zu Pflugscharen" geäußert. Heute bekennt er, daß sein Dienst als Staatssekretär für Kirchenfragen die interessanteste Periode seines Lebens gewesen sei. Dabei wird seine Zeit als Botschafter in Rom auch nicht ohne Reiz gewesen sein. Er hat eines unserer Grundanliegen verstanden:

„Eine Besonderheit ... ist, daß die DDR das einzige sozialistische Land ist, wo der Protestantismus die Mehrheit bildet. Dies ist deshalb wichtig, weil die Kirchen eine grundsätzlich unterschiedliche Einstellung gegenüber gesellschaftlicher Verantwortung haben, die aus ihrem Glauben erwächst, als es in anderen Kirchen der Fall ist. Solange die Kirche Kirche bleibt, wird sie eigenständig sein müssen. Wir sind der Meinung, sie wird auf diese Weise nie voll in unsere Gesellschaft integriert sein als eine gesellschaftliche Kraft, aber trotzdem steht vor uns die Aufgabe, einen Modus vivendi zu finden ... Wir sehen, daß ein großer Teil des langen Weges als gemeinsamer Weg vor uns liegt. Das zwingt uns dazu zu überlegen, wie wir ihn gemeinsam gehen."

In dem Konflikt mit den Bürgerrechts- und anderen Gruppen, der seine Amtszeit bestimmte, hat er ein administratives Vorgehen zu verhindern gesucht. Die Nacht- und Nebelaktion gegen die Umweltbibliothek in der Zionskirche im Berliner Norden wurde an ihm und dem Staatssekretariat vorbei inszeniert. Weil er uns wahrscheinlich, nach Meinung der Partei, zu gut verstanden hat, wurde er von heute auf morgen von seinem Amt entfernt.

28. Kirche im Sozialismus auf dem Wege

„Kirche im Sozialismus" – an diesem Begriff scheiden sich die Geister. Für die einen benennt er die Kapitulation vor dem „real existierenden Sozialismus", den Verrat der Kirche Jesu Christi an die atheistische Weltanschauung, die vielen Christen das Leben schwer gemacht und sie gar dazu gebracht hat, ihre Glaubensbindung aufzugeben. Kirche im Sozialismus hieße, sich freiwillig in einen reißenden Fluß zu stürzen, in dem man gegen den Strom schwimmen möchte, aber von der Gewalt des Wassers fortgerissen wird. Kirche im Sozialismus hieße, sich in die Hände einer dämonischen Macht zu begeben, die einen erdrückt hätte, wäre die Wende nicht gekommen. Weniger dramatisch: Die Protestanten hätten einen gewissen Hang, mit dem Sozialismus zu liebäugeln. Man tue gut daran, diesen Begriff nicht zu verwenden.

Von früheren DDR-Bürgern kann man auch ganz anderes hören. In der Debatte der Synode der Evangelischen Kirche in Deutschland in Suhl 1992 bekannte ein Gemeindemitglied: Diese Formel hat mir damals die Gewißheit gegeben, daß wir Christen nicht eine Randerscheinung, nicht „lästige" Ausländer im eigenen Land sind, sondern hierher gehören. „Im Sozialismus" hieß noch lange nicht, daß wir Christen uns an den DDR-Sozialismus verkauft hätten. Aber wir lebten dort und zeigten damit an, daß Gottes Herrschaft nicht hinter dem Eisernen Vorhang zu Ende ist. Hier gab es ebenfalls Menschen, die an ihn glauben, der Heilige Geist wirkte auch hier. Partei und Staat hatten die Formel „Kirche im Sozialismus" übernommen. Sie mußten zugeben, daß wir Christen hier unsern Platz hatten, obwohl wir die Weltanschauung der Partei nicht teilten.

Die Verschiedenheit der Urteile zeigt an, daß die Formel „Kirche im Sozialismus" auslegungsfähig, besser gesagt:

ambivalent ist. Gerade ihre Mehrdeutigkeit war ein Grund, daß sie sich so schnell durchsetzte und lange Zeit unumstritten im Gebrauch war. Sie hatte die Funktion einer Integrationsformel innerhalb der Kirche; sie vermochte auseinanderdriftende Gruppierungen zu verbinden. Durch sie war es aber auch möglich, eine Brücke über den tiefen Graben der Ideologien zu schlagen. „Koexistenzformel" hat sie die Synode von Görlitz 1977 genannt. Die Formeln, die der Staat bisher angeboten hatte, „sozialistische Menschengemeinschaft", „sozialistische Staatsbürger christlichen Glaubens", hatte die Partei selbst bereits fallengelassen; für uns waren sie nicht akzeptabel, da sie die Christen vereinnahmten, ohne ihnen Eigenständigkeit zuzugestehen. Das Wort „Kirche" kam in ihnen nicht vor.

Aber mehrdeutige Formeln bringen nur taktischen Gewinn. Auf Dauer sind sie nicht hilfreich. Das wissen wir aus der Kirchengeschichte nur zu gut. Wenn die DDR noch länger bestanden hätte, wäre die scheinbare Einigkeit unter dieser Formel sicher auseinandergebrochen. Darum war es ein Fehler, zu dem auch ich mich bekenne, diese Formel gebraucht zu haben, ohne sie klar zu definieren. Ich war von meiner eigenen Deutung so überzeugt, daß ich eine andersartige nur als Mißbrauch verstehen konnte.

Ich werde häufig als „Vater" dieser Formel angesehen und angegriffen. Ich bin es aber nicht. Der Thüringer Landesbischof Mitzenheim hat in der Verfassungsdebatte 1968 gesagt:

„Wir wollen nicht Kirche gegen den Sozialismus sein, sondern Kirche für die Bürger in der DDR, die in einer sozialistischen Gesellschaft mit ungekränktem Gewissen Christen sein und bleiben wollen."

Das ist kein wörtlicher Gebrauch der Formel, trifft aber in guter Weise die Sache. Staatssekretär Seigewasser sagte in gleichem Zusammenhang: Die Männer der Kirchen sollten daraus „die Schlußfolgerung ableiten, daß sie dem geistlichen Auftrag der Kirche im Sozialismus nur dann gerecht werden ... wenn sie den Sozialismus und seine humanistische Staatspolitik, insbesondere seine Außenpolitik, nicht negieren".

Hier taucht die Formel „Kirche im Sozialismus" das erste Mal auf – freilich im Sinne einer Identifizierung mit dem DDR-Sozialismus, die wir nicht nachvollziehen wollten.

Die zitierten Äußerungen haben, wenn ich recht sehe, keine größere publizistische Wirkung gehabt. Die Formel kam in Umlauf nach meinen Ausführungen bei der Synode des Bundes der Evangelischen Kirchen in der DDR 1971 in Eisenach. Dort sagte ich:

„Eine Zeugnis- und Dienstgemeinschaft von Kirchen in der Deutschen Demokratischen Republik wird ihren Ort genau zu bedenken haben: In dieser so geprägten Gesellschaft, nicht neben ihr, nicht gegen sie. Sie wird die Freiheit ihres Zeugnisses und Dienstes bewahren müssen. Denn sie ist durch ihren Auftrag allein an den gebunden, der als der menschgewordene Wille Gottes zur Rettung seiner Kreatur zu uns kam. Die Botschaft der Kirche wird nicht von dem Menschen und seiner gesellschaftlichen Bindung bestimmt. Aber sie lädt die Menschen ein, sich von dem gekreuzigten Herrn dienen zu lassen und mit den anderen zu dienen."

Der Zusammenhang macht klar, daß dies Wort nicht eine Unterwerfung oder ein unerlaubtes Bekenntnis zum Sozialismus meint. Er will vielmehr sagen: Die Freiheit der Kirche ist zu bewahren, Zeugnis und Dienst ist ihr Auftrag, Bindung an Christus ist ihre einzige Legitimation. Der Text wird gewöhnlich auf den ersten Satz verkürzt und zudem verfälscht wiedergegeben. In den zitierten Sätzen kommt das Wort „Sozialismus" überhaupt nicht vor. Es wird oft einfach untergeschoben; ich selber habe das leider auch getan.

Mir kam es darauf an, das „In" zu betonen. Wir Christen haben lange Zeit zumeist nicht wirklich „in" dieser sozialistischen Gesellschaft gelebt. Wir haben sie nicht ernst genommen als das Feld unserer Bewährung. 1970 sagten wir: „Der Bund wird sich als eine Zeugnis- und Dienstgemeinschaft von Kirchen in der sozialistischen Gesellschaft der DDR bewähren müssen." „In" bedeutete: Obwohl wir Christen von diesem Staat auch weiterhin als lästige Randerscheinung angesehen werden, kann uns das nicht hindern, an den Leiden und Freuden, den Problemen und Progressionen der Menschen dieses Landes teilzunehmen. „In" bedeutete: Wir haben den Christen beizustehen, die ihren Weg durch das unerforschte, unsichere und gefährliche Gelände suchen müssen. „In" bedeutete auch, als die Regierten an der Verantwortung der Regierenden teilzunehmen, für Recht und Frieden zu sorgen. „In" fordert zum „Einwandern", zum „Sich Einmischen" auf.

Mit dem „In" ist es mir theologisch ernst. Jesus schickt seine Jünger „in" die Welt (Johannes 17, 18) – daß die Welt vorher erst auf ihre Gastlichkeit geprüft werden müsse, steht nicht im Evangelium. So darf auch die Kirche nicht „ortlos" (Bonhoeffer) zwischen Himmel und Erde oder in einer Nische leben beziehungsweise überleben wollen.

„In dieser so geprägten Gesellschaft" meint natürlich die sozialistische (wobei außer acht gelassen ist, daß nur der Staat, nicht aber die Gesellschaft in allen ihren Verzweigungen, Gruppierungen und Nischen „sozialistisch" war). Darum kann ich der Meinung nicht zustimmen, wir hätten lieber von „Kirche in der DDR" sprechen sollen. Das hatten wir schon mit „Bund der Evangelischen Kirchen in der DDR" gesagt. Das Wort „sozialistisch" hätte in einer Formel, in der wir unsere Existenz in einem ideologisch bestimmten Raum bezeichnen wollten, schon seinen Platz gehabt. Wir wollten ausdrücken, daß Gott sich auch von einem „Eisernen Vorhang" nicht schrecken läßt. Auch in der DDR half er Menschen zum Glauben, zur Liebe und zur Hoffnung.

Ebensowenig kann ich den Einwand gelten lassen, die Formel „Kirche im Sozialismus", die ich der Kürze halber in diesem Zusammenhang weiter benutzen werde, könne so verstanden werden, daß „die Kirche ... die Theorie, die die SED derzeit mit diesem Wort verbindet, in ihr Selbstverständnis aufnehmen" würde (R. Schröder). Die beiden Größen „Kirche" und „Sozialismus" definieren sich selbst. Was Sozialismus ist und wie er sich versteht, hat die Formel nicht aussagen wollen und nicht aussagen können. Das interessierte in diesem Zusammenhang nicht – jedenfalls mich nicht.

Der entscheidende Fehler der Formel „Kirche im Sozialismus" ist ihre Allgemeinheit und Unkonkretheit: Das ist

mir, das muß ich bekennen, erst allmählich bewußt geworden. Mir ist bei dem Wort „Sozialismus" nie etwas anderes
in den Sinn gekommen als der sich als sozialistisch ver-
stehende Staat DDR, in dem ich lebte. Eine Formulierung
wie „Evangelische Kirche in dem sozialistischen Staat DDR"
sagte das Gemeinte, wäre aber recht schwerfällig gewesen.

Wir konnten auch darum von „Sozialismus" reden, weil
wir ihn nicht für ein reines Verbrechen hielten. Marx und
Engels sind ohne die jüdisch-christliche Tradition nicht
denkbar. Der Marxismus konnte nur in einem christlichen
Abendland, nicht im Buddhismus oder Shintoismus entstehen. Es wäre für die Welt nicht gut, wenn der Sozialismus
sich so diskreditiert hätte, daß er als kritisches Gegenüber
zum Kapitalismus endgültig ausschiede.

Die Synode des Bundes der Evangelischen Kirchen in der
DDR 1973 in Schwerin hat sich darum bemüht, die Formel
auszulegen:

„Kirche im Sozialismus wäre die Kirche, die dem christlichen Bürger und der einzelnen Gemeinde hilft, daß sie einen Weg in der sozialistischen Gesellschaft in der Freiheit
und Bindung des Glaubens finden und bemüht sind, das Beste
für alle und für das Ganze zu suchen. Kirche im Sozialismus wäre eine Kirche, die auch als solche, in derselben Freiheit des Glaubens, bereit ist, dort, wo in unserer Gesellschaft menschliches Leben erhalten und gebessert wird, mit
vollem Einsatz mitzutun, und dort, wo es nötig ist, Gefahr
für menschliches Leben abwenden zu helfen. Es kann sich,
wie sich gezeigt hat, ergeben, daß wir Christen im Lichte
der Verheißung Gottes und unter seinem Gebot Probleme
und Nöte in der Welt und Gesellschaft anders sehen, als sie
von anderen Voraussetzungen aus gesehen werden, oder Fragen hören, die andere nicht so hören. Wir haben dann unsere
Anfragen geltend gemacht. Das geschah vor allem im
Gespräch mit den zuständigen Stellen, gelegentlich auch öffentlich. Wir wollten damit keine gesellschaftliche Sonder-
stellung beanspruchen. Aber wer Gottes Willen ernst nimmt,
muß wach sein für sein Gebot und kann nicht verschweigen,
was ihm im Nachdenken vor Gott klargeworden ist."

Im Anschluß an die Synode von 1971 (Eisenach) wollte mich Staatssekretär Seigewasser zu einem weiteren Schritt ermuntern: „Sie werden nun doch bald sagen: ,Kirche im Sozialismus'." Ich antwortete: „Nein, das werden wir nicht tun. Die Kirche kann sich nicht mit irgendeinem gesellschaftlichen System verbinden. Das geht gegen die Freiheit des Evangeliums."

Lassen wir die Formel "Kirche im Sozialismus" mit allem Vorbehalt gelten. Wenn wir sie so, wie sie gemeint ist, verstehen, ist beides, Zustimmung und Kritik, damit verbunden. Auch und gerade eine „Kirche im Sozialismus" muß ja und nein sagen können – nicht von oben herab, sondern in der Mitverantwortung der Regierten und im Mittragen an der Last der Vergangenheit. Jede Kirche, wenn sie diesen Namen verdient, muß den schmalen Grat zwischen Opposition und Opportunismus zu gehen versuchen und darf sich nicht aus Angst vor der Gefahr, nach der einen oder andern Seite hin abzustürzen, verweigern. In der DDR stand ihre Existenz auf dem Spiel. Sie tat gut daran, sich immer wieder auf ihren Auftrag auszurichten. So hat sie ihre Freiheit bewahren können.

Am 24. Februar 1971 wurde der Vorstand des Bundes der Evangelischen Kirchen in der DDR vom Staatssekretär für Kirchenfragen offiziell empfangen. Damit war das Ende der von Paul Verner 1969 als „bewährt" bezeichneten Kirchenpolitik der SED gekommen. Der Staat nahm Abschied von der seit 1958 geübten Praxis, sich die Verhandlungspartner nach seinem Gutdünken auszusuchen. Er gab damit ein wirksames Stück seiner Taktik gegenüber den Kirchen preis. Die unterschiedliche Behandlung der einzelnen Landeskirchen war unerträglich gewesen und hatte immer aufs neue Mißtrauen erzeugt. Mit der Differenzierungspolitik auf allen Ebenen war damit nicht Schluß, aber sie konnte nicht mehr so offen praktiziert werden. Der Staat mußte sich nunmehr auf offizielle Äußerungen des Bundes der Evangelischen Kirchen in der DDR beziehen.

Was war geschehen? Ich zitiere einige Sätze aus der Habilitationsschrift des damaligen persönlichen Referenten des Staatssekretärs für Kirchenfragen, Dr. Horst Dohle. Sie preist die Erfolge der Kirchenpolitik der SED, vor allem auch in der „Erziehung" von uns Kirchenleuten. Sie liegt damit auf der Linie der damaligen Geschichtsschreibung der Partei, die der Historiker nur mit äußerst kritischer Vorsicht heranziehen wird. In neueren Veröffentlichungen revidiert Dohle seine Darstellung beträchtlich. Er übte jedoch auch damals schon behutsam Kritik an der Kirchenpolitik der SED. Dafür spricht dieser Abschnitt:

„Wenn auf lange Sicht ein stärkeres ökumenisch-friedenspolitisches Engagement der Kirche zur Erhöhung des Ansehens der DDR erreicht werden sollte und zugleich eine stärkere Einbeziehung der Gläubigen in die Hauptaufgabe in ihrer Einheit von Wirtschafts- und Sozialpolitik, dann mußten Fortschritte in der ganzen Kirche und nicht nur in Teilen von ihr erreicht werden. Die bisher genutzte Methode der unterschiedlichen staatlichen Entscheidungspraxis gegenüber einzelnen Landeskirchen verlor an Bedeutung, auch wenn sie noch eine Zeitlang praktiziert wurde. Notwendig wurde nun ein größeres Maß an Einheitlichkeit in der kirchenpolitischen Entscheidungspraxis mit einem bisher nicht vorhandenen Ziel: in der kirchlichen Zentralverwaltung, also im Bund der Evangelischen Kirchen in der DDR, realistische Mehrheiten und die Bereitschaft zu Konstruktivität auszuprägen. Dieses Ziel war auch nur erreichbar, wenn man den realistischen Kräften in den Kirchen durch eine entsprechende staatliche Entscheidungspraxis die Möglichkeit gab, sich gegen ihre Kritiker auch als Mehrheit zu etablieren, das heißt, diese Kräfte konnten nur zur Mehrheit werden, wenn sie nachweisen konnten, daß sich aus ihrem Weg günstigere kirchliche Arbeitsmöglichkeiten ergaben als aus der Konfrontation. Für die SED bedeutete das eine Neubewertung kirchlicher Wünsche an den sozialistischen Staat."

Ich habe Dohle ausführlicher zitiert, weil er mir die kirchenpolitischen Gedanken des verständnisvolleren Flügels der Sozialistischen Einheitspartei Deutschlands wiederzugeben scheint.

Die Wende in der Kirchenpolitik wurde, wie ich es sehe, mit der Rede Paul Verners am 8. Februar 1971 eingeleitet. Nun waren andere Töne als 1969 zu hören. Die Bundesgründung sei der den Realitäten entsprechende und notwendige Schritt zur Eigenständigkeit der evangelischen Kirchen in der DDR. Mit der Zustimmung zum Antirassismusgesetz des Ökumenischen Rates der Kirchen hätten sie ein eigenes Profil gewonnen.

„Eine ‚Sozialisierung‘ der christlichen Lehre hat es bisher nicht gegeben und wird es auch in Zukunft nicht geben ... Ein geregeltes Verhältnis zwischen unserem sozialistischen Staat und den Kirchen ... bedeutet selbstverständlich nicht ein beiderseitiges Aufgeben ideologisch-weltanschaulicher Auffassungen. Wir machen es den Christen nicht zur Bedingung, daß sie ihren religiösen Glauben aufgeben, um vertrauensvoll mit uns Marxisten zusammenzuarbeiten... Das Hochspielen sowie das Verwischen der nicht zu überbrückenden weltanschaulichen Gegensätze zwischen Marxisten und Christen hat – dafür kennt die Geschichte genügend Beispiele – immer den Feinden des Friedens und des gesellschaftlichen Fortschritts genützt... In unserem Staat wird jeder geachtet und gefördert, auch derjenige, der seine Leistung und Aktivität für die Entwicklung unserer sozialistischen Gesellschaft und für die Sicherung des Friedens aus christlicher Überzeugung tut ... Eine Kirche, die die humanistischen Ziele und die Friedenspolitik des sozialistischen Staates bewußt unterstützt, zu seiner Stärkung und zur Mehrung seines Ansehens beiträgt, wird den sozialistischen Staat ermuntern, ihr größeres Vertrauen entgegenzubringen. Dies wiederum kann sich noch fruchtbarer auf die Beziehungen zwischen Staat und Kirche, auf die Regelung von Sachfragen auswirken und würde sicherlich den ökumenischen Intressen der Kirchen in der DDR dienlich sein."

In dieser Rede war mir wichtig, daß der Bund der Evangelischen Kirchen in der DDR nicht mehr als westgesteuertes Scheingebilde diffamiert wird, daß Verlautbarungen des Bundes der Evangelischen Kirchen in der DDR zitiert werden, daß die Kirchen und nicht nur der einzelne

Christ angeredet werden, und endlich, daß offenbar auf die Mittlerschaft der Christlich-Demokratischen Union verzichtet wird, obwohl die Rede auf einer CDU-Veranstaltung gehalten wurde. Ärgerlich und peinlich war der Mißbrauch unseres Wortes von der Zeugnis- und Dienstgemeinschaft: „Kirchliche Amtsträger und Laien (sind) aufgerufen ... in Dienst und Zeugnis die Deutsche Demokratische Republik weiter zu stärken ..." Günter Jacob ist in Cottbus mit dieser Rede gründlich ins Gericht gegangen.

Die Veranstaltung, auf der sie gehalten wurde, galt dem Gedenken des vor zehn Jahren geführten Gesprächs zwischen Ulbricht und Emil Fuchs. Staatssekretär Seigewasser drängte mich teilzunehmen: Bedeutsames werde verlauten. Ich lehnte ab. Wir hatten diese Veranstaltungen immer gemieden, weil sich der religiöse Sozialist Emil Fuchs zu einem innigen Bündnis von christlicher und marxistischer Ethik bekannt hatte.

In meiner Rede, die ich bei dem Empfang am 24. Februar 1971 hielt, erläuterte ich die Grundartikel der Bundesordnung. Ich stellte vor allem klar, was wir, entgegen allen möglichen Unterstellungen, mit der „besonderen Gemeinschaft" in Artikel 4,4 sagen wollten. Auf die neue Verfassung der DDR eingehend, drückte ich unsere Besorgnis darüber aus, daß sie gleich am Anfang als Ziel angab, den Sozialismus zu verwirklichen. Die Rede Verners hätten wir gehört. Aber wir möchten zur Klarheit darüber beitragen, „daß ‚christliche Lehre' oder ‚Weltanschauung des Christentums' nach unserem Verständnis nicht eine philosophische Meinung, sondern die den ganzen Menschen in allen seinen Beziehungen umfassende Bindung an das Wort des Herrn ist, die sein Reden und Tun bestimmt und begrenzt. Ihr Herr erlaubt den Christen freilich nicht, sich einer individualistischen Pflege seiner Frömmigkeit hinzugeben, sondern ruft sie in seine Nachfolge und damit in den Dienst an den Menschen, in den Dienst für sein ewiges Heil und für sein irdisches Wohl ... In unserer Verfassung steht der Satz von der Gewissens- und Glaubensfreiheit im engen, inneren Zusammenhang mit dem nachdrücklich betonten Prinzip der

Gleichberechtigung aller Bürger, einschließlich des gleichen Rechtes auf Bildung. In Gesprächen mit Verantwortlichen des Staatsapparates muß von kirchlicher Seite immer wieder auf Benachteiligung von jungen Christen bei der Zulassung zur Erweiterten Oberschule und zu anderen Bildungseinrichtungen, die zur Hochschulreife führen, hingewiesen werden ... Es beschwert uns auch sehr, daß jungen Bürgern unseres Staates, die von der gesetzlichen Möglichkeit Gebrauch machen wollen, ihren Wehrdienst als Bausoldaten zu leisten, die Aufnahme an unseren Hoch- und Fachschulen verwehrt wird."

Mit diesem letzten Satz hat es eine besondere Bewandtnis. Ich habe in meinen Aufsatzband „Horizont und Mitte" diese Rede aufgenommen. Das Manuskript lag ganze zwei Jahre beim Verlag beziehungsweise bei der Zensurbehörde. Am Ende bat mich Herr Höpcke, stellvertretender Kulturminister und zuständig für Literatur, in sein Amt und eröffnete mir, die Verzögerung des Druckes liege an diesem Satz über die Bausoldaten. Was ich geschrieben hätte, stimme nicht. Ich erklärte, ich hätte andere Informationen. Wir einigten uns darauf, der Text sei, als ein Dokument, nicht zu verändern. Aber in einer von staatlicher Seite autorisierten Anmerkung sei die Gleichberechtigung aller Bewerber für die Hochschule festzuhalten. So geschah es. Ich hoffe, das hat einigen Bausoldaten helfen können.

Eine Seite der damals gerade bekanntgewordenen Veranstaltungsverordnung sprach ich an, indem ich auf die Mitarbeit und Mitverantwortung der Laien in unseren protestantischen Kirchen hinwies. Es war schon eine sonderbare Situation, daß zugleich mit der für die Kirchen erfreulichen Anerkennung des Bundes der Evangelischen Kirchen in der DDR eine Verordnung veröffentlicht wurde, die sachlich unerträglich war und zu erheblichen Konflikten Anlaß gab. Von dem Inhalt der „Verordnung über die Durchführung von Veranstaltungen" vom 26. November 1970 war schon die Rede. Dem Staatssekretär gegenüber habe ich einen besonders schwerwiegenden Sachverhalt: hervorgehoben. Nur Zusammenkünfte von hauptamtlichen kirchlichen Mitarbeitern sollten anmeldefrei sein. Somit sollten sogar Sitzungen von Gemeindekirchenräten und Synodaltagungen angemeldet werden. Das sei ein schwerer Schlag gegen unsere Laienarbeit. Wir wollten ja von der Pastorenkirche loskommen und legten darum besonderen Wert auf die verantwortliche Mitarbeit der Laien. In den folgenden Auseinandersetzungen wurde uns gesagt: Anmeldepflicht bedeute nicht Genehmigungspflicht. Aber die Polizei konnte Auflagen erteilen und unsere Arbeit dadurch beträchtlich einengen. Diese Verordnung war für uns unannehmbar. Wir konnten dem Staat nicht zubilligen, uns vorzuschreiben, was genuin religiöse Veranstaltungen seien. Befolgt haben wir die Veranstaltungsverordnung nicht. Das brachte uns mehr und mehr Ordnungsstrafen ein. Wir haben sie nicht gezahlt. An vielen Stellen wurde daraufhin das Gehalt der Pfarrer gepfändet. Endlich, nach mehr als zwei Jahren, gab der Staat nach und modifizierte die Verordnung im Sinne der Verhandlungen, die wir mit dem Staatssekretär geführt hatten. Die veränderte Verordnung erlaubte es später, Bluesmessen und Friedenswerkstätten ohne polizeilichen Eingriff in kirchlichen Räumen abzuhalten.

Daß zwei in ihrer Tendenz so gegensätzliche Ereignisse wie der Erlaß dieser Verordnung und die Anerkennung des Bundes der Evangelischen Kirchen in der DDR zu gleicher Zeit geschehen konnten, machte uns unsicher und ließ uns an der Aufrichtigkeit des staatlichen Partners zweifeln. Die Ambivalenz war höchstwahrscheinlich auf die neue politische Situation zurückzuführen: Es war die Zeit der neuen Ostpolitik der Bundesrepublik Deutschland und der großen Verträge. Der VIII. Parteitag der SED straffte die weltanschauliche Grundlage, propagierte die „entwickelte sozialistische Gesellschaft" und förderte die Integration in die sozialistische Staatengemeinschaft. Das Schwanken zwischen diesen beiden Polen war für die Politik der nächsten Jahre, einschließlich der Kirchenpolitik, bezeichnend.

Ein Interview mit dem Evangelischen Pressedienst (EPD) vom 20. März 1972 spiegelte die Situation wider.
EPD: In der Bundesrepublik wird von manchen Seiten argu-

mentiert, die Verträge brächten den Menschen in der DDR keine Vorteile.

SCHÖNHERR: Die Aussicht auf Entspannung, auf Wettbewerb in friedlicher Koexistenz kann nur Vorteile haben im Vergleich zu einem feindseligen Gegeneinander, das sich ja auf alle Lebensbereiche auswirkt. Gewiß wird der Gegensatz der Systeme mit dem Vertragsschluß nicht aufgehoben. Aber dieser bietet doch erst die Voraussetzung für eine völlig neue Phase des politischen Zusammenlebens in friedlicher Nachbarschaft ...

EPD: Nun wird bei uns gesagt, den Preis für die Entspannung müßten speziell auch die Christen in der DDR zahlen, die unter einer ideologischen Verschärfung zu leiden hätten ...

SCHÖNHERR: Wir leben in einer Phase, die nicht mehr als Kalter Krieg, aber noch nicht als wirkliche friedliche Koexistenz zu bezeichnen ist. In dieser Phase konzentriert man sich verständlicherweise auf ideologische Auseinandersetzung. Seit dem XXIV. Parteitag der KPdSU und dem VIII. Parteitag der SED ist diese ideologische Offensive deutlich geworden. Das ist aber keine unmittelbare Folge der Verträge von Moskau und Warschau sowie des Berliner Abkommens. Das Einstellen auf die neue Situation bringt für die Marxisten und damit natürlich auch für uns Christen Schwierigkeiten mit sich.

EPD: Es fällt auf, daß neuerdings wieder stärker der atheistische Charakter des Marxismus-Leninismus betont wird ...

SCHÖNHERR: Wir haben ... von Paul Verner ... wieder gehört und können dem nur zustimmen, daß Marxismus-Leninismus und christlicher Glaube unüberbrückbare Gegensätze sind. Dennoch müssen wir miteinander leben. Der sozialistische Staat wird auf die Mitarbeit seiner christlichen Bürger auf die Dauer nicht verzichten können ... Wir befinden uns in der Tat in einer komplizierten Phase, aber es hat dem christlichen Glauben noch nie geschadet, wenn er zum Zeugnis herausgefordert worden ist … Soweit Christen in den Betrieben, die Ortsgemeinden und die ganze Kirche wirklich etwas beitragen zur Bewältigung der anstehenden Aufgaben, nämlich zur Gestaltung eines gerechteren Zusammenlebens der Menschen, wird man daran nicht vorbeigehen können. Aber ein bloßer Anspruch wird jetzt weniger honoriert … Sind die Christen in der DDR, ihr Zeugnis und Dienst, ein realer Faktor, dann wird das auch die SED berücksichtigen … Deutlich ist uns auch, daß alles Reden von Frieden Heuchelei ist, wenn mit dem Frieden nicht die Gerechtigkeit und die Freiheit der Menschen verbunden sind.

Dazu ein Kernsatz aus Falckes Dresdner Referat, „Christus befreit, darum Kirche für andere":
„Christus befreit aus der lähmenden Alternative zwischen prinzipieller Antistellung und unkritischem Sichvereinnahmenlassen zu konkret unterscheidender Mitarbeit."
Die Deutsche Demokratische Republik feierte sich bei jeder Gelegenheit, die das Dezimalsystem hergibt – so zum 25. Jahrestag 1974. Das Politbüro hatte sich bereits im Oktober 1973 ein kirchenpolitisches Konzept für die nächsten Jahre zurechtgelegt. Darin wurde beschlossen, auf die Kirchen verstärkt Einfluß zu nehmen. Der Anspruch, die Kirchen müßten in gesellschaftlichen Fragen mitreden, wurde scharf zurückgewiesen. Im Bereich der Volksbildung solle man sich um „Zurückdrängung des kirchlichen Einflusses" bemühen. Den „reaktionären" Bischöfen Fränkel und Krusche wurde vorgeworfen, sie nutzten die größeren Möglichkeiten internationaler Beziehungen dazu, Druck auf die DDR-Innenpolitik auszuüben. Besonders heftige Kritik richtete sich gegen Propst Falcke wegen seiner Dresdner Rede. Mir wurde Nachgiebigkeit gegenüber den „reaktionären" Kräften vorgeworfen. Vor allem aber sollte erreicht werden, daß die Kirchen zum 25. Jahrestag eine offizielle Grundsatzerklärung abgeben würden. Dieser Wunsch wurde uns durch den Staatssekretär übermittelt – mit dem Zusatz, es könne auf eine solche Erklärung hin zu einem Treffen mit

dem Staatsratsvorsitzenden kommen, bei dem zitierfähige und verbindliche Zusagen zu erwarten wären.

Die Konferenz der Kirchenleitungen beauftragte Bischof Hempel und mich, eine Erklärung zu entwerfen. Sie fiel so aus, daß der Staatssekretär sie entrüstet und enttäuscht zurückwies, weil auch Beschwerden der Kirche darin zur Sprache gekommen waren. Der Bericht vor der Herbstsynode des Bundes der Evangelischen Kirchen brachte neben ernsten Bedenken, besonders wegen der Bildungspolitik, eine Passage, die zum 25. Jahrestag diejenigen Seiten der Politik der DDR erwähnte, die jedermann als positiv empfinden konnte: Umfassende Gesundheitsfürsorge, gesicherte Arbeitsplätze, das umfangreiche Wohnungsbauprogramm, Fürsorge für Kinder und alte Menschen, Gleichberechtigung der Frau, eine auf Frieden gerichtete Außenpolitik. Das ist nach meiner Erinnerung das einzige Mal, daß ein offizielles Dokument des Bundes der Evangelischen Kirchen in der DDR eine solche Erklärung abgegeben hat. Von großartigen, sozialistischen Errungenschaften oder einem Friedensstaat DDR war nicht die Rede.

Die Forderung einer zentralen pädagogischen Konferenz, alle Jungpioniere, also fast alle Jugendlichen, „im Sinne der marxistisch-leninistischen Weltanschauung zu erziehen", forderte heftige Kritik unserer Berlin-Brandenburger Synode heraus. Der Bericht der Kirchenleitung wies darauf hin, daß Pfarrer und Pfarrfrauen aus den Elternaktiven der Schulklassen ihrer Kinder systematisch entfernt wurden. Begründung: Sie würden nicht für die Jugendweihe werben. Ob es ein Nebeneinander von Staatsbürgern verschiedener Grundüberzeugungen auch in Zukunft geben könne, würde sich daran zeigen, ob die Möglichkeit offengehalten würde, auch zu christlichen Staatsbürgern zu erziehen.

Nach schwierigen Verhandlungen habe ich mich bereit erklärt, als Vertreter des Bundes der Evangelischen Kirchen in der DDR während einer Veranstaltung am 15. April 1975 anläßlich des „30. Jahrestages der Befreiung Deutschlands vom Faschismus" zu sprechen, zu der der Staatssekretär für Kirchenfragen und der Nationalrat der Nationalen Front eingeladen hatten. Ich habe versucht, eine vertiefte Sicht von Befreiung zu vermitteln. Ein Heinrich-Heine-Zitat empfand ich als höchst aktuell. In einem Aphorismus schreibt der Dichter über die Deutschen: „Der Sklave, der dem Herrn gehorcht ohne Fessel, ohne Peitsche, durch das bloße Wort, ja durch einen Blick – schlimmer als die materielle Sklaverei, die spiritualisierte – muß sich von innen befreien, von außen hilft nichts."

Es war mir eine Genugtuung, daß ich im Juni 1975 endlich eine Vereinbarung im Sinne des Artikels 39,2 der Verfassung unterschreiben konnte. Sie betraf die Ausbildung von mittleren medizinischen Fachkräften, die jetzt einheitlich beim Staat liegen sollte. Zwischen unsern diakonischen Einrichtungen und den medizinischen Fachschulen war eine vernünftige Regelung gefunden worden, nach der wichtige Teile der Schwesternausbildung bei unsern Ausbildungsstätten verblieben. Unsere Schwestern, die nach dieser Regelung ausgebildet worden waren, wurden den staatlich ausgebildeten gleichgestellt und damit auch finanziell höher eingestuft.

Am 27. November 1975 erklärte ein Beschluß der UNO, daß Zionismus und Rassismus gleichzusetzen seien. Dagegen haben wir Bischöfe in einer unmittelbar danach verabschiedeten Erklärung protestiert. Das veranlaßte Moskau zu einer kritischen Anfrage an die DDR-Regierung, die uns daraufhin scharf zurechtwies. Dieser UNO-Beschluß ist zu unserer Befriedigung inzwischen wieder aufgehoben worden.

Wir haben in diesen Jahren Wechselbäder zwischen Befürchtungen und Hoffnungen erlebt. Zu den erfreulichen Erfahrungen gehört eine Begegnung am 14. Juni 1976 mit dem Staatssekretär und Gerald Götting in dessen Garten an der Spree, bei der mir eröffnet wurde, wir könnten künftig auch in sozialistischen Neustädten Kirchen bauen. Das war uns bis dahin mit der ironischen Frage strikt verweigert worden, ob denn unsere Kirchen überfüllt seien. Für uns war die Zusage ein Zeichen dafür, daß man mit dem Absterben der Religion nicht mehr so bald rechnete; zumal

Herr Seigewasser mahnte, wir sollten „keine Klubhäuser"
bauen. Ich habe das so verstanden: Wenn schon in einem sozialistischen Land Kirchen gebaut werden durften, sollten
sie für das Ausland auch als solche erkennbar sein und nicht
den Verdacht erwecken, sie würden bei nächster Gelegenheit in Turnhallen oder Möbellager umgewandelt werden.
Gewiß mag diese, verglichen mit der bisherigen Praxis,
großzügige Erlaubnis mit dem Devisenhunger der DDR zu-
sammengehangen haben, vielleicht auch mit dem Wunsch,
die Zusammenkünfte der Christen in Gemeindezentren besser überwachen zu können als in Hauskreisen. Der Haupt-
beweggrund dürfte, so meine ich, in dem Bestreben der
DDR, nach Helsinki zu einem besseren internationalen Ansehen zu kommen, und in dem Wunsch zu suchen sein, die
christlichen Bürger enger an den Staat zu binden.

Nun kam ein umfangreiches Neubauprogramm in Gang.
Glatt ging es nicht. Die Frage des Standortes war fast immer
umstritten. In Berlin mußten wir Vorschläge der Stadtbe-
zirke mehrmals zurückweisen. Oft wurden unsre Bauvorhaben zugunsten anderer verzögert, die mehr Devisen brachten. Das erste Gemeindezentrum entstand in Eisenhüttenstadt. Dort hatte der Gottesdienst jahrelang in einer Baracke
stattfinden müssen. Ulbricht hatte am 9. Mai 1953, als dem
Industriestandort an der Oder der Name „Stalinstadt" verliehen wurde, gesagt: Natürlich wird diese Stadt auch Türme
haben, das Rathaus, der Kulturpalast, „weitere Türme brauchen wir hier nicht" – so nach der Chronik des ersten
Stalinstädter Pfarrers Bräuer. Nun bekam Eisenhüttenstadt
ein geräumiges Gemeindezentrum. Ich habe es am 31. Mai
1981 einweihen können. Ihm folgten in der DDR noch viele
andere. Jetzt haben wir auch den Berliner Dom wieder. Es
ist fast ein Wunder, daß dieser Riesenbau, mitten im Re-
gierungsviertel einer sozialistischen Hauptstadt, nicht der
besonderen Art Ulbrichtscher Vergangenheitsbewältigung
zum Opfer gefallen ist. Der Dom hat schon in den zwanzig
Jahren seines Wiederaufbaus gute Dienste geleistet: Dem
Staat gegenüber war er die „Lokomotive" eines Sonderbau-
programms, an die wir die Wiederherstellung vieler alter,

erneuerungsbedürftiger Kirchen koppeln konnten. Bezahlt haben alle diese Bauvorhaben, Dom, Sonderbauprogramm, Gemeindezentren in den Neustädten, unsere westlichen Schwesterkirchen. Wir freuen uns, daß der Dom wieder genutzt werden kann. Doch sein triumphaler Anblick wird uns nicht über den Zustand unsrer Kirche täuschen.

Nur einige Wochen nach dem erfreulichen 14. Juni erreichte uns eine Nachricht, die uns bis heute tief beunruhigt. Am 18. August 1976 verbrannte sich Pfarrer Oskar Brüsewitz vor der Kirche in Zeitz. Auf das Ereignis selbst und seine Vorgeschichte gehe ich nicht näher ein. Es liegen inzwischen ausführliche Berichte, Dokumentationen und ein aufschlußreicher Dokumentarfilm vor.

Ich gestehe, daß ich lange Zeit ratlos über dies Geschehen gewesen bin. Auch heute noch bleiben Vermutungen. Ich habe volles Verständnis dafür, daß die Magdeburger Kirchenleitung nicht, wie einige Medien, sofort eine fertige Deutung bei der Hand hatte. Daß ein Christ, ein Pfarrer, sich selber aus freien Stücken den Tod gibt, nicht aus Verzweiflung, sondern um ein Zeichen zu setzen, hat es, soviel ich weiß, in der Christenheit noch nicht gegeben.

Was hat Brüsewitz gewollt? Ich habe ihn nicht gekannt. Ich bin auf Berichte anderer angewiesen. Brüsewitz war ein Mann der Bilder, der Zeichen und Aktionen, nicht so sehr der Worte und der sorgfältig bedachten Rede. Er schätzte das Plakat und das Plakative: Das Neonkreuz auf dem Kirchturm seiner Gemeinde, das Plakat an der Straße. Zur Vorbereitung der sonntäglichen Predigt hat er sich wenig Zeit genommen. Der Film deutet an, daß er zeitweise seine Predigtarbeit zwei Stunden vor dem Gottesdienst begonnen habe.

Er wußte sich berufen, im Kampf des Lichtes gegen die Finsternis, den Sieg seines „Generals" Christus zu verkündigen. An rein politischen Fragen war er anscheinend nicht interessiert. Die „Finsternis" war für ihn die „Gottlosigkeit", er meinte den Atheismus der Kommunisten. Er war also nicht, in der Sprache der damaligen Zeit zu reden, Antikommunist, sondern Antiatheist. Dafür spricht auch, was auf dem Plakat am Ort seines Todes gestanden hat: „Die

Kirche in der DDR klagt den Kommunismus an: wegen Unterdrückung in Schulen an Kindern und Jugendlichen."

Brüsewitz bevorzugte militärische Bilder, das Denken in dem Gegensatz Licht – Finsternis, das Siegesbewußtsein, seine Pauschalurteile, all das weist aus, daß Brüsewitz', Denkweise mehr in dem Bereich der Apokalyptik als der Evangelien zu Hause war – wenn eine theologische Einordnung bei diesem von spontanen Einfällen bewegten Menschen überhaupt am Platze ist.

War er ein Prophet? Sein Hang, sich in Zeichen auszudrücken, wie es die alttestamentlichen Propheten taten, scheint dies nahezulegen. Aber bei den Propheten war das Zeichen immer nur die Einleitung zur Predigt, nicht die Predigt selbst. War er ein Märtyrer? Der Märtyrer erleidet den Tod; er sucht oder verschafft ihn sich nicht selber.

Ich versuche mir den Weg nach Zeitz zu verdeutlichen. Zu Beginn seiner Tätigkeit in Rippicha, seiner letzten Gemeinde, hatte Brüsewitz offenbar großen „Erfolg". Die Menschen kamen zuhauf in die Kirche. Die originelle und wohl auch aggressive Art seiner Gottesdienste war interessant. Aber Zeichen und Aktionen nutzen sich ab. Sie müssen beständig gesteigert werden. Für einen Pfarrer mit seinen Mitteln und Möglichkeiten hat das eine Grenze. Die Gemeinde blieb allmählich weg. Die Stasi half mit ihrer Hetze nach. Es zeigte sich, daß die „Erweckung" des Anfangs nicht sehr tief gegangen war.

Kommt ein Pfarrer in eine solche Situation, ist es die Pflicht einer Kirchenleitung, sich über die Gründe zu informieren. Das Magdeburger Konsistorium ordnete eine Visitation an. Sie wurde in der brüderlichsten Art durchgeführt. In Propst Bäumer, dem Stellvertreter des Bischofs, hatte Brüsewitz einen liebevoll auf ihn eingehenden Seelsorger und Berater gefunden. Nach der Visitation schien es angebracht, Brüsewitz zu einem Stellenwechsel zu raten. Bäumer sprach mit dem Ehepaar. Beide willigten ein. Daß der Staat die Versetzung forderte, macht den kirchlichen Ratschlag, an anderer Stelle einen Neuanfang zu versuchen, nicht verdächtig.

Es ist nicht auszuschließen, daß Brüsewitz beides, Visitation und Rat zum Stellenwechsel, als Demütigung empfand. Er konnte seinem „General" keinen Sieg melden. Nach seinem Gespräch mit Bäumer besann er sich anders und beschloß, ein Zeichen von unüberbietbarem Rang zu setzen, das zeigen sollte, wie ernst es ihm mit seinem Herrn war; ein Zeichen, das auffordern sollte, sich von seinem „Feuereifer" anstecken zu lassen. Brüsewitz hat sich längere Zeit sorgfältig auf seinen Tod vorbereitet. Er hat sich heiter von den Seinen verabschiedet. Das sah alles nicht nach auswegloser Verzweiflung aus, die für Suizid charakteristisch ist. Es ist unsinnig, den Rat, die Stelle zu wechseln, für seinen Tod verantwortlich zu machen, auch wenn man heute hinter allem die Amtskirche wittert. Wenn das so wäre, dürfte man andrerseits seinen Tod nicht als Fanal stilisieren. Für eine lediglich den Staat oder die Kirche anklagende Tat ist die Hingabe eines Lebens zu teuer. Es ging ihm um ein letztes, unüberbietbares Zeichen für seinen „Feldherrn" Christus gegen die gottlose Finsternis – so habe ich ihn verstanden.

Es war ein Gewaltakt. Er hat seinen Amtsbrüdern häufig zugerufen: „Stürmst du mit mir die Front?" oder: „Stürmt den Kirchenkreis!" Das erinnert mich an den „Stürmeranpruch" Matthäus 11,12:

„Aber von den Tagen des Johannes des Täufers bis heute leidet das Himmelreich Gewalt, und die Gewalttätigen reißen es an sich."

Bei Bonhoeffer, den Brüsewitz nicht gemocht hat, stehen folgende Sätze:

„Die Verschleuderung der billigen Gnade wird der Welt zum Überdruß. So wendet sie sich schließlich gewaltsam gegen die, die ihr aufdrängen wollen, was sie nicht begehrt … Die treibende Unruhe der Jüngerschar, die keine Grenzen ihrer Wirksamkeit kennen will, der Eifer, der den Widerstand nicht achtet, verwechselt das Wort des Evangelismus mit einer siegreichen Idee."

Noch einmal: Damals waren wir sprachlos. Seine Kirche hat sich auf gute, verantwortbare Weise zu Brüsewitz gestellt. Sie hat sich nicht, wie es die Partei wollte, von ihm distanziert. Die bösartigen Angriffe des „Neuen Deutsch-land", die selbst eine Reihe von Genossen zum Protest bei Honecker veranlaßte, hat sie abgewehrt. Die Konferenz der Kirchenleitungen wandte sich in einem Brief an die Ge-meinden. Sie hat aus dem Tode ihres Bruders die Frage nach unserm Bekennermut herausgehört. Und sie hat bekannt:

„Viele empfinden einen tiefen Graben zwischen den Entscheidungen und Erklärungen der Kirchenleitungen und dem, was die Gemeinde wirklich braucht.Wir haben noch nicht gelernt, füreinander durchschaubar zu handeln und zu reden."

Die Synode der Bundes der Evangelischen Kirchen in der DDR in Züssow hat in einer nichtöffentlichen Sitzung das Brüsewitz-Geschehen diskutiert. Dieses Gespräch in seiner Wahrhaftigkeit und Brüderlichkeit gehört zu den wichtig-sten Erlebnissen meiner Amtszeit.

29. Der 6. März 1978 und seine Folgen

Am 7. März 1978 las der erstaunte Bürger der DDR auf der ersten Seite des „Neuen Deutschland", aber auch als Topmeldung aller anderen Tageszeitungen des Landes, in großen Lettern die Überschrift „Konstruktives, freimütiges Gespräch beim Vorsitzenden des Staatsrates". Darunter fand er einen ausführlichen Bericht mit Bildern über eine Begegnung des Vorstandes des Bundes der Evangelischen Kirchen mit dem Vorsitzenden des Staatsrates und Generalsekretär der SED, Erich Honecker. So etwas hatte es bisher in der DDR noch nicht gegeben.

Wie war es zu diesem Gespräch gekommen? Beide Seiten hatten den Wunsch nach einem Treffen gehabt. Waren wir zum 25. Jahrestag der DDR noch mit einem Empfang durch den höchsten Repräsentanten des Staates als Belohnung für eine Ergebenheitsadresse gelockt worden, so ließ der Staat diesmal erkennen, daß eine solche Begegnung sein Wunsch sei.

Der Vorstand des Bundes der Evangelischen Kirchen war 1977 neu gewählt worden, und es war üblich, nach der Wahl einen Antrittsbesuch beim Staatssekretär für Kirchenfragen zu machen. Wir sagten uns diesmal, es sei für die Christen in der DDR, in den Organisationen und Betrieben, für die christlichen Schüler und Studenten bestimmt eine Hilfe, wenn der Vorsitzende des Staatsrates den Vorstand empfangen würde. Uns, die wir uns in oft quälenden Verhandlungen mit den Staatsorganen herumzuschlagen hatten, würde es guttun, von höchstverantwortlicher Seite eine Stärkung unserer Position gegenüber den Staats- und Parteibehörden zu erfahren.

Ich hatte zu Seigewasser, dem Staatssekretär für Kirchenfragen, als alles noch in der Schwebe war, gesagt, auf staatlicher Seite sei zwar immer wieder von „vertrauensvoller Zusammenarbeit" die Rede, wir würden der offiziellen Kirchenpolitik aber mehr trauen, wenn sie dieses Vertrauen auch verdiene.

Andererseits gab es auch eine Reihe von Sachfragen, die nur von höchster Stelle beantwortet werden konnten. Mit den Verhandlungen darüber betraute der Vorstand als den sachkundigsten Juristen den Leiter des Sekretariats, Manfred Stolpe. Die Verhandlungen zogen sich über Herbst und Winter 1977/78 hin. Stolpe unterrichtete uns laufend über den Fortgang.

Über diese Vorgespräche und die geplante Begegnung haben wir die Öffentlichkeit bewußt nicht informiert. Wir konnten auf keinerlei Rechte pochen, sondern waren darauf angewiesen, daß das staatliche Gegenüber an den Verhandlungen interessiert blieb. Ich denke nicht, daß wir uns die Vorliebe des staatlichen Gegenübers für Geheimverhandlungen zu eigen gemacht hatten. Aber wir mußten gar zu oft erfahren, wie empfindlich die Staatsführung der DDR auf die Westpresse reagierte. Wie oft haben die Medien solche Verhandlungen mit erhöhtem Erwartungsdruck beladen und auf diese Weise Enttäuschungen präjudiziert. Wir glaubten auch zu verstehen, daß die Regierung sich wegen solcher Verhandlungen von der Führung in Moskau nicht gern zur Rede stellen lassen wollte. So nahmen wir das Risiko in Kauf, „diplomatische Geheimgespräche" zu führen – trotz der Diskussionen, die es nach dem Tode von Oskar Brüsewitz zwei Jahre zuvor in Kirchenkreisen gegeben hatte.

Ein zweites Risiko lag darin, daß ein vertraulich geführtes Vorgespräch sang- und klanglos abgebrochen werden oder einen solchen Verlauf nehmen konnte, daß der Bericht darüber sein Papier nicht wert sein würde. Wir haben uns noch am Morgen des 6. März eine Strategie überlegt für den Fall, daß unser Gegenüber sich in nichts anderem als unverbindlichen Allgemeinplätzen ergehen würde.

Wir wurden an den großen runden Tisch im Obergeschoß des Staatsratsgebäudes geleitet, den wir schon häufig auf dem Bildschirm gesehen hatten. Wir waren zu sechst: Bischof Krusche aus Magdeburg, Präsident Domsch aus Dres-

den und Synodalpräsidentin Christine Schultheiß aus Thüringen, der Präses der Bundessynode Wahrmann (Wismar)
und ich, dazu der Leiter des Sekretariates Manfred Stolpe.
Neben Erich Honecker nahm Paul Verner Platz, das für Kir-
chen- und Sicherheitsfragen zuständige Mitglied des Politbüros, an seiner Seite der Leiter der Arbeitsgruppe Kirchenfragen beim ZK der SED, Rudi Bellmann. Für den
erkrankten Staatssekretär Hans Seigewasser war sein Stellvertreter, Hermann Kalb, anwesend. Dazu kam der Sekretär
des Staatsrates.

Eine kleine Begebenheit am Rande habe ich inzwischen
schon oft erzählt: Bilder sind gefährlich, davon war schon
die Rede. Wir sind es aus der Tagesschau gewöhnt: Vor den
eigentlichen Verhandlungen gibt es einen Fototermin, der
nicht gerade mit den tiefgehendsten Gesprächen ausgefüllt
wird. Während die Fotografen um uns herum blitzten, stellte
Herr Honecker die unverfänglichste Frage der Welt, er fragte
Herrn Krusche nach dem Wetter in Magdeburg. Krusche:
„Ich komme gar nicht aus Magdeburg.“

„Woher denn?“

„Aus Piešt'any, ich habe mir für unser Gespräch das
Kreuz stärken lassen.“

Der Hoffotograf hat mit List gerade diese Szene festgehalten, in der wir alle lachen. Das hat bei jenen Anstoß er-
regt, die meinten, Christen hätten allen Grund, bei einer solchen Begegnung eiserne Gesichter aufzusetzen.

Herr Honecker sprach etwa 1 3/4 Stunde. Für den allgemeinen Teil hatte er nur einige mit Filzstift beschriebene
Zettel vor sich. Wenn Honecker öffentlich redete, fand ich,
wie sicher die Mehrzahl seiner Zuhörer, Aussprache und
Tonfall wenig erträglich. In diesem Kreise war seine Sprech-
weise völlig anders, sie war angenehm, freundlich und
locker.

Offenbar lag ihm daran, die Grundlinien seiner Kirchenpolitik darzulegen. Er berief sich auf seinen Eid auf die
Verfassung, nach der jeder Bürger, ob Mann oder Frau, jung
oder alt, Christ oder Nichtchrist, gleichberechtigt und gleich-
geachtet sei. Diese Feststellung aus berufenstem Munde war

uns angesichts von mancherlei Erfahrungen, die nicht wenige DDR-Bürger gemacht hatten, sehr wichtig. Aber Honecker ging über die sich aus der Verfassung ergebenden Feststellungen hinaus, indem er den Kirchen, also nicht nur den christlichen Individuen, ein Recht auf die Mitgestaltung unserer gemeinsamen Zukunft einräumte.

Horst Dohle erwähnt in seiner Dissertation, daß zur Vorbereitung unseres Gesprächs auf Veranlassung von Paul Verner in sechs Kreisen des Bezirks Leipzig vier Monate lang eine Arbeitsgruppe tätig gewesen sei. Sie habe mit mehreren hundert kirchlichen Amtsträgern über die Kirchenpolitik des Staates gesprochen und Ergebnisse erzielt, die Honeckers Ausführungen positiv beeinflußt hätten. Ein Bezug zur Basis war also hergestellt worden. Dohle schreibt: „Ein hohes Maß an Solidität zeichnet die Vorbereitung des 6. März 1978 aus. Für das Auftreten Honeckers war es ungemein wichtig zu ermitteln, wie das bisherige kirchenpolitische Vorgehen der SED überhaupt an der kirchlichen Basis ankam und reflektiert wurde. Analysen, die sehr einseitig kirchliche Textpassagen zum Nachweis der Verbreitung des Sozialdemokratismus in der DDR heranzogen, halfen da nicht weiter, denn demzufolge konnten Kirchen erklären, was sie wollten, es war aus der Sicht der Analytiker immer falsch."

Honecker nannte zunächst zwei Gebiete, auf denen die Kirche gesellschaftlich und politisch wichtige Tätigkeiten ausübte: die Friedensarbeit der Völkerversöhnung und die Diakonie. In einem zweiten Teil, in dem er sich an einen schriftlich fixierten Wortlaut hielt, berichtete er über die Ergebnisse der Verhandlungen – sie waren fast alle in unserm Sinn. Wir konnten nun in eigener kirchlicher Verantwortung einmal im Monat eine Nachrichtensendung im Rundfunk und sechsmal im Jahr eine Fernsehsendung bringen. (Zur ersten Fernsehsendung mußte ich schon zwei Tage später in der Marienkirche eine Predigt sprechen.) In den kommunalen und staatlichen Alters- und Pflegeheimen, in denen es oft Schwierigkeiten mit der Leitung gab, sollte nun eine umfassende Seelsorge möglich sein. Besonders wertvoll war uns, daß wir bald auch im Strafvollzug eine geordnete Seelsorge würden haben können. Die Arbeit der kirchlichen Kindergärten sei erwünscht und werde unterstützt. Kirchlichen Friedhöfen, die noch immer mit den Gebühren der Vorkriegszeit arbeiten mußten, wurde ein Finanzausgleich in Aussicht gestellt. Kirchliche Landwirtschaftsbetriebe sollten den sozialistischen gleichgestellt werden. Besonders entlastend war die Zusage, daß auf Lebenszeit angestellte kirchliche Mitarbeiter, also Pfarrer und Kirchenbeamte, in die staatliche Altersversorgung eingekauft werden konnten. Der Preis mußte allerdings in D-Mark gezahlt werden. Diese Regelung wirkt sich bis heute positiv aus und erspart den kirchlichen Kassen viel Geld. Endlich sollten wir „ökumenische (theologische) Literatur" von nun an in größerem Maße für unsre Bibliotheken einführen dürfen.

In meiner Antwortrede habe ich natürlich als erstes die grundsätzliche Wichtigkeit solcher Gespräche unterstrichen: „Es geht beiden Seiten, je von ihren Voraussetzungen aus, um die Verantwortung für die gleiche Welt und für die gleichen Menschen. Und dieser Mensch ist nun einmal immer zugleich Staatsbürger und Träger einer Grundüberzeugung. Weil man den Menschen nicht zerteilen kann, sind solche Begegnungen nicht nur nützlich, sondern lebensnotwendig. Der Christ versteht seine Existenz als Staatsbürger nicht nur so, daß er die bestehenden Gesetze lediglich rein formal beachtet, sondern er fühlt sich von seinem Glauben her mitverantwortlich sowohl für das Ganze wie für den einzelnen und für dessen Verhältnis zum Ganzen."

Im Zusammenhang mit dem Thema Frieden und Abrüstung sprach ich die Hoffnung aus, daß aus einem kalten und feindseligen Nebeneinander der beiden Machtblöcke eine echte Kooperation zugunsten aller Menschen werden möge: „Damit würde – so hoffen wir zuversichtlich – auch dem sehnlichen Wunsch vieler Menschen, leichter über Grenzen hinweg zusammenzukommen, wirksam entsprochen werden können."

Vor allem war uns wichtig, immer wieder deutlich zu machen, daß die vom Staat vorgebrachte Forderung nach Vertrauen nur dann glaubhaft sei, wenn auch der einzelne Christ Grund gewinnt, Vertrauen zu fassen: „Bei allen diesen Wünschen geht es nicht nur um offizielle Beziehungen zwischen der Regierung und den Leitungen der Kirchen. Was Kirche im Sozialismus wirklich ist, bewährt sich zuallererst daran, ob der einzelne Bürger in der sozialistischen Gesellschaft mit seiner Familie als bewußter Christ leben und das Vertrauen haben kann, daß ihm und allen Christen dies auch in Zukunft möglich sein wird."

In die Zusicherung einer freien Religionsausübung sollten auch christliche Kinder in Horten und Internaten sowie alte und behinderte Menschen in Alters- und Pflegeheimen einbezogen sein: „Auch die Kinder christlicher Eltern und solche Jugendliche, die sich selbst zum christlichen Glauben bekennen, stellen eine Potenz dar, auf die unsere Gesellschaft bei den großen Aufgaben, die die Zukunft ihr stellt, nicht verzichten sollte. Es ist und bleibt ein Problem, das den mit der Erziehung Betrauten ein ungewöhnliches Maß von Takt und Toleranz abverlangt, die Spannung zwischen der Zusicherung der Glaubens- und Gewissensfreiheit einerseits und dem Erziehungsziel der kommunistischen Persönlichkeit andrerseits nicht zum Nachteil der christlich bestimmten Kinder und Jugendlichen wirksam werden zu lassen. Lassen Sie es uns freimütig sagen: Hier liegen unsere Hauptsorgen. Für das Zusammenleben in unserm Staat wird es große Bedeutung haben, daß der von Christen oder Nichtchristen offen geäußerten Überzeugung – ob es sich um Erwachsene oder Kinder handelt – Achtung gezollt wird. Diese Achtung sollte nicht nur verbalen Charakter haben, sondern sich auch in der Chancengleichheit, sowohl bei der Ausbildung wie bei der Betrauung mit wichtigen Funktionen, niederschlagen.

Wir haben den aufrichtigen Wunsch, daß durch die Begegnungen und Gespräche zwischen Vertretern des Staates und der Kirche jenes Vertrauen wachsen kann, das die Redlichkeit des andern nicht in Frage stellt, sondern voraussetzt. Dies Vertrauen wird sich um so mehr durchsetzen, je mehr die entsprechenden Erfahrungen nicht nur auf höchster Ebene, sondern an der Basis gemacht werden. Offenheit und Durchsichtigkeit sind das Barometer des Vertrauens. Das Verhältnis von Staat und Kirche ist so gut, wie es der einzelne christliche Bürger in seiner gesellschaftlichen Situation vor Ort erfährt."

An meine Rede schloß sich ein freimütiges Gespräch an. Alle Mitglieder des Vorstandes brachten spontan ihre Anliegen vor. Ich erinnere mich, daß Bischof Krusche die schlechte Behandlung von DDR-Bürgern auf den Ämtern rügte.

Zum Schluß ging es um die Veröffentlichung. Bei Gesprächen mit dem Staatsratsvorsitzenden sei es üblich, erfuhren wir, daß kein Kommuniqué abgesprochen werde, sondern die Benachrichtigung der Öffentlichkeit allein in der Hand des Vorsitzenden des Staatsrates bleibe. Auch diesmal war von staatlicher Seite eine Veröffentlichung vorbereitet worden. Sie wurde uns übermittelt, und wir wurden gefragt, ob wir Ergänzungen wünschten. Wir brachten noch einige Gedanken hinein, vor allem die hier zitierten letzten beiden Sätze meines Vortrages.

Zum Thema Veröffentlichung gibt es noch etwas anzumerken:

Am Abend ging man im Staatssekretariat für Kirchenfragen den Bericht, der für die Öffentlichkeit bestimmt war, noch einmal durch. Man kam zu der Überzeugung, die letzten Sätze meines Beitrags, die in den offiziellen Bericht aufgenommen worden waren, müßten gestrichen werden. Vom Staatsrat jedoch kam der Bescheid: Die Sätze bleiben. Der Vorsitzende sei bei Bischof Schönherr im Wort. Im Bericht an das Politbüro sollen sie später, wie ich hörte, ausgelassen worden sein.

Als wir den Raum verließen, nahm mich Honecker beiseite und sagte: „Herr Bischof, wir werden es beide schwer haben, das, was wir besprochen haben, bis an die Basis durchzusetzen." Die Sorgen konnte ich gut verstehen; die von Honecker mit dem Wort „durchsetzen" gekennzeichneten Strukturen waren mir allerdings fremd. Die Entwicklung der nächsten Jahre zeigte, daß er mit seiner Bemerkung nur zu recht gehabt hatte. Es gab Bezirke, in denen die Absprachen des 6. März nur sehr mühsam durchzusetzen waren. Der gute Wille Honeckers allerdings und die Anstrengung, ihn zur Tat werden zu lassen, stehen für mich außer Frage. Honecker beharrte auf seiner Linie bis weit in die achtziger Jahre hinein – zuletzt fast stereotyp.

Wie ist das Gespräch vom 6. März 1978 zu bewerten? Eine Wendung um 180 Grad, eine „Bekehrung" zeigte es nicht an. Honecker selbst gebrauchte die Worte „Krönung und neuer Anfang". Er sah den 6. März auf der Linie seiner Politik, wie sie sich schon in der Rede Verners von 1971 angedeutet hatte. Diese Politik wollte er nun öffentlich machen und erläutern. „Neuer Anfang" sollte doch wohl heißen: schrittweiser Abbau des gegenseitigen „historischen" Mißtrauens, den Weg durch die Ebene gehen, ohne dauernd auf Barrikaden zu stoßen, eine gewisse Normalität erreichen, soweit sie zwischen so verschiedenen Grundüberzeugungen überhaupt möglich ist. Diese Verschiedenheit, die von beiden Seiten nie in Frage gestellt worden ist, sollte uns nicht hindern, ein besseres, unverkrampftes, den sachlichen Aufgaben zugewandtes Miteinander anzustreben.

Ich habe unseren kirchlichen Gremien damals einen zurückhaltenden Bericht gegeben. Das Wichtigste schien mir zu sein, daß der 6. März ein konstruktives Gespräch auf allen Ebenen ermöglichte. Nun konnten die Superintendenten den Räten der Kreise, die Vertreter der Kirchenleitungen den Räten der Bezirke ihre Sorgen und Beschwerden vorbringen und die Auffassungen und Beanstandungen der Gegenseite entgegennehmen, ohne daß, wie bisher, weitgehend ein Schattenfechten stattfand. Die Zeit der fruchtlosen Monologe war vorerst vorbei. Es war Pflicht und keine Gnade, wenn sich die staatlichen Funktionäre dem Gespräch stellten. Sie mußten zuhören, wenn zur Sprache kam, daß Christen die Zulassung zur Erweiterten Oberschule oder zur Hochschule, daß Bürgern Reisen über die Grenzen der DDR hinaus nicht genehmigt wurden.

Das Ministerium für Volksbildung mit seinen Unterorganen allerdings verweigerte bis zur „Wende" jedes Gespräch. Ich vermute, daß das nicht allein auf die besonders starre Haltung der Frau Ministerin Honecker zurückzuführen war. Alles, was mit der Erziehung zur kommunistischen Persönlichkeit zu tun hatte, war wohl das unantastbarste Heiligtum und Brennpunkt aller ideologischen Leidenschaft der Partei.

Wir haben am 6. März ein Gespräch geführt; genauer: Der Inhaber des höchsten Amtes in der DDR wollte uns verbindlich und öffentlich zusagen, daß die Staatsführung den Artikel 20 der DDR-Verfassung, der Gewissens- und Glaubensfreiheit garantiert, künftig mit allen Implikationen nach Wortlaut und Geist – was den christlichen Glauben betraf –, ernst nehmen werde. Dazu gehörte auch, endlich anzuerkennen, daß christlicher Glaube keine Sache des Individuums allein ist, sondern daß er in der Gemeinschaft der Kirche lebt und leben muß. Dagegen brachten die Ausführungen von uns kirchlichen Gesprächsteilnehmern nichts Neues, sondern bekräftigten, was wir schon oft gesagt hatten. Wir haben am 6. März keine Verhandlungen im engeren Sinne geführt, also nichts ausgehandelt, auch keine Kompromisse geschlossen oder Preise gezahlt. Man sollte das Ergebnis auch nicht „Burgfrieden" nennen, als ob hier zwei Parteien sich verpflichtet hätten, vorläufig nicht mehr miteinander zu kämpfen. Bei solchen Gegensätzen, wie sie zwischen uns bestanden, war damit zu rechnen, daß immer wieder einmal Kämpfe aufkommen würden. Von einem „Schmusekurs" konnte keine Rede sein, auch wenn es zeitweise moderat zwischen Staat und Kirche zuging. Vor allem aber konnten sich die christlichen Bürger auf dieses Gespräch berufen, wenn sie wegen ihrer Überzeugung in Schwierigkeiten gerieten. Das ist oft und mit Erfolg geschehen. Viele Christen haben sich seither dafür bedankt, daß sie sich in diesem Staat nun nicht mehr als Parias fühlen mußten.

Es gab verständlicherweise auch andere Stimmen. Die Tatsache, daß das Ereignis des 6. März den christlichen Bürger unvorbereitet traf und daß er zuerst durch die Tageszeitungen, denen er zu mißtrauen gelernt hatte, informiert worden war, ließ die Sorge aufkommen: Haben sich unsere Kirchen verkauft? Das Bild des Verhältnisses von Staat und Kirche war für viele durch negative Erfahrungen vor Ort geprägt. Erst allmählich und nicht bei allen konnte dieses Mißtrauen abgebaut oder gemildert werden. Superintendent Steinlein aus Nauen zum Beispiel, der in der Berlin-Brandenburger Kirchenleitung die Versuche, das Verhältnis Staat – Kirche zu verbessern, immer kritisch begleitet hatte, wollte diesen Kurs nicht mittragen und schied aus Kirchenleitung und Synode aus. Später wurde er wieder in die Synode hineingewählt.

Sobald wie möglich habe ich Kardinal Bengsch über die Einzelheiten des Gesprächs berichtet. Ich habe ihn ausdrücklich gefragt, ob er mit dem, was dort besprochen worden war, einverstanden sei. Er hat mit einem klaren Ja geantwortet. Nur am Fernsehprogramm wollte er seine Kirche nicht beteiligen; er fürchtete, die staatliche Zensur würde die Inhalte verfälschen. Das ist, soweit ich mich erinnere, nicht geschehen.

Der 6. März ist nicht vom Himmel gefallen. Er ist auch die Frucht vieler zäher, geduldiger Anstrengungen und manchmal gewagter Kompromisse gewesen. Ich verstehe nicht, daß manche die Meinung vertreten, wir hätten uns durch dieses Gespräch fesseln lassen. Im Gegenteil, wir haben größere Freiheit gewonnen. Hier war ein Präzedenzfall geschaffen worden, an den wir immer wieder einmal erinnern, aber natürlich auch erinnert werden konnten. Die Zusagen Honeckers haben den Gruppen in den achtziger Jahren ein großes Maß an Spielraum verschafft. In anderen sozialistischen Ländern, Polen ausgenommen, wo die Machtverhältnisse ganz anders lagen, wären Absprachen, wie wir sie am 6. März hatten treffen können, kaum denkbar gewesen.

Dieser Tag brachte nicht die Normalität, wenn wir unter Normalität den beiderseitigen Willen verstehen, miteinander zu leben, statt miteinander leben zu müssen. Aber ein Normalisierungsprozeß war zumindest in Gang gesetzt worden. Wer als bewußter Christ in der DDR lebte, machte auch später noch oft genug negative Erfahrungen. Es fragte sich nur, wie er damit umging: ob er sich verängstigt oder grollend zurückzog oder gar den Ausreiseantrag stellte, wenn er sich von bestimmten Positionen ausgeschlossen sah, oder ob er beharrlich auf Gleichachtung und Gleichberechtigung aller Bürger bestand und dies, auch mit der Hilfe seiner Kirche, durchfocht; ob er bei der Erziehung seiner Kinder vor der nichtchristlichen Gesellschaft um ihn herum kapitulierte oder ob er seine eigene Erziehungspflicht und -möglichkeit um so ernster nahm.

Von den wichtigsten Ereignissen der Folgezeit war schon die Rede: von der Einführung des Wehrkundeunterrichtes an den Schulen im Herbst 1978, von dem Ärger im Zusammenhang mit dem 30. Jahrestag der DDR, von der Tagung des Zentralausschusses des Ökumenischen Rates in Dresden 1980, vom Empfang des Ratsvorsitzenden der EKD, Landesbischof Lohse, und mir, durch Staatssekretär Gysi, von den Turbulenzen wegen der Losung „Schwerter zu Pflugscharen".

Von 1980 an haben die Ereignisse in Polen die Machthaber in der DDR beunruhigt. Das zog auch unfreundliche Handlungen gegenüber der Kirche nach sich. In dem gleichen Jahr, in dem durch den Empfang bei Gysi die besondere Beziehung zwischen dem Bund der Evangelischen Kirchen und der Evangelischen Kirche in Deutschland gleichsam anerkannt worden war, attackierte mich Herr Verner in einem besonders harten Gespräch wegen unserer „gesamtdeutschen Kungelei". Ich habe das Gespräch damals abgebrochen, es wurde mir unerträglich. Die wenigen Begegnungen mit Verner – vier oder fünf –, fanden alle in seinem Dienstzimmer im Zentralkomitee der SED statt. Sie waren mir, wegen seiner Art, mich von oben herab zurechtzuweisen, allesamt zuwider.

Aus Anlaß ihres Jahresempfangs lud mich die Evangelische Akademie zu Tutzing in Oberbayern am 27. Januar 1981 zu einem Vortrag ein. Das Thema hieß: „Chancen und Probleme christlicher Existenz in einer sozialistischen Gesellschaft". Ich war für diese Themenstellung dankbar, konnte ich doch von den vordergründigen Fragestellungen mit ihren allzu groben Rastern wegkommen und den Hintergrund sichtbar machen, vor dem sich unsere Existenz in der DDR verwirklichte: „Das Problem ist, daß die sozialistische Gesellschaft der DDR unter der Führung einer Partei steht, für die Glauben an Gott falsches Bewußtsein, Mystifikation, Verdunkelung der Wirklichkeit ist. Läßt man allein die herrschende Ideologie gelten, begegnet der christliche Glaube einem durch gewisse geschichtliche Erfahrungen tief eingewurzelten Mißtrauen. Einsprüche auf Grund unserer in der Bibel begründeten Überzeugung werden mitunter als klerikale Anmaßung, die Berufung auf das Erste Gebot als Bemäntelung einer reaktionären oder gar als von außen in unsere Gesellschaft hineingetragene, klassenfeindliche Haltung diffamiert. – Die Chance besteht darin, daß viel Ballast weggefallen ist, daß uns viele Stützen genommen und daß viele Privilegien abgebaut wurden. Die Aufforderung unseres Herrn, allein seinem Wort zu vertrauen, uns zu ihm zu bekennen, ist unverstellter und kommt deutlicher auf den einzelnen zu als in früheren Verhältnissen. Wir Christen sind unausweichlich gefragt, warum und was wir glauben, wozu wir leben. Unser bestes Argument ist die reale Existenz von christlichen Menschen und Gemeinden, unser handelndes Bekennen und unser bekennendes Handeln."

In diesem Zusammenhang habe ich von der Erbediskussion nach dem VIII. Parteitag der SED gesprochen. Als Beispiele führte ich die Bildung eines staatlichen Lutherkomitees unter Vorsitz von Honecker zur Vorbereitung des Lutherjubiläums 1983 an. Auch das Reiterstandbild Friedrichs II. wurde mitten in der Hauptstadt der DDR wieder aufgestellt: Es sollten nicht allein mehr die Maßstäbe der Partei für die Beurteilung des geschichtlichen und kulturellen Erbes gelten, sondern in gewisser Weise auch die Bedingungen, unter denen das Vererbte entstanden war – eine deutliche Absage an die Ulbrichtsche Unkultur des Abrisses historisch wertvoller Gebäude. Diese neugewonnene Überzeugung ließ hoffen, daß man christliche Kunstwerke und geschichtliche Persönlichkeiten wie Martin Luther nicht nur nach Gesichtspunkten des Klassenkampfes, sondern auch aus ihren christlichen Wurzeln zu verstehen bereit war. Man hatte begonnen, historisch differenzierter zu denken. Das mußte nicht Zeichen von Schwäche oder ideologischer Ratlosigkeit sein, es konnte auch darauf hindeuten, daß man die Machtfrage nunmehr als gelöst ansah.

Obwohl wir Christen keinen Anspruch auf Macht und auch nicht auf moralische Überlegenheit erheben, so können wir uns doch „nicht dispensieren oder dispensieren lassen von dem prophetischen Dienst am Ganzen, wenn es um das Leben der Menschen, ihre Würde, um das Überleben der Welt in Friede und Gerechtigkeit geht. Weil wir den kennen, der alleinmächtig ist, können auch wir zuversichtlich und gelassen unseren Weg in der sozialistischen Gesellschaft der DDR gehen."

In Tutzing sprach ich auch über unsere Friedensarbeit: „Wenn wir das Friedensangebot und -aufgebot unseres Herrn zum Maßstab unseres Handelns machen, wird dies notwendig unverwechselbar, differenziert und eigenständig bleiben."

Zum Thema „Kirche im Sozialismus" zitierte ich aus meinem Synodalvortrag von 1979, in dem ich davon gesprochen hatte, daß zweierlei ausgeschlossen bleiben müsse: „die Gefahr der totalen Anpassung und die Gefahr der totalen Verweigerung. Die Gefahr der Anpassung ist darum so groß, weil die Macht gerade eine machtlos gewordene Kirche verlocken könnte, die Freiheit und die Fülle ihrer Verkündigung für das Linsengericht einer größeren Überlebenschance preiszugeben. Die Gefahr der Verweigerung beruht auf der falschen Überzeugung, daß ein im Kern atheistisches und totalitäres Regime überall und immer nur Falsches hervorbringen könne."

Zur Minderheitssituation der christlichen Kirche führte ich aus: „Eine kleingewordene Gemeinde steht allenthalben auf Erden in der Gefahr, sich einzuigeln und ihre Identität mit Klauen und Zähnen zu verteidigen. Wir werden, zur Minderheit geworden, deutlicher und darum zentraler reden müssen als Kirchen in der Mehrheitssituation. Gerade wenn die Gemeinde sich auf das biblisch Zentrale besinnt und danach tut, hat sie erfahrungsgemäß auch Öffentlichkeit, selbst wenn sie in der Regel keine großen Zahlen aufzuweisen hat. Öffentlichkeit ist nicht eine Sache der Phonstärke. Öffentlichkeit hat, wer für andere eintritt."

Gegen Ende meines Vortrags ging ich auf die gespanntere politische Situation ein, wie sie sich zwischen den beiden deutschen Staaten in letzter Zeit entwickelt habe. Das habe sich auch auf das Verhältnis Staat – Kirche ausgewirkt. Daß aber ein Zustand völliger Vereisung eingetreten und der 6. März 1978 also tot sei, das könne nicht behauptet werden. Auch die Begegnungen zwischen Christen und Kirchen der Bundesrepublik und der DDR würden fortgesetzt.

Schließlich erinnerte ich an die Freiheit, die aus dem Auftrag Gottes an uns Christen herrührt: „In der Umwelt, in der wir leben, ist die Freiheit nicht so sehr ein politisches Postulat, aus dem wir lediglich Rechte ableiten. Freiheit ist verantwortlich gelebte Freiheit. Treue, Geduld, Bereitschaft zum Tragen und ein wenig Gelassenheit, die die eigenen Grenzen und die der anderen lächelnd zur Kenntnis nimmt, sind gute Begleiter dieser Freiheit. Dann kann man auch die harten Brocken verkraften, an die wir, besonders unsere jungen Christen, immer wieder einmal stoßen."

Meine Dienstzeit ging am 30. September 1981 zu Ende. Für meinen Jahrgang galt noch die alte Regel, am Ende des 70. Lebensjahres in den Ruhestand zu treten.

Ein halbes Jahr vor diesem Datum konnten wir in der Kolonie Waldesruh, einem Ortsteil der brandenburgischen Gemeinde Dahlwitz-Hoppegarten, an der östlichen Stadtgrenze Berlins gelegen, ein Haus kaufen. Waldesruh verdient seinen Namen. Die Häuser sind mitten in den Wald hineingebaut, und auf unserm Grundstück stehen sieben alte, hohe Kiefern. In der Abendsonne leuchten ihre Stämme in rotem Gold.

Die Bundessynode in Güstrow, die letzte der 3. Legislaturperiode, fiel mit dem Ende meiner Dienstzeit zusammen. Es war zugleich auch die letzte in meiner zwölfjährigen Zeit als Vorsitzender der Konferenz der Kirchenleitungen. Wir tagten im Güstrower Dom. Während der ganzen Zeit blickte ich auf Barlachs Ehrenmal mit den Zügen von Käthe Kollwitz. Ich ließ die Ruhe, die von diesem Bildwerk ausging, in mich hinein. Warum hält dieses Wesen, das wie ein Engel über der Erde schwebt, die Augen geschlossen? Will es nicht mehr sehen, was unter ihm vorgeht? Kann es sich nur noch in sich selbst verschließen?

Die Synode war gekennzeichnet vom beginnenden Aufbegehren vieler junger Menschen, vom Streit um „Schwerter zu Pflugscharen", vom Begehren eines „Sozialen Friedensdienstes". Ein neuer Zeitabschnitt meldete sich an.

Mein Referat, wie am Ende einer Legislaturperiode üblich, blickte vorwiegend zurück. Ich erinnerte an das Wort der Synode von 1970: „Der Bund wird sich als Zeugnis- und Dienstgemeinschaft in der sozialistischen Gesellschaft der DDR zu bewähren haben." Hatten wir uns bewährt? Ich schloß mit Bonhoeffers schönem Wort über den Optimismus: „Es ist klüger, pessimistisch zu sein: Vergessen sind die Enttäuschungen, und man steht vor den Menschen nicht blamiert da. So ist Optimismus bei den Klugen verpönt. Optimismus ist in seinem Wesen keine Ansicht über die gegenwärtige Situation, sondern er ist eine Lebenskraft, eine Kraft der Hoffnung, wo andere resignierten, eine Kraft, den Kopf hoch zu halten, wenn alles fehlzuschlagen scheint, eine Kraft, Rückschläge zu ertragen, eine Kraft, die die Zukunft niemals dem Gegner läßt, sondern sie für sich in Anspruch nimmt. Es gibt gewiß auch einen dummen, feigen Optimismus, der verpönt werden muß. Aber den Optimismus als Willen zur Zukunft soll niemand verächtlich machen, auch wenn er hundertmal irrt; er ist die Gesundheit des Lebens, die der Kranke nicht anstecken soll. Es gibt Menschen, die es für unernst, Christen, die es für unfromm halten, auf eine bessere irdische Zukunft zu hoffen und sich auf sie vorzubereiten. Sie glauben an das Chaos, die Unordnung, die Katastrophe als Sinn des gegenwärtigen Geschehens und entziehen sich in Resignation oder frommer Weltflucht der Verantwortung für das Weiterleben, für den neuen Aufbau, für die kommenden Geschlechter. Mag sein, daß der Jüngste Tag morgen anbricht, dann wollen wir gern die Arbeit für eine bessere Zukunft aus der Hand legen, vorher aber nicht."

Den bei der Bundessynode üblichen Empfang – er fand im Barocksaal des Wallensteinschlosses statt –, benutzte Herr Gysi zu einem verständnisvollen Abschiedswort. Ich konnte in meiner Erwiderung ehrlichen Herzens feststellen, daß unser Bemühen, Verständnis für das gesellschaftliche und politische Engagement von uns Christen zu erwecken, nicht ganz vergeblich gewesen war.

Für den geselligen Abend der Synode hatte Klaus-Peter Hertzsch die „Ballade vom Ernst des Lebens" gedichtet:

Jedoch wenn einer fünfzig zählt,
beschleicht die Furcht ihn leise,
er habe noch nichts hergestellt,
daß ihn die Nachwelt preise.
So sagt er sich ganz unverblümt:
Schon fünfzig und noch nicht berühmt.
Bisher war alles Kinderspiel,
jetzt kommt der Ernst des Lebens.

Doch wenn erst einer sechzig zählt,
wird sinnerfüllt sein Handeln.
Er weiß den Weg erst jetzt, die Welt
von Grund auf zu verwandeln.
Kaum freut es ihn, wie man ihn ehrt.
Ihn drängt's, daß er die Narren belehrt.
Bisher war alles Kinderspiel,
jetzt kommt der Ernst des Lebens.

Doch erst, wer einmal siebzig ist,
wird weise sein und fragen,
wie er die Tage recht genießt,
und wird sich manchmal sagen:
Wie war es leicht, ein Werk zu tun,
wie schwer, sich davon auszuruhn.

Bisher war alles Kinderspiel,
jetzt kommt der Ernst des Lebens.

Ein Mensch im zehnten Lebensjahr
entdeckt die ersten Pflichten.
Jedoch beim Altersjubilar
ändert sich das mitnichten.
Es gilt auch dann, was immer galt –
und würd'st Du hundert Jahre alt:
Bisher war alles Kinderspiel,
jetzt kommt der Ernst des Lebens.

Bei meinem Abschiedsgottesdienst am 30. September 1981 in der Berliner Marienkirche grüßte ich die Gemeinde noch einmal mit dem Friedensgruß, mit dem der Prediger seinen Kanzeldienst beendet – nun aber in einer genaueren Übersetzung: „Der Friede Gottes, der höher ist als alle Vernunft, wird eure Herzen und Sinne in Christus Jesus bewachen" (Philipper 4,7).

„Bewachen": Daß wir nicht ausbrechen und Gott vergessen und auf das aus sind, was uns angenehmer, risikoärmer, effektiver und gewinnbringender erscheint.

„Bewachen": Daß wir nicht einbrechen in Angst, Verbitterung, Resignation, Haß und Verzweiflung.

Der Friede Gottes bewacht uns, aber er bedroht uns nicht. Er baut keine Wachttürme und Mauern um uns auf. Er wacht um uns, indem er um uns wirbt.

Als meine wichtigste Aufgabe als Pastor und Bischof habe ich es angesehen, den mir anvertrauten Menschen etwas zu vermitteln von diesem Frieden, der tröstet und Mut macht, es weiter mit Gott zu versuchen.

30. Waldesruh

Mit dem 30. September 1981 endete mein aktiver Dienst. Achtzehn Jahre war ich Mitglied der Kirchenleitung gewesen, vierzehn Jahre hatte ich den Vorsitz. Das läßt einen nicht so schnell los. Wenn ich in den ersten Monaten meines Ruhestandes von einem aufregenden Ereignis hörte – und das geschah nicht selten –, war meine Reaktion: Was habe ich zu tun? Aber dann konnte ich mich sanft zurücklehnen: Gar nichts! Ich bin ja im Ruhestand. Allmählich begann ich diesen Stand zu schätzen: Die Freiheit, zu tun und zu lassen, was ich will; nicht mehr an Sitzungen und Synoden teilnehmen zu müssen – ich bin immerhin dreißig Jahre Mitglied der Berlin-Brandenburger Synode gewesen. Ich konnte meine Hobbys pflegen, Gartenarbeit, Fotografie, ein bißchen Malerei, Wandern, Rudern.

Ich kann mich unseres Hauses freuen, das wir noch kurz vor dem Ende meiner Dienstzeit erwerben konnten. Es liegt in Waldesruh, einer Kolonie von Einzelhäusern zwischen den Berliner Stadtteilen Mahlsdorf und Friedrichshagen. Waldesruh macht seinem Namen Ehre: Es ist in einen Wald mit hohen Kiefern hineingebaut worden. In meinem Garten stehen sieben.

Ich freue mich besonders über unsere stattlich gewordene Familie. Neben meinen sechs unmittelbaren Nachkommen und ihren Ehepartnern sind es zwanzig, zum Teil auch schon verheiratete Enkel und zur Zeit elf Urenkel.

Es lag mir daran, weder selber in Versuchung zu kommen, noch mich durch andere animieren zu lassen, doch noch heimlich an den Fäden mitzuziehen. Das wurde mir um so leichter, als ich in meinem Nachfolger, Dr. Gottfried Forck, einen Mann mit großer Bereitschaft zum Dienst am Menschen und mit gutem Mut am Werk wußte. Er war der richtige Bischof in den Wirren der achtziger Jahre.

Ich suchte mir also ein Betätigungsfeld, das möglichst weitab von kirchenleitender Tätigkeit war. Mir lag schon lange auf der Seele, daß viele Christen zwar treu zu ihrer Kirche standen, aber wenig gerüstet waren, Auskunft über ihren Glauben zu geben. Der Gedanke, mich der Weiterbildung von Laien zu widmen, kam mir bei einem Besuch bei dem Lückendorfer Kreis in der Oberlausitz; von ihm habe ich berichtet. So begann ich schon im nächsten Jahr, im Herbst 1982, mit den „Gesprächen über den Glauben". Sie unterscheiden sich von den großangelegten Kursen für Weiterbildung in Sachsen-Dresden und Sachsen-Magdeburg. Die „Gespräche über den Glauben" verlangen keine intensive Hausarbeit, sondern konzentrieren sich auf vier Wochenenden je Gruppe im Winterhalbjahr. Die Hauptsache ist eine intensive, auf Gespräch aufgebaute Arbeit an der Bibel. Dazu kommen andere Sachthemen und die Aussprache über aktuelle Fragen. Das letztere war in den bewegten achtziger Jahren besonders wichtig. Ziel der „Gespräche" ist es, die Teilnehmer durch Selbsterarbeitung kundig und sprachfähig zu machen. Seit elf Jahren gibt es solche Gruppen in Berlin und einigen Städten in der Mark Brandenburg. In der Leitung dieser Gruppen habe ich seit einigen Jahren Frau Pastorin Führ und den nun auch emeritierten Bischof Dr. Forck zur Seite. Frau Ingeborg Wächter, die mir schon in meinen letzten Dienstjahren hilfreich zur Seite stand, hat die technische Seite der „Gespräche" bis vor kurzem mit Hingabe in ihre Obhut genommen. Ich bekenne, daß mir diese Aufgabe besondere Freude macht. Nie habe ich einen so engen Kontakt mit der Basis gehabt wie durch die „Gespräche über den Glauben".

Von Ruhe kann in diesem Ruhestand kaum die Rede sein. Als einer der wenigen Überlebenden des Kirchenkampfes während der NS-Zeit und als Schüler und Freund Dietrich Bonhoeffers bin ich in Ost und West häufig zu Vorträgen gebeten worden. In den letzten Jahren lag der Schwerpunkt auf Berichten über die Zeit unter dem SED-Regime. Besonders stolz bin ich, daß ich in den USA mit achtzig Jahren das erste Mal einen Vortrag in englischer Sprache gehalten habe und von den Hörern sogar verstanden worden bin.

Weil auf „weltlichem Terrain" gehalten – in den Münchner Kammerspielen –, erwähne ich einen Vortrag aus dem Jahre 1985. Er gehörte in die Reihe des Bertelsmann-Verlages, „Reden über das eigene Land – Deutschland". Robert Leicht führte mich ein – er machte es großartig. Zu dem Wort „Deutschland" hatte ich meine Fragen. Daß es mit einer Wiedervereinigung nicht so einfach werden würde, bedurfte keiner prophetischen Sicht:

„Ist Wiedervereinigung über das Gebot des Grundgesetzes hinaus eine Realität in den Köpfen der Bevölkerung der Bundesrepublik Deutschland? Will sie ernsthaft eine Wiedervereinigung, auch wenn ihr das erhebliche politische, soziale und ökonomische Umstellungen und vielleicht sogar Opfer abverlangen würde? Müßte nur die Bevölkerung der Deutschen Demokratischen Republik in ‚freier Selbstbestimmung' danach gefragt werden? Wie stellt man sie sich praktisch vor? Hat man, doch wohl ein wenig zu kurzschlüssig, die Meinung, die Deutsche Demokratische Republik sei einfach in den Verband der Bundesländer aufzunehmen? Den Vorschlag einer Konföderation, der vor vielen Jahren gemacht wurde, hat man damals brüsk abgelehnt. Aber was dann?"

Auf die Frage, was uns Deutsche verbindet, hatte ich drei Antworten: Haftungsgemeinschaft, Verantwortungsgemeinschaft und Hoffnungsgemeinschaft:

„Jeder Deutsche in seinem Staat und wir Deutsche in beiden Staaten sind uns, unsern Nachbarn und der Welt ein Stück Hoffnung schuldig. Hoffnung darauf, daß das Nebeneinander der beiden deutschen Staaten kein kaltes oder gar heißes Gegeneinander wird, daß bei aller Treue zum eigenen Bündnis eine verständnisvolle und womöglich fruchtbare und freundliche Nachbarschaft entsteht und gefördert wird. Den Bündnissen abzusagen täte der Zukunft keinen guten Dienst. Eine Destabilisierung im Herzen Europas könnte verhängnisvolle Folgen haben. Aber wir könnten auf beiden Seiten dazu beitragen, daß die Bündnisse sich in ihren Interessen einander annähern, statt sich zu entfernen."

Ich wußte, daß die DDR-Funktionäre meine Reden besonders aufmerksam lesen würden.

Eine besondere Freude bereitete mir die Theologische Fakultät der Rheinischen Friedrich-Wilhelm-Universität in Bonn. Sie verlieh mir 1986 den Grad eines theologischen Doktor honoris causa. Ich bedankte mich mit einer Vorlesung über die Religionskritik Dietrich Bonhoeffers.

Unterdessen verschärfte sich die Auseinandersetzung zwischen den staatlichen Organen und den einzelnen Gruppen. Ich selbst war daran nicht mehr beteiligt. Darum nur einige kurze Bemerkungen. Der große Fehler der Machthaber war, daß sie die sachlichen Anliegen der Menschenrechts-, Friedens- und Umweltgruppen, daß sie die berechtigten Ängste der jungen Menschen, die für ihre Zukunft fürchteten, nicht ernst nahmen. Für sie war alles eine Machtfrage, zumal nach dem Aufstand der Solidarnosz in Polen und vor allem, seit durch Gorbatschow immer deutlicher eine umfassende Systemkritik angemeldet wurde.

Die Gruppen waren zum Teil auf kirchlichem Boden und auf Anregung der Kirchenleitungen entstanden. Nun stießen auch solche dazu, die mit der Kirche nichts im Sinn hatten, aber das Dach der Kirche brauchten. Ihre Anliegen waren der Kirche nicht fremd: Sie wurden zumeist auch von Synoden und Kommissionen der Kirche vertreten. Spannungen entstanden eher an den strukturellen Unterschieden: In den Gruppen wachte die emanzipatorische Leidenschaft der Studentenbewegung von 1968 wieder auf. Dazu kamen Erinnerungen an den „Prager Frühling". Das bedeutete: Mißtrauen gegen die „Amtskirche". Die Gruppen hatten direkte Demokratie angesagt. Das machte den Umgang mit ihnen nicht leichter. Sie verwiesen auf den Willen der Basis; aber der änderte sich manchmal schnell. Verantwortliche Sprecher wechselten häufig. Das brachte manche Verärgerung mit sich, zumal die Situation oft äußerst heikel war. Die Gruppen hatten ihre Probleme mit den Kirchenleitungen. Sie hatten manchmal den Eindruck, daß ihre Anliegen nicht wirklich ernst genommen würden. Kirchenleitung und -verwaltung erschienen ihnen unbeweglich. Das Wort „Amtskirche", das nun auch in die Medien eingegangen ist, klang wie eine Ausgrenzung, als ob es zwei Kirchen gäbe, „die da oben" und „wir von unten". „Die da oben" gerieten leicht in den Ruf, an allem schuld zu sein. Es hat mich gefreut, als mir Pfarrer Rainer Eppelmann in der Berlin-Lichtenberger Erlöserkirche bei einer Friedenswerkstatt eine Rose überreichte. Aber die Amtskirche mußte für die Gruppen einstehen, sie hat ihnen, manchmal unter großen Schwierigkeiten seitens der Gemeinden, Räume zur Verfügung gestellt, sie hat die Anliegen der Gruppen vor dem Staat vertreten, sie hat vor unnötigen Provokationen gewarnt. Die „Väter" hatten aus Erfahrungen früherer Zeiten begründete Ängste um die jungen Menschen, die in eine wesentlich abgemildertere Situation hineingekommen waren. Sie hatten natürlich auch die Sorge, daß der mühsam erreichte, erträgliche Zustand zwischen Staat und Kirche, von dem fünfundneunzig Prozent der Gemeinden profitierten, gekündigt werden könnte. Für die Gruppen war das nur Feigheit und Sorge um einen falschen Frieden.

Der „Konziliare Prozeß" von 1988/89, das Gespräch des Vorsitzenden des Bundes der Evangelischen Kirchen in der DDR mit Honecker von 1988 haben gezeigt, daß man in den Sachfragen doch nicht so weit auseinander war. Die innovative Kraft, die in den Gruppen steckte, konnte die Kirche schon brauchen. Hoffentlich ist sie nicht verpufft, als das politische Gegenüber verschwand.

Die Partei hat erst im Februar 1988 durch Jarowinsky, den Nachfolger Verners, den „6. März" aufgekündigt.

Vollstreckt hat sie die Kündigung, als ausgerechnet am 6. März 1988 Gottesdienstbesucher mit roher Gewalt am Betreten der Sophienkirche gehindert wurden. Honecker ließ den Freidenkerverband wieder aufleben. Die SED kam auf ihre alte Taktik der Differenzierung der Landeskirchen zurück. Dies alles hat nicht verdecken können, daß sie keine ideologische Kraft mehr hatte und daß die außenpolitischen Rücksichten zu stark geworden waren. Wie ist sonst zu ver-

stehen, daß Filme wie „Was würde Jesus dazu sagen?" und
„Einer trage des andern Last", immerhin ein Bibelwort, in
öffentlichen Kinos laufen durften? In einem Filmklub im
benachbarten Neuenhagen wurde ich darum gebeten, zu
dem erstgenannten Film, einer gutgelungenen Würdigung
Martin Niemöllers, als „Sachverständiger" zur Verfügung
zu stehen. Der Kinosaal war voll besetzt, im Publikum war
vom NVA-Offizier bis zum Theologen alles vertreten. Der
Film brachte den Anspruch Niemöllers, mit dem Bolschewismus werde man schon fertig werden, die weit größere Gefahr sei der Mammonismus. Keine einzige Stimme
aus dem Publikum regte sich darüber auf. Die Menschen
hatten ideologische Fassadengefechte satt.

Wer erlebte die Oktobertage vor der „Wende" nicht mit
Zittern und Zagen? Wer bangte nicht, daß die geballte
Macht des SED-Staates noch einmal zuschlagen könnte?
Wer war nicht im tiefsten Herzen dankbar, daß diese Macht
Stück für Stück abgebaut wurde? Wir waren stolz darauf,
daß nicht nur Gorbatschows Zusage der Nichteinmischung,
nicht nur die Auswanderungswelle, sondern auch der Protest des Volkes, besonders deutlich in Leipzig und Berlin,
den Umschwung herbeigeführt hat. Daß die SED-Genossen
selber, die vor das Berliner ZK-Gebäude gezogen waren,
das Ihre dazu beigetragen haben, sollten wir nicht vergessen. Das alles hat sich ohne Blutvergießen ereignet: Es ist
und bleibt das Wunder dieser Tage. Natürlich ist die Mühe
nun größer, mit den Überbleibseln der Vergangenheit fertig
zu werden. Dabei wird es der leichtere Teil sein, die Verbrechen zu ahnden; die seelischen Schäden, die sich in
ihrem ganzen Umfang erst allmählich herausstellen, zu beseitigen ist eine wesentlich größere Aufgabe. Die geistige Situation unserer Zeit, eine Gesellschaft, in der der wirtschaftliche Erfolg und die Mehrung und Erhaltung des Wohl-
standes die einzigen gültigen Maßstäbe sind, ist nicht dazu
angetan, für eine schnelle und gründliche Heilung zu sorgen.

Ich muß gestehen, daß ich an den Bildern der Leipziger
Montagsdemonstrationen nicht immer nur reine Freude gehabt habe. Ich habe schon zuviel von der Verführung durch

Demagogie erlebt. Als sich plötzlich der Ruf „Wir sind das Volk" in „Wir sind ein Volk" verwandelte und die kaiserliche Reichskriegsflagge ungehindert gezeigt werden konnte, wurde mir bange. War das nur Wichtigtuerei, bewußte Provokation, oder zeigte sich hier bereits der Trend zu einem neuen, übersteigerten Nationalismus an?

Ende 1991 habe ich zu der Frage, wie wir mit der jüngsten Vergangenheit umgehen sollten, geschrieben:

„Nicht einzelne Straftaten, sondern die umfassenden Fragen sollten im Vordergrund des Interesses stehen ... Welche Strukturen, welche Machtverhältnisse haben das Fehlverhalten des einzelnen begünstigt? Die Mechanismen sollten offengelegt werden, damit ein Lernprozeß, eine wirkliche Wende in Gang gesetzt wird. Die Diskussion kann nicht, wie bei den Gerichtsverfahren, bei dem damals geltenden Recht stehenbleiben. Sie muß die Rechtsetzung selbst mit ihren Grundlagen und Methoden durchleuchten. Dabei sollte man sich vor kollektiven Schuldzuweisungen genauso wie vor der Markierung einzelner Sündenböcke hüten. Das Politbüro wäre ohne ‚das Volk', das ihm aus Furcht oder Neigung zu willen war, kaum so mächtig gewesen. Das Aufdecken der unglaublichen Stasivernetzung in unseren Tagen ist zwar unumgänglich, sorgt aber leider auch dafür, daß der, der dort keine Karteikarte hat, seine eigene Unschuld damit als ‚beurkundet' ansieht. Überhaupt droht sich der Schwerpunkt der Diskussion auf das Stasithema zu beschränken und dieser dubiosen Institution zu nachträglichen und einträglichen Triumphen zu verhelfen. Auch die Rede von ‚Unrechtsstaat' ist gefährlich. Wenn alles, was damals geschah, kriminell war, dann sind eben ‚alle Katzen grau'. Dann braucht man sein Gedächtnis nicht zu strapazieren. Dann muß man nicht so genau hinsehen – auch nicht in den Spiegel. Dann heißt es im Osten: Was soll's! Alle haben es so gemacht. Und im Westen bedeutet der Untergang des sozialistischen ‚Unrechtsstaates' automatisch den Sieg der eigenen Rechtschaffenheit und des besseren Systems."

Zum Thema „Ministerium für Staatssicherheit": Ich habe meine Stasiakten eingesehen, sie haben nicht viel erbracht.

Ein großer Teil scheint vernichtet worden zu sein, oder er ist abhanden gekommen, ein anderer besteht aus Kopien von Akten anderer Stellen. Ein ganzes Paket von belanglosen Telefongesprächen und Ablichtungen von Briefen ist ohne Bedeutung. Das alles ist, abgesehen von dem schamlosen Eindringen in die persönliche Sphäre, nicht aufregend. Ich kann natürlich die Wut derer verstehen, die auf Schritt und Tritt beobachtet wurden, vor allem derer, die von der Stasi psychisch und physisch vernichtet werden sollten. Aus den kilometerlangen Aktenbeständen des Ministeriums für Staatssicherheit wird noch manches ans Tageslicht kommen, was uns schaudern läßt. Zu meiner Amtszeit haben wir das Ausmaß und die Zielsetzungen der Stasi zweifellos unterschätzt.

Die Bedeutung des Ministeriums für Staatssicherheit im Ganzen der DDR, also nicht für den einzelnen Bürger, sollte man meines Erachtens nicht überschätzen. Die Stasi sei „Schild und Schwert" der Partei gewesen, hieß es, also Werkzeug. Der Partei – nicht des Staates. Kopf war das Zentralkomitee der Sozialistischen Einheitspartei Deutschlands, genauer das Politbüro. Der Staat war, um im Bilde zu bleiben, Arm und Bein. Staat im Staate scheint mir die Stasi nicht gewesen zu sein. Sie hat der Partei gehorcht.

Darum hat das Bemühen derer, die sich an das MfS gewandt haben, um die Politik des Staates zu beeinflussen, wohl, wie sich heute herausstellt, nicht viel gebracht. Zu erreichen war über die Stasi die schnelle Bereinigung von aktuellen Schwierigkeiten oder Hilfe in persönlichen Nöten. Manfred Stolpe, der als Leiter des Sekretariates und später als stellvertretender Vorsitzender des Vorstandes des Bundes der Evangelischen Kirchen in der DDR an wichtigen Stellen gestanden und sich bei Verhandlungen bewährt hat, wurde von allen Seiten in besonders schwierigen Fällen um Hilfe gebeten. Wie er seine Aufgaben bewältigte, wurde nicht gefragt. Ich sah auch keinen Grund dazu. Wenn er davon sprach, was die „Genossen" dachten oder wollten, konnte diese Erkenntnis auch ohne Vermittlung des MfS gewonnen worden sein. Ich habe niemals Grund gesehen, ihm zu mißtrauen.

In diesen Jahren hatte ich Zeit, über den Weg der DDR-Kirchen und meinen Anteil daran nachzudenken. Wir können auf die umfangreiche Arbeit, die die Landeskirchen und der Bund der Evangelischen Kirchen in der DDR geleistet haben, durchaus stolz sein. Wir haben uns mit Eifer daran gemacht, unseren Gemeinden geistliche Hilfen zu geben und theologische und praktische Wegweisung zu bieten. Wir können dankbar dafür sein, daß unsere Kirchen, wenn Not am Mann war, zusammengestanden haben. Kritisches habe ich schon vermerkt. Daß in der DDR ein relativ günstiges Klima zwischen Staat und Kirche entstanden ist, war gewiß vor allem die Folge der allgemeinen politischen Entwicklung. Aber ich denke, wir haben durch unsere Art, mit dem Staat umzugehen, wesentlich dazu beigetragen. Die Hoffnung freilich, daß der größere Freiraum, der mit der Zeit der Kirche gewährt wurde, sich auch auf die Innenpolitik der DDR auswirken würde, hat sich in nur geringem Maße erfüllt. Immerhin war die DDR in ihrem letzten Jahrzehnt nicht mehr die gleiche wie in den fünfziger Jahren.

Ich füge ein Wort an, das ich im Februar 1993 bei einer Tagung „Gratwanderungen – Kirche und Staat in der DDR" in Tutzing gesagt habe:

„Wir sind auch schuldig geworden. Wer Verantwortung trägt, muß damit rechnen, schuldig zu werden… Wir haben nichts gesagt zu den Diffamierungen und Ausweisungen von Schriftstellern und anderen, teils aus Angst, teils aus zu wenig konkreter Kenntnis. Die hätten wir uns aber verschaffen sollen. Wir haben uns zu wenig um Justiz und Strafvollzug gekümmert. Uns wurden immer nur einzelne ‚Fälle' nahegebracht, oft mit der dringenden Bitte, ja keinen Gebrauch davon zu machen. Wir haben zu wenig gegen die allgemeine Bespitzelung protestiert. Wir waren manchmal mit unseren Protesten nicht konsequent genug und haben uns zu schnell beschwichtigen lassen. Daß wir zum Gebiet ‚Ökonomie' nichts gesagt haben, liegt vorwiegend daran, daß wir uns nicht wirklich verläßliche Unterlagen verschaffen konnten. Uns fehlte auch die Kraft für ein so weitläufiges Gebiet. Für den Weg, der mit ‚Kirche im Sozialismus' gemeint ist,

Buße zu tun, bin ich nicht bereit. Ich schließe mit einem Wort Bonhoeffers aus den Ethikfragmenten: ‚Wer in Verantwortung Schuld auf sich nimmt – und kein Verantwortlicher kann dem entgehen –, der rechnet sich selbst und keinem anderen diese Schuld zu und steht für sie ein, verantwortet sie. Er tut es nicht in dem frevelnden Übermut seiner Macht, sondern in der Erkenntnis, zu dieser Freiheit genötigt und in ihr auf Gnade angewiesen zu sein. Vor den anderen Menschen rechtfertigt den Mann der freien Verantwortung die Not, vor sich selbst spricht ihn sein Gewissen frei, aber vor Gott hofft er allein auf Gnade.'"

Was ich hier gesagt habe, bezeichnet den heutigen Stand meiner Überlegungen. Ich schließe nicht aus, daß ich einiges noch besser erkennen werde. Wir werden alle – Deutsche in Ost und West – noch viel Zeit brauchen, über die letzten 50 Jahre nachzudenken. Wir sollten uns dabei gegenseitig helfen, nicht mit Rechthaberei, nicht mit Freude daran, die Schuld der anderen aufzudecken, auch nicht mit Trotz oder fruchtloser Nostalgie, sondern mit der nötigen Selbstbesinnung und dem Verständnis, das den andern zur Selbsthilfe befähigt.

Ich werde in den letzten Jahren oft gefragt, was die ehemaligen DDR-Kirchen für die Zukunft der Kirche einzubringen haben. Nach meiner Überzeugung ist es dreierlei:

– Wir sollten verbindliche Kirche sein und bleiben, die sich als Zeugnis- und Dienstgemeinschaft versteht.
– Wir sollten kritische Kirche sein und bleiben, die sich nicht für politische, ökonomische oder gesellschaftliche Interessen vereinnahmen läßt.
– Wir sollten wahrhaftige Kirche sein und bleiben, die sich nichts über sich selbst vormacht und die sich nichts vormachen läßt.

Daß wir uns nicht mißverstehen: Wir sind als ehemalige DDR-Kirche nicht zur EKD gekommen, klein, aber fein und stolz, daß wir das alles praktiziert haben und nun mit uns selbst der großen Evangelischen Kirche in Deutschland zum Geschenk machen können. Aber unser Dasein in der

DDR hat uns darauf gestoßen: Wir sollten uns keinen Illusionen hingeben, das Absinken der Mitgliederzahlen in den östlichen Kirchen auf das Niveau einer Minderheit sei vor allem auf die atheistische Propaganda zurückzuführen. So wäre der enorme Schwund auch im Westen und der immer noch anhaltende Schwund im Osten nicht zu erklären. Ich meine, der Grund liegt in einem fundamentalen Verlust an Substanz des Glaubens. Das ist nicht erst seit ein paar Jahrzehnten so. Gott ist bestenfalls Privatsache; die Individualisierung der Religion ist bereits seit zweihundert Jahren voll im Gange. Der Mensch macht sich einen Gott zurecht, wie er ihn zur Befriedigung eigener Bedürfnisse braucht, und er gibt ihm gerade so viel Raum im Leben, daß er dabei selbst nicht eingeengt wird. In der NS- und der DDR-Zeit war es nicht günstig, sich zur Kirche zu halten. Wer sich nicht mehr in den Händen des Gottes der Bibel wußte, konnte sich leicht auf sein Inneres zurückziehen oder Gott überhaupt vergessen. Dadurch ist bei einem großen Teil der Bevölkerung, die nun schon, seit dem NS-Regime, also über mehrere Generationen, unter der Herrschaft einer nihilistischen und einer atheistischen Weltanschauung gelebt hat, die „normale" religiöse Tradition abgerissen. Gott kommt bei den meisten, ohne daß sie das Gefühl eines Verlustes haben, nicht mehr vor. Es ist also kaum damit zu rechnen, daß im Osten Deutschlands eine Kampagne der Rechristianisierung große Chancen hat. Auch die viel verteidigte Volkskirche ist den Medien meist nur eine kurze Notiz wert, wenn man sie nicht zur Zielscheibe von Angriffen oder zum Gegenstand gutmütigen oder böswilligen Spottes macht. Die Kirchen haben es nicht mehr wie früher mit vorwiegend freundlichen Kommentaren zu tun. Sie sollten bedenken, wie ihr Verhalten, so gut gemeint und so rechtlich begründet es sein mag, auf eine immer kritischer gewordene Zeitgenossenschaft wirkt. Ich bemerke, daß selbst solche christlichen Symbole wie der Gekreuzigte wieder so fremd und für viele abstoßend werden wie in den frühen Zeiten der Christenheit. Die Kirche des Gekreuzigten wird es immer schwerer haben, unter der Konkurrenz weitaus gefälligerer,

auf die Bedürfnisse der Menschen zugeschnittenen Angebote ihre Botschaft zur Geltung zu bringen.

Ich glaube dennoch, daß Gott seiner Kirche treu bleiben
will und sie immer wieder von ihrer Untreue und Halb-
herzigkeit wegholen wird. Und ich bin überzeugt davon,
daß er die abendländische Christenheit nach einer triumpha-
len Geschichte noch durch große Tiefen führen wird, bis sie
wieder zu unverwechselbarer und glaubwürdiger Zeugenschaft findet.

Chronologie meines Lebens

11. September 1911	in Katscher geboren
Sommer 1917	Umzug nach Neuruppin
April 1918	Schulbeginn
21. März 1918	Vater gefallen
6. März 1929	Abitur
April 1929	Studienbeginn in Tübingen
April 1931	Studienbeginn in Berlin
Oktober 1933	Erste Theologische Prüfung
1. November 1933 bis 30. September 1934	Vikariat in Potsdam
Oktober 1934	Prädikant in Berlin
10. Oktober 1934	Eintritt in die Bekennende Kirche
1. November 1934 bis 1. März 1935	Prädikant in Potsdam
15. März bis 16. Oktober 1935	Kandidat im Predigerseminar Finkenwalde
November 1935 bis März 1936	Mitglied des Bruderhauses in Finkenwalde
1. bis 10. März 1936	Schwedenreise mit dem Predigerseminar
5. April 1936	Ordination durch Bischof Dibelius
15. April 1936	Heirat mit Hilde Enterlein
1. März 1936 bis 30. November 1937	Theologiestudentenamt der Bekennenden Kirche in Greifswald
1. Juli 1937	Geburt der Tochter Barbara
1. Dezember 1937	Hilfsprediger in Brüssow
30. Oktober 1938	Einführung als Pfarrer in Brüssow

27. April 1939	Geburt des Sohnes Oswald
15. Januar 1940	Rekrut in Stralsund
9. Mai 1940	Geburt der Tochter Ursula-Brigitte
10. Mai 1940	Abmarsch von Langenberg nach Frankreich
1. Dezember 1940	UK-gestellt
31. Januar 1942	wieder eingezogen
11. April 1942	Schreiber auf der Feldkommandantur Hasselt
8. Juli 1944	versetzt zur kämpfenden Truppe in Italien
20. April 1945	Verwundung, verlegt ins Lazarett Meran
26. Mai 1945	im Kriegsgefangenenlager Bellaria und Tarent
8. März 1946	Entlassung durch die US-Armee in Ingolstadt
13. März 1945	Hilfsprediger in Landsberg am Lech
7. Mai 1946	Entlassung durch die sowjetische Armee in Belzig, Rückkehr nach Brüssow
16. November 1946	Dompfarramt in Brandenburg an der Havel, Superintendent
11. Februar 1947	Geburt des Sohnes Dietrich
1. Oktober 1947	Berufung zum Domdechanten in Brandenburg
1. November 1947	Beginn des Predigerseminars Brandenburg
6. Februar 1952	Geburt der Tochter Susanne-Kathrin
18. Februar 1953	Geburt des Sohnes Johannes-Michael
26. März 1962	Tod von Hilde Schönherr
1. Januar 1963	Generalsuperintendent in Eberswalde
10. Juni 1963	Ehrendoktor von Greifswald

28. Juni 1963	Eheschließung mit Pastorin Annemarie Schmidt
5. Januar 1967	Wahl zum Verwalter des Bischofsamtes
20. Mai 1967	Ehrendoktor von Debrecen
2. April 1967	Reginonalsynode der Evangelischen Kirche Deutschlands (EKD) in Fürstenwalde
4. September 1968	Brief der Evangelischen Kirche Berlin-Brandenburg an die Kirchen in der ČSSR
10. September 1969	1. Synodaltagung des Bundes der Evangelischen Kirchen (BFK) in Potsdam-Hermannswerder
26. Juni 1970	Synodaltagung des BEK in Potsdam-Hermannswerder
2. Juli 1971	Synodaltagung des BEK in Eisenach
15. November 1971	Umzug nach Berlin
30. Juni 1972	Synodaltagung des BEK in Dresden
4. November 1972	Wahl zum Bischof der Ostregion der Evangelischen Kirche Berlin/Brandenburg
November 1972	Reise mit einer Delegation des BEK nach Großbritannien
11. Februar 1972	Einführung als Bischof
26. Mai 1973	Synodaltagung des BEK in Schwerin
27. September 1974	Synodaltagung des BEK in Potsdam-Hermannswerder („Kirche als Lerngemeinschaft")
18. August 1976	Selbstverbrennung des Pfarrers Brüsewitz in Zeitz
10. November 1977	Besuch der Synode der EKD in Saarbrücken
26. Dezember 1977	Gottesdienst in der Strafanstalt Cottbus

23. Februar bis 2. März 1978	Reise nach Moskau und Sibirien
6. März 1978	Gespräch des Vorstandes mit dem Vorsitzenden des Staatsrates
November 1978	Reise mit einer Delegation des BEK in die ČSSR
15. Januar 1979	Gottesdienst in der Strafanstalt Brandenburg/Görden
März 1979	Reise mit einer Delegation des BEK nach Japan
17. März 1980	Reise mit einer Delegation der Evangelischen Kirche Berlin/ Brandenburg ins Rheinland
2. Juli 1980	Erstes Gespräch mit Bundeskanzler Helmut Schmidt
27. Januar 1981	Vortrag in Tutzing
20. Mai 1981	Einweihung des Gemeinde- zentrums in Eisenhüttenstadt
26. Mai 1981	Umzug nach Waldesruh
21. Juni 1981	Reise mit einer Delegation der Evangelischen Kirche Berlin/ Brandenburg nach Baden
16. Juli 1981	Zweites Gespräch mit Bundes- kanzler Helmut Schmidt
23. bis 26. August 1981	Tagung des Ökumenischen Rates der Kirchen in Dresden
18. September 1981	Synodaltagung des BEK in Güstrow
1. Oktober 1981	Ruhestand
22. Oktober 1984	Reise mit einer Delegation des BEK nach Syrien, Jordanien und Israel
1. Dezember 1985	Vortrag in München: „Rede über das eigene Land: Deutschland"
18. Juni 1986	Ehrendoktor der Universität von Bonn

Häufiger benutzte Literatur

Bethge, Eberhard: Dietrich Bonhoeffer, Theologe, Christ, Zeitgenosse, München 1967

Bonhoeffer, Dietrich: Werke, herausgegeben von Eberhard Bethge, Ernst Feil, Christian Gremmels, Wolfgang Huber, Hans Pfeifer, Albrecht Schönherr, Heinz Eduard Tödt, München 1988ff.

ders.: Widerstand und Ergebung, Briefe und Aufzeichnungen aus der Haft, herausgegeben von Eberhard Bethge, Neuausgabe, München 1970

ders.: Gesammelte Schriften, herausgegeben von Eberhard Bethge, München 1958

Dähn, Horst: Konfrontation oder Kooperation, Opladen 1982
Die Zeichen der Zeit, Evangelische Monatsschrift für Mitarbeiter der Kirche, Berlin

Dohle, Horst: Zum Verhältnis von Kirche und Staat in der DDR zwischen 1969 und 1970, in: Berliner Dialog-Hefte 2/1992

ders.: Zur Kirchenpolitik in den siebziger Jahren, in: Berliner Dialog-Hefte 1/1993

ders.: Grundzüge der Kirchenpolitik der SED zwischen 1968 und 1978, Dissertation B, Akademie für Gesellschaftswissenschaften beim ZK der SED

Henkys, Reinhard: Die evangelischen Kirchen in der DDR, München 1982

ders.: Bewegung mit der Bundesgründung, in: Berliner Dialog-Hefte 1/1993

Kirche als Lerngemeinschaft, Dokumente aus der Arbeit des Bundes der Evangelischen Kirchen in der DDR, herausgegeben vom Sekretariat des BEK, Berlin 1981

Kirche im Sozialismus, Zeitschrift zu Entwicklungen in der DDR

Kirche in der DDR, Dokumente und Kommentare, herausgegeben von Uwe-Peter Heidenfeld und Hans-Jürgen Röder, Erlangen 1980

Kirchliches Jahrbuch, herausgegeben von Joachim Beckmann, Gütersloh 1969 ff.

Arbeiten des Autors

Abenteuer der Nachfolge, Reden und Aufsätze, Berlin 1988

Gratwanderung, Gedanken über den Weg des Bundes der Evangelischen Kirchen in der DDR, Leipzig 1992

Horizont und Mitte, Aufsätze, Vorträge, Reden 1953 – 1977, Berlin/München 1977

Kirchenzucht, Verlegenheit und Auftrag, in: Handbücherei zur Gemeindearbeit, Heft 37, Gütersloh 1966, und in: Evangelische Stimmen zur Zeit, Heft 4, Berlin 1967

Lutherische Privatbeichte, Göttingen 1938

Predigt und Fragen der Zeit, in: Handbuch der Predigt, Berlin 1990

Rede, Herr, denn dein Knecht hört. Ein Jahrgang Predigten, Berlin 1954

Personenregister

431